张朝晖 ◎ 主编

像工程师一样学习

指向高中生工程素养培育
的特色课程群开发研究

LEARN LIKE AN ENGINEER

华东师范大学出版社
·上海·

图书在版编目(CIP)数据

像工程师一样学习:指向高中生工程素养培育的特色课程群开发研究/张朝晖主编.—上海:华东师范大学出版社,2023

ISBN 978-7-5760-4574-1

Ⅰ.①像… Ⅱ.①张… Ⅲ.①高中生-创造教育-能力培养-研究 Ⅳ.①G632.0

中国国家版本馆CIP数据核字(2024)第016208号

像工程师一样学习
——指向高中生工程素养培育的特色课程群开发研究

主　　编	张朝晖
策划编辑	彭呈军
责任编辑	白锋宇
责任校对	宋红广　时东明
装帧设计	郝　钰

出版发行	华东师范大学出版社
社　　址	上海市中山北路3663号　邮编 200062
网　　址	www.ecnupress.com.cn
电　　话	021-60821666　行政传真 021-62572105
客服电话	021-62865537　门市(邮购)电话 021-62869887
地　　址	上海市中山北路3663号华东师范大学校内先锋路口
网　　店	http://hdsdcbs.tmall.com
印 刷 者	上海锦佳印刷有限公司
开　　本	787毫米×1092毫米　1/16
印　　张	27.5
字　　数	488千字
版　　次	2024年3月第1版
印　　次	2024年3月第1次
书　　号	ISBN 978-7-5760-4574-1
定　　价	96.00元

出版人　王　焰

(如发现本版图书有印订质量问题,请寄回本社客服中心调换或电话021-62865537联系)

本书编委会

主　编　张朝晖
副主编　叶理辛
编　委（按姓氏笔画排序）
　　　　　王建业　叶理辛　李晞鹏　张朝晖
　　　　　张皓宇　顾凌燕　黄茹清
策　划　项志康

本书系"指向高中生工程素养培育的特色课程群开发研究"
课题成果

课题组成员	张朝晖	叶理辛	王建业	王智颖
	李晞鹏	黄茹清	顾　超	顾凌燕
	杨艳芳	张烨琼	卢胜男	陆　煜
	高秋月	王利平	潘志刚	吕　忻
	程　群	曹　玲	甘志筠	谢星月

目 录

序一	1
序二	3

第一章 指向高中生工程素养培育的特色课程群开发总论 ... 1
    第一节 研究概况 ... 1
    第二节 理论研究 ... 19
    第三节 实践研究 ... 33
    第四节 文献研究 ... 47

第二章 高中生工程素养培育通识课程的研究与实践 ... 58
    第一节 通识课程的实践研究 ... 58
    第二节 通识课程的实施内容 ... 78
    第三节 通识课程的教学方案与活动案例 ... 92
    第四节 通识课程的学生发展个案 ... 117

第三章 高中生工程素养培育"工程与科学"课程的研究与实践 ... 138
    第一节 "工程与科学"课程的实践研究 ... 138
    第二节 "工程与科学"课程的实施内容 ... 148
    第三节 "工程与科学"课程的活动方案与活动案例 ... 164
    第四节 "工程与科学"课程的学生发展个案 ... 182

第四章　高中生工程素养培育"工程与技术"课程的研究与实践　189
　　第一节　"工程与技术"课程的实践研究　189
　　第二节　"工程与技术"课程的实施内容　202
　　第三节　"工程与技术"课程的活动方案与活动案例　224
　　第四节　"工程与技术"课程的学生发展个案　250

第五章　高中生工程素养培育"工程与艺术"课程的研究与实践　268
　　第一节　"工程与艺术"课程的实践研究　268
　　第二节　"工程与艺术"课程的实施内容　284
　　第三节　"工程与艺术"课程的活动方案与活动案例　297
　　第四节　"工程与艺术"课程的学生发展个案　319

第六章　高中生工程素养培育综合实践体验课程和跨学科项目化课程的研究与实践　337
　　第一节　综合实践体验课程和跨学科项目化课程的实践研究　337
　　第二节　综合实践体验课程和跨学科项目化课程的实施内容　358
　　第三节　综合实践体验课程和跨学科项目化课程的活动方案与活动案例　367
　　第四节　综合实践体验课程和跨学科项目化课程的学生发展个案　392

附　件　指向高中生工程素养培育的特色课程群开发与实施的调查问卷和访谈提纲　411
　　附件一　普通高中特色课程开发与实施调查问卷（学生版）　411
　　附件二　普通高中特色课程开发与实施调查问卷（教师版）　418
　　附件三　普通高中特色课程开发与实施访谈提纲（学生版）　426
　　附件四　普通高中特色课程开发与实施访谈提纲（教师版）　427

序 一

当前新一轮科技革命和产业革命浪潮方兴未艾,科学技术已经成为推动国家振兴、社会发展的制胜力量。科学技术的发展关键靠人才,在教育、科技、人才"三位一体"谋划和发展的背景下,科创教育已成为高质量发展的重要根基。"科学"是发现客观世界的活动,"技术"是发明手段、方法、技能的活动,"工程"是造物的活动。工程不仅是连接科学和技术的桥梁,而且是将科学、技术转变为现实生产力的重要推动力量。在科技高速发展的今天,重大工程往往会牵引技术进步,技术进步又促进科学发展——科学、技术、工程三者你中有我、我中有你。工程教育能够把科学和技术糅合、联结、集成起来,使科学和技术有机统一于其中,成为科创教育的有效形式。作为以工科为主的理工科高校,上海理工大学一直关注青少年科创教育,不仅大力推进"新工科"教育改革,更将工程教育的理念与思想向外辐射,探索基础教育与高等教育贯通培养科创人才之路。

2003年11月11日,在杨浦区人民政府的支持下,上海理工大学与杨浦区人民政府签订了合作共建附属高中的协议;2004年2月,上海市延吉中学正式更名为"上海理工大学附属中学"。时至今日,大学与附中两校牵手,一路共行,将近二十年。

二十年来,上海理工大学附属中学在特色建设的道路上砥砺前行。学校以工程素养为切入点,以特色课程为突破口,以"大学-附中合作办学"为重要资源保障,全面推进学生核心素养发展。学校于2019年被上海市教育委员会命名为"上海市特色普通高中",成为在全市颇有影响力的一所特色高中。

上海理工大学是一所以理工为特色的高水平大学,有着丰厚的理工教育教学资源,如何利用这些资源赋能附中的特色建设和发展,建立起长期有效的"大学-附中合作办学"机制,是两所学校一直以来共同思考、探索和实践的课题。对此,上海理工大学立足大学系统建设,在教育教学资源、师资队伍建设、平台建设等方面大力加强对上海理工大学附属中学的支持。

上海理工大学组织相关学院和部门支持上海理工大学附属中学工程素养特色课程群建设；组织学科领军人才在附中开设工程素养培育通识导论课程并计入教学工作量；面向附中学生开放大学所有的通识课程；吸纳和组织附中学生参与大学生"创新创业大作业"；与附中共同建立"创新人才培养直通车"，参与并完成大学"创新创业大作业"的附中优秀学生，在进入大学后，可直接加入"荣誉学位"和"项目课程"体系。学校组织优秀教学团队与附中教研室结对，组织大学和附中教师进行课程研发、教学研讨和集体备课，帮助附中教师提升专业水平。

学校还全面支持上海理工大学附属中学的平台建设工作。学校组织"未来光学""人工智能与智能制造""医疗器械与康复工程"三大国际实验室指导附中创新实验室建设，并与附中创新实验室建立互通关系，定期吸收优秀中学生到国际实验室了解和学习前沿科学；组织马克思主义学院、协同创新研究院、沪江学院、大学生领导力研究与训练中心4个部门和附中"厚德人文中心""尚理实验中心""艺体教育中心""学生发展指导（心理健康教育）中心"4个中心构建对口合作关系，指导4个中心建设。

我很高兴看到这些支持和努力在上海理工大学附属中学育人的土壤上开花结果，比如上海理工大学与上海理工大学附属中学共同指导的项目在第七届中国国际"互联网+"大学生创新创业大赛全国总决赛中，荣获萌芽赛道"创新潜力奖"。《像工程师一样学习——指向高中生工程素养培育的特色课程群开发研究》这本书，向我们展现了一所附中在特色化办学方面强大的创造力和无限的可能性。一批批具备工程素养和家国情怀，有国际视野，有坚实基础，有创新能力，高素质、复合型的高中生从这里走向更广阔的天地。对于一所大学与其附中如何建设互利互惠、相互适应的创新育人机制，形成特色化科技创新人才贯通培养体系，主动服务国家重大战略和产业需求，这本书也给出了值得借鉴的答案。

相信在未来，上海理工大学和上海理工大学附属中学共同建设的这套"创新融合、协同育人"的人才培养生态系统，能让更多优秀高中生在特色高中的培养下，充分发现自己的天赋，最大限度地发展自己的潜能，为建设科技强国贡献自己的智慧和力量。

丁晓东教授
上海理工大学校长
2023年6月15日

序 二

学校特色与特色学校的建设适应和回应了新时代发展战略的现实要求。《国家中长期教育改革和发展规划纲要(2010—2020年)》中明确提出,"推动普通高中多样化发展,促进办学体制多样化,扩大优质资源,推进培养模式多样化,满足不同潜质学生的发展需要"。这就把学校特色与特色学校建设的理论和实践问题推到了广大教育工作者面前。

一流的城市需有一流的教育,一流的教育需有一流的学校,一流的学校需有特色高中的身影。杨浦区是上海市的教育强区,上海理工大学附属中学作为杨浦区一所曾经培养出高考理科状元、具有深厚科技教育底蕴的高中,率先响应时代的号召,以培育高中生"工程素养"为办学特色,于2011年以《杨浦区高中创新驱动特色发展试验项目实施方案》的制定和实践为起点,开始了漫长而艰辛的特色学校创建征途。2019年,学校被上海市教育委员会命名为"上海市特色普通高中"。

学校的前身是"上海市延吉中学",2003年起依托上海理工大学开展合作办学,并更名为"上海理工大学附属中学"。在"尚理"办学理念的引领下,上海理工大学附属中学开展了全方位的工程特长拔尖人才培养模式的探索,着力培养"人文厚实、理工见长"、具有"创新精神和国际视野"的现代高中生。同时,学校对接上海理工大学,开发了多门具有工程特色的课程,以培育学生的"工程素养"。

2021年,学校课题"指向高中生工程素养培育的特色课程群开发研究"荣获上海市教育科研市级项目。学校对指向高中生工程素养培育的特色课程群进行了三年深入的系统研究,形成了通识课程、"工程与科学"课程、"工程与技术"课程、"工程与艺术"课程、综合实践体验课程和跨学科项目化课程,撰写完成了研究成果集——《像工程师一样学习——指向高中生工程素养培育的特色课程群开发研究》。这是学校与上海理工大学合作办学的结晶,是学校与上海理工大学合作办学的成果!

在这里，要衷心感谢上海理工大学对学校办学的大力支持、帮助与指导！特别要感谢上海理工大学丁晓东校长、盛春副书记、李川老师、黄志强老师、张晓东老师、杨一琼老师等对学校办学以及对"指向高中生工程素养培育的特色课程群开发研究"课题的关心、帮助与指导！还要感谢中国创造学会创造教育专业委员会常务副秘书长、杨浦区教育学院原科研室主任项志康特级教师对编辑研究成果集《像工程师一样学习——指向高中生工程素养培育的特色课程群开发研究》付出的辛勤劳动！

本课题在研究过程中，得到上海市教育委员会基础教育处、上海市教育科学院、杨浦区教育局及杨浦区教育学院等机构领导的关心与支持，在此表示衷心的感谢！对那些长期关心、支持、帮助、指导我校教育工作的社会人士、家长、社区工作者与居民，也由衷地表示感谢！

本研究成果集是上海理工大学附属中学的教师们从特色课程群的整体构建和设想，到具体课程开发、实践、反思、重构的全过程的记录。教师是推动学校各项工作的中坚力量，是实践学校特色的关键因素，也是学校特色文化的传承者和传播者。在特色学校的建设过程中，上海理工大学附属中学涌现了一批优秀的特色教师，他们具有鲜明而独特的教育个性，富有强烈而执着的创新精神，实现了良好的教育教学成效。通过"工程素养特色课程群"的开发与实践，学校的办学特色更加鲜明而多元，教师队伍的整体素质明显提高，特色教师队伍建设取得显著成效。更重要的是，在"特色课程"的学习过程中，学生的主动性与创造性得到激发，个性和能力得以发展，"工程素养"显著提升。

衡量一所学校是否有特色，一个重要的指标就是其培养学生的质量。学生是否有个性、有特色，是形成学校特色与特色学校的根本。教育的最终目的是推动每一个学生的发展，一切为了学生，为了学生的一切。学校特色的最终归宿是造就学生的个性特征。这本研究成果集记录了一批又一批在学校"工程素养特色课程群"的培养下，在"尚理"校园文化的熏陶中成长起来的附中学子的成长历程。他们当中，有的在科技工程创意比赛中斩获奖项，有的已经选择工程相关专业进一步深造。随着一批批"人文厚实、理工见长"的上理学子走向社会，社会各界对学校特色办学给予了高度认可。

本书是学校对特色办学的阶段性总结，更是学校进一步深化特色办学理念、加强特色课程建设的序曲。让高中生像工程师一样学习,以特色化办学赋能学校高质量发展,我们一直在路上!

出于各方面原因,本书一定还存在许多不足之处,恳请读者不吝赐教!

张朝晖

上海理工大学附属中学校长

2023 年 6 月 15 日

第一章 指向高中生工程素养培育的特色课程群开发总论

第一节 研究概况

一、课题的提出

(一) 特色课程开发是普通高中实现多样化、特色化发展的需要

近20年来,高中教育已然成为世界教育的一个热点问题。世界各国都制定了相应的高中教育改革计划,正如OECD(经济合作与发展组织)指出的那样,"中等教育是人的整体受教育过程中的关键时期,越来越多的国家认识到它在个人未来成功以及国家竞争力方面的意义,纷纷制定新的评价标准,探讨其发展规划,以提高中等教育的质量"。

要提高中等教育质量,除了重新审视高中教育的目标、价值以外,更重要的是通过普通高中课程改革来积极推进多样化和特色化学校建设,全面提升高中教育教学的质量。

目前,中国高中课程涉及国家课程、地方课程以及校本课程,已形成三级课程管理,其中校本特色课程的设置是高中课程改革的重大变化,可以说,校本特色课程意义重大,事关高中学校培养目标的实现和学生多样化发展。但是,影响校本特色课程发展的问题依然存在,主要表现在:国家给予地方和学校开设校本特色课程的空间小,难以真正培养学生自主选择的能力以及促进个性化发展;学校虽然开设了许多校本特色课程,但缺乏规范性、目的性和特色性,造成课程蔓延现象;学生选修课程存在功利性、片面性和盲目性,教师课程开发能力不足;高中校本特色课程的评价体系不完善。

2001年6月,我国教育部颁布了《基础教育课程改革纲要(试行)》,规划了21世纪初我国高中改革的基本蓝图。它要求我们立足于国际教育的广阔视野和自身改革的实践经验,重新审视高中课程方案,重新制定高中课程标准,重新建构高中基础学科。该文件明确指出,为使学生在普遍达到基本要求的前提下实现有个性的发展,课程标准应有不同水平的要求,在开设必修课的同时,设置丰富多样的选修课程,开设技术类课程。此外,积极试行学分制管理。

2009年,时任教育部副部长陈小娅在"中美高中特色办学研讨会"上指出,高中是学生个性和才能显露与发展的关键阶段,只有通过特色办学,才能适应学生的个性发展,才能为各种人才的成长开辟不同的道路。

2010年7月,中共中央、国务院印发了《国家中长期教育改革和发展规划纲要(2010—2020年)》(下文简称《纲要》),进一步指出,高中阶段教育肩负着在九年义务教育基础上进一步提高国民素质、满足国家经济社会发展对多样化人才培养需求、培养合格公民的重要使命,作为国民教育体系中承上启下的关键阶段,高中教育不但会带动基础教育质量的提升,还决定着高等教育生源质量,影响着高等教育的发展后劲。《纲要》明确提出推进培养模式多样化,满足不同潜质学生的发展需要,支持普通高中建立特色化课程体系,鼓励学校在国家课程方案指导下根据自身定位和本地实际,从多角度入手,规划符合办学目标和培养目标的特色课程,发展学校办学特色。

2019年2月,中共中央、国务院正式印发《中国教育现代化2035》,明确了更加注重以德为先、更加注重全面发展、更加注重面向人人、更加注重终身学习、更加注重因材施教、更加注重知行合一、更加注重融合发展、更加注重共建共享八大教育现代化理念,在战略任务上明确提出"鼓励普通高中多样化有特色发展"。

2020年6月11日,国务院办公厅印发了《关于新时代推进普通高中育人方式改革的指导意见》,提出要完善学校课程管理,合理安排三年各学科课程;加强学校特色课程建设,积极开展校园体育、艺术、阅读、写作、演讲、科技创新等社团活动。

综上,开发指向高中生工程素养培育的特色课程群有利于普通高中实现多样化、特色化发展。

(二)特色课程开发是强化学生综合素质培养的现实需求

自2014年新高考改革实施以来,高考已在考查学生知识水平的同时更加注重对于学生能力的考查。随着高考改革的进一步推进,大部分高校录取新生时更是将学生综合能力摆在了重要位置上。相比之前,我国现在的高中阶段教育更强调学生综合素质的培养,以促进学生德、智、体、美、劳的全面发展。这是由于我国普通高中的培养目标主要是在提升学生综合素质的同时发展学生的核心素养,使学生在具有理想信念和社会责任感的基础上具备一定的科学文化素养、终身学习能力、自主发展能力与沟通合作能力。每一个高中生都是完全不同的个体,但在原有的高考模式及高中课程设置体系下,高中生的成长逐渐呈现出同一性。对此,普通高中教育亦应满足学生的差异化需求,学校应该从培养学生综合能力的角度出发,根据学生的现实需求给学生提供相应的特色课程。

因此,开发指向高中生工程素养培育的特色课程群有利于促进学生综合素质的培养。

(三) 特色课程开发是上海市特色高中建设的需要

传统的市实验性示范性高中、区实验性示范性高中、普通完中的分层教育模式,显然无法满足每个孩子基于个性、特长的多元选择的需求。普通高中多样化和特色化成为教育发展的必然,为此,上海理工大学附属中学开展了基于学生个性化学程的"工程素养"特色课程群建设的行动研究。高中特色课程群的研究和开发既满足学校办学特色,又适合学生个性化发展,并且可以建立相对完整的课程开发、实施、评价体系。

随着2018年教育部培育"新工科"人才的战略目标的提出,"新工科"逐渐成为国家推进创新驱动发展、主动应对新一轮科技革命与产业变革的"新战略",探索和实施工程教育人才培养的"新模式"。"十四五"规划特别强调,经济发展的动力源在创新,要把创新发展作为"十四五"期间经济发展的战略支点。创新最关键的就在于创新型人才的培养,这一定要从基础教育做起,而上海理工大学附属中学恰好有着得天独厚的优势。

从20世纪末到21世纪初,上海理工大学附属中学的前身上海市延吉中学的计算机项目在上海很有影响力,机器人项目多次在市级比赛中获奖,新兴的头脑奥林匹克(OM)项目更是屡获国际大奖,这些项目在区域内已形成较大影响力。2003年起依托上海理工大学开展合作办学,上海市延吉中学更名为上海理工大学附属中学。学校因势利导,与上海理工大学在将新工科教育向高中教育延伸方面初步达成了合作意愿,借助上海理工大学的工科优质资源,以培育高中生"工程素养"为办学特色,开发适合学生发展的科学技能与科学素养课程,满足学生科学素养提升的需求,共同推进特色高中和特色课程的建设。

因此，开发指向高中生工程素养培育的特色课程群有利于上海市特色高中建设。

二、研究的概况

（一）研究目标

探索指向高中生工程素养培育的特色课程群开发的教育规律，探索相关的理论认识与实践操作，从而促进高中生工程素养培育，促进学生创新精神、创造性思维与创造性实践能力的培养。

（二）研究内容

1. 开展课题基础研究

进行情报文献资料研究。开展有关指向高中生工程素养培育的特色课程群开发的情报文献资料研究，获得相关的文献目录索引、文选文摘、文献综述。

进行调查研究。开展指向高中生工程素养培育的特色课程群开发情况的调查研究，撰写调查报告。

2. 开展课题理论研究

对指向高中生工程素养培育的特色课程群开发的含义、特点、指导思想、总体目标、要素、分类、评价等进行研究，形成高中生工程素养培育的主要观点，建构高中生工程素养培育的特色课程体系。

3. 开展课题实践研究

对指向高中生工程素养培育的特色课程群开发的实施内容、实施策略、实施方法、具体操作、管理与保障等进行研究，探索工程素养培育课程的实施路径及工程素养评价的实施方法，建立高中生工程素养培育的可持续发展机制。

（三）研究方法

主要运用文献研究、调查研究、理论研究与行动研究等方法。

1. 开展文献研究

获得文献目录索引、文选文摘、文献综述。（课题研究第一阶段所用方法。）

2. 开展调查研究

获得调查报告。（课题研究第一阶段所用方法。）

3. 开展理论研究

获得理论框架和实践操作要点。(课题研究第二阶段所用方法。)

4. 开展行动研究

进行实践操作研究,操作程序为:目标→诊断→学习→制定方案→实施→评价总结→再诊断→反馈→调整→再行动……(课题研究第三阶段所用方法。)辅以教育评价、教育测量、教育统计和活动案例、发展个案实证等方法。

(四)研究过程

研究时间从2021年3月到2023年12月。

1. 第一阶段(2021年3月至5月):准备与基础研究阶段

提出课题,建立课题组;设计研究方案,制订研究计划;开展文献情报资料研究;进行调查研究;拟定若干研究子课题;邀请有关专家学者对课题进行论证,进一步修正、补充、完善。

2. 第二阶段(2021年6月至8月):理论研究阶段

按课题研究方案进行理论研究。对相关理论与现代高中教育理论及文献情报资料展开学习;同时对理论框架及实践操作要点进行研究。

3. 第三阶段(2021年9月至2023年7月):实践研究阶段

按课题研究方案,开展三轮实践研究。

第一轮实践操作研究:在少数班级的教学中实施通识课程,在少数选修学生中开展"工程与科学"课程、"工程与技术"课程、"工程与艺术"课程的试验教学,对有关指向高中生工程素养培育的特色课程群开发的理论框架与实践操作要点进行修改、完善。

第二轮实践操作研究:增加通识课程试验教学的班级,增加选修"工程与科学"课程、"工程与技术"课程、"工程与艺术"课程的学生,还在一部分有工程素养特长的学生中开展综合实践体验课程和跨学科项目化课程的试验教学,对理论框架与实践操作要点进行再修改、完善。

第三轮实践操作研究:再增加通识课程试验教学的班级,面向全体学生;再增加选修"工程与科学"课程、"工程与技术"课程、"工程与艺术"课程的学生;增加选修综合实践体验课程和跨学科项目化课程的有工程素养特长的学生;对理论框架与实践操作要点作进一步修改、完善。

4. 第四阶段(2023年8月至12月):总结阶段

撰写"指向高中生工程素养培育的特色课程群开发研究"各子课题的研究报告,修改总结理论研究论文报告和实践操作子课题研究报告,以及整理活动案例和学生发展个案;整理有关研究资料;撰写总的研究报告;撰写研究成果集《像工程师一样学习——指向高中生工程素养培育的特色课程群开发研究》。

(五)研究成果的主要形式

"指向高中生工程素养培育的特色课程群开发研究"的课题成果主要有以下几个方面。课题的研究报告:《为高中生的工程师梦想奠基——指向高中生工程素养培育的特色课程群开发研究》;各子课题的研究报告:《高中生工程素养培育通识课程的研究与实践》《高中生工程素养培育"工程与科学"课程的研究与实践》《高中生工程素养培育"工程与技术"课程的研究与实践》《高中生工程素养培育"工程与艺术"课程的研究与实践》《高中生工程素养培育综合实践体验课程和跨学科项目化课程的研究与实践》;课题的理论研究论文、实践研究论文、活动方案与活动案例、学生发展个案等。

三、研究的主要成果

"指向高中生工程素养培育的特色课程群开发研究"的主要贡献有:形成了高中生工程素养培育的主要观点,建构了高中生工程素养培育的特色课程体系,探索了工程素养培育课程的实施路径,探索了高中生工程素养评价的实施路径和方法,建立了高中生工程素养培育的可持续发展机制。

(一)形成了高中生工程素养培育的主要观点

1. 建构了高中生工程素养的内涵框架

我们基于国外工程素养的相关界定,对接中国学生核心素养的表述,结合高中生身心发展的需求,从学校特色出发,确定了本研究的高中生工程素养包括系统思维、实践创新、交流合作和责任伦理四大核心要素。(见图1-1)

2. 确立了"工程素养"培育的进阶式课程目标

"工程素养"是核心素养的校本理解与表达,根据学校育人目标和工程素养培育的四大要素,学校把工程素养培育课程的目标设定为:了解工程领域的基本概念,掌握

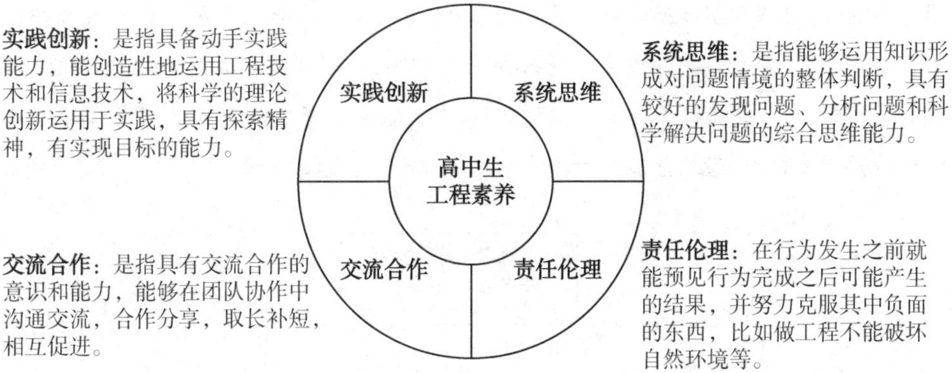
实践创新：是指具备动手实践能力，能创造性地运用工程技术和信息技术，将科学的理论创新运用于实践，具有探索精神，有实现目标的能力。
实践创新
系统思维
高中生
工程素养
交流合作
责任伦理
系统思维：是指能够运用知识形成对问题情境的整体判断，具有较好的发现问题、分析问题和科学解决问题的综合思维能力。
交流合作：是指具有交流合作的意识和能力，能够在团队协作中沟通交流，合作分享，取长补短，相互促进。
责任伦理：在行为发生之前就能预见行为完成之后可能产生的结果，并努力克服其中负面的东西，比如做工程不能破坏自然环境等。

图 1-1　高中生工程素养的基本内涵

与工程相关的基础知识与基本技能；初步具备运用工程思维及方法解决实际问题的能力，有一定的迁移意识与迁移能力；培养科学与人文精神，形成与自然和谐共生的责任担当意识。

学校根据工程素养培育课程的目标，结合学生发展特色，形成了阶段课程目标：

第一阶段目标：通识入门导引。以从初中进入高中的学习转型为突破口，通过通识课程的学习，激发学生对工程学习的兴趣，多层面理解工程，解决工程学习障碍。理解工程实践的过程、方法，通过工程实训掌握常见的分析方法和分析工具或解决问题的方法。

第二阶段目标：分科拓展深化。理解工程学科的思想方法、实践能力和文献处理方法，基本掌握情况（问题）综述、文本梳理、科研论文简易写作等基础程序和规则。

第三阶段目标：综合迁移应用。结合上海市综合素质评价，应用所学工程知识，开展课题研究，力求个性化突破，要求学生将工程的思维与学科概念、学科基本逻辑相结合，能够进行较有深度的思考，掌握批判性思维相关的基本技能，并用适当的形式准确表达描述或评判，为适应大学学习奠定良好的基础。

（二）建构了高中生工程素养培育的特色课程体系

1. 课程的开发路径

学校课程开发团队首先查阅有关工程素养研究的论著，再通过咨询专家意见和开展教师讨论，确定工程素养内涵。依据课程开发所指向的素养目标构建框架，根据学生的学情确定了“通识课程”“‘工程+’课程”“实践课程”三个主要的课程板块。

在此基础上，课程开发团队采用“先课例，再课程”的课程开发思路，以课例研究助推课程开发。通过一个学年的课例尝试，课程开发团队积累了一系列工程素养培育目标下的,经过课堂实践检验的有效学习资源、学习方式和学习流程。课程开发团队整合课例资源,着手编制课程文本资料和课程纲要,厘清课程目标,构建内容框架,整理有效实施方式,完善评价方案。编写学材,对接国家课程和教科书,形成供学生学习的支持性文本材料,最终形成三个板块的具体课程。(见图1-2)

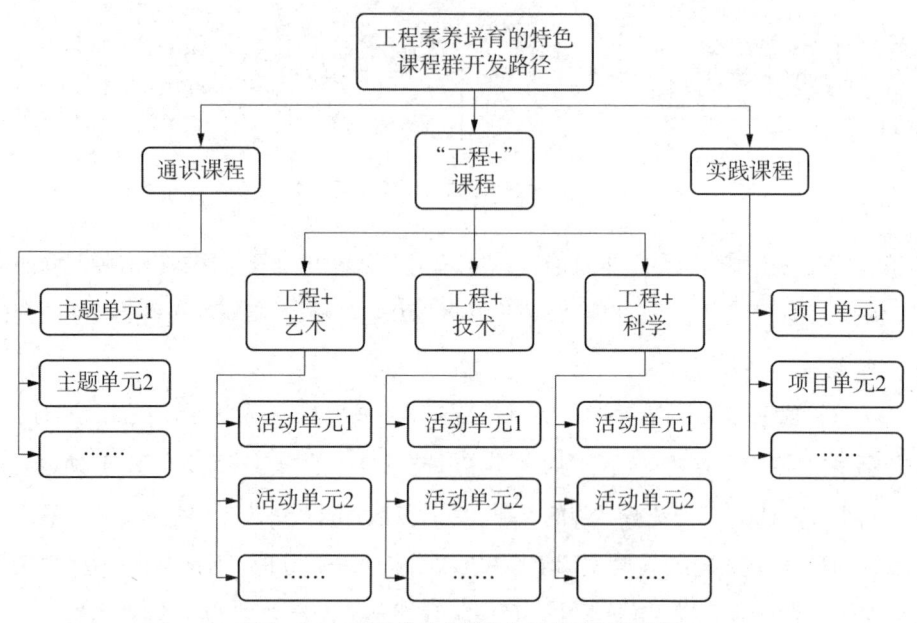

图1-2 工程素养培育的特色课程群开发路径

2. 课程的系统架构

学校梳理了学科核心素养和工程素养的关系,形成《学科工程素养培育实施指南》,在国家课程的校本化实施中进一步融入工程素养培育,开发了工程素养培育"1+3+2"特色课程群。(见图1-3)

"1+3+2"特色课程群中的"1"是工程素养通识课程,注重高中生工程素养基础的培养。它面向全体学生,强调工程素养培育需要全

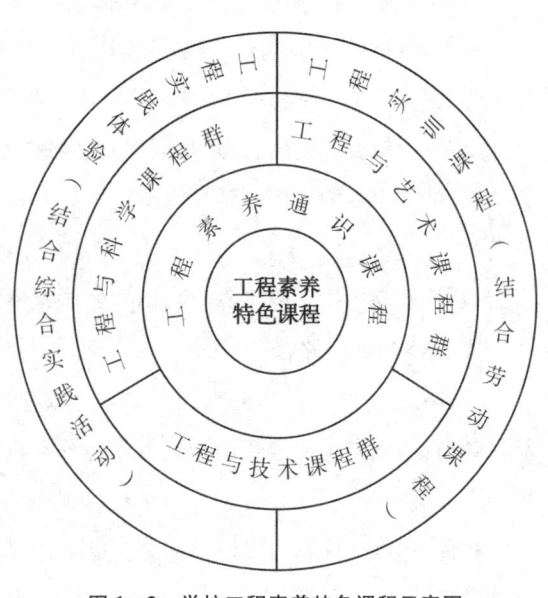

图1-3 学校工程素养特色课程示意图

面和广博的知识基础及扎实的知识积淀。"3"是注重工程能力学习的"工程与科学"课程群、"工程与技术"课程群、"工程与艺术"课程群,这些课程供有工程素养兴趣的学生选修。"2"是与劳动课程相结合、注重动手实践的"工程实训课程",以及与综合实践活动相结合、注重自主参与的"工程实践体验",这些课程主要服务于有工程素养特长的学生,为其提供实践和体验的平台。(见表1-1)

表1-1 学校工程素养特色课程一览表

工程素养通识课程		工程与创意	2	高一
		尚理智造2035		
		机器人基础		
		人工智能基础		
工程素养培育拓展课程	工程与艺术	数码摄影	2	高一
		数字油画	2	高二
		数码影像制作	2	高二
		数字故事制作	2	高一
		历史剧鉴赏与创作	2	高一
		英语戏剧	2	高二
		PS图像处理与数字媒体	2	高二
	工程与科学	舌尖上的化学	2	高一
		生活中的化学	2	高二
		物理拓展实验力学篇	2	高一
		物理拓展实验光学篇	2	高二
		图形计算器应用	2	高一
		未来科学家	2	高二
		奇思智能科创	2	高二
	工程与技术	废水污染与环境保护	2	高二
		揭秘大气污染背后的故事	2	高一
		机器人概论	2	高二
		生命的奥秘	2	高二
		生物与工程(植物克隆)	2	高一
		创意设计与制作(3D打印)	2	高二

续表

	初识 Python 与人工智能	2	高一
	人工智能专项拓展	2	高二
	OM/DI 创意实践	2	高一、高二
劳动课程	工程实训课程（数控铣削、特种加工、铸造、热处理、锻工、3D 成型等）	2	高一
综合实践活动	工程与人文课题研究活动系列课程	2	高一、高二
	工程与艺术课题研究活动系列课程		
	工程与技术课题研究活动系列课程		
	创新实验室探究体验系列课程		
	"暑期工程实践体验营" ——尚理未来工程师夏令营		
	"我的创意我做主" ——暑期创意漂流体验课程		
	尚理社团文化节、尚理读书节、尚理科技节等系列体验课程		
	走进社会实践基地		
	暑期海外游学系列课程		

3. 课程的三大特色

第一，课程设置全面与特色兼顾。学校面向全体高一学生开设了工程素养短课程，包括工程与创意、机器人基础、工程机械概论、虚拟技术，培养学生对"工程素养"的兴趣和基本技能。

针对部分对工程类课程有更多需求的学生，学校与上海理工大学工程实训中心合作开发了高中生工程与实训课程，从学生实践能力入手，通过对简单的钳工、铸造、数控加工、材料成型等操作技能的学习，培养学生的实践能力，强化工程素养培育的过程与环节，让学生体验工程实践的过程，感悟工程实践的重要性，收获工程实践的成果。

第二，课程设计理论和实践并重。学校积极开发以工程素养培养为目的、以项目研究为基础、与研究型学习相结合的 STEAM 课程，注重学生在真实情境中学习的经历。结合创新实验室建设，学校还开设了基于创新实验室的活动类课程和走出校门联合社区高校的工程素养实践活动类课程,以增加学生实践探索的机会,促进科学探究和工程设计的融会贯通。

学校的工程素养研究型课程以社团活动为载体,学生通过自主选择,深入社会,考察实践,完成课题报告。在自主研究类课程中,每学年由学生从课题库中自行选择课题开展研究性学习,引导学生经历课题研究的真实过程。

第三,课程实现系列化和文本化。学校目前已形成了一整套工程素养培育校本学习手册,包括《尚理智造2035》《工程与科学》《工程与人文》《工程与数学》《工程与艺术》《Scratch 2》《生活中的化学》《物理拓展实验光电篇》《物理拓展实验力学篇》《植物克隆》《机器人》《数学建模》《数字油画》等共23本。(见图1-4)

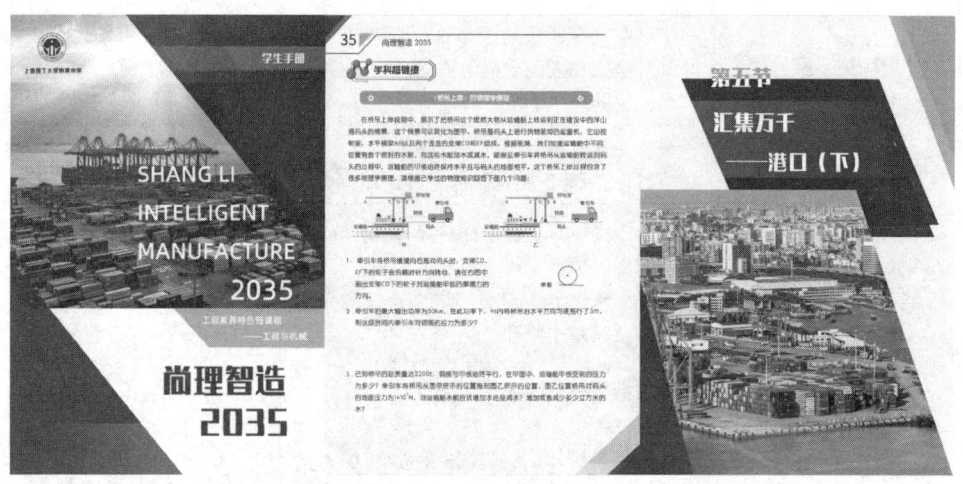

图1-4 校本学习手册《尚理智造2035》

(三) 探索了工程素养培育课程的实施路径

第一,建构真实情境。基于真实情境,我们将学科观念、科研探究能力和素养培育贯穿于整个特色课程,实施中注重学生的真实需求,将"中国智造""人工智能""创新创业"等元素融入课程,综合运用任务、项目、大概念、大问题等单元类型,以单元学习内容与生活实践紧密相连为原则,将原来以知识传授为主的工程与机械单元重新加以调整,挖掘机械工程在社会生活中的应用场景,同时将单元内容从机械制造转变为智能智造。例如,《尚理智造2035》中的"工程与机械"单元,以"一带一路"援非建设的故事情境为主线,带领学生置身于15年后的中非共建工程中,使其化身为真正的工程师,攻克一道道工程难题。(见表1-2)

表1-2 "尚理智造2035"课程实施大纲

课时	主题	内容导向	任务类型	相关工程素养
1	启动任务：回溯大国工程	➢ 通过港珠澳大桥、胡麻岭隧道、郑万铁路、上海洋山深水港自动化码头等超级工程的总体介绍，了解近五年来中国基础工程设施建设的伟大版图 ➢ 总结超级工程建设对当今生活产生了哪些具体影响 ➢ 分享从超级工程中体会到的工程素养与拼搏精神，体会作为未来强国时代的建设者肩负着怎样的责任	基础型	人文情怀
2	任务A：阡陌纵横——路网	➢ 了解中国路网建设发展状况以及路网的构成 ➢ 了解中国高速铁路网络这一奇迹工程及其对国家和人民生活的意义，学习高铁建设采用的技术手段	基础型	系统思维
3		➢ 智能交通管理系统的操作体验 ➢ 项目任务：非洲路网整体方案设计	研究型	交流合作 设计创新
4	任务B：汇集万千——港口	➢ 了解中国港口工程发展状况，认识港口相关基础设施及工作流程 ➢ 以洋山深水港为例学习港口建设的先进技术及其基本原理	基础型	系统思维
5		➢ 港口吊机模型的操作体验 ➢ 项目任务： 无人吊机设计（含防坠落装置设计/无人吊机装置设计/吊机组成部件及其应用的物理学原理调研/吊机抓取部件优化设计等）	研究型	交流合作 设计创新
6	任务C：使命必达——物流	➢ 了解中国物流行业发展状况，认识仓储物流相关基础设施及工作流程 ➢ 以京东物流为例学习物流行业应用的先进技术及其基本原理	基础型	系统思维
7		（一） ➢ 智能循迹小车的操作体验 ➢ 项目任务： 智能循迹小车设计（含智能循迹小车运送物料重量与送达位置准确程度的相关性调研/AGV运行原理研究及主程序流程图绘制/应用智能循迹小车的发明设计等）	研究型	交流合作 设计创新

续表

课时	主题	内容导向	任务类型	相关工程素养
		（二） ➢ 自动分拣装置体验 ➢ 项目任务： 自动分拣装置设计（含提升自动分拣装置效率的方案设计/自动分拣装置运行原理研究及主程序流程图绘制/应用自动分拣装置的发明设计）		
8	汇报任务："尚理智造2035"	➢ 以小组为单位汇报项目任务完成情况，可邀请其他同学/家长作为观众	展示型	交流合作 实践应用

第二，设计层级任务。在设计"任务"时，我们将一个"任务"分解为四个层级："启动任务"引领学生进入情境；"具体任务"直指在这个情境中要解决的实际问题；"项目任务"将具体任务聚焦于一个"难关"，推动学生设计出切实可行的模型或方案来攻克难关；"汇报任务"则要求学生展示自己完成任务的策略。

第三，推进自主探究。在课程实施过程中，教师的主要任务是启发、点拨和推动，让学生成为整个学习过程中真正的主角。学生主动利用已经习得的基本知识和基本技能，针对任务，自主设计解决方案，自主试验方案的可行性，自主在"试错"后进行方案的调整和改进。教师则在关键时刻给予学生启发、提醒或方法的指导，以帮助学生体会到完整的知识、技能形成的过程，最大限度地开发学生的潜力。在课程实施过程中，教师扮演"交流组织者"的角色，在学生遇到难题、产生争议时，有效地组织学生开展互动探讨，集思广益，以碰撞出思维火花。

（四）探索了高中生工程素养评价的实施路径和方法

学校结合"上理之星"评选，探索综合评价形式。评选分为三个板块，分别是初评阶段、中评阶段与终评阶段。"上理之星"评选为学校工程创新教育的发展起到了重要的推动作用。

学校与专业团队合作，定制工程素养必修课程资源App，并开发互动交流的学习评价系统。学习评价系统能让学生在任何时间地点获得与工程素养课程相关的资源、App及与教材内容相匹配的视音频教材，记录学生对素材资源的学习经历，丰富学生的体验，提高学生的学习兴趣。此外，通过互动评价系统，学生的学习作品也将被记录在档案中。教师可以通过数据记录完整了解学生的学习过程和学习状态,对学生进行过程性评价,同时引导学生进行作品评价与分享交流。通过学生自评、他评及师评等不同角度的评估,学生工程素养的个性特点得以充分刻画。(见图1-5)

图1-5 工程素养课程资源App(测试版)

(五)建立了高中生工程素养培育的可持续发展机制

学校建立"工程素养特色共同体机制"。学校本着"优势互补、资源整合、共谋发展、质量优化"的联动发展的原则,创建多种教育联盟共同体,加强与高校、研究机构、社区和其他学校的良性互动,形成共创共享课程资源机制。

学校与复旦大学、同济大学、上海理工大学等高校及其科研机构合作形成教育联盟共同体。探索大学与高中的资源对接,形成资源共享、课程共建和人才共育机制。整合高校力量组建专家团队,依托大学实验室和项目研究资源,在课程设计、内容开发、学生活动等方面进行指导。优化学习空间,从"工程素养"培育的角度,推进创新实验室、文理中心、图书馆、理化生实验室等学习空间软硬件升级。增强教师跨学科研究力量,组建跨学科教研组,探索跨学科协同教学的运作方式、运行机理和协同模式。

学校与西安交通大学附属中学、贵州省凯里市第一中学、山东省青岛第十七中学、郑州市第十六中学、北京理工大学附属中学、同济大学第二附属中学等具有理工特色的学校联手创建高中理工特色联盟,实现特色资源整合。

四、研究效果

经过多年的研究与实践,"指向高中生工程素养培育的特色课程群开发研究"课题取得了显著的教育效果:特色课程品牌化,学生成长有特色,特色教师在发展,办学特色更鲜明,特色成果广辐射。

(一) 特色课程品牌化

学校的工程素养特色课程"创意思维""机器人是怎样炼成的""迈向'尚理'成功人生——上理工附中学生发展指导系列课程""数字油画和多媒体教学"等成为区域共享课程。

学校自行开发的"机器人基础""工程与机械基础""数学建模""大气污染治理技术"等课程,已经陆续在"上海市高中名校慕课平台"上线,作为特色课程供全市中小学生自主学习。

学校还建立了多渠道的校内外合作项目,与上海理工大学合作开展"工程实训项目"、"基于工程素养培育的德育引擎项目"、"尚理未来工程师"研学项目、"未来卓越工程师人才培养"项目。学校特色项目精品层出不穷,使办学更开放,让学生的选择更丰富。

(二) 学生成长有特色

学校鼓励学生利用创新实验室资源开展课题研究与作品制作,创新实践能力不断提升。每年5月,学校挑选优秀的学生课题在科技节上向全年级学生展示汇报。近年来,学生分别进入中国科学院上海技术物理研究所红外物理国家重点实验室、第二军医大学中药资源实验室、复旦大学生命科学学院等科研院所,以及上海市青少年科学实践工作站等机构,开展科研探究活动。

学生积极参加具有学校特色的"机器人社团""头脑OM社团""Robot工作室""PCGT计算机爱好者""环保社"等社团,他们勇于探索、顽强拼搏的精神在校内外各项竞赛活动中得以展现。自2018年以来,学生在"中国青少年机器人竞赛""上海市中学生劳动技术竞赛""'未来杯'上海市高中阶段学生机器人大赛""上海市青少年科技创新大赛""上海头脑奥林匹克创新大赛"等比赛中屡获殊荣。

通过多年的指向高中生工程素养培育的特色课程群开发研究,学生的工程素养有了较大的提高。第一,促进了高中生系统思维意识与能力的显著提高。从对学生的调查中看出:三年多来系统思维意识与能力有较大提高与有一定提高的学生有900名,占比为93%。第二,促进了高中生实践创新精神与能力的显著提高。从对学生的调查中看出:三年多来实践创新精神与能力有较大提高与有一定提高的学生有927名,占比为96%。第三,促进了高中生交流合作意识与品质的显著提高。从对学生的调查中看出:三年多来交流合作意识与品质有较大提高与有一定提高的学生有945名,占比为98%。第四,促进了高中生责任伦理态度与精神的显著提高。从对学生的调查中看出:三年多来责任伦理态度与精神有较大提高与有一定提高的学生有933名,占比为97%。第五,促进了高中生创新综合素养的显著提高。从对学生的调查中看出:三年多来创新综合素养有较大提高与有一定提高的学生有928名,占比为96%。

(三) 特色教师在发展

上海理工大学附属中学是上海市优秀教师发展学校、杨浦区教师专业发展示范校、杨浦区教师培养机制创新项目校、杨浦区"提升中小学课程领导力行动研究"项目校、教育部课题"见习教师规范化培训支持体系建构研究"实验校等。"工程素养"特色高中的深化发展成就了教师专业发展,培育出一批具有较高综合素养的专业化教师。青年教师成长尤其迅速,一批特色教师脱颖而出。

陆煜老师开设了公开课"线性图线在实验数据处理中的应用",顾凌燕老师开设了公开课"滑出彩虹",潘志刚老师开设了公开课"海水制盐与海水淡化",均获得区域内听课专家、老师的一致好评。

顾凌燕老师的公开课"会拐弯的小车"参加了2020年度上海市中小学中青年教师教学评选,获得三等奖。徐艳老师的视频课"化学反应的方向"获得上海市高中化学视频课二等奖。

陆煜老师为上海市"空中课堂"录制了四节优质课:"向心力(向心加速度1)""向心力(向心加速度2)""物质的微观结构复习""原子核(复习)",供全市中学生学习参考。

通过多年的指向高中生工程素养培育的特色课程群开发研究,教师的工程素养有了较大的提高。第一,促进了教师系统思维意识与能力的显著提高。从对教师的调查中看出:三年多来系统思维意识与能力有较大提高与有一定提高的教师有90名,占比为93%。第二,促进了教师实践创新精神与能力的显著提高。从对教师的调查中看出:三年多来实践创新精神与能力有较大提高与有一定提高的教师有87名,占比为90%。第三,促进了教师交流合作意识与品质的显著提高。从对教师的调查中看出:三年多来交流合作意识与品质有较大提高与有一定提高的教师有92名,占比为95%。第四,促进了教师责任伦理态度与精神的显著提高。从对教师的调查中看出:三年多来责任伦理态度与精神有较大提高与有一定提高的教师有88名,占比为91%。

(四)办学特色更鲜明

目前,上理工附中是全国首批"中小学人工智能教育实验校"、"上海市基础教育创新试验区"项目试验学校、上海市"头脑奥林匹克特色学校"、杨浦区教师培养机制创新项目校、杨浦区"创智课堂"项目实验校等。2018年,学校的市级课题"高中—大学纵向课程群的实证研究"完成,顺利结题。在此基础上,"指向高中生工程素养培育的特色课程群开发研究"被成功立项为2021年上海市教育科学研究项目。在课题研究的引领下,学校不断深化工程素养培育实践。学校对已开发课程进行梳理和评估,完成资源平台建设,初步形成工程素养培育的特色课程资源库,完善《特色课程群实施下的典型实践案例集》《工程素养课程学生活动实验手册》等成果编写。

(五)特色成果广辐射

学校发挥在各级各类联盟体中的核心作用,推广特色成果,示范辐射作用显著。联合区域内10余所中小学成立"尚理创新实验室联盟";十年来坚持开展"工程创意漂流"活动,形成"心创溢"品牌,产生了良好的社会效应;开展跨学段区域联运创新人才培养模式的探究,牵头成立"心创溢"上海理工大学杨浦基础教育集团创新实践联合教研组;形成"生涯导航,尚理成事——大中小一体化视角下的生涯发展指导"品牌特色项目;通过全国理工特色联盟每年开展的同课异构教学活动和学校特色发展主题论坛,把学校的课堂教学理念和特色成果辐射到全国七地八校,在推广特色成果的同时博采众长,有力地促进学校特色课程和办学内涵的丰富发展。

此外,近年来,《上海教育》《文汇报》《上海中学生报》等报刊对学校特色高中的实践和探索进行了专题报道。

五、思考与讨论

2001年,教育部印发了《基础教育课程改革纲要(试行)》,该文件明确提出:高中以分科课程为主。为使学生在普遍达到基本要求的前提下实现个性发展,课程标准应有不同水平的要求,在开设必修课的同时设置丰富多样的选修课程,以利于学生获得更多的选择和发展的机会,为培养学生生存能力、实践能力和创造能力打下良好的基础。这是我国高中新课程改革中第一次提到课程的多样性。

2010年,中共中央、国务院印发了《国家中长期教育改革和发展规划纲要(2010—2020)》,再次指出,高中选修课程的设置是高中教育课程改革的重点,是高中学生个性化发展和创造性培养的重要保证,也是体现学校特色化的重要领域;鼓励普通高中办出特色,支持普通高中建立特色化课程体系,在国家课程方案的指导下,根据自身定位和本地实际,努力建设涵盖三级课程、涵盖显性与隐性课程、涵盖常规课程与特色课程的学校特色化课程体系;从多角度入手,规划符合办学目标和培养目标的特色课程,发展学校的办学特色。也就是说,在选修课程多样化的基础上强化高中特色课程体系建设,目的是改变高中办学"千校一面"的现象,让更多的普通高中办出特色,同时也有利于学生个性的多样化发展。

鉴于发展高中特色课程主要是为了改变我国高中的同质化现象,鼓励高中办出特色,因而上海理工大学附属中学在开发特色课程过程中以学校的文化传统、区域特色、附属大学的优势作为主阵地,以项目带动学校特色课程发展。学校的特色与学生的需求密切契合。在考虑学生需求的前提下开设特色课程,适应时代发展对未来高中毕业生的需求。学校开设的任何课程都是为教育目标服务的,其最终的服务对象应该是学生,尤其是特色化、个性化的校本特色课程。特色课程对学生的全面发展有重大的意义。从学生角度和学校自身角度综合考虑课程的特色性,才不致使课程脱离学生、华而不实,同时也满足学校的特色化,真正起到开发特色课程的作用。

尽管上海理工大学附属中学在特色课程开发方面取得了一定成绩,树立了特色课程开发研究的典范,但仍然存在一些问题和不足。

首先,教师开发主体意识薄弱。在对影响特色课程开发的主要因素的调查访谈中,90%以上的教师认为地方政府和教育部门的政策支持,以及学校的支持、评价和奖励机制占主导地位。在关于"在特色课程开发中遇到哪些问题和困难"的调查和访谈中,有55%的教师认为专业知识、技能水平和时间不足是自己在特色课程开发中遇到的最大困难。例如,有教师说道:"还是希望多一些专业性的指导,请一些专家学者来多讲讲如何进行校本课程开发。再有就是平常比较忙,有时候想把自己的这门课再做细一点儿,但好像总没有时间。"

学校教育目标的达成,是多种因素有机融合、共同作用的结果。特色课程开发同样会受到各种主体性要素和过程性要素的影响,其中主体性要素包括教育行政部门、教师、学生、家长、课程专家和社会人士等,他们立足于各自的需求和角色,在特色课程开发这个持续和动态的课程改革过程中发挥着作用。而在这些主体性要素中,教师毫无疑问居于首位,这是由教师职业的专业技术性和特色课程开发"以特色为本"的原则所决定的。教师既是特色课程开发情景分析的观察者,也是特色课程开发组织实施的主要执行者,还是特色课程开发评价的主要反馈者和修订者。统观上海理工大学附属中学特色课程开发实践的历程,教师参与一门课程开发的深度与广度、态度与能力、反馈与评价,直接影响这门课程的质量与效果。

其次,课程领导组织能力不足。尽管近十年来,上海理工大学附属中学特色课程开发经历了去粗取精、优胜劣汰的过程,但课程开发的领导组织能力仍显不足。在关于"学校的特色课程还需要在哪些方面加以改进"的访谈中,师生反映最多的是关于课程开发领导管理的问题。特色课程开发必须依托学校的现场进行,学校的教育哲学思想、文化理念、办学条件等都是特色课程开发的内在支撑。在资源开发、师资培养、课程建构、组织实施、考核评价等各个环节,学校都承担着主体责任。课程领导组织能力的强弱,直接影响着特色课程开发的成败。

(本节撰写者:张朝晖、叶理辛、王建业、杨艳芳)

第二节 理论研究

一、指向高中生工程素养培育的特色课程群的含义

"工程素养",源自美国的 STEM 教育理念。STEM 是科学(Science)、技术(Technology)、工程(Engineering)与数学(Mathematics)的首字母缩写。上海理工大学

附属中学倡导的高中生"工程素养"培育，重点是帮助学生形成工程科学的严谨思维和作风，激发部分学生从事工程科学的兴趣，着重培养学生在各种情境中对遇到的问题进行有意识的探究、有方向性的预见并加以科学解决的方法和能力。融合工程科学的教育，提升学生的社会责任感和实践能力，包括用知识和能力服务社会的意识、严谨科学的态度和作风、团队合作的精神，重在发展学生的问题意识、创新精神及主动探究和动手操作的能力。

"工程素养"可以分为工程科学兴趣、工程科学思维、工程科学知识、工程科学实践、工程科学规范五部分内容。但是一般高中生并未直接从事将来也未必都从事工程建设与工程科学的研究，因此，学校在一般工程科学素养的基础上进行拓展，使"工程素养"的内涵更加基础，更加适合高中生的发展，更加适合学校教育实际，更加符合学校办学的特质。

经过多年的办学实践、教育实践与反复的思考讨论，我们确定了学校研究的高中生工程素养包括系统思维、实践创新、交流合作和责任伦理四大核心要素。"系统思维"，即能够运用知识形成对问题情境的整体判断，具有较好的发现问题、分析问题和科学解决问题的综合思维能力。"实践创新"，即具有动手实践能力，能创造性地运用工程技术和信息技术，将科学的理论创新运用于实践，具有探索精神，有实现目标的能力。"交流合作"，即具有交流合作的意识和能力，能够在团队协作中沟通交流，合作分享，取长补短，相互促进。"责任伦理"，即在行为发生之前就能预见行为完成之后可能产生的结果，并努力克服其中负面的东西，比如做工程不能破坏自然环境等。

综上所述，我们将"指向高中生工程素养培育的特色课程群"定义为：以培养高中生工程素养为目标，由注重高中生工程基础的通识课程，注重工程能力学习的"工程与科学"课程、"工程与技术"课程、"工程与艺术"课程，以及与劳动课程相结合、注重动手实践的"工程实训课程"，与综合实践活动相结合、注重自主参与的"工程实践体验"，共同组成的一个结构合理、层次清晰、彼此连接、相互配合、深度呼应的连环式课程集群。

二、指向高中生工程素养培育的特色课程群的特点

指向高中生工程素养培育的特色课程群的特点是：三类课程分层实施工程素养培育，工程素养特色课程与理化生实验教学有机结合，课程提供丰富的学生实践平台。

(一) 三类课程分层实施工程素养培育

学校形成工程素养培育基础型课程，面向全体学生，强调工程素养培育需要全面和广博的知识基础与扎实的知识积淀。学校面向全体高一学生开设了工程素养短课程，包括工程与创意、机器人基础、工程机械概论、虚拟技术，培养学生对工程素养的兴趣，并使其掌握基本技能。学校与上海理工大学工程实训中心合作开发了高中生工程与实训课程，从学生实践能力入手，通过简单的钳工、铸造、数控加工、材料成型等操作技能教学，培养学生的实践能力，强化工程素养培育的过程与环节，让每个学生都能体验工程实践的过程，感悟工程实践的重要性，收获工程实践的成果。

工程素养培育拓展型课程是面向对工程类课程有兴趣，有进一步了解需求的学生。学校为学生提供丰富的拓展课程，包括理化生实验拓展工程模型课程、工程结构课程、工程创新系列讲座课程等，引进大学课程并完成校本化开发与实施。

工程素养培育研究型课程是面向在"工程"方面有特长的、有竞赛需求的学生。这批学生在大学教师、学校教师的指导下，从学习生活和社会生活中选择和确定研究专题，用严谨的科学研究的方式，生动地获取知识、应用知识，开展解决问题的学习活动。

表1-3 上理工附中工程素养特色课程

课程领域	类别	课程名称
基础型课程	学科渗透工程素养	学科工程素养培养实施纲要 理化生实验导论微课程
	工程素养短课程	工程素养短课程（工程与创意、机器人基础、工程机械概论、虚拟技术） 工程与实训课程 工程与创新创业
拓展型课程	工程与人文	上海都市文化比较 四书选读 中国现当代女性作家
	工程与数学	数学建模 几何画板
	工程与科技	生活中的化学 舌尖上的化学

续表

课程领域	类别	课程名称
		物理拓展实验力学篇 物理拓展实验光学篇 生物与工程（植物克隆）
	工程与艺术	数字油画 数字故事制作 PS 图像处理与数字媒体
研究型课程	创新实验室活动课程	创新实验室学生探究活动课程实施指南
	理化生实验探究课程	理化生实验室创新实验
	工程类自主研究课程	工程实训小课题研究
	工程素养实践活动平台	头脑 OM 主题冬令营 "延吉杯"青少年创意大赛 "上理工附中杯"头脑奥林匹克即兴题挑战赛 暑期创意漂流体验活动 尚理科技节 尚理社团文化节 尚理读书节 暑期德国、芬兰夏令营

（二）工程素养特色课程与理化生实验教学有机结合

学校工程素养培育与理化生实验教学相结合。学校自行开发了理化生实验导论微课程，通过强化实验教学培养学生的规范意识和实际能力，同时自行开发了基于创新实验室的"做中学"校本体系课程，并运用该课程进行有效的教学探索和实践。近几年来，我们已经形成了"做中学物理（力学热学部分）""做中学物理（电磁部分）""舌尖上的化学""生活中的化学""植物克隆"等实验体验课程。课程注重学生创新能力及"可持续发展"理念的培养，从准备阶段到体验阶段再到自主创新阶段，引导学生从了解课程知识开始，经历发现问题、确定课题、完善计划、开展研究的过程，由浅入深，层层深入，丰富学生的学习经历。

此外，学校提出上理工附中学生必做的 100 个实验，既包括课程标准中的学生实验，也包括部分拓展实验和演示实验，并定制实验教学网站，组织编写"学生必做的 100 个实验"的实验手册，发挥实验教学培养学生实践运用能力的功能。

学校依托上海理工大学工程实训中心，开展高中生工程实践活动，让学生初步了解机械加工的工艺概况，对现今一些比较先进的加工技术与测量手段形成直接的感知,锻炼动手能力,体会工业生产的氛围,培养严谨、一丝不苟的态度,对养成有序科学的操作态度有具体的形象认识。

(三) 课程提供丰富的学生实践平台

学校的研究型课程以社团活动为载体。学生可以通过自主选择、深入社会、考察实践进行探究,并完成课题报告。在自主研究类课程中,每学年由学生从课题库中自行选择课题开展研究性学习,经历课题研究的真实过程。学校还积极开发以工程素养为培养目标的、以项目研究为基础的、与研究型学习相结合的 STEAM 课程,注重学生在真实情境中学习的经历。结合创新实验室建设,学校开设了基于创新实验室的活动类课程和走出校门联合社区高校的工程素养实践活动类课程,借以增加学生实践探索的机会,促进科学探究和工程设计的融会贯通。

学校逐步搭建学生创意实践的活动平台,构建校内外"创溢"课堂,将创意活动辐射到社区。历年来,学校策划组织了"延吉杯"青少年创意大赛、"上理工附中杯"头脑奥林匹克即兴题挑战赛、暑期创意漂流体验活动、"上理之星"评选等活动,孕育了一大批具有创新精神的上理学子。每年,我们都在校内开展尚理科技节、尚理艺术节、尚理读书节、尚理社团文化节等活动,同时积极开展国际交流,与德国、芬兰等学校建立姐妹学校,支持学生参加国际创新大赛,对接综合素质评价,为学生的创意实践活动搭建平台。

学校创建工程素养培育社会实践基地。每年,学校都会联合上海理工大学附属小学、上海理工大学附属初级中学、延吉街道等一起创建工程素养培育社会实践基地,精心制定暑期创意漂流体验活动方案。同学们利用自己平日所学,发挥所长,从工程兴趣拓展营、工程思维训练营、工程实践体验营、人文关怀感受四个方面设计了 11 个子项目活动,自己准备课程教具,自己联系场地并实施课程,将工程素养培育与志愿服务活动相结合,提升了综合素质。

三、指向高中生工程素养培育的特色课程群的指导思想

以"尚理"办学理念引领工程素养培育。上海理工大学附属中学以"尚理"办学理念为引领,制定了学生发展目标——"人文厚实、理工见长"。"人文厚实",以社会责任感为核心,重在发展学生的创新意识、人文情怀,以及团队合作、协同共事、服务社会

的品质;"理工见长",以实践能力为核心,重在发展学生的问题意识、创新精神,以及主动探究、动手操作的能力,以及严谨科学的态度和作风。

"尚理"是学校办学的核心理念,是核心素养的校本化表达。在"尚理"办学理念的引领下,学校全方位打造特色德育、实施特色教学、创建特色文化、开展特色活动、推进特色教研,以学生的发展目标为导引,优化学生的发展,培养出人文厚实、理工见长、拥有较高工程素养的优秀高中生。在"尚理"办学理念的引领下,上海理工大学附属中学从认知、情感、意志和行为四个方面积极建构以工程素养为主题的特色课程群。该课程群践行"知行合一"的育人思想,旨在全面提升学生的工程素养。

学校"工程素养"是在一般工程科学素养的基础上发展而成的,使工程素养的内涵更加具有基础性,更加适合高中生的发展和教育,更好地成为学校办学的特色。

"1+3+2"特色课程群指向高中生工程素养培育,由通识课程、"工程+"课程和实践课程组成。"1+3+2"课程互相联系、互相补充,形成了既注重学生共同发展又关注学生个性发展的课程体系。培育"人文厚实、理工见长"的学生是工程素养课程体系的宗旨,是促进工程素养特色课程群发挥教育效力的指南。工程素养特色课程群围绕上海理工大学附属中学界定的工程素养"四个核心要素"(实践创新、系统思维、交流合作、责任伦理)设计。"1+3+2"特色课程群,充分彰显了上海理工大学附属中学特色课程的品位和特点。

四、指向高中生工程素养培育的特色课程群的总体目标

指向高中生工程素养培育的特色课程群的总体目标包括:课程建设目标、学生发展目标、教师发展目标。

(一) 课程建设目标

特色课程是学校教育走向特色的重要体现,特色课程建设在学校办学中占有重要地位,研究、开发和实施特色课程是学校特色发展的必经之路。上海理工大学附属中学"指向高中生工程素养培育的特色课程群"建设的目标是:在实施好国家课程和地方课程的前提下,自行开发适合学校实际的、具有学校自身特点的特色课程,继而在特色课程建设的探索和深化中,不断凸显学校特色办学理念与办学行为,逐渐形成学校的特色课程群。

为了做好特色课程与国家课程、地方课程的衔接,实现国家课程、地方课程、特色课程在学校层面形成一个有机的整体,学校力求在特色课程群建设的过程中,从实际出发,对学校现有课程加以整合梳理,制定适合自身的课程整体规划设计与实施方案。同时协调构建不同课程之间的良性互动,从单个活动的课程到具体科目,再到"课程群",建构协调有序的课程体系。在特色课程群建设的过程中,学校可以进一步适应社会的多样化及学生全面而有个性的发展需求,构建重基础、多样化、有层次、综合性的特色课程群结构。

与其他同类型学校的课程相比,特色课程能够表现出学校自身品质的卓越性,即能够体现学校不同风格、不同气质的精神面貌,其最重要的是体现出色的育人成效。正是有了课程品质的优越性,特色课程才会得到公众的认可,才会显示出强大的生命力。因此,我们希望特色课程群的建设能进一步提高学校的育人质量和育人成效。

(二)学生发展目标

工程素养特色课程群建设的目标是:打破传统课程的僵化性,实现"以学生为主体、教师为主导、探究过程即学习过程"的模式,让学生不再游离于课程外,成为课程的真正主体。工程素养特色课程群的建设从"知识为本"转到"以生为本",从学生的真实生活和发展需求出发,让学生自主选择课程的内容,体验自主学习的过程,培养学生主动学习、主动探索、主动创新的精神和终身可持续发展的能力,增强和扩展包括科学素养和人文素养在内的工程素养和国际化视野。通过课程群的学习,学生能够激发自身学习探索的积极性,生成个体学习经验。学生解决实际工程问题的过程,将增进其对多种工程知识的理解,提高工程实践能力,培育工程素养。

指向高中生工程素养培育的特色课程群的学生发展目标是:在高中生全面和谐发展的基础上,促进高中生系统思维意识与能力的更好发展,促进高中生实践创新精神与能力的更好发展,促进高中生交流合作意识与品质的更好发展,促进高中生责任伦理态度与精神的更好发展。

工程素养特色课程群中的每一门课程,都对学生学习行为有明确的指向要求,便于操作和评价,从而促使学生通过实践提升工程素养。工程素养特色课程群中的课程门类多样,分为通识课程、选修课程和实践课程三类,以更好地满足不同年级、不同兴趣学生的需求,主要关注学生的学习活动过程,重视学生的兴趣和能力差异,强调适应性、生成性。特色课程群能激发学生的学习兴趣,催生新的学习目标,兼顾能力差异及综合素质的培育。在实施过程中,特色课程群为学生提供自主学习的问题情境,营造创新文化氛围,重视每位学生的个性化素质及创造性表现,以促进学生的工程素养的发展以及创新精神和批判思维能力的培育。

(三) 教师发展目标

传统意义上的教师更多扮演的是传道、授业、解惑的角色,是国家课程忠实的传递者和执行者。而特色课程作为国家课程和地方课程的重要补充与发展,强调学校在实施好国家课程和地方课程的前提下,自行开发适合学校实际的、具有学校自身特点的课程。这就要求教师不仅是课程的实施者,更是课程的研究者、设计者和评价者。教师需要在充分了解学校学生发展特点和现实需要的基础上参与和推进课程改革。特色课程建设对促进教师专业发展具有重要意义。教师在参与学校特色课程建设的过程中,能增强课程意识,更好地掌握课程开发的技术,提升课程开发的能力。在特色课程的实施中,教师因地制宜、因材制宜地开发课程资源,探索丰富多样的教学方式,开展基于学生行为表现的课程评价,从而发展出整体教学和深度教学的思路和视野,最终反哺国家课程的教学实施。无论是课程的开发创新,还是学校特色的创建发展,都需要教师在教育实践中贡献智慧。特色课程建设将课程开发和实施过程与教师的专业成长和内在发展有效地整合起来,提升了教师课程开发的意识和能力,促进了特色课程的特色化发展。

五、指向高中生工程素养培育的特色课程群的要素

指向高中生工程素养培育的特色课程群具有以下要素:工程素养的要素、创新创造的要素、拓展型课程的要素、研究型课程的要素、实践操作的要素。

(一) 工程素养的要素

指向高中生工程素养培育的特色课程群具有工程素养的要素。特色课程群的学生发展目标就是要促进高中生工程素养的发展。一要促进高中生系统思维意识与能力的发展;二要促进高中生实践创新精神与能力的发展;三要促进高中生交流合作意识与品质的发展;四要促进高中生责任伦理态度与精神的发展,比如做工程不能破坏自然环境等,实现人与人、人与社会、人与自然的和谐发展。

(二) 创新创造的要素

指向高中生工程素养培育的特色课程群具有创新创造的要素。特色课程群中的"舌尖上的化学""图形计算器应用""未来科学家""生物与工程（植物克隆）""废水污染与环境保护""揭秘大气污染背后的故事""数字故事制作""历史剧鉴赏与创作"等课程，都需要高中生在拓展科学知识与视野的同时，认真地进行创新创造活动，要求高中生学会发现问题、分析问题，然后确立小的课题与项目，设计研究计划，开展科学探究活动，或进行科学技术的实践制作活动。这些课程的学习、研究与实践，能培育高中生的创新意识与创造精神、创造性思维能力、创造性实践能力与创造性人格。

(三) 拓展型课程的要素

指向高中生工程素养培育的特色课程群具有拓展型课程的要素。特色课程群中的"通识课程""'工程与科学'课程""'工程与技术'课程""'工程与艺术'课程"等中有大量的学科外的拓展性知识。"机器人基础""人工智能基础""物理拓展实验力学篇""物理拓展实验光学篇""创意设计与制作（3D 打印）""PS 图像处理与数字媒体""数码摄影""数字油画"等课程的学习，能加深高中生的现代科学知识基础，开阔高中生的视野。

(四) 研究型课程的要素

指向高中生工程素养培育的特色课程群具有研究型课程的要素。特色课程群中的"综合实践体验课程和跨学科项目化课程"，需要高中生积极开展项目化实践研究活动，如工程与科学课题研究活动、工程与技术课题研究活动、工程与艺术课题研究活动、创新实验室探究体验活动等。这些课程的学习与研究，能引导高中生学习科学思想、科学方法与科学技术，培育高中生的科学项目课题研究能力，以及选题、设计、实施、获取数据、分析数据、得出科学结论的能力。

(五) 实践操作的要素

指向高中生工程素养培育的特色课程群具有实践操作的要素。特色课程群中的"工程素养培育综合实践体验课程和跨学科项目化课程"，需要高中生积极开展综合实践体验研究活动，如工程实训课程（数控铣削、特种加工、铸造、热处理、锻工、3D 成型等)、尚理未来工程师夏令营、暑期创意漂流体验活动等。这些课程的学习与实践，能培育高中生的创新实践思想、创新实践方法与创新实践技术，增强高中生的科学技术实践操作技能与能力、合作实践探究的意识与能力、交流共享科学技术实践操作成果与经验的意识与习惯。

六、指向高中生工程素养培育的特色课程群的分类

指向高中生工程素养培育的特色课程群由通识课程、拓展课程("工程+"课程)、实践课程组成。

(一) 通识课程

通识课程以工程素养基础知识为核心，旨在夯实学生的工程基础，拓宽学生的工程视野，提高其工程实践能力。相关课程如下："工程与创意""尚理智造2035""机器人基础""人工智能基础"。

(二) 拓展课程("工程+"课程)

拓展课程以工程素养拓展知识为核心，旨在提升学生发现问题、分析问题、解决问题的能力，培育学生的科学精神和创新能力。相关课程如下：

1. 工程与科学："舌尖上的化学""生活中的化学""物理拓展实验力学篇""物理拓展实验光学篇""图形计算器应用""未来科学家""奇思智能科创"等。

2. 工程与技术："废水污染与环境保护""揭秘大气污染背后的故事""生物与工程(植物克隆)""机器人概论""生命的奥秘""创意设计与制作(3D打印)""初始Python与人工智能""数据结构与人工智能拓展""OM/DI创意实践"等。

3. 工程与艺术："数码摄影""数字油画""数码影像制作""数字故事制作""历史剧鉴赏与创作""英语戏剧""PS图像处理与数字媒体"等。

(三) 实践课程

实践课程以实践体验和角色体验为核心，旨在提升学生的工程素养和动手操作能力，以及适应社会、服务社会的能力，包括融入社会、相互合作、磨炼意志、提升品德等方面能力。相关课程如下：

1. 劳动课程:工程实训课程(数控铣削、特种加工、铸造、热处理、锻工、3D成型等)。

2. 综合实践活动:"工程与人文课题研究活动系列课程""工程与艺术课题研究活动系列课程""工程与科学课题研究活动系列课程""创新实验室探究体验系列课程""尚理未来工程师夏令营""暑期创意漂流体验课程""尚理社团文化节体验课程""尚理读书节体验课程""尚理科技节体验课程""走进社会实践基地""暑期海外游学系列课程"等。

七、指向高中生工程素养培育的特色课程群的评价

高中生工程素养评价的主要目的是全面了解学生的工程学习活动历程,激发需求与潜能,促使学生在工程素养、专业精神、审美情趣等方面获得提升,从而提高综合素养,激励他们成为知识丰富者、问题解决者、理性批判者、敢于负责者、专注笃行者、善于合作者、深度探究者、积极创造者、胸怀天下者。通过评价改进教师的教学,促使教育变革的发生。在过程性评价中建立评价目标多元、评价方法多样的评价体系;对工程素养的评价既要关注最后的结果,更要关注学生的参与过程;既要关注学生的工程素养水平,更要关注他们在工程活动中表现出来的情感与态度,帮助学生认识自我,建立信心。充分利用评价的激励性、导向性激发学生在工程方面的兴趣,培养好的习惯。通过评价培养学生的工程素养,通过评价让学生从原来的被动学习转变为主动学习,为未来的终身发展埋下兴趣的种子。

指向高中生工程素养培育的特色课程群的评价从五方面展开:学习任务引领评价;质性评价,以评促学;评价系统记录过程;校本评价呈现特色;"工程素养"评估帮助学生规划人生。

(一)学习任务引领评价

基于工程素养培育的课程评价以学生为中心,倡导学生自主学习、自主实践、自主探究。我们在评价中以学习任务作为评价的驱动引领,通过评价任务的设计使学生能身临其境地学习,让学生自己动脑、动手,充分体验探究、发现的过程,并在学习任务的完成过程中形成对学生工程素养的评估。

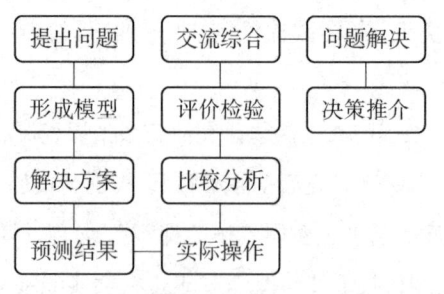

```
提出问题 → 交流综合 → 问题解决
形成模型    评价检验    决策推介
解决方案    比较分析
预测结果    实际操作
```

图 1-6 上理工附中学生学习任务实施步骤图

(二) 质性评价，以评促学

在课程教学中，我们运用质性评价方式以评促学、以评导学，评价的重点是学生在学习中的思维能力、创新创想能力以及实践探索和自主学习等可持续发展能力。评价内容包括以下三方面。作品评价：关注成果中项目小组成员在分析、建构、设计、创新、解析、组织和整合、开发、制作等方面的能力，同时包括学习中沟通协调、合作学习、应用和迁移知识的能力；学习表现评价：在项目实施过程中，观察记录项目小组的学习态度与行为，以及学习任务完成的过程，并对其进行评定；客观性知识评价：主要结合量化评价方式考查学生记忆、领会、再现重要事实性知识的能力。

1. 作品评价

"作品"指学生在项目实施与任务完成过程中设计、制作、创作、撰写的各种项目成果。作品评价是基于"作品"的仔细"审查"，对项目小组最终完成的项目成果进行分数或等级评定的过程。作品评价关注的是项目成果中"隐藏"的项目小组在分析、建构、设计、创新、解析、组织和整合、开发、制作等方面的能力，以及沟通协调、合作学习、应用和迁移知识的能力。

与传统的客观性纸笔测验相比，作品评价的信度较差，评价者依据自己的主观判断评分，降低了作品评价的客观性。为了增加该评价的客观性和可靠性，可以注意以下几个方面：一是项目涉及多个作品，综合评定；二是每个作品尽可能多地涵盖课程目标中规定的技能元素；三是多元主体参与评价；四是制定相应的评分细则。

2. 学习表现评价

学习表现属于显性行为目标，可以直接用"可观察"和"可测量"的行为指标进行评价。学习表现评价是指在项目实施过程中，观察和记录项目小组的学习态度与行为，以及学习任务完成的过程，并对其进行分数评定或等级评定。学习表现评价的关键是设计能够体现课程目标的表现性任务，然后在表现性任务完成过程中观察和记录学生的相关行为。比如,小组合作表现,实际操作或展示过程中的规范性、熟练度等。

表现具有动态特点,这使学习表现评价存在时效性。为了保证评价的信度和效度,教师需提前设计好学习表现评价表,明确观察的行为,以便及时捕捉学生的关键性表现。

3. 客观性知识评价

考查学生重要事实性、通识性知识能力的测验,通常即为客观性知识评价。客观性知识评价较其他评价类型,具有评分的客观性和精确性的特点,主要考查学生记忆、领会、再现重要事实性知识的能力。在评价中要避免过多使用事实性知识测验,否则会过分强调浅显知识的学习情况,向学生传递不正确的信息,认为死记硬背比迁移、应用、分析、设计、实施等能力更重要,导致考核偏离评价的宗旨。

4. 评价权重的确定

权重是一个相对的概念,是指在评价体系设计中,对评价对象不同侧面的重要程度进行定量分配,是评价体系及评价指标的重要组成部分。

表1-4 评价权重的确定

考核与评价内容		成果形式	评价标准	评价主体	权重	
作品评价	作品完成方案,作品制作过程记录,作品展示评价,作品完成质量	Word提纲	"提纲"评价表	任课教师	15%	50%
		Word电子记录	"过程"评价表	任课教师与学生评委	15%	
		现场演示或小组汇报	"展示"评价表	教师评委与学生评委	30%	
		作品成品或论文	作品、论文评价表	教师评委	40%	
学习表现评价	小组出勤与作业提交,小组讨论、合作学习,小组汇报、发言,小组动手操作能力	/	"出勤"记录表、"作业"等第记录表	任课教师	20%	30%
		/	讨论、合作记录表	任课教师与学生评委	30%	
		PPT及讲稿	小组汇报、发言记录表	任课教师与学生评委	30%	
		作品	作品完成的质量	任课教师与学生评委	20%	

续表

考核与评价内容		成果形式	评价标准	评价主体	权重	
客观性知识评价	选择题，判断题，案例分析	试卷答题纸	试卷答案及评分标准	任课教师	100%	20%

（三）评价系统记录过程

用分数核定学生成绩等第的评价形式突出了学生相互之间的公平性，但并不能细腻地刻画每一个学生的个性。通过综合运用学生自我评价、同伴评价、教师评价，从不同角度和不同语言客观地描述学生的表现，刻画学生工程素养的个性特点。在操作上，为避免因相互借鉴而降低评价的效度，可通过互联网加以实现，最后汇总到评价平台上。学校与专业团队合作定制工程素养必修课程资源App，开发互动交流的学习评价系统，充分刻画学生"工程素养"的个性特点。

（四）校本评价呈现特色

学校结合"上理之星"评选活动，探索综合评价形式。评选活动分为三个板块，分别是初评阶段、中评阶段与终评阶段。在初评阶段，学校组织动员，学生自荐与教师推荐相结合，评选小组根据学生情况拟定候选人。在中评阶段，安排一场综合技能测试，由"论文摘要""动手实践""工程创新素养测试""虚拟制作"组成。在终评阶段，第一个环节是主题设计，学生要在2周时间内完成自己的创意设计，并最终进行展示；第二个环节是即兴问答；最后一个环节是自我展示。"上理之星"评选活动为学校工程创新教育的发展起到了重要的推动作用。

（五）"工程素养"评估帮助学生规划人生

学校依托专业团队，探索高中生"工程素养"评价形式及评价标准，了解每一个学生的工程素养潜力、课程需求、能力发展状况，同时，和专业团队合作开发与工程素养特色课程群相匹配的测试体系。测试分为三个应用阶段：第一个阶段供刚入学的新生进行评价，了解新生的工程素养潜力和起点水平；第二个阶段是学生完成工程素养相关短课程（必修课）之后的评估，了解学生在课程中的收获与成效，并且通过能力与兴趣分析为学生推荐适合其进一步学习的课程；第三个阶段是完成选修课之后，对学生在校期间获得的工程素养进行评价,帮助学生合理规划升学与就业目标,为学生持续发展提供保障。

(本节撰写者:张朝晖、叶理辛、王建业、杨艳芳)

第三节 实践研究

一、指向高中生工程素养培育的特色课程群的实施内容

指向高中生工程素养培育的特色课程群的实施内容包括:完善德育课程,以德为先,拓宽工程育人内涵;拓展实施路径,建构完善丰富的学校特色课程体系;三大板块、五大具体课程。

(一)完善德育课程,以德为先,拓宽工程育人内涵

德育课程落实育人目标。学校根据育人目标,从学生品格发展、学业发展、生涯发展的不同维度,围绕未来工程师必备的"报国情怀、质量意识、标准概念、系统思维"等关键能力和重要品格,聚焦"工程素养"培育开展系列特色活动。在常规德育活动中挖掘工程元素,在校本特色活动中提炼经验,对学生开展体现社会主义核心价值观的校本化教育。从为人、为学、为事三方面,培养"做真人"的社会公民、"求真知"的青年学生、"做实事"的工程人才。

生涯辅导走向社会。学校开发"迈向'尚理'成功人生"区域共享课程,课程内容逐步向理工大类学科、专业与行业倾斜,使之成为学生工程素养培育的载体之一。实施"职业与专业巡礼"活动,带领学生实地走访洋山深水港、上海雀巢饮用水有限公司等地,进入上海理工大学、东华大学、上海工程技术大学举行成人仪式,体验专业课程。

"工匠精神"五个一活动。围绕育人目标,让同学们"看一看"《智慧中国》系列纪录片;"听一听"工程专家院士讲座,如庄松林院士、顾敏院士等为学生们呈现的工程前沿;"访一访"退休大学教授、专家、院士,感慨工程领域前辈的人生经历,树立用科技造福人类的理想;"讲一讲"关于工匠精神的理解与思考;和上海理工大学学生一起"做一做"创新创业大作业。

(二) 拓展实施路径,建构完善丰富的学校特色课程体系

开发工程素养培育课程。学校自行开发思维创意、机器人基础、工程与机械基础、数学建模等慕课,其中多门课程在"上海市高中名校慕课平台"上线,供全市中小学生自主学习。同时,学校开发实验平台、定制工程素养必修课程资源 App 以及开发互动交流的学习评价系统,记录学生学习素材资源的经历,从不同角度全面衡量、了解学生的学习水平。

拓展劳技课程资源。学校开发工程素养短课程,引入 CDIO 工程教育模式,内容包括创意、设计、虚拟、实现四个板块,聚焦学生发现和解决问题的能力。组织学生走进上海理工大学工程实训中心,学会简单的钳工、铸造、数控加工等操作技能;升级劳技课程内容,通过"一体化课程平台",以项目化学习为导向,将信息技术与结构搭建相结合,让学生体验从思考、设计、制作到创造的完整过程,提升学生的工程素养。

开设综合实践课程。为进一步提高工程素养特色的覆盖面、认可度,学校开设了特色社团活动课程、创新实验室探究体验系列课程、暑期创意漂流体验课程、头脑 OM 体验课程、海外综合学习课程等。综合实践课程成为学生喜欢、真实有效、开放自主的课程,为学校培育学生综合素养积累了经验。

打造主题活动课程。学校开展了尚理科技节、尚理读书节、尚理社团文化节等活动。联合上海理工大学及十二所联盟校的学生,开展科技知识竞赛、社团文化展示、学生创意设计、专项挑战赛、学生科创观摩等活动。丰富尚理讲坛内涵,从教师、学生、专家、家长、校友五个层面,围绕"工程素养"展开大交流、大讨论。

完善创新实验室课程。学校探索将理化生实验研究方法融入到工程实践制作的尚理实践坊课程中的途径,形成了以特色项目引领,体现工程素养培育,集创新实验室硬件、资源、课程、导师团、实践平台为一体的教育场所,为学生创建研究问题、解决问题乃至探究科学的自由时空,激发学生的创新思维和创新意识,探索青少年创新人才培养模式,让每个学生在创新实验室这片天地中自由成长。

基于工程素养培育的"活力课堂"建设。学校在课堂教学中关注学生思维品质的提升,立足课堂教学方式的转变,提出"问题驱动""互动交流""主动探究"三个环节六个改进点,总结提炼各学科激发课堂活力、聚焦学生思维发展的有效策略,积累各学科的活力课堂案例。

(三) 三大板块、五大具体课程

经过多年的研究与实践,指向高中生工程素养培育的特色课程群由三大板块、五大具体课程组成,即工程素养培育"1+3+2"特色课程群。三大板块包括:通识课程、"工程+"课程、实践课程;五大具体课程包括:通识课程、"工程与科学"课程、"工程与技术"课程、"工程与艺术"课程、综合实践体验课程和跨学科项目化课程。指向高中生工程素养培育的特色课程群的实施内容主要就是实施五大具体课程的内容。

二、工程素养特色课程群的实施策略

特色课程群研究团队设计并推进了"设计—实践—反馈—改进"的研究路径,综合运用了文献研究、调查研究和案例研究等研究方法,开展了较为持久深入的实践探索。工程素养特色课程群的实施策略包括:从"移植"到"种植",初探"工程素养"培育的高中课程;从"单一"到"多层",设置适应不同需求的阶梯式课程;从"分散"到"整合",构建高中生工程素养培育系列课程;从"规范"到"生长",加强研究型课程的开发指导。

(一) 从"移植"到"种植",初探"工程素养"培育的高中课程

学校在特色课程建设伊始,基于培养工程素养角度直接从上海理工大学向本校移植了五门课程(工程模型导论、工程结构导论、工程模型导论、虚拟技术、机器人技术),并由大学教师任教。但经过试点,学校发现选修人数越来越少,学生的选课兴趣下降。原因是课程内容不适合高中学生,讲课方式没有吸引力,"移植"遭遇水土不服。

为解决这一难题,学校以尚理实验中心为平台,以本校教师为主,联合大学教师合作攻关;缩小课程规模,以微型课程形式开发课程;课程内容方面选择学生喜闻乐见的、和工程素养培育紧密结合的内容,相继研发了"思维创意""机器人是怎样炼成的""虚拟技术""工程体验"四门课程,以微课程(8课时/学期)的方式先行试点,取得了良好的效果。初步完成从大学移植课程到校本种植课程的转变。

(二) 从"单一"到"多层",设置适应不同需求的阶梯式课程

在工程素养类微课程的先行试点过程中,学生需求的多样化引起了学校的关注。

学校课程建设也逐步针对不同层面的需求分层设置。主要分为三个层面：一是面向全体高一年级学生的普及型必修课程，共4门，每学期8课时，课程的定位是体验创造的快乐，培养工程意识；二是针对有兴趣学生的提高型拓展课程，面向高一、高二学生，每学期16课时，课程的定位是培养学生工程思维、技能与方法；三是面向高一、高二特长学生的课程，采用项目、双指导的形式，选择研究专题，强调应用知识解决问题，课程的定位是探究。

(三) 从"分散"到"整合"，构建高中生工程素养培育系列课程

建立和完善特色课程体系是创建特色高中的基础，学校针对学生动手能力普遍较弱的问题，形成"工程实训课程"，开展对简单的钳工、铸造、数控加工、材料成型等操作技能的学习，从"心创溢"志愿者联盟，到暑期创意课堂，将创想付诸行动，开展一系列青少年公益创意活动，形成"我的创意我做主"创意漂流体验课程。此外，上理工大学教授定期开展科普宣讲，形成"工程素养导论"系列讲座课程等。

学校开发了工程素养培育"1+3+2"特色课程群，包括通识课程，"工程+科学""工程+技术""工程+艺术"自主选修课程群，以及实践课程。目前已有9门课程在"上海市高中名校慕课平台"上线，作为工程素养特色课程供全市中小学生自主学习。此外，学校积极开发工程素养网络微课，形成系列化的工程素养科普微课程。学校自行开发实验平台、定制工程素养必修课程资源 App 以及开发互动交流的学习评价系统，记录学生学习素材资源的经历，从不同角度全面衡量、了解学生的学习水平。

(四) 从"规范"到"生长"，加强研究型课程的开发指导

针对研究性学习过程管理，学校初步形成《上理工附中选修课程开发与实施方案》，明确特色选修课程开发步骤，包括调查、申报、审核、培训、实施和督查六个环节。特色课程实施步骤包括：学生选课排课、上课规范、课题研究、结业评价。指导学生在高中阶段完成两项研究性报告，采用课内与课外、校内与校外相结合的方式开展活动，包括以下几个环节：课程学习、课题申报、课题认定、聘请指导教师、方案设计、研究进程、成果评审、综评辅导。

对接上海理工大学"创新创业互联网+"萌芽板块，在高中阶段做好创新创业项目萌芽培育。高一年级，通过拓展型、研究型课程重点培育部分相关研究性课题，聘请项目老师给予针对性指导，选送优秀的作品参加上海市青少年科技创新大赛、上海市百

万青少年争创"明日科技之星"评选活动等。高二、高三年级,将获奖的研究性课题在上海理工大学专业教授的指引下,进行再一轮的培育,选派优秀项目参加更高级别赛事,形成梯度培养模式。通过"创新创业互联网+"萌芽板块活动,深化附中与大学的合作,成就学生的发展。

三、工程素养特色课程群的教学实施方法

工程素养特色课程群的教学实施方法有讲解演示法、调查教学法、探究辩论法、设计制作法、劳动实践法、交流总结法、表彰奖励法等。

(一) 讲解演示法

讲解演示法是指,用教师或学生讲解的方法介绍高中生工程素养培育的特色课程群的目标、内容、方法与程序,特别是介绍通识课程的内容、特征、历史与未来等,用视频演示、实践展示有关内容,让学生学习有关通识课程知识,进行思考体会。它使高中学生对通识课程有所了解,对工程素养常识性知识活动有所理解。讲解者可以是有关教师,也可以是有准备的学生。

(二) 调查教学法

调查教学法是指,运用问卷、访问、座谈、测验与评价等手段,有计划、有目的、系统地搜集关于研究对象的材料,通过对材料的整理分析,了解事物现状,发现事物现象之间的联系,发掘事物规律的探究方法。按调查的目的分类,调查可分为现状调查研究、相关调查研究、比较调查研究与发展调查研究。针对指向高中生工程素养培育的特色课程群的调查,可以开展实地调查、上网调查、社会调查,然后进行调查分析,撰写有关调查报告。

(三) 探究辩论法

探究辩论法是指,学生在观察事物中发现问题,通过思考进行猜想,用各种办法获取资料、搜集资料、分析资料,进行辩论,以验证猜想是否正确的方法。它主要由发现问题、自主探究、分析解决、小组讨论、班级辩论等要素组成。"'工程与科学'课程""'工程与技术'课程""'工程与艺术'课程"中运用探究辩论法较多。

（四）设计制作法

设计法是指,在正式做某项工作之前,根据一定的目的要求,预先确定计划、方法、图样等,把一种计划、规划、设想通过视觉形式(文字、图形、图表等)表达出来的活动过程。制作法是指,探究者根据要探究的目的,参加某种实践活动,在活动中运用一定的工具,用原材料人工做成可供探究使用的物品(包括产品、作品等),从而科学地开展某种探究活动的一种方法。设计制作法主要由运用理论、创造思维、构思设计、分工协作、动手制作等要素组成。"'工程+'课程""综合实践体验课程和跨学科项目化课程"中运用设计制作法较多。

（五）劳动实践法

劳动实践法是指,探究者根据要探究劳动的目的,参加某种劳动实践活动,或自己组织某种劳动实践活动,在劳动实践活动中进行计划、组织、操作、反馈、评价、总结,以期获得对某种劳动实践活动的感悟与体验,掌握某种劳动实践活动的技能与能力,获得对某些事物了解与认识的方法。劳动实践法主要由确定目标、拟立主题、准备器材、运用工具、明确程序、实践操作等要素组成。"'工程+'课程""综合实践体验课程和跨学科项目化课程"中运用劳动实践法较多。

（六）项目活动法

项目活动法是指,教师将学生的学习内容活动置于一个个具体的项目问题中,让学生经历发现问题、选择项目、设计项目、实践操作、小组研讨与总结反思等项目实施过程,体现以学生为中心的方法。这种方法旨在把学生融入有意义的任务完成过程中,让学生积极学习,发现问题,选择项目,自主进行知识的建构,以现实的、学生生成的知识和培养起来的能力作为最高成就目标。项目活动法主要由发现问题、选择项目、设计项目、实践操作、小组研讨、总结反思等要素组成。工程素养培育"1+3+2"特色课程群都可以运用项目活动法。

（七）交流总结法

交流总结法是指,教师根据特色课程群中某课程的实施情况,组织高中生进行学习探究实践总结,撰写个人总结和体验感悟,然后在班级(社团)里开展小组交流,并在班级（社团）里进行展示，最后由教师或学生干部进行总结反思。交流总结法主要由个人总结、体验感悟、小组交流、班级展示、总结反思等要素组成。工程素养培育"1+3+2"特色课程群都可以运用交流总结法。

（八）表彰奖励法

表彰奖励法是指，教师根据特色课程群某课程的实施情况，组织高中生展示学习探究实践作品，评选优秀作品，然后由优秀作品研究实践者介绍作品与探究制作过程，最后在班级（社团）里开展表彰奖励，鼓励与激励学生进一步努力。表彰奖励法主要由学生作品展示、评选优秀作品、优秀作品介绍、表彰奖励优秀等要素组成。工程素养培育"1+3+2"特色课程群都可以运用表彰奖励法。

四、工程素养特色课程群的实践操作

在特色课程的实施过程中，学校主要采用特色课堂体验、校园特色活动和工程类实践活动三种形式进行实践操作。

（一）特色课堂体验

工程素养特色课堂聚焦于三方面内容：问题驱动、互动交流、主动探究。

1. 问题驱动

问题驱动是一种以学生为主体、以专业领域内的各种问题为学习起点，以问题为核心规划学习内容，让学生围绕问题寻求解决方案的一种教学方法。教师在此过程中的角色是问题的提出者、课程的设计者以及结果的评估者。问题驱动教学法能够提升学生学习的主动性，提高学生在教学过程中的参与程度，容易激起学生的求知欲，活跃其思维。在实施过程中需关注以下几点：

（1）提出问题。教师要在课前精选提炼出好问题，以达到一石激起千层浪的效果，这一步骤不仅仅需要教师通晓教学内容，还要较好地了解学生的情况。这是成功实施问题驱动教学法的基础。

（2）分析问题。这一阶段以学生的活动为主，教师争取让每个学生都提出自己的观点和看法，培养学生穷究事理的学习态度。教师在此阶段主要是发挥引导作用。

（3）解决问题。在上一阶段分析的基础上，让学生们提出解决问题的方法，设计解决问题的方案,提高学生问题解决能力。这时可以让学生用板书、讨论、报告等形式与全班进行交流。

（4）结果评价。包括自我评估、小组互评及教师评价等,评价内容为小组整体表现、问题解决方法的合理性、个人贡献等。让每位学生在这种课堂文化的熏陶下奠定终身发展的基石。

2. 互动交流

互动交流主要是指人与人、人与群体或者是群体与群体之间,借助语言文字等符号进行交流的活动。互动式学习要求所有的学习者进行多向交流,从而使互动的个体在心理、生理等方面产生变化。对话交流让很多思维隐性过程变得显性且易于感触,使得课堂上思维的明线与暗线相互交织。学生通过对话互通有无,教师基于对话及时进行诊断与反馈。在课堂上,学生是受教育者,是教育的主体。课堂教育中必不可少的是教师和学生的互动。师生之间保持积极的交流对课堂教学具有极大的助益。

（1）营造融洽的课堂氛围。美国教育家罗杰斯曾经说过:"成功的教育依赖于一种真诚的理解和信任的师生关系,依赖于一种和谐安全的课堂气氛。"融洽良好的课堂氛围是极其重要的,在课堂上,教师要充分尊重学生的钻研精神,鼓励学生积极思考,让学生自由讨论,关心学生内心所想,给予学生肯定、鼓励和认可。平等的互动关系会让师生相处更加和谐,讨论问题更加透彻,对调解课堂氛围有重要的作用。教师不再是权威者,而是学生课堂上的朋友。

（2）使教学内容更加有趣。有趣的教学内容能够激发学生的学习兴趣,丰富课堂内容,使课堂变得更加有趣生动,能大大提高教学有效性。教师在一定程度上需要完善自己,认真备课、多动脑、多想办法,使自己的课堂变得更加生动有趣,将学生的注意力集中到教学上,从而促进师生共同进步。

（3）教师积极引导。教师的积极引导在课堂教学中有不可替代的作用,教师将问题抛给学生,给学生一定的发挥空间,不仅能建立平等和谐的师生关系,也培养了学生的自主学习习惯。教师根据教学内容提出具有思考意义的问题,使知识的传达变得具体有效。层层递进的教学方式,有利于扩展学生思维的深度和广度,对学生的思维发展具有一定的积极作用。

每个学生都有自己的个性,都有自己的尊严和合法权利;每一位教师都有自己的责任和义务。教师和学生是课堂上不能分割的两部分,双方只有进行充分的沟通,平等互助,才能更好地进行教学活动,实现课堂教学效果的最大化。

3. 主动探究

主动探究就是学生主动地获取知识，形成主动参与、乐于探究的学习态度，提高搜集信息、分析问题、解决问题的能力，进而培养创新与实践的能力，以促进和谐、持续发展的目的。教师在教学中是引导者、促进者、帮助者。探究式教学就是面向学生，以学生为本，以课堂教学为载体，与社会生活和学生实际紧密联系，设置教学情境。

（1）转变观念，营造氛围。首先，教师要更新教学观念，相信学生，尊重学生，为学生创设问题情境，让学生自主选择，通过探究解决问题。同时，加强相关理论的学习，深入研究课程标准，创造性地使用教材。其次，要做好思想动员工作，让学生明确探究学习的重要性，为学生营造探究的氛围，激发学生对所学知识的探究欲望和兴趣。

（2）精选教学内容，优化教学方法。教师在选择教学内容时，首先必须符合学生生理、心理特点，本着全面、易学、实用的原则，以促进学生身心和谐发展。其次要从学生的实际生活、兴趣、爱好和内心需要出发，做到区别对待，同时还应考虑教学环境。

（3）正确处理"放"与"收"的关系。探究式教学的主导思想就是将学生放开。放开并不是随意、毫无目的的，而是让学生带着问题去学习，最终要达到一定的学习目标。从教学过程来看，"收"就是要解决大部分学生存在的问题，此时，教师要善于观察，加强指导，明确为什么要收，注意收的时机。

（4）通过正确评价和引导，增强学生在课堂中开展探究学习的可持续性。教师也要及时鼓励，帮助学生分析、探讨、交流，以极大的热情激发学生的探究动机。另外，学生通过自我评价，自己认识自己，自己教育自己，从而提升自我。

总体上，三个"动"的内在逻辑性很强，一步步深化，聚焦思维，让学生逐步在教师的引领下积极主动地开展探究学习。基于上述对"特色课堂"的校本理解，我们积极构建充满活力的课堂，在"情境中导入，在活动中认知，在探究中创新，在交流中互补，在反思中升华，在应用中提高"，力争形成具有"尚理"特色的、聚焦学生思维的"工程素养特色课堂"教学模式。

表1-5 "工程素养特色课堂"教学操作要点

问题驱动	互动交流	主动探究
创设问题情境	建构积极思维活动	精备巧引驱动兴趣
设计有效提问	生成对话互动空间	构建多样探究形式

（二）校园特色活动

传统高中教育是先理论后实践，大多数采用直接授课的方式，引导学生先感性认识，后理性认知，最后达到能力素养提高的目标。而现在高中生的成长环境发生了巨大变化，其性格特质、思维方式、行为特点、价值观念等与以往高中生已有所不同。"00后"是当前高中学生的主体，他们成长在节奏快、变化快的时代，信息的灌输和说教不会轻易触动他们，只有直觉与直接的感受、亲身的经历才能让他们相信，并留下认知的印记。工程素养的培育和提高特别依赖实践，基于"工程素养"特色的校园活动是让学生获得直观教育的有效形式。

基于"工程素养"特色的校园活动涵盖工程特色、工程应用、工程理论创新、工程学科前沿咨询等方面的内容。学生通过课堂的学习对工程知识仅有粗浅的了解，停留在表面。在学习过程中，学生会产生各种各样的疑惑，如工程知识如何产生，如何用，如何指导实践，如何创新。基于"工程素养"特色的校园活动能在实践中起到答疑解惑的作用，加深学生对工程知识的理解。有时在用工程知识指导实践的过程中还会产生一些新的想法，甚至是创新性的思维，这必然对学生的工程素养培育具有很好的推动作用。同时，经过实践的检验，学生对工程知识的重要性会有新的认识，进而反馈到课堂上，促使学生在听课过程中不断调整学习方法，提高学习能力。

表1-6 上海理工大学附属中学基于"工程素养"特色的校园活动一览表

活动名称	参加学生	负责组室
尚理科技节	全体学生参加	教导处、各教研组
尚理读书节	全体学生参加	教导处、德育处、各教研组
尚理艺术节	全体学生参加	教导处、德育处、音体美教研组
尚理体育节	全体学生参加	教导处、德育处、音体组
青少年工程知识竞赛	学生自主报名	教导处、理化生组、现代技术研组
青少年工程创新大赛	学生自主报名	教导处、理化生组、现代技术研组
工程主题演讲比赛	学生自主报名	教导处、语文组、英语组、团委
工程主题写作比赛	学生自主报名	教导处、语文组、英语组、团委
尚理学生讲坛	学生自主报名	团委
"上理之星"评选	学生自主报名	校办
"我与工程"主题班会	全体学生参加	德育处
"数学建模"等20多个学生社团	学生自主报名	团委

（三）工程类实践活动

利用工程类实践活动培养学生的工程素养是工程素养特色课程群的重要特征。这个板块由两部分组成，分别是：与劳动课程相结合、注重动手实践的"工程实训课程"，与综合实践活动相结合、注重自主参与的"工程实践体验"。这些课程主要服务于有工程素养特长的学生，为其提供实践和体验的平台。

在工程类特色高中建设中，工程实训课程建设是极为重要的一部分，该课程主要培养学生对工程机械的认识、理解、分析、设计以及实践创新的能力，为学生毕业后升入工科专业继续深造或者从事机械方面的工作奠定了重要基础，同时也培养非机械专业学生的工程素养。工程实训课程的建设水平标志着一所工程类特色高中的人才培养水平、学校发展高度和课程建设实力。

学校依托上海理工大学工程训练中心的现有资源和条件，探索以项目式产出为导向的工程实训模式，即学生以小组为单位，在实习周期内完成一个项目制作，实训项目选题除某一工种的单纯性验证或简单性设计，还涵盖了通过方案设计解决实际工程问题的项目内容。工程实训课程注重培养学生解决实际工程问题的能力，发掘学生自主学习的内驱力，培养学生的工程意识、团队合作精神和创新思维，成为工程素养人才培养的一条可行道路。

上海理工大学附属中学工程素养特色课程群中的工程实训课程采用项目式教学，改变以往传统实训的灌输模式，共分为四个阶段。

第一阶段为认知实习。实训的第一周是理论讲解加实训操作，让学生了解普车、普铣、数控车、数控铣、钳工、铸造、焊接、线切割、3D打印、激光打标共计十个工种的基础理论知识，掌握工种设备的原理并能操作使用。

第二阶段为项目设计。在实训的第二周，学生以小组为单位，讨论项目方案的设计。其中，项目的制作至少采用三个实训工种。小组成员集体制作完成项目的零件图和装配图，确定加工的工艺流程，选择原材料和标准件。项目设计阶段提高了学生对实训工种知识的应用探索，培养了学生的思维扩展与创新能力。

第三阶段为项目实施。在实训的第三和第四周，学生按照项目的设计，自主选择实训工种完成零件的加工、部件的装配以及调试。项目实施阶段培养了学生自主安排时间、分工协作以及实践操作等能力。

第四阶段为项目答辩。最后一天进行实物展示以及提交报告书文档，每个小组选

1名学生进行现场答辩,以幻灯片的形式汇报项目的全周期进程。项目答辩阶段培养了学生的语言组织与表达能力。

以项目式驱动的实训教学改变了以往工程实训的教学模式,强调以学生为中心,让学生自主选择综合项目,为学生提供自主学习和主动参与的机会,将学生置于学中做、做中学的完整过程之中。学生在完成项目的全过程中,综合运用专业知识与技能,促进工程实训知识的内化,完成后能够建构完整的知识体系。

表1-7 上海理工大学附属中学工程素养实践校园活动一览表

活动名称	参加学生	负责组室
工程实训	全体学生参加	教导处
尚理之生涯旅程	全体学生参加	德育处
尚理专业大巡礼	全体学生参加	德育处
尚理职业小达人	全体学生参加	德育处
创意漂流	学生自主报名	教导处、德育处、团委、学生会
创意课堂	学生自主报名	教导处、德育处、团委、学生会
创意嘉年华	学生自主报名	教导处、德育处、团委、学生会
延吉社区头脑OM亲子擂台赛	学生自主报名	教导处、德育处、团委、学生会
"延吉杯"青少年创意大赛	学生自主报名	教导处、德育处、团委、学生会
"上理工附中杯"头脑奥林匹克即兴题挑战赛	学生自主报名	教导处、德育处、团委、学生会

五、工程素养特色课程群的管理与保障

工程素养特色课程群的管理与保障主要从以下几方面开展:多元主体参与,形成共管共建机制;依托高校资源,形成合作发展机制;组建四个中心,形成课程研发机制;打造学习共同体,形成教研训一体机制;整合教育优势,完善联盟体建设;加强社区合作,扩大办学影响;融通中外资源,增进国际交流等。

(一) 多元主体参与,形成共管共建机制

学校建立了多元主体参与的"四合一"共管共建管理机制,其中"一"即上理工附

中理事会,"四"即形成区政府支持、区教育局主管、依托上海理工大学、学校自主办学的多元主体。学校建立了由教师专业发展委员会、家长委员会、社区大学和学生自主管理委员会组成的学校自主管理机构,通过共管共建机制,确保工程素养特色培育的实施,确保办学质量的全面提升。

(二) 依托高校资源,形成合作发展机制

上海理工大学建立了全面支持附中特色创建的机制。双方制定了《上海理工大学支持上海理工大学附属中学特色普通高中建设协议》,上海理工大学立足大学系统建设,在教育教学、师资队伍建设、平台建设、资源共享、国际合作交流等方面进一步加强对附中的支持。这一机制突破了普通高中与大学合作的常规,大学带课题、带经费、带人员,帮助附中建成并建好上海市特色普通高中,有效保障了可持续性合作办学的举措落实到位,形成了更高水平的人才培养体系。

(三) 组建四个中心,形成课程研发机制

学校通过完善课程研发机制,提升课程领导力,推进特色创建进程。我们建立了"厚德人文中心""尚理实验中心""艺体教育中心""学生发展指导('心理健康教育)中心"四个中心的管理机制,推动学校管理从行政管理向专业管理转型。中心通过课程与教学改革,承担学校特色课程的开发与实施,建立跨学科学习共同体开展教学研修并进行学科整合,在教学中落实对学生工程素养的培育,在促进学生培养方式转变的同时,实现了教师专业成长方式的转变。

(四) 打造学习共同体,形成教研训一体机制

学校创新教师专业发展的培养机制,积极打造教师学习共同体;组建以四个中心为依托、以课堂为主阵地、以教科研活动为载体的工程素养骨干教师团队。团队教师打破学科壁垒,进行跨学科合作,共同开发特色课程。加大特色教师队伍建设力度,组织22名特色教师与上理工大学优秀教学团队结对,实施一对一指导,加快特色教师的专业成长。通过教研训一体机制,学校将教研活动、科研活动与师资培训有机结合,从课程建设、课堂教学、专业提升、课题研究等多方面加强教师培养,努力建设一支"理崇至真,工贵求实"的高素质的教师队伍。

(五) 整合教育优势，完善联盟体建设

学校整合优质资源，以上理工附中为核心，组建了纵贯高校、教育机构和各兄弟校的教育联盟共同体。在上海市杨浦区政府的推动下，组建了上海理工大学基础教育集团，实施合作发展策略。学校联手七地八所具有理工特色的学校组成全国普通高中理工特色联盟，本着资源共享、课程共建、人才共育的目标开展广泛深入的合作。以上理工附中为核心校，招募区域内10所高中、初中和小学，共同组建了"上理工附中创新实验室联合体"，此外，还与区域内7所高中组建了"上理工附中生涯辅导联盟"，把优质资源辐射到区域。

(六) 加强社区合作，扩大办学影响力

学校与社区建立平等互动的伙伴关系。整合社区资源，与周边兄弟校携手延吉街道共同开展"创意嘉年华""延吉社区头脑OM亲子擂台赛"等丰富多彩的活动。发挥学校特色课程的辐射作用，开展跨学段区域联运创新人才培养模式的探究。我们还结合综合素质评价改革，与上海十余家实践基地签订共建协议，搭建更为广阔的学生实践的活动平台，开设"工程创意小课堂"，传播创新文化，形成学生校外志愿服务实践课程，更好地传承学校"心创溢"服务品牌，弘扬志愿者精神，得到了社会广泛好评。

(七) 融通中外资源，增进国际交流

学校不断丰富国际化的教育资源，持续深化国际课程与本土课程的融合研究与实践。建立长期深入的国际交流与合作，通过主题活动、课程共建共享、教师合作教学、师生交换互访等项目活动促进姐妹校间的资源融通。开设"英语戏剧"国际化课程，与德国罗特威尔市耐尔布欧宁学校和芬兰埃斯波市豪基拉赫蒂高中建立姐妹校关系，与上海理工大学国际交流处对接，积极搭建国际文化学习平台。通过多元文化的学习与交流，开拓了学生的国际视野，培养了学生的国际情怀，促进了学校的国际化发展。

六、工程素养特色课程群的活动案例

教师将高中生工程素养培育效果比较好的特色课程教学活动写成活动案例，使指向高中生工程素养培育的特色课程教学活动成果形象、生动、具体，便于教师间的交流，也便于其他教师学习。多年来，教师已撰写特色课程教学活动案例近百篇。

七、工程素养特色课程群的学生发展个案

教师将工程素养培育效果比较好的学生个案写成案例,便于班级、小组与学生个人间的交流,也便于其他学生学习。多年来,教师已积累学生发展个案五十多个。

(本节撰写者:张朝晖、叶理辛、王建业、杨艳芳)

第四节　文献研究

一、国外高中生特色课程研究与实践的现状

世界各国高中教育发展的背景不同,政治经济和文化环境各异,高中课程目标改革方面也存在差异,但正如华东师范大学崔允漷教授所言,世界各国都在思考培养什么样的人以迎接新世纪的挑战,并纷纷出台旨在改变人才培养模式、提高人才培养质量的课程改革政策,其中高中阶段的课程改革是重中之重。

英国政府一直通过政策引导学校开设特色课程,以满足学生个性化的需求。例如,2010年的《学院法案》中提出,学校可以为了促进学生的全面发展,自行开发本校的课程。英国国家课程不足以满足学生个人发展的需要,这便促使学校与教师灵活地开发学校课程和设计学生课程学习的深度。在此影响下,英国的学校在全面落实国家课程的前提下会开发出几门学校特色课程,而且还更进一步,把特色课程的教学经验引入其他课程教学中,从而实现学校整体教学质量的提升。同时,英国特色学校通过建立学校、家庭和社区三者之间的合作关系,改善特色课程开发主体单一的现状。为进一步丰富特色课程的内容,部分学校还形成了第二课程特色。

2001年,美国总统布什发布《不让一个孩子掉队法案》,其中专门提到,每一位学生到12年级末,即18岁时,都要为大学的学习、富有产出性的就业和今后有意义的生存做好准备。2001年是美国的"高中学生年",美国有影响力的组织伍德罗·威尔逊全国联谊基金会为年会提出了响亮的口号:"放远我们的目光,绝不让一个高中生掉队",并发表题为"高中学生肩负的国家使命"的报告,明确提出面向21世纪的美国高

中教育目标。美国的磁石学校课程是特色课程在美国教育系统中的典型代表。美国的教育强调学生个性化，这便使学校在课程方面有了更多的发展余地。劳里·斯蒂尔与罗杰·莱文二人在20世纪90年代合作出版的专著中介绍了美国磁石学校的发展历程，并对各类磁石学校及其特色课程进行了汇总。在针对磁石学校的个案研究方面，梅兹·玛丽·海伍德以美国21世纪初的三所磁石学校为个案，从学校环境、师生特点、特色课程等方面进行了介绍。磁石学校往往通过开设一些诸如艺术、戏剧、计算机等特色课程，吸引家长和学生报名。在磁石学校的类型方面，布鲁耶特·丽安和詹宁斯·林恩介绍了圣地亚哥弗里兹小学与艺术团体合作开发的视觉与表演艺术和社会研究课程等磁石课程；大卫·艾伦介绍了科学与技术磁石学校的特色特点及影响。

北欧国家芬兰的高中课程改革开始于1987年。1994年，芬兰国家教育事务委员会颁布《普通高中课程大纲》，对高中课程设置进行大调整，确定在全国高中学校全面实现"无固定班级授课制"。2004年，又颁布了新的《普通高中课程大纲》，除了巩固已有改革成果外，又进一步强化了自然与技术学科。同时，芬兰还颁布了《芬兰高中课程框架》，表明普通高中不仅要为学生提供其继续深造、工作、生活、发展个人兴趣和促进个性形成所需的知识与技能，同时还要为他们提供在有生之年终身学习和自我发展的机会。

亚洲的韩国以2007年修订课程的实施为契机，从2007年10月到2009年2月共推行了两次"国家课程研讨会"。两次会议以课程先进化改革方案为主题，总统直属国家教育科学技术咨询委员会和课程特别委员会为了提高中小学课程的未来适应性，构思"国际化创意性人才"作为学校教育的培养目标。未来型课程的着眼点将放在提高课程的适应性、课程的恰当性、课程的多样化、课程的自律化、课程的权责性上。

新加坡坚持"以学生为本"的教育理想，在"每一所学校都是一所好学校"的办学愿景之下，建立了包含国家课程、校本课程、特色课程三类课程的结构。同时，新加坡的中小学校对特色课程的开设具有自主权，可结合本校实际情况，自主进行特色课程的设计开发。此外，新加坡教育部为鼓励中小学特色课程的开发设置了"学校特色领域奖"，获得该奖项的学校可得到高达15万新加坡元的特色领域启动经费。在新加坡政府一系列政策的引导下，越来越多的学校投身到特色领域和课程的开发中。新加坡中小学的特色课程大致分为两类：一是将书本知识与社会实际场景相联系的应用型学习特色课程；二是使学生获得生活技能并培养学生责任感的生活型学习特色课程。这些课程在培养学生的价值观、关键技能等方面和促进学生全面发展方面的作用是独一无二的。

不仅仅限于上述国家,德国、法国、俄罗斯、日本、英国、澳大利亚等国也就高中的定位和培养目标、高中课程设置的总体框架、课程实施等方面做出了相应改革。

总的来说,国外高中特色课程呈现出以下特点。

第一,国外高中基本上都开设了丰富多样的选修课程。这些选修课程本身就是特色课程的一种,学生选择哪一门课程就包含着课程实施的特色化。

第二,就培养目标来看,国外高中特色课程的目标强调超越教育工具化的倾向,有机地整合升学和就业准备双重功能,并强调奠定高中生进一步学习的基础学力,养成人生规划能力,培养公民基本素养,把基础知识与技能、人文和科学素养融合在一起。

第三,就课程结构看,强调高中课程的可选择性是国外高中特色课程结构改革的重要特征。而特色课程的加强,必然导致学年学分制的运用。减少必修科目及其课时数,增加特色选修科目及其课时数,乃是世界主要国家高中课程结构改革的重要发展趋势。

第四,就课程评价来看,国外普通高中评价存在两种情况:一是绝大多数国家的高中课程评价包括两部分,即内部评价(校本评价)和外部评价(国家或地区评价);二是少数国家只存在内部评价。目前,世界课程评价呈现出以下趋势,总体上倾向于完善校本评价、优化外部评价以及合理处理高中课程评价与大学入学考试之间的关系。

面对世界高中课程改革的共同课题,立足国际教育的广阔视野和自身改革的实践经验,规划21世纪我国高中课程改革的蓝图,把握国际高中课程的趋势并顺应高中课程改革的潮流,推进我国高中特色课程持续发展。

二、国内高中生特色课程研究与实践的现状

(一)关于高中特色课程概念的界定

目前国内学界对"高中特色课程"概念尚无权威界定,比较有典型意义的定义如下所述。

北京教育科学研究院的黄晓玲认为,特色课程的"特色"应是独特的并形成了一定影响力的。黄晓玲认为,"高中特色课程"是学校在一定办学思想指导下及办学实践中逐步创建的具有一定特征和影响力的课程。对于当前普通高中学校而言,它既可以是一门课程,也可以是一类课程或一个课程群、一个课程领域;既包括对国家课程的改进,也可以指一些地方课程和学校的校本课程。

上海市闵行区教育学院的何永红认为,"高中特色课程"是指:地方或学校参照自己的教育思想和教育目标,根据自己的教育经验和课程能力等,在实践中逐渐形成和发展起来的具有一定特征和影响力的地方课程或校本课程。

上海黄浦区教育学院的邢至晖、韩立芬认为,特色课程是以学生"特需"为核心,有独特的课程理念、目标、内容实施与评价方式的课程。一般来说,特色课程包括三个层面:宏观上,特色课程即学校的课程模式;中观上,特色课程即学科领域的课程集群;微观上,特色课程即有特点的校本课程。

首都师范大学的石鸥认为,特色课程的"特色"应体现特色的育人效果。他对特色课程的定义是:普通高中学校在先进的教育思想指导下,根据本校的办学理念,以学生的需求与发展为核心,以地域、社区与学校资源为依托,经过比较长期的课程实践,逐步形成和发展起来的具有独特的整体风格和出色的育人成效的课程、课程实施或课程方案。

综合上述学者的理念和上理工附中的实践,本书认为,高中特色课程应该是指普通高中在先进的教育思想指导下,根据学校的办学理念,以学生的需求与发展为核心,以地域、社区与学校资源为依托,经过比较长期的课程实践,逐步形成和发展起来的具有独特性、优质性、选择性、稳定性和整体性及出色育人成效的课程、课程实施或课程方案。

(二)高中特色课程的研究视角

国内很多学者站在不同的视角对特色课程进行了研究。

石鸥从高中特色课程开发研究的角度,阐明了高中特色课程的定义,并指出高中特色课程包括三大类:一是学校自己创造性开发的课程;二是学校对各种课程的特色化实施,即课程的特色;三是学校整个课程结构和实施方案的特色组合方案。在此基础上,他还系统地阐述了高中特色课程开发的意义和策略。

王建、吴永军则从高中特色课程建设所面临的问题着手,指出高中特色课程建设不可回避的几个问题,包括:高中特色课程开设的目的为何?高中特色课程属于三级课程中的哪一类?高中特色课程究竟应"特"在何处?高中特色课程实施应关注哪些问题?并给出了相应的措施:提出解决问题的对策,即明确特色课程的目标、类别和特性;改革高考评价制度,为高中特色课程建设提供良性土壤;建立整体化课程体系,完善学生发展指导制度。

徐士强从高中特色课程模式入手,研究了上海市普通高中特色课程建设情况,提出高中特色课程的三种模式:直通道式(学校选择某一科目为特色建设重点科目,其他子科目都必须围绕它展开)、金字塔式(依据年级高低,特色课程的内容结构不断变窄,形如金字塔)、植入式(从无到有,学校另辟蹊径,在原有高中课程计划内植入的某一类课程)。同时,他进一步提出特色课程领域与建设模式之间的匹配问题、特色课程如何从形式上拓展与研究型课程如何突破的问题、特色课程面向全体学生与面向部分学生相结合的问题。

黄晓玲从普通高中特色课程建设实践路径的视角,指出高中特色课程建设的基本思路有三种:一是整体规划,科学建构;二是依托学校自身特点或优势确立特色课程;三是在继承和创新中发展特色课程。同时,进一步研究了高中特色课程的"特色点"以及开发模式、课程形态、大致阶段,明确了特色课程建设应注意的问题。

还有一些学者就特色学校与特色课程之间的关系进行了研究。朱华伟、李伟成以广州市普通高中特色课程建设实践为例,强调特色课程建设是推动高中特色化发展的重大举措。何勇平、范蔚认为,校本特色课程开发有利于满足学生的需要,促进教师专业成长,彰显学校特色,并推动学校更新。董辉则对中小学特色学校及其课程建设进行反思,表明特色学校及其课程建设一定程度上促进了教育多样化,但也带来了教育管理中"绩效表现主义"蔓延、弱势群体子女向上流动教育功能阻滞以及教育物品属性上公共性价值流失等问题。这些研究往往都和学校特色建设相联系,具有局部个案研究的特点。

(三) 关于特色课程开发的功能及意义研究

石鸥认为普通高中开发特色课程的意义主要体现在以下五个方面:第一,有利于实现学校自身课程的创新进而形成学校特色;第二,有助于满足学生的个性成长需求;第三,有利于提升教师的课程能力;第四,有助于缓解优质教育资源的供求不均衡问题;第五,有助于提升校长课程领导力。

王建认为普通高中开发特色课程具有四项价值功能,分别是:第一,有助于推动学校多样化和学生个性化发展;第二,能够对目前的课程评价体系起到补充完善的作用;第三,有助于实现高中与高等学校课程体系的有效连接;第四,有助于增加课程实施方式的灵活性并增强教师在课程实施过程中的主体性。

巩建英认为改善我国高中同质化发展、实现高中多样化办学、促进学生个性化发展的有效途径便是因地制宜地开发特色课程。

范俊明从学生、教师、学校、区域四个方面对特色课程开发做出了价值判断，认为特色课程的开发有利于促进学生的个性化发展、教师教学风格的形成，有利于实现学校特色发展和区域文化沉淀。

综合以上学者们的观点，本书认为特色课程开发的意义大致可分为三个方面。其一，从学校角度出发，特色课程是学校特色建设的关键点。特色课程的开发有利于形成学校自身独特的办学特色并实现学校所在区域的文化沉淀。另外，特色课程的开发给予学校足够的课程开发与实施的自主权，有助于加快学校课程改革的步伐。其二，从教师角度出发，教师不再只是国家课程和地方课程的执行者，而是学校特色课程的开发者和实施者，这有利于提升教师的课程能力与教学能力，促进教师的专业发展。其三，从学生角度出发，学校特色课程开发有助于学生获得丰富的课程体验，并进一步彰显学生的个性。

（四）关于特色课程开发的路径及策略研究

黄晓玲提出特色课程开发应遵循五种开发模式，并在此基础上具体提出了特色课程的三种建设思路。首先是整体规划、布局建设学校特色课程；其次是学校结合自身特点或优势建设特色课程；最后是不断继承和创新。白新睿认为特色课程建设应有的思路是：立足学校本色、彰显办学特色；系统规划、整体设计，平衡学校内部特色课程与其他课程之间的关系；多方协同、分工合作，构建特色课程建设共同体。黄俊认为学校特色课程的开发需要额外提升课程开发主体的课程素养，提高学校认识课程与实践课程的能力。由此可见，特色课程的开发路径多种多样，但学校在选择特色课程开发路径时须从学校自身实际情况出发，选择一条适合自身的特色课程开发路径。

关于特色课程开发的策略，不同学者从不同的视角提出了不同的策略。徐士强提出了以融分结合统领特色课程建设之策，包括特色课程自成一体或特色课程和学校课程融为一体两种策略。学校开展特色课程建设需要对学校的内部资源进行协调整合，从而保障特色课程的有效开展。在学校物质保障方面，朱治国认为学校应从自身实际出发集合人力、物力、资源信息等条件，开发并实施与学校特色相符的特色课程计划。石鸥基于他对特色课程类型的研究，概括了现阶段高中特色课程的开发策略：稳妥开发特色课程门类，积极倡导特色课程实施，大力创新特色课程结构方案。这三大策略正好对应他的特色课程三大分类。何永红认为特色课程须在课程规划和课程实施中确定和生成，同时还要综合利用多类资源提升课程发展的速度。

教师是影响特色课程开发的另一重要因素。在实施特色课程的师资队伍建设方面,刘红认为,学校在特色课程的开发过程中应利用这一契机,组织学校教师参与相关的培训;举办讲座并聘请课程专家、学者来校讲学,以促进教师的专业发展,调动教师的工作热情,使学校教师积极投身到学校特色课程开发中。袁再旺认为特色课程开发要从学校优势出发,将着力点放在学生素质结构优化上,同时调动教师和学生参与课程开发的积极性,使特色课程规范化、弹性化。

　　除了从校内角度保障特色课程的开发外,还须考虑学校外部情况。在社会保障支持方面,李光华等人认为,在开发利用特色课程资源上,要明晰家长也可以提供特色课程资源,应充分调动家长的参与热情。王琴认为,特色课程的开发需要教育部门与学校合力运用行政手段并以科研为载体进行推动。马淑颖认为,高中学校可以与高等院校形成学校发展的共同体,高等院校可为高中学校特色课程开发提供支持。

(五) 对高中特色课程存在问题及对策的研究

　　第一,特色课程的内涵理解模糊。和学新发现部分学校将学校特色课程理解为狭义的校本课程开发,以校本课程开发和特色活动作为特色课程建设的着力点,努力开发出众多校本课程供学生选择,以此凸显自身特色。李红恩同样也认为现在学校特色课程的开发存在把特色课程结构仅看作校本教材开发的问题。李颖认为一些学校急功近利地启动特色项目,将特色项目作为敷衍检查的"看点"或交流总结的"亮点",或照搬其他学校经验而忽略自身的特色优势,或依据管理者个人理念和喜好主观选择特色建设的出发点和切入点。

　　第二,特色课程实施形式化。齐刚、刘发德认为特色课程开发中存在为完成上级任务的形式主义,学生和教师并未发挥出其特色课程开发的主观能动性。李红恩则认为部分学校的特色课程实施被异化为一种挂在墙上让同行参观、让上级领导表扬的面子工程。

　　第三,特色课程评价功利化。李军靠等人认为当前我国普通高中学校的特色课程开发中存在的主要问题便是课程评价功利化。巩建英认为高中特色课程开发面临着建立针对学生的相对公平公正的特色课程评价机制这一难题。殷桂金指出学校特色课程开发出现"为特色而特色"的现象较为普遍,主要表现为功利化、口头化、拼盘化、短期化和多变化。

　　所有这些学校办学特色方面的问题,在特色课程建设上就会出现学校特色课程门类相对集中在艺体特色课程和德育特色活动课程上的情况,原因是这些课程比较容易出成效,艺体特色课程直接影响学校的高考升学率,德育特色课程则易于被外人所见并得到社会好评。所以,特色课程建设就出现了"认识层面多,实践操作少;课外实施多,课程实施少;贴标签的多,积淀生成少"这一状况。

针对以上问题,学者们也提出了优化建议。王建、吴永军认为解决的途径有三种:第一,明晰高中特色课程的内涵,明确其内在的目标、类型及特点;第二,改革现行的高考评价制度,为高中特色课程开发提供保障;第三,注重课程体系的整体性,完善学生发展指导制度。罗杰认为应进一步转变学校发展方式,进一步优化教师教学方式,进一步优化学生学习方式,并且在继续探索拔尖创新人才培养模式的同时利用信息化手段创新资源供给方式。黄晓、李春密、黄端文认为可以从五个方面入手解决相应问题:第一,多维度专业引领,凸显校长课程领导力;第二,对教师教育及培训实行改革,使得教师对课程的理解力提高;第三,协调开展多方面的课程资源整合,建立学校特色课程体系;第四,抓住高考改革的契机,探索课程多元化评价;第五,建立与健全各类机制,保障特色课程开发有效进行。

三、指向高中生工程素养培育的特色课程研究与实践的现状

依据从互联网与有关教育杂志书籍里获得的有关高中生特色课程研究与实践的资料信息,目前只有上海理工大学附属中学有关于高中生工程素养培育的特色课程的资料信息。

上海理工大学附属中学在普通高中多样化、特色化的办学过程中,依托上海理工大学的工科优质资源,聚焦中学生工程素养培育。通过外引内驱、整合拓展、学科渗透等途径,设计了基于中学生个性化学程的工程素养培育"1+3+2"特色课程体系。

上海理工大学附属中学梳理了学科核心素养和工程素养的关系,形成了《学科工程素养培育实施指南》,在国家课程的校本化实施中进一步融入工程素养培育的内容。同时,对接上海理工大学相关学院和部门,学校开发了工程素养培育"1+3+2"特色课程群,即一个通识课程群、三个拓展课程群和两个实践课程群。

学校结合工程素养培育,开展基于问题链、源于生活情境的"主题项目式"学习,实现"尚理"的"活力课堂"转型,培养个性化学习方式。以问题驱动、互动交流、主动探究为课堂三环节,以项目化学习为抓手,不断探索课堂内工程素养的培育路径,共形

成了项目化学习案例近 100 个,覆盖所有年级和学科。

上海理工大学附属中学在课程实践过程中形成了工程素养培育个性化学程的评价体系。该评价体系的目的在于让评价对象了解自身发展变化的轨迹,看清自身发展的现状和趋势,帮助评价对象树立发展信心,明确发展重点,优化发展对策。鉴于此,学生工程素养评价的重点是学生在学习中的思维能力、创新创想能力,以及实践探索和自主学习等可持续发展能力。评价内容包括作品评价、学习表现评价、客观性知识评价。评价过程关注不同角度、不同语言对学生表现的描述,让学生的工程素养个性特点得以刻画。

学生工程素养评估分为三个阶段:第一阶段在新生入学时进行,了解新生的工程素养潜力、起点水平;第二阶段是在学生完成了工程素养必修课之后的评估,了解学生在课程中的收获与成效,并且通过能力与兴趣分析为学生推荐适合进一步学习的课程;第三阶段是修完自主拓展和研究课程后,对学生在校期间获得的工程素养进行评估,帮助学生合理规划升学与就业目标。

四、启示与借鉴

从上述有关工程素养特色课程群的文献资料研究中得到如下启示与借鉴。

第一,特色课程的落实在于将经验化的生活资源真正地转化为课程资源。学校课程张力的凸显依托于学校对学生发展需求的全面合理的分析与落实。落实的有效性又体现在学校是否能将经验化的生活资源转化为课程资源加以利用。通过与现实生活密切关联、真实、开放性的问题情境与学习任务以及基于问题、项目、讨论、深度学习的方式,真正实现特色课程开发的"课程化",而非仅限于传递知识的"教材化",从而让学生能够运用知识解决问题,进而发展素养。

第二,特色课程要以关注学生能力与智慧的生成为目标,真正关注学生工程素养,即系统思维意识与能力、实践创新精神与能力、交流合作意识与品质、责任伦理态度与精神的培育。

第三,特色课程要关注课程"学材"的开发,解决有关工程的真实问题。与特色课程相匹配的课程资源应是指向学生学习本身的"学材",而非以教师为中心的"教材"。特色普通高中进行课程开发时要更多地指向学习材料的开发,这里的学习材料不是传统意义上"教师教—学生学"的教材,而是能够营造各种开放环境,促进内容和学习实践活动与项目的开展,以及在此过程中对学生智慧学习的发生起到引导和帮助作用的导向性材料,具有明显的任务性和指导性。这种学习材料最主要的功能并不是告诉学生该掌握什么样的知识,它不是考试的参考指南,而是提供不同难度水平的任务活动,使学生能根据自己的所长和兴趣爱好,利用既有知识储备,选择适切的解决问题的方式。

第四,促进学生能力发展的课程开发要从整体上进行课程谱系梳理和框架分析。基于课程目标和学情分析的课程节点切割,即是对课程的模块分析和核心掌握;对课程的资源开发与整合,即是将课程进行基于学习者自主学习的教学设计,并将相关资源和信息技术尤其是人工智能基础上的学习技术进行整合;学习资源包的形成,即是在课程资源开发与整合的基础上,形成学习平台上物化的、能面对全体学习者的学习资源包;课程资源库的建立,即是在课程谱系梳理、节点分析、教学设计、技术整合及学习资源包开发的基础上,形成系统的学习材料,这种学习材料既要遵循学科自身的要求,体现学科本质,同时又有集成性和灵活性,能够让学习者开展自主、在线和互动学习。

第五,将信息技术和课程设计进行有机结合,实现学习方式的深度转型。在这一课程实践过程中,基于学生智慧的生成,结合学科素养的内涵和形式以及学业质量的发展性评价,利用信息技术实现表现性目标的可视化和素养目标的可测性表达。在课程目标的引领下,充分利用智能化的课程情境,基于情景创设和任务驱动,激发学生的学习兴趣,促进学生开展自主学习。基于新的课程环境,以线上线下相结合的方式,进行教材知识的问题转换和创意设计,促使学生开展主动探究、问题解决和学科实践。将信息技术和课程设计进行有机结合,开发支持课堂教学的教学资源包,将信息技术与教学设计紧密结合,开展课前学习资源开发或课后个性化学习分析和支持,真正实现学习方式的深度转型。

(本节撰写者:张朝晖、叶理辛、王建业、杨艳芳)

参考文献

1. 董辉.对中小学特色学校及其课程建设的观察与思考[J].全球教育展望,2014(06):11 - 25.
2. 何永红.学校"特色课程"的定位及其发展策略[J].教育科学研究,2011(10):50 - 53.
3. 何勇平,范蔚.校本课程的特色与学校更新[J].课程·教材·教法,2006(10):

16-19.

4. 和学新.特色高中建设中的课程改革问题探讨[J].课程·教材·教法,2017(08):17-22.

5. 黄晓,李春密,黄端文.浙江省普通高中选修课程开发与实施的成绩、问题与建议[J].教师教育研究,2015(02):60-66.

6. 黄晓玲.普通高中学校特色课程建设的实践路径[J].教学与管理,2012(10):37-40.

7. 李光华,李俐均,唐伯筠.特色课程建设的五个着力点[J].中小学管理,2015(11):17-18.

8. 李红恩.特色课程建构的迷思、意蕴与理路[J].教学与管理,2017(03):1-3.

9. 李军靠,李琴,郭宝.新高考制度下普通高中特色课程建设思考[J].教育导刊,2017(11):31-34.

10. 李颖.特色普通高中建设的现状、问题与对策[J].现代教育管理,2012(01):50-53.

11. 刘红.学校特色课程建设的实践与思考[J].生活教育,2016(22):6-7.

12. 罗杰.北京市普通高中课程改革的实验与反思[J].中国教育学刊,2014(05):10-15.

13. 马淑颖.大学附中特色课程建设研究[D].上海:华东师范大学,2016.

14. 齐刚,刘发德.临淄区特色课程建设现状调查报告[J].淄博师专学报,2015(03):18-23.

15. 石鸥.普通高中特色课程开发研究[J].中国教育学刊,2012(12):1-5.

16. 王建,吴永军.高中特色课程建设问题及对策[J].教育科学研究,2014(01):56-60.

17. 王琴.试析特色课程建设的内在特性——"广州模式"特色课程建设之路[J].基础教育参考,2017(07):24-25.

18. 邢至晖,韩立芬.特色课程8问[M].上海:华东师范大学出版社,2013.

19. 徐士强.本道术原:普通高中课程的建设逻辑[J].中国教育学刊,2019(07):42-48.

20. 朱华伟,李伟成.特色课程建设推动学校特色化发展——以广州市普通高中特色课程建设实践为例[J].中国教育学刊,2015(09):42-46.

第二章　高中生工程素养培育通识课程的研究与实践

第一节　通识课程的实践研究

一、含义与特色

（一）含义

1. 通识课程的含义

1940年，钱穆先生于《改革大学制度议》中提出，"于博通的智识上，再就自己才性所近作专门之进修；你须先求为一通人，再求成为一专家"，首次提倡"通识教育与专门选修相结合"的课程体系。通识教育是面向全体学生的教育目标，是在现代多元化的社会中为受教育者提供通行于不同人群之间的知识和价值观。

2. 工程素养培育通识课程的含义

《上海市普通高中课程实施方案》中提出，上海市普通高中除了开设国家课程，还需开设校本课程。"工程素养培育通识课程"是由学校根据学生的多样化需求，上海市社会、经济、文化发展的需要，学科课程标准的建议，并结合学校办学特色统筹规划开设的校本课程，是面向全体高一学生的选择性必修课。"工程素养培育通识课程"包括"工程与创意""尚理智造2035""机器人是怎样炼成的"以及"解密人工智能"四类课程，每周1课时。

（二）特色

工程素养培育通识课程的特色包括：具有工程素养培育的价值取向，具有与创意思维、机械、机器人、人工智能有关的教育内容，具有工程与创意思维、机械、机器人、人工智能等多方面的要素,具有工程与创意思维、机械、机器人、人工智能等多方面的教育操作实践活动,具有高中生探究创造的特征,具有现代主题化单元开发的特征,具有高中生跨学科学习的特征。

1. 具有工程素养培育的价值取向

学校的特色基础课程旨在培养学生实践创新、系统思维、交流合作和责任伦理四大核心素养,意在关注学生个性和特长发展,重视创新意识和实践能力培养,为学生今后尽快适应大学的学习与生活做准备,为学生的终身发展奠定基础。按照学校"尚理"办学理念的核心要求,该课程群以培养"人文厚实、理工见长"、具有"创新精神和国际视野"的现代高中生为总体目标,将工程素养培育贯穿于4门课程,培养学生的实践能力和社会责任意识。

2. 具有与创意思维、机械、机器人、人工智能有关的教育内容

"工程素养培育通识课程"的4个模块围绕工程与创意思维、机械、机器人、人工智能展开课程设计和教学活动设计。从了解中国近代大型工程建设出发,初步认识什么是机械工程,初步了解机器人以及人工智能。此外,在工程实践中对创新思维的需求越来越高,课程中也涉及培养学生创意思维的相关内容。通识课程将引导学生对相关内容有初步的认识和了解。

3. 具有工程与创意思维、机械、机器人、人工智能等多方面的要素

在通识课程中设计了丰富的教学内容,具有工程与创意思维、机械、机器人、人工智能等多方面的要素,例如"阡陌纵横,交通枢纽""了解人工智能的应用""巧块无极限"等主题单元,涉及多方面的要素,为学生之后选择和学习"'工程与科学'课程""'工程与技术'课程"等拓展选修课程打下基础。

4. 具有工程与创意思维、机械、机器人、人工智能等多方面的教育操作实践活动

"工程素养培育通识课程"具有工程与创意思维、机械、机器人、人工智能等多方面的教育操作实践活动。学校拥有工程素养体验馆、机器人创新实验室、人工智能专用教室等各类创新实验室,以配合课程的开展。工程素养体验馆引入物联网交通系统、智能港口系统、智能分拣系统等当今较常见的工程技术,为机械模块的教学内容实施提供了强大的辅助支持。人工智能专用教室——"OMaker-Lab"工程创新实验室(简称OL),旨在为学生提供一个培养工程创新能力的平台。OL为学生参与相关项目化的系列课程提供资源、材料、工具,以发展其兴趣和特长。不仅仅用一些资源去模仿,更重要的是使学生有机会学习如何用创新方法进行设计、拓展和实验。OL实现了功能分区、硬件设施改造、学生课程设计、课程套材配备等一系列具体内容。

5. 具有高中生探究创造的特征

"工程素养培育通识课程"具有高中生探究创造的特征。学生围绕相关任务主题进行自主探究，重在发展问题意识，提高主动探究、动手操作、利用跨学科的课堂知识解决实际问题的能力。另外，课程多以小组合作模式进行，重在发展学生的创新意识、团队合作意识。

6. 具有现代主题化单元开发的特征

"工程素养培育通识课程"具有现代主题化单元开发的特征。由于该课程面向高一学生，因此，以从初中进入高中的学习转型为突破口，通过对国家大型工程设施的认识，激发学生对"工程"学习的兴趣，多层面理解工程。通过工程与创意思维、机械、机器人、人工智能等主题化单元的开发，理解工程实践的过程、方法，掌握常见的分析方法和分析工具或解决问题的方法。

7. 具有高中生跨学科学习的特征

"工程素养培育通识课程"具有高中生跨学科学习的特征。在活动设计中，不局限于某一门学科，结合各类学科知识解决实际问题，体现跨学科特点，且更贴近学生实际生活，为学生完成个性化课题研究提供思路和方向，从而提升学生的创新能力，促进学生的全面发展。此外，相比于基础型学科的课程，通识课程能够引导学生动手实践，交流合作，发现问题，分析并科学解决问题，更加体现学校对学生核心素养发展的特色表达。

二、指导思想与课程目标

（一）指导思想

工程素养培育通识课程的指导思想是：贯彻落实国家人才培养重要战略方向——注重工程素养培育，依托上理工大学教育资源探索高中生工程素养的培育，促进高中生创新精神、创造性思维能力与创造性实践能力的培养，促进高中生学习方式的转变以及探究创造习惯品质的养成，促进学校"工程素养培育"办学特色更好地发展。

1. 贯彻落实国家人才培养重要战略方向——注重工程素养培育

党的二十大报告明确提出，"深入实施人才强国战略""加快建设国家战略人才力量，努力培养造就更多大师、战略科学家、一流科技领军人才和创新团队、青年科技人才、卓越工程师、大国工匠、高技能人才"。培养人才是长久之计，是社会持续、长远发展的基础。全方位人才培养，是一个复杂的系统工程，涉及多个方面，因此学校设置通识课程，注重对学生多方位的素养培育。

2. 依托上理工大学教育资源探索高中生工程素养的培育

深入推进与上海理工大学合作，依托大学优质资源，如工程方面的教师、实验室、器材与实验设备等，完善教学质量保障体系，全面提升教师教与学的质量与效果。充分发挥学校与上海理工大学的各自优势，形成与高校互动的协同育人机制。

3. 促进高中生创新精神、创造性思维能力与创造性实践能力的培养

学生在学习中成为一个创客——建筑师、工程师、编程员、艺术家、作家、科研人员等，初步体验这些具有创造力的职业人员是如何工作的。学生拥有可以让他们自己有所发挥、学习、展示的时间和空间，能切实经历设计、拓展和实验的过程，真正提升自身的工程素养。

4. 促进高中生学习方式的转变以及探究创造习惯品质的养成

通识课程涉及多方面、多维度的教育，促使学生知识技能、创造能力和学习习惯的发展与养成。课堂上，教师采用不同的方式进行授课，将课堂时间交给学生，鼓励学生大胆质疑、积极创新，促进高中生由被动接受转变为主动学习。教师从实际出发创设情景，激发学生兴趣，培养学生的创新意识。

5. 促进学校"工程素养培育"办学特色更好地发展

工程素养培育通识课程是面向全体高一学生的课程，帮助学生完成从初中到高中的过渡，为学生学习之后的高中拓展（研究型）课程打下基础，甚至为学生的生涯规划埋下种子，更好地促进学校高中生的"工程素养培育"。通识课程也是学校特色办学的一张名片，它的创建、开发、应用与完善能促进学校"工程素养培育"办学特色更好地发展。

（二）课程总目标

工程素养培育通识课程的总目标是：促进高中生系统思维意识与能力的发展，促进高中生实践创新精神与能力的发展，促进高中生交流合作意识与品质的发展，促进高中生责任伦理态度与精神的发展。

1. 促进高中生系统思维意识与能力的发展

系统思维是指能够运用知识形成对问题情境的整体判断，具有较好的发现问题、分析问题和科学解决问题的综合思维能力。

具体而言,系统思维是指,具有必要的理工知识与人文知识,能够灵活综合地运用理工知识与人文知识解决有关工程问题;具有较好的逻辑思维与辩证思维能力,能够运用逻辑思维与辩证思维解决有关工程问题;具有较好的创造性思维能力,能够运用创造性思维解决有关工程问题;具有较好的发现、分析与解决问题的综合思维能力,能够较好地发现、分析与解决有关工程问题。

工程是一个比较大的概念,涉及数学、物理、化学等不同领域,不管是课程设计还是教师教学,都体现出跨学科教学的特点,要求学生更加系统地思考问题,培养学生的逻辑思维与辩证思维等综合能力。

2. 促进高中生实践创新精神与能力的发展

实践创新是指具备动手实践能力,能创造性地运用工程技术和信息技术,将科学的理论创新运用于实践,具有探索精神,有实现工程目标的能力。

具体而言,实践创新是指,具有必要的工程实践操作动手能力、工程探究操作动手能力、工程创造操作动手能力;具有较好的创新性意识、创造性精神、探索精神、坚持不懈的精神;具有较好的发散思维、集中思维、创造性想象、直觉思维与灵感思维能力;具有能运用工程技术和信息技术进行实践创新的能力;具有能运用科学理论和技术进行实践创新的能力。

在课程中要求学生根据教师提供的基本资料、信息,经历拓展资料搜集、亲身实践、提出问题、设计方案、实践与改进等过程,最终提出自己的想法,从而培养解决问题的能力,发展质疑精神,培育创新意识。

3. 促进高中生交流合作意识与品质的发展

交流合作是指具有交流合作的意识和能力,能够在团队协作中沟通交流,合作分享,取长补短,相互促进。

具体而言,交流合作是指,具有与同伴合作互助地进行实践、探究与创造活动的意识和品质;具有与同伴交流讨论实践、探究与创造过程的意识和品质;具有与同伴共享、分享实践、探究与创造成果的意识和品质;具有虚心学习、耐心倾听、乐于接受不同意见、善于取长补短的良好习惯与品质。

在各个模块中,学生以小组的形式对教师抛出的问题进行探讨、研究。在课程作业中,明确要求学生填写如何分工,引导学生学会分工合作。例如,在"工程与创意"课程中,最后一章是"学生设计展",教师评价小组综合成果的同时也要求学生相互评价,注重学生在解决问题过程中发展交流合作的意识和品质。

4. 促进高中生责任伦理态度与精神的发展

责任伦理是指在行为发生之前就能预见行为完成之后可能产生的结果,并努力克服其中负面的东西,比如做工程不能破坏自然环境等。具体而言,责任伦理是指,具有开展工程相关实践、探究与创造的责任心;具有开展工程相关实践、探究与创造的伦理精神;具有开展工程相关实践、探究与创造的社会效果的预见性;具有努力克服工程相关实践、探究与创造产生负面效应的责任心;具有承担工程相关实践、探究与创造产生负面效应的伦理精神。

例如,在"尚理智造2035"课程中,教师向学生介绍洋山深水港工程,引导学生分析港口选址是否会对周围环境造成影响。通过播放纪录片等形式,带领学生了解洋山深水港在环保方面的诸多努力。例如,投入了大量的资金,在工程建设前会通过模型反复论证工程方案,严格控制施工作业范围,延长泥沙沉淀路径,尽量降低工程实施后对自然条件(特别是海洋生态环境)的影响等。

(三)课程阶段目标

完成初高中衔接,将工程素养培育贯穿在课程中,融入"中国智造""人工智能""创新创业"等要素,通过对大型国家工程设施的认识,激发学生对"工程"学习的兴趣,理解工程实践的过程、方法,掌握常见的分析方法和分析工具或解决问题的方法。以阶段式任务引导、培养学生发现问题、分析问题和科学解决问题的系统思维,体验科学的探究过程,培养学生计划先行、科学严谨的学习习惯和意识。以小组合作的项目化学习方式提升交流合作精神。结合近代中国工程实例,帮助学生多层面理解工程,以了解新时代中国力量为契机,激发学生对"工程"学习的兴趣,增强学生的民族自豪感和认同感,引导学生开一扇瞭望工程世界的窗,架一座抵达尚理精神的桥,扬一面勇立报国宏愿的帆。

三、教学实施策略

通识课程是落实学校工程素养培育的具体手段,在实施过程中,基于开设的课程内容和特点,结合黄甫全教授提出的层次构成分类教学实施模式,有效利用现代信息技术的教学方法,形成以下几类教学实施策略:利用多媒体设备、实验室特有环境进行讲解演示教学,在问题导向下对通识课程的学科知识进行探究式教学,基于通识课程内容开展以学生为中心的项目活动教学。

(一) 利用多媒体设备、实验室特有环境进行讲解演示教学

讲解演示法是教师在课堂上通过展示各种事物、直观教具,利用多媒体设备、虚拟技术或实验室环境进行示范性实验,配合简明、生动的口头语言向学生系统地传授学科知识、发展学生智力的方法。这一类教学方式适合原理性内容的教学,在教学实施的具体过程中可以使用启发式、发现式、设计教学法、注入式等方法。

如在"尚理智造2035"课程的活动四"使命必达——物流"这一课中,教师利用教室多媒体设备分段播放视频,再结合生动的讲授,引导学生认识智能化物流装备,以及这些装备的主要功能可以运用到哪些物流作业的具体环节中。然后通过工程素养体验馆配套的港口物流模拟操作平台,演示自动分拣系统的工作过程,包括控制装置、分类装置、输送装置及分拣道口等设备是如何工作的。学生通过观察教师的演示过程,体验物块颜色分拣、分拣手进行货物入库以及废料处理等整个物流环节。

(二) 在问题导向下对通识课程的学科知识进行探究式教学

问题探究法是教师提出问题或教师引导学生提出问题,在教师组织和指导下,学生通过比较独立的探究和研究活动,寻求问题的答案而获得知识的方法。这种方法的优点在于能够让全体学生主动参与学习活动,培养学生基于工程素养培育目标的思考、探究、沟通的能力。在具体的教学实施过程中可以采用问题链设计、真实情景引导、小组讨论、文献检索、交流辩论等方法。

如在"机器人是怎样练成的"课程的"光敏传感器的原理及使用"这一课中,教师通过"在城市的街道上,当天亮起来时,路灯会自然熄灭;当天暗下来时,路灯又会自然点亮"这一生活情景提出问题:"是什么装置在控制路灯的熄灭与点亮呢?"引导学生发现光敏传感器。然后通过"什么是光电效应?什么是光敏传感器?光敏传感器的应用?ASMII机器人上的光敏传感器如何实现对光的检测?"一系列层层递进的问题,带领学生探究光敏传感器的功能、物理原理和在机器人系统中的应用。在问题的驱动下,学生通过师生、生生互动,利用所学知识推导、讨论、构建新的知识和理解,并能根据问题的要求,观察教师的实验展示,总结相关原理。这充分展现了工程素养培育的目标,提升了学生的学科核心素养,形成了科学探究的思维,锻炼了合作交流的能力。

（三）基于通识课程内容开展以学生为中心的项目活动教学

项目活动教学是一种将学习置于具体问题情境中的以学生为中心的教学模式。这种教学模式旨在把学生融入有意义的任务完成过程中，让学生积极学习，自主进行知识的建构，以现实的、学生生成的知识和培养起来的能力作为最高成就目标。在探究活动中，团队成员之间集思广益、互相启发、取长补短，不仅加深学生对学习内容的理解，还可以激发他们的学习兴趣，提高学习情绪，培养钻研问题的能力，提高独立性。在具体的教学实施过程中可以采用问题驱动、数据收集、实验活动、样品设计、程序设计、分享验证等方法。

如在"解密人工智能"课程中，教师安排了"智能宠物机器人设计"活动项目，该项目要求学生利用课程所学知识，结合智能宠物机器人这一设计主题，分小组执行项目，最终实现功能规划。整个活动主题明确，难度适中，贴近学生日常生活。在活动过程中，教师安排了三个课时四个环节，指导学生逐步实现项目设计，包括"头脑风暴确定主题；自主探索人工智能系统训练；设计及调试核心功能程序；团队合作项目交流展示"。这四个环节中有指导学生进行小组谈论、组间交流分享的活动，也有自行研究探索，还有实验操作和程序设计的过程以及最后的项目总结与展示。整个项目设计通过《学生活动任务单》指导学生分工合作并记录过程。在整个项目活动中，学生通过小组合作—任务分解—原理探究—项目实现的过程，将课程知识运用到具体的项目作品中，实现了工程素养培育的最终目标。

四、教学活动的具体实施

由于"工程素养培育通识课程"具备通识课程的特点和工程素养培育的教学目标，在教学活动的具体实施过程中，对教学过程、内容的安排，对教学方法、步骤、组织形式的选择，就不能完全按照基础型课程的模式加以考虑。另外，由于课程的教学环境基本是专用教室或者相关学科的实验室，具备探究学习和项目开展的硬件条件，可以把教学环境作为教学活动实施的重要因素之一，开展教学活动设计。

以"工程与创意"课程中的"小球高度"这节课为例，教师采用项目活动教学方法，具体分为如下几个阶段。

（一）确定"小球高度"教学活动的主题

"小球高度"是"工程与创意"课程的一个典型案例，任务要求是利用材料使小球离地越高越好。

(二)做好"小球高度"教学活动准备

教师首先必须明确教学目标。依据三维目标,该课的教学目标可以划分为:知识与技能——能够将力学原理、材料的性能等知识、原理综合应用于实际问题;过程与方法——经历发现问题、分析问题、解决问题的一般问题处理过程,经历团队合作的过程,培养学生间的默契,学习理解和包容;情感态度与价值观——培养利用现实材料创造性解决问题的态度,培养学生面对问题不畏困难、不怕跌倒的精神,学习分析、评估、决策等基本思维方式,提高问题处理能力。

该课以学生活动为主,教师应准备好相关设备材料,备好后放在小组用的盒子里,具体见表2-1、表2-2、表2-3。

表2-1 "小球高度"材料准备清单限定材料(备6组)

序号	材料	数量	备注
1	剪刀	1把	每个小组一把
2	高尔夫球	1个	每个小组一个
3	橡皮球	1个	每个小组一个
4	乒乓球	1个	每个小组一个

表2-2 非限定材料

序号	材料名称	数量	总量	序号	材料名称	数量	总量
1	吸管	6根	大量	11	小木棍	3根	大量
2	牙签	10根	大量	12	回形针	10枚	大量
3	硬币	5枚	大量	13	棉签	10根	大量
4	标签纸	8张	大量	14	绳子	100厘米	大量
5	索引卡	2张	大量	15	铝箔纸	1张	大量
6	铅笔	2根	大量	16	橡皮泥	1块	大量
7	A4纸	2张	大量	17	纸碟	1个	大量
8	纸杯	2个	大量	18	塑料杯	2个	大量
9	绒条	5根	大量	19	网球	1个	12个
10	意大利面	10根	大量	20	桌球	1个	6个

请备货时以"数量"为单位进行整理,标注"大量"的项目以放满整个盒子为准。备好后放在材料盒里,并对应准备"材料价目单"。

表2-3 其他材料

序号	材料	数量	备注
1	材料价目单	20张	小席卡
2	装材料的盒子	20个	放好对应的材料
3	胶带	3卷	布置场地
4	材料盒	6个	小组放材料用
5	学生阅读材料	6张	
6	任务单	6张	
7	材料选购登记单及评分表	6张	
8	测量仪	1个	教师测量用
9	教师用课程方案	1份	自用

(三)实施"小球高度"教学活动

在教学活动的具体实施过程中,教师将教学流程分为以下几个环节:

1. 课程引入:"东方之珠"——上海东方明珠电视塔的结构之美。
2. 明确任务:完成小球高度挑战,具体任务单如下所示。

"小球高度"任务单

1. 你们的任务是选择材料把小球支撑起来,离桌面越高越好。
2. 每组有1个乒乓球、1个橡皮球和1个高尔夫球,任选其一进行挑战。
3. 这里有一些用于解题的材料,需要小组"选购"作为建筑耗材。
4. 每组有一把剪刀,只能作工具使用,不能成为制作结构的一部分。
5. 桌面上有一块胶带标出的方形区域。用于支撑小球的结构只能位于方形区域内的桌面上。
6. 在时间到之前,你们可以停止解题并要求评分。但是一旦提出评分要求,就不能再触碰制作的结构。
7. 评分标准如下:
   (1) 如果结构支撑住的是:
     乒乓球,从桌面到球顶部的距离,每厘米得1分。
     橡皮球,从桌面到球顶部的距离,每厘米得2分。
     高尔夫球,从桌面到球顶部的距离,每厘米得3分。
     补充说明:乒乓球、橡皮球、高尔夫球只能选择一个使用。
   (2) 根据团队合作程度,在1—15分内评分。
   (3) 根据结构的创造性,在1—15分内评分。

3. 开始活动,活动流程是:小组讨论;采购材料(第一次);结构制作;采购材料(第二次);结构制作。

4. 展示评分。

(四)进行"小球高度"教学活动的展示、评价和总结

根据该项目活动,教师设计了具有针对性的活动评价标准。评价标准关注学生的团队合作和项目活动过程中的创造能力,为学生活动提供目标指向。

整节课通过开放的任务目标,给予学生充足的空间去想象。其中,材料的选择是对学生生活经验的考验,限定经费30代币是这节课的亮点。学生有足够的开放度选择自己想要的材料,同时又是在相对公平的环境下进行比拼。

在项目活动过程中,如何利用材料做好结构是又动脑又动手的过程,小组合作过程中有争辩、有尝试,可以失败,可以重新再来,一切都变得可能。要做好这个任务需要一定的工程知识素质、良好的思维素质,更需要工程实践操作能力。具体评分标准见表2-4、表2-5。

表2-4 小球高度计分表

序号	乒乓球高度	橡皮球高度	高尔夫球高度	团队合作	结构的创造性	得分

备注:三种球只选择一个计分。

表2-5 评分标准

团队合作评分标准			结构的创造性评分标准		
序号	内容	分值	序号	内容	分值
1	小组讨论充分	3	1	材料的创造性使用 (即不同材料在结构中组合使用的创造性)	7
2	组内达成一致,认可材料采购方案	2			
3	组内达成一致,认可结构搭建方案	2	2	结构的创造性搭建 (即结构造型的创造性)	8
4	组员分工明确	3			
5	结构搭建过程中能相互合作,配合协调	5			

五、评价与保障

(一) 课程实施的评价

高中生工程素养评价的主要目的是全面了解学生的工程学习活动历程,激发需求与潜能,促使学生在工程素养、专业精神、审美情趣等方面获得提升,从而加强综合素养。对工程素养的评价既要关注最后的结果,更要关注学生的参与过程;既要关注学生工程素养水平,更要关注他们在工程活动中表现出来的情感与态度,帮助学生认识自我,建立信心。

基于工程素养培育的课程评价以学生为中心,倡导学生自主学习、自主实践、自主探究。在评价中将以学习任务作为评价的驱动引领,通过评价任务的设计使学生能身临其境地学习,让学生自己动脑、动手,充分体验探究、发现的过程。教师在学生学习任务的完成过程中形成对学生工程素养能力的评估。

在评价方面,教师不仅要把结果作为评价的目标,更应该把评价变成促进学生主动学习、推动学生全面发展的一个过程。教师的动作、眼神、语态无时无刻不对学生起着评价的作用,更重要的是,教师在学校里代表社会对学生的一种态度,往往会对学生的一生产生很大的影响。特别在工程素养方面,没了高考分数的压力,该如何评价?可以考虑从以下几方面进行评价:学生提出的问题是否有新意,操作求解是否有新意,合作学习是否有效率,结果呈现是否有特色,作品是否有创意,反思拓展是否有眼光,自我感受是否有收获,兴趣动力是否有增强,工程素养是否有提高,等等。

教学活动评价设计以教学目标为主要依据。结合课程内容,教学实践从过程性评价和总结性评价两方面对学生在学习活动中的表现和收获进行评估,其中总结性评价以作品评价为主,小组合作问卷评价和动机水平量表测量为辅。在评价形式上,将自评与他评相结合、形成性评价与总结性评价相结合,对学生的评价和反馈贯穿于通识课程教学活动的始终。以下分别对开发的几种教学评价工具进行介绍。

1. 教学活动的评价表

为了更详细地了解学生在教学活动中的表现,设计了过程评价工具,具体操作是由每个小组的助教根据小组成员在各个教学活动过程中的即时性表现进行评价与记录。

表2-6 教学活动的评价表

教学活动	指标 (请在符合情况的选项上打"√")	完全符合 5	比较符合 4	一般 3	比较不符合 2	完全不符合 1	评分
以模仿为核心的任务活动	是否及时进入教学中的问题情境						
	是否积极参与,是否积极沟通、相互帮助						
	拓展体验中是否能够提出较多想法并付诸实施						
	能否准确理解发布的任务要求						
	学习过程中态度是否认真,是否主动参与						
以工程探究为核心的任务活动	是否能够与成员有效沟通交流						
	是否能够提出较多提议和想法						
	是否能够按照方案计划进行假设验证						
	是否能够对探究过程和结果进行归纳总结						
	是否能对探究的结果做出进一步的思考和拓展						
	是否能够快速识别问题,提出有创意的想法						
以工程设计为核心的任务活动	是否能够在有限的时间内通过小组讨论明确项目制作的目标						
	是否能够根据设计方案建立相应的模型						
	设计和制作过程中是否分工明确、相互帮助、有效沟通						
	是否对作品进行测试和优化						
总分							

2. 学生个体评价表

（1）作品和分享评价。作品能够反映学生对通识课程的学习掌握情况，以及展示学生解决问题、探究分析、工程设计、创新和实践等方面能力。设计的作品评价指标如表2-7所示。该评价表主要从作品的完整性、创意性、美观性和价值性等方面进行评价，此外还增加了分享汇报方面的评价，包括汇报内容、汇报表现、小组合作和作品效果。

表2-7 作品和分享评价表

一级指标（分值）	二级指标（分值）	指标说明	优	良	合格	需努力	评分
作品（60）	创意性（20）	设计制作具有一定的创新性	20	16	12	8	
	价值性（20）	满足一定的需求，解决生活中的实际问题	20	16	12	8	
	完整性（10）	作品结构合理完整	10	8	6	4	
	美观性（10）	具有一定的美观性	10	8	6	4	
分享（40）	汇报内容（10）	观点明确、内容完整、条理清晰	10	8	6	4	
	汇报表现（10）	表达清晰、简洁流畅	10	8	6	4	
	小组合作（10）	分工合理明确	10	8	6	4	
	作品效果（10）	设计巧妙、演示流畅	10	8	6	4	

（2）学生自我总结反思。

（3）小组合作学习的自我评价。为了进一步了解学生对团队合作学习的主观评价，可以采用小组合作学习评价量表进行评价。小组合作学习评价的内容包括沟通交流、解决问题和学习效率等方面，其中沟通交流是调查小组沟通对知识技能获得、任务完成和自我表达的作用，解决问题是了解小组合作方式对解决问题能力的作用，学习效率则是调查小组合作对学习效率和任务完成质量的影响。

表 2-8 小组合作学习评价量表

一级指标	指标说明	完全符合	比较符合	一般	比较不符合	完全不符合	评分
沟通交流（50分）	我可以从小组成员那里学到更多我之前不擅长的知识	10	8	6	4	2	
	小组沟通提高了我的自我表达能力	10	8	6	4	2	
	小组成员相互鼓励可以促使我更加积极地完成学习任务	10	8	6	4	2	
	小组沟通使我对研究问题的认识更加清楚	10	8	6	4	2	
	小组沟通能够使问题的解决方案得到优化	10	8	6	4	2	
解决问题（20分）	解决问题的过程提高了我的小组合作能力	10	8	6	4	2	
	我可以学习其他同学解决问题的方式和思路	10	8	6	4	2	
学习效率（30分）	合作提高了学习效率	10	8	6	4	2	
	合作学习成果的质量更高	10	8	6	4	2	
	小组合作使得学习效果具有创新性和突破性	10	8	6	4	2	

3. 评价的方式方法

通识课程的评价方式可以采用学生自评、学生互评与教师评价等方式，根据教学目标及内容采用适合的评价方法，可以一学期评价一次，也可以根据课程设置的实际情况进行评价。

表 2-9 评价的方式方法

考核与评价内容		成果形式	评价标准	评价主体	权重	
作品评价	1. 作品完成方案 2. 作品制作过程记录 3. 作品展示评价 4. 作品完成质量	Word 提纲	"提纲"评价表	任课教师	15%	50%
		Word 电子记录	"过程"评价表	任课教师与学生评委	15%	

续表

考核与评价内容		成果形式	评价标准	评价主体	权重	
学习表现评价	1. 小组出勤与作业提交情况 2. 小组讨论、合作学习 3. 小组汇报、发言 4. 小组动手操作能力	现场演示或小组汇报	"展示"评价表	教师评委与学生评委	30%	
		作品成品或论文	作品、论文评价表	教师评委	40%	
		/	"出勤"记录表"作业"等第记录表	任课教师	20%	30%
		/	讨论、合作记录表	任课教师与学生评委	30%	
		PPT 及讲稿	小组汇报、发言记录表	任课教师与学生评委	30%	
		作品	作品完成的质量	任课教师与学生评委	20%	
客观性知识评价	1. 选择题 2. 判断题 3. 案例分析	试卷答题纸	试卷答案及评分标准	任课教师	100%	20%

4. 评价的组织机构

评价的组织机构为高中生工程素养培育通识课程子课题组，其中可以包括任课教师、教师评委、学生评委等。

（二）课程的管理

1. 管理思想

充分发挥管理的决策、组织、激励与服务的功能。

2. 管理组织

管理组织为课题组、教导处、科研室。

3. 管理规章

管理规章包括课程建设制度、课程实施制度、课程管理制度。

4. 管理程序

管理程序具体为:"工程素养培育通识课程"的设计,"工程素养培育通识课程"教学的实施,"工程素养培育通识课程"教学的评价、反馈、改进,"工程素养培育通识课程"教学的总结。

(三) 课程的保障

为了顺利有序地开展工程素养培育通识课程,学校不仅成立了课程规划实施领导小组,还提供了以下保障。

1. 强化"工程素养培育通识课程"的领导

学校通过完善"工程素养培育通识课程"研发及管理机制,建立了高中生工程素养培育的可持续发展机制,提升课程领导力,促进通识课程有序、有效地进行。

2. 强化"工程素养培育通识课程"的顶层设计

整合高校力量组建专家团队,依托大学实验室和项目研究资源,在课程设计、内容开发、学生活动等方面进行指导。

3. 强化"工程素养培育通识课程"的师资建设

大力培养能适应未来教育需求的一专多能的新型教师,支撑学校特色品牌的可持续发展。学校借助大学专业和师资优势,积极打造教师学习共同体,提升教师在课程研发与实施等方面的能力,培养特色教师团队;整合校内外教育和培训资源,依托"四个中心",有效落实特色教师多元培育机制。通过教研训一体机制,学校将教研活动、科研活动与师资培训有机结合,从课程建设、课堂教学、专业提升、课题研究等多方面加强教师培养,努力建设一支"理崇至真,工贵求实"的高素质的教师队伍。

4. 推动"工程素养培育通识课程"逐步改进发展

优化学习空间,从工程素养培育的角度,推进创新实验室、文理中心、图书馆、理化生实验室等学习空间的软硬件升级。增强教师的跨学科研究力量,组建跨学科教研组,探索跨学科协同教学的运作方式、运行机理和模式。对现有的通识课程不断进行更新与升级,培育符合时代需求的、具备工程素养的高中生。

六、实践效果

工程素养培育通识课程的实践效果主要表现为:形成了系列"工程素养培育通识

课程"精品课程,初步彰显了"工程素养培育通识课程"的区域特色和实践成果,显著提升了学生的工程素养,促使教师队伍的工程素养水平有较大提高。

(一) 形成了系列"工程素养培育通识课程"精品课程

学校形成了"工程素养培育通识课程"精品课程。课程面向全体学生,强调工程素养培育需要有全面和广博的知识基础和扎实的知识积淀。学校面向全体高一学生开设了工程素养短课程,包括"工程与创意""机器人基础""工程机械概论""虚拟技术"四门短课程,培养学生对工程素养的兴趣和基本技能。学校与上海理工大学工程实训中心合作开发了高中生工程与实训课程,从学生实践能力入手,通过对简单的钳工、铸造、数控加工、材料成型等操作技能的学习,培养学生的实践能力,强化工程素养培育的过程与环节,让每个学生都能体验工程实践的过程,感悟工程实践的重要性,收获工程实践的成果。

表 2-10 工程素养培育通识课程

特色课程群		课时	对接学院
工程素养培育通识课程	工程与创意	8课时	出版印刷与艺术设计学院
	机器人基础	8课时	机械工程学院
	工程机械概论	8课时	
	虚拟技术	8课时	虚拟制造国家实验中心
	工程与实训课程	34课时/学年	工程实训中心
	上海理工大学附属中学学生必做的100个实验	与基础课程结合	公共实验教学中心
	理化生实验导论	6课时/门	

(二) 初步彰显了"工程素养培育通识课程"的区域特色和实践成果

学校关注特色短课程与学科课程之间的内在联系,注重创新实验室设备的有效利用,重整重编课程文本,将"中国智造""人工智能""创新创业"元素融入到课程中,以小组成员协同合作的形式,在完成递进式任务的过程中学习工程与机械理论知识,并通过实践输出创新性项目成果。如学校开发的"尚理智造2035"课程中的"工程与机械"一课,以一带一路援非建设的故事情境为主线,带领学生置身于15年后的中非共建工程中,化身为真正的工程师,攻克一道道工程难题,取得创新性的工程项目成果。

学校自行开发思维创意、机器人基础、工程与机械基础等方面的慕课,供全市中小学生自主学习;学校引入信息化工具,提升实践体验,采集过程性评价数据;结合网络课程资源,学校开发实验平台,定制工程素养必修课程资源及互动交流的学习评价系统,记录学生的学习经历,从不同角度全面衡量、了解学生的学习水平。

学校开设特色社团活动课程、创新实验室系列探究课程、暑期创意漂流体验课程、头脑OM体验课程、海外综合学习课程等综合实践课程。例如,学校在原来的特色短课程"工程与创意"的基础上,形成了培养学生兴趣的"指尖大工程"通识课程,完善了与志愿者服务相结合的"工程创意漂流"实践体验课程,还将社团活动课程进行深化与完善,形成"CPS创造力问题解决""工程模型的创意设计与研究"等系列研究课程。

学校开展了尚理科技节、尚理读书节、尚理社团文化节等活动。联合上海理工大学及十二所联盟校,开展科技知识竞赛、社团文化展示、学生创意设计、专项挑战赛、大学生科创观摩等活动。丰富尚理讲坛内涵,从教师、学生、专家、家长、校友五个层面,围绕"工程素养"展开大交流大讨论。

2019年9月,学校获评全国首批"中小学人工智能教育实验校",助推工程素养特色培育进一步发展。在特色课程升级开发中,学校引入人工智能高中课程,以特色项目引领、体现工程素养培育,形成集创新实验硬件、资源、课程、导师团、实践平台为一体的教育场所,引导高中生进行课程学习,为师生提供探索人工智能技术的认知入口。

上海光华学院剑桥国际中心国际高中2016届毕业生张同学被剑桥大学最古老的学院——彼得学院的工程专业录取,他获得了总额超过了100万元人民币的奖学金。近30多年来,获得该奖学金的人数不超过200人。之所以获得面试考官的青睐,是因为他在高中阶段,花了一个月的时间,自己动手做了一台斯特林发动机模型,并且还写出了这一发动机缺陷原理的报告。可见,高中生工程素养的多元评价在全世界已得到广泛认同,这也促使上理工附中在学生工程素养评价上不断探索。

(三) 显著提升学生的工程素养

1. 高中生系统思维意识与能力的显著提升

深化高中生项目化研究性学习,利用上海市研究性学习自适应学习系统,为每一个课题研究配置校内外指导教师,融合上海理工大学及社区优质资源,引导学生经历研究过程、丰富学习体验,促进学生系统思维意识与能力的提升,形成有质量的研究性成果专辑。

2. 高中生实践创新精神与能力的显著提升

增强学生理论与实践相结合的应用能力。利用多样化培养路径提升学生的综合能力。特色社团蓬勃发展,目前学校有机器人社团、头脑OM社团、环保社等20多个社团。此外,学校鼓励学生利用创新实验室资源开展课题研究与作品制作,促使学生创新精神实践能力不断提升。

3. 高中生交流合作意识与品质的显著提升

学生在新时代"中国智造"的背景下,以小组成员协同合作的形式,在完成递进式任务的过程中学习工程与机械理论知识,并通过实践输出创新性项目成果。通过通识课程的学习,提升学生的团队协作意识与能力,激发学生的创新设计理念,增强学生理论与实践相结合的应用能力。

4. 高中生责任伦理态度与精神的显著提升

通过通识课程的学习,高中生责任伦理的态度与精神有了显著提升。开展有关工程问题的实践、探究与创造的责任心和伦理精神,对相关社会效果的预见性,努力克服负面效应的责任心,承担有关负面效应的伦理精神都得到了较好发展。

下面以顾凌燕老师"工程与创意"课程中的"会拐弯的小车"这一单元为例,说明课程对学生工程素养培育的成效。此单元共分为四个课时。

第一课时:发现问题——初步建模

- 初步了解拐弯小车的制作原理。
- 通过制作小车,初步学会拐弯小车的制作方法。
- 通过对车辆的打磨,增加学生的耐性,培养追求精益求精的处事态度,培养工匠精神。

第二课时:实践研讨

- 进一步分析、探讨小车的制作原理和蕴含的科学知识。
- 进一步学习并巩固对比实验、控制变量、数据统计等基本研究方法。
- 共享探究成果,知道对于任何问题其影响因素都是综合的,解决问题需要多方面考量。

第三课时:成果共享

- 通过展示团队的探究成果,科学阐述影响小车行驶轨迹的因素,分析实际情况的复杂性。
- 提升学生对问题的整体把控能力,能够对问题的综合性、复杂性有深层认知。

- 团队之间进行共享,感受团队协作的重要性,从中汲取合作经验,促进学生学会分享。
- 真正领会"遇事不怕事"的内涵,养成积极的处事心态,掌握解决问题的方法。

第四课时:模型完善——解决问题
- 通过对车辆的制作,提升知识迁移能力、时间控制能力、动手制作能力等综合实践能力。
- 通过各小组的比赛,提升团队协作能力。

"会拐弯的小车"整个单元通过项目化教学的方式加以推进。通过学习,学生能提升实践能力,增强理论与实践相结合的应用能力,加强团队协作意识,激发创新设计理念;体验工程实践的过程,感悟工程实践的重要性,收获工程实践的成果,提升工程素养水平。

(四)促使教师队伍的工程素养水平有较大提高

基于多年教学经验,以及学校多维度培养机制对教师专业发展的促进作用,教师工程素养有显著提高。教师系统思维的意识与能力、实践创新的精神与能力、交流合作的意识与品质、责任伦理的态度与精神都有较大提升,科研能力不断提高,师资队伍不断优化。例如,王智颖等职初教师团队的课题"基于工程素养特色的高中跨学科校本课程开发与实践"获市级立项,使他本人的工程素养与教学能力都有较大提高。

(本节撰写者:王智颖、张烨琼、卢胜男)

第二节　通识课程的实施内容

一、创意思维模块

习近平总书记强调,创新是一个民族进步的灵魂,是一个国家兴旺发达的不竭动力,也是中华民族最深沉的民族禀赋。在激烈的国际竞争中,惟创新者进,惟创新者强,惟创新者胜。而创新的根本是人才!

高中阶段教育是学生个性形成、自主发展的关键时期,对提高国民素质和培养创新人才具有特殊意义。因此,在高中阶段培养学生的创新素养,增强其创新意识,就显得格外重要。学校在"尚理"办学理念的引领下,形成了聚焦"系统思维""实践创新""交流合作""责任伦理"四大要素的工程素养培育核心。"工程与创意"课程则围绕以上关键要素开展教育教学,提升学生的技术和工程素养,也为特色高中的创建添砖加瓦。

(一) 课程目标

1. 学生层面

(1) 精选学习内容,拓宽学生视野,改变对于创新的片面认识,养成创意思考的习惯。

(2) 通过多层次的思维训练,让学生达到一定的思维流畅度。

(3) 引导学生理解创意就在身边,真正学会观察,改变视角。

(4) 培养学生搜集信息的能力,不仅在搜集过程中学习,同时培养一种品质。

(5) 锻炼设计的能力,让学生敢于表达自己的想法。

(6) 引导学生通过自己的双手让创意变成现实。

2. 学校层面

(1) 丰富课程结构,形成重基础、多样化、有层次、综合性的课程。

(2) 创设有利于引导学生主动学习的课程实施环境,提高学生自主学习、合作交流以及分析和解决问题的能力。

(二) 课程内容

创意是无处不在的,"工程与创意"课程将与学生的生活实际密切联系,与青年学生目前的学情紧密挂钩。每一节课都需要从"好奇""想象""观察""寻找""行动"等行为方式上进行创意思维和习惯的训练,同时立足科学、艺术、人文、综合等专题,结合创意思维,进行有侧重的培育,以"结构工程师""建筑工程师""微景观工程师""通信工程师"等角色体验为切入口,在创设的情境下要求学生完成任务挑战,充分提升学生的综合素养。

课程内容的选择遵循如下基本原则:

第一,实时性。课程内容的选择体现当代社会进步和科技发展,反映创新教育的发展趋势,关注学生的经验,增强课程内容与社会生活的联系。同时,根据教学的实际情况及时进行调整、更新。

第二，基础性。强调掌握基础的创新思维方式和培养良好的习惯；注重培养学生浓厚的学习兴趣、旺盛的求知欲、积极的探索精神、坚持真理的态度；注重培养搜集和处理信息的能力、获取新知识的能力、分析和解决问题的能力、交流与合作的能力。

第三，选择性。为适应社会对多样化创新人才的需求，满足不同学生的发展需求，在保证每个学生达到共同基础的前提下，为具有不同发展潜能的学生提供不同类别的逐层递进的课程。

（三）课程实施

1. 合理而有序地安排课程

本课程设计主要面向高中一年级开设，以普及工程创新教育。（今后学生还将在高一暑假及平时课余时间里参加"工程创意漂流"实践型课程；高一高二年级学生可选择"头脑OM"的拓展型、研究型课程，甚至自主参与OM社团活动，以进行深入研究和学习，不断发现并发挥自身潜能。）

2. 建立跨校、跨学科的教学研究制度

"工程与创意"不是一门学科课程，而是融合的跨学科课程，与一般的基础型课程不同。目前，学校与周边小学、初中建有"五校联盟"的合作机制，由不同学科背景和学段的教师共同交流与研讨，努力争取做到课程内容的跨界创新。同时，课程教师应该多走出去，与各类兄弟学校的相关负责教师形成联盟合作机制，相互交流切磋，以拓宽教师视野，促进教师成长。

3. 充分挖掘课程资源，建立课程资源共享机制

为保障"工程与创意"课程的实施，学校应加强课程资源建设，充分挖掘并有效利用校内现有课程资源。同时，大力加强学校之间以及学校与社区之间的合作，充分利用高校教育、社区教育等优质资源，努力实现课程资源的共享。

（四）课程评价

充分对接高中生综合素质评价体系，对参与不同课程的学生进行评价。

在课程实施过程中，根据目标多元、方式多样、注重过程的评价原则，综合运用观察、交流、测验、实际操作、作品展示、自评与互评等方式，制作综合、动态的学生成长记录手册。

课程教学评价时主要采用小组合作的方式,每个班级分成6个小组,每个小组5—6人。评价包括:活动中的小组综合表现(教师评价);小组之间的相互评价(学生评价);创意手册的内容呈现,依据个人表现进行评价。最终成绩评定:每个活动项目将评定创意组(表现最好的小组)和创客(表现最优秀的个人);课程结束时,根据一学期的整体表现,针对每个小组和个人表现的优异环节,评定多个最佳奖项。教师综合以上内容评定学生课程等第。

另外,综合考虑学生参与创新类竞赛及获奖情况,附加评先评优条件,在学校综合测评的"特色指标"中予以最终呈现。

(五)"工程与创意"课程计划(高一学生全体)

表2-11 "工程与创意"课程计划

主题	教学活动	课时	工程素养内涵	授课方式	评价方式
第一章 结构工程师体验	比萨斜塔	1	思维判断 交流合作 设计实现	学生小组活动	1. 教师评价活动中的小组综合表现 2. 学生小组成员之间相互评价
第一章 结构工程师体验	小球高度	1	思维判断 交流合作 设计实现	学生小组活动	1. 教师评价活动中的小组综合表现 2. 学生小组成员之间相互评价
第二章 景观工程师体验	圆的故事	1	思维判断 交流合作 人文情怀	学生小组活动	1. 教师评价活动中的小组综合表现 2. 学生小组成员之间相互评价
第二章 景观工程师体验	景观瓶	1	思维判断 交流合作 人文情怀	学生小组活动	1. 教师评价活动中的小组综合表现 2. 学生小组成员之间相互评价
第三章 建筑工程师体验	巧块无极限	1	思维判断 交流合作 设计实现	学生小组活动	1. 教师评价活动中的小组综合表现 2. 学生小组成员之间相互评价
第三章 建筑工程师体验	创意多米诺	1	思维判断 交流合作 设计实现	学生小组活动	1. 教师评价活动中的小组综合表现 2. 学生小组成员之间相互评价
第四章 通信工程师体验	积木通信	1	思维判断 交流合作 设计实现	学生小组活动	1. 教师评价活动中的小组综合表现 2. 学生小组成员之间相互评价

续表

主题	教学活动	课时	工程素养内涵	授课方式	评价方式
第五章 未来设计师体验	学生设计展	1	设计实现 实践应用 持续发展	学生小组活动	1. 教师评价活动中的小组综合表现 2. 学生小组成员之间相互评价 3. 创意作品的内容呈现,依据个人表现进行评价

二、工程机械模块

(一)"尚理智造2035"课程目标

按照学校"尚理"办学理念的核心要求,"尚理智造2035"课程以培养"人文厚实、理工见长"、具有"创新精神和国际视野"的现代高中生为总体目标,将工程素养培养贯穿于整个课程,培养学生的实践能力和社会责任意识。学生围绕相关任务主题进行自主探究,重在发展问题意识及主动探究、动手操作等方面的能力,学会利用跨学科的课堂知识解决实际问题。课程实施中多以小组合作模式进行,重在发展学生的创新意识和团队合作意识。此外,该课程面向高一学生,以从初中进入高中的学习转型为突破口,通过对大型国家工程设施的介绍,激发学生对工程学习的兴趣,多层面理解工程,理解工程实践的过程、方法,掌握常见的分析方法和分析工具或解决问题的方法。

(二)课程内容及教学时间安排

表 2-12 课程内容及教学时间安排

课程名称	尚理智造2035	课时数	8
课程简介	"尚理智造2035"是上理工附中工程素养培育的特色系列课程之一。课程主要面向高一学生,引导他们了解中国一些重大的工程,简单地认识仓库货运、电梯模型、港口储运等现代机械操作过程。利用学校工程素养体验馆的设施,让学生通过虚拟现实体验和机械模型操作体验,对各类机械设备有一个初步的认识,如了解岸壁式集装箱装卸桥的结构。课程重在发展学生的问题意识、创新精神以及主动探究和动手操作的能力,使上理工附中学生具有一定的工程素养、开阔的国际视野,具备工程技术领域进一步深造所需的创新素养。			

续表

周课时安排	周活动计划
第一周	绪论:带领学生知道工程机械的定义和分类、重要地位以及近年来的发展情况。
第二周	阡陌纵横——交通枢纽(第一课时):通过学习虹桥交通枢纽,对身边的交通设施建设有一个初步的认识。
第三周	阡陌纵横——交通枢纽(第二课时):对比已有的大型国际机场的设计理念和设计结构,在特定的城市背景下,提出设计、改进一个国际机场的初步方案。
第四周	汇聚万千——港口(第一课时):通过对洋山深水港的认识,了解深水码头的基础设施设备。在工程素养体验馆里进行机械体验,观察起重机的基本结构。
第五周	汇聚万千——港口(第二课时):认识机械,组装吊机模型,初步了解大学相关专业。
第六周	使命必达——物流(第一课时):了解物流这种复合型行业的基本构成,了解实现智慧化物流作业需具备的条件。
第七周	使命必达——物流(第二课时):按要求设计并组装小型分拣结构。
第八周	学生分小组学习并分享成果。

(三) 课程实施

"尚理智造2035"课程主要面向高一学生,属于学校工程素养培育通识课程。课堂授课依赖学校工程素养体验馆里的机械设施,包括交通、港口以及分拣装置等。此外,工程素养体验馆还有VR设施,让学生身临其境。首先,课堂上教师会提供与课程主题内容密切相关的拓展资料。学生可以对一些与工程、机械有关的概念、术语、方法论等有一个初步认识。其次,课堂上会布置一些小任务串联课程内容,帮助学生在真实的问题情境中进行学习与思考。此外,拓展课堂会为学生设置各式各样的小组协作议题,如体验机械模型、设计机场概念图等,鼓励学生有效分工,各展所长,碰撞出精彩的火花。最后,课堂上会时不时地提供一些学科链接问题,利用物理、数学、化学等跨学科的知识点,帮助学生在实践中学习知识,对工程机械知识与日常生活现象的关联性进行思考与发现,感受科学与技术改变世界的强大能量。

(四) 课程评价

本课程以培养学生兴趣和能力素养为主,因此不设置考试,日常评价主要是针对学生搜集和处理信息的能力、与他人合作的精神和严谨的科学态度,形成课程评语。此外,考核评价主要以学生小组协作过程特别是最后一堂课上的成果分享为判定依据。除了教师打分之外,各小组派代表给其他小组进行评分。

表 2-13 评价量表

评价项目	评价内容	权重	组得分	组得分	组得分	组得分	组得分
交通枢纽	机场设计理念是否合理,与设计方案是否符合,有机场外形设计可加分	25 分					
港口	起重机搭建是否完整,是否能完成起重任务,是否有自己的改进之处	25 分					
"物流"分拣装置	分拣装置机构是否完整,分拣效果是否良好	25 分					
分享与感悟	在课堂中的收获、感悟是否深刻,是否能体现小组成员的想法	10 分					
小组合作	小组分工是否合理	10 分					
特色加分	有创造性地分享	5 分					
总得分							
评价等级	优秀 100—85 分		良好 84—75 分		合格 74—60 分		不合格 60 分以下

三、机器人模块

(一) 课程简介

"机器人是怎样炼成的"是一门面向学校高一全体学生的机器人课程,历时一个学期。学校内配备有一间专门的市级"机器人创新实验室",以支撑课程的正常运作和学生活动的开展。这门机器人课程主要基于 ASMII 机器人与 Poweroncon 控制器两大平台,分为三大模块:机器人的硬件原理、程序的设计调试、创意机器人项目的设计与制作等。通过教师课堂系统讲授机器人技术、学生 VJC 程序设计、ei 工程组件的动手装配、基于 Poweroncon 控制器的项目创新设计等形式,学生可全方位了解机器人的历史、文化、构成、软硬件基础、传感器的电路原理、I/O 口的定义与调用等知识,并学习如何综合运用知识将头脑中的创意付诸实践,把机器人做出来。通过一系列实践活动,培养学生的创新动手能力、与他人的合作意识、工程方面的素养等。

(二) 课程背景

从 2000 年开展机器人实践活动至今,"机器人"一直是上理工附中的科技特色之一。学校现拥有一间设施先进的市级机器人创新实验室,可作为师生教学和活动场所。在历届师生的努力下,学校曾在国家级、市级、区级比赛中获得过几十项荣誉。学校机器人项目在区域内也具有一定的影响力。2011 年,黄茹清老师基于实验室的设备基础,针对学生的特点,编写了《机器人是怎样炼成的》一书,并开发了配套机器人课程。该课程在开发和实施过程中得到了学校领导的大力支持。经过多年的打磨与完善,该课程于 2015 年形成第二版,日趋成熟,并在学校高一年级、区域共享课程、上海市高中名校慕课平台等三个领域进行实施,效果良好。

(三) 课程目标

1. 理解智能机器人的概念,了解智能机器人的发展趋势以及对未来社会的影响。初步掌握智能机器人的工作原理和软硬件组成。

2. 能根据要求设计和制作出智能机器人,并能熟练地使用机器人软件进行编程与调试。

3. 在学习和研究活动中,能积极地运用和实践自己在其他学科中学过的知识,并与同学交流,使知识更加融会贯通。

4. 通过制作与调试智能机器人,进一步提高学生的动手实践能力和创新意识。

5. 能对自己和他人的研究活动过程与结果进行评价,并能分析和归纳出解决机器人问题的基本思想和方法。

6. 提高学生自觉关注科技发展的意识,从小树立远大理想,热爱科学,献身科学。

（四）课程内容（课程大纲）

表2-14 课程大纲

一级提纲	二级提纲	三级提纲	实施要求
1. 绪论	1.1 我,机器人(1)	1.1.1 机器人的名字由来 1.1.2 机器人也有历史 1.1.3 机器人的诞生 1.1.4 机器人的三大定律 1.1.5 机器人究竟是什么样的 1.1.6 机器人的分类	知道机器人的文化、历史和构成
	1.2 我,机器人(2)	1.2.1 机器人的行动机制 1.2.2 机器人的传感器 1.2.3 机器人的控制系统 1.2.4 机器人的执行机构——减速机构	
2. 机器人的构成（硬件和软件）	2.1 机械零件与结构	2.1.1 曲柄机构 2.1.2 凸轮机构 2.1.3 同步带机构 2.1.4 齿轮的分类（直齿轮、斜齿轮、内齿轮、蜗轮蜗杆、齿条、滑轮、链条、螺旋丝杆） 2.1.5 惰轮的使用心得	知道和感受减速、曲柄、凸轮、同步带、齿轮、惰轮等结构
	2.2 电机控制的研究	2.2.1 马达与电流的关系 2.2.2 马达的妙用 2.2.3 马达的控制(PWM)技术是什么? 2.2.4 H桥式电路 2.2.5 双继电器控制电机正反转电路	知道PWM技术、H桥式电路、双继电器控制电路,学会操作
3. 让你的机器人动起来	3.1 初识ASMII机器人	3.1.1 ASMII的构造 3.1.2 用VJC控制机器人 3.1.3 实践活动 （机器人赛跑、机器人走正方形）	知道ASMII的构造,学习VJC软件
	3.2 程序的三种结构	3.2.1 顺序结构 3.2.2 选择结构 3.2.3 循环结构 3.2.4 实践活动 （机器人边走正方形边唱歌,机器人在生日歌中翩翩起舞）	掌握顺序、循环、选择程序结构

续表

一级提纲	二级提纲	三级提纲	实施要求
	3.3 显示"信息"	3.3.1 为什么要让机器人显示周围的信息 3.3.2 介绍LCD显示屏 3.3.3 如何调用LCD显示屏 3.3.4 实践活动 （倒计时程序、记录光敏值、聪明的机器人高斯）	知道LCD,学会调用
4. 传感器技术	4.1 传感器技术	4.1.1 机器人能理解的信号 4.1.2 教初学者看懂简单的传感器电路图 4.1.3 举个例子（光敏电路） 4.1.4 常用传感器	知道传感器的基础电路、种类、信号等
	4.2 经典传感器	4.2.1 碰撞\光敏\红外\声音\光电码盘的传感器是什么 4.2.2 传感器的原理 4.2.3 如何调用 4.2.4 实践活动 （试试传感器）	知道各类传感器的原理，学会使用
5. 张开你想象的翅膀，做你想做的机器人	5.1 Poweroncon控制器	5.1.1 Poweroncon控制器介绍 5.1.2 Poweroncon构件介绍及其制作技巧 5.1.3 如何用Poweroncon做项目（项目实战）	知道Poweroncon控制器的I/O口功能并学习调用
	5.2 ei组件的搭建练习	5.2.1 机构件 5.2.2 结构连接件 5.2.3 传动件 5.2.4 传感器、执行器 5.2.5 搭建基础 5.2.6 实践活动	学习ei组件搭建技巧，熟悉各零件间的组合和应用
	5.3 项目实践——模拟红绿灯	5.3.1 发光二极管 5.3.2 数字输入和数字输出 5.3.3 I/O口的定义与调用	知道发光二极管，通过红绿灯项目学习I/O口的定义与调试

本课程建议教师采用讲练结合和任务驱动的教学方法，通过实物讲解、演示，使学生在仿真环境中练习和实践。采用讲练学习、自主学习、分组合作研究性学习等形式，并通过观看机器人比赛视频、教学幻灯片以及分组比赛等方式激发学生的学习兴趣。

(五)课程评价

本课程的评价以教学目标为依据,基于培养学生工程素养和创新精神的原则进行。由于是采用任务驱动式开展教学的,因此对学生过程评价以及成果评价都重视,评价量化比例为1∶1。教师在评价环节中的角色,更多的是作为一个思考者和组织者,帮助学生参与评价。

1. 过程评价

主要看学生在课程实践活动中的综合表现、完成任务时在团队里起到的作用等。

2. 成果评价

鼓励学生创新,考查学生作品的科学性、完整性、创新性、实用性,以及在作品功能演绎过程中的表达和逻辑等。

表2-15 评价表

评价要素		评价指标	自我评价				小组评价			
			A	B	C	D	A	B	C	D
过程评价	学习态度	积极主动地参与学习,学习兴趣浓厚,求知欲强,敢于提出问题								
	合作意识	能与同学共享学习资源,互相促进,共同进步;积极参与讨论与探究,乐意帮助同学;在小组活动中主动承担任务								
	探究意识	积极思考问题,提出解决问题的方法,有创新意识;勤于积累,善于探索,思维活跃,反应灵敏								
	情感态度	努力发展自己的潜能,能认识自我的优缺点								
成果评价	任务作品	任务(作品)的科学性、完整性、创新性、实用性								
	应变能力	学生对作品的表达清晰、有逻辑性								

综合评价		自我评价等级	签名:
			  年 月 日
							小组评价等级	签名:
								  年 月 日		

教师评价	评语： 签名： 年　月　日

注：A 为优秀，B 为良好，C 为一般，D 为有待进步。

四、人工智能模块

（一）课程背景

1. 课程定位

"解密人工智能"课程的设立是基于教育部《2019 年教育信息化和网络安全工作要点》中"推动在中小学阶段设置人工智能相关课程，逐步推广编程教育"的要求。同时，《普通高中信息技术课程标准（2017 年版 2020 年修订）》中也将人工智能作为必修模块一"数据与计算"中的第四单元内容，并且在选择性必修中出现了"人工智能初步"模块。由此可见，培养学生的创新能力和合作精神，已然成为基础教育的重要使命。从中小学开始指导学生了解、体验、认识、使用人工智能技术，把相关知识作为当代学生的信息技术学科基础内容，已成为重要趋势。

2. 学情分析

高中阶段的学生已经具有一定的逻辑思维能力，具备一定的数学和物理学科基础知识，能够使用计算机解决简单的程序问题，但是缺乏对复杂问题的抽象和建模、算法设计等能力。

当代高中生基本都是 2000 后出生的，从幼年时期就开始接触各类电子设备和互联网，对于新的技术有着天然的亲和度，对于使用互联网进行学习、生活和娱乐习以为常。其中一部分学生对当今的前沿科技有着强烈的学习兴趣。

许多学生对于人工智能及其相关领域和行业充满兴趣，愿意尝试了解和学习人工智能学科和人工智能的应用，为更好地适应智能时代做好准备。

3. 资源分析

学校自2019年入选中央电教馆人工智能试点校后，便开始建设人工智能实验室，并且在2022年成为"央馆人工智能课程"规模化应用试点校。该实验室包括1台超算服务器、11台机器人、21套开源硬件，以及其他人工智能相关设备。学校配备了3位信息技术教师，承担人工智能通识课程和专项课程的教学。教材选用的是《人工智能（高中版）》。

（二）课程设计思路

通过"解密人工智能"课程的学习，学生能够形成人工智能意识，也就是形成技术安全和责任意识，提升技术伦理和道德意识，增强维护社会信息安全的责任，注意防范人工智能技术的不合理应用造成的负面影响；学生能够建立智能社会责任，提升对人工智能技术的敏感度和理解力；学生能够实践创新思维，着力让技术创新思维成为思维的常态，为创新精神、创新能力的发展奠定基础，发展劳动观念、安全意识、合作意识等。这些能力的培养与学校工程素养培育高度契合，是学校特色培育的重要内容。

（三）课程目标

1. 学习人工智能发展历程，明白人工智能是跨学科基础上的学科创新，理解人工智能的三要素，认同算法在人工智能学科领域中的重要性，形成人工智能素养。

2. 通过学习相关智能系统的设计，完成人工智能应用项目，经历人工智能跨学科项目的设计、调试、应用过程，增强利用技术服务人类的意识，建立智能社会责任感。

（四）课程安排

表2-16 课程安排

单元主题	课时	内容或活动	实施要求
人工智能简介	2	人工智能发展史 人工智能的应用	通过体验人工智能应用，了解当前的人工智能技术发展的程度，感受科学进步的曲折性，认同技术创新的重要性。
了解机器学习	4	分类器算法介绍 深度学习原理了解 构建简单的智能系统 宠物机器人项目设计	学习人工智能发展历程，感受人工智能算法的实现过程，认同算法在人工智能学科领域中的重要性。

续表

单元主题	课时	内容或活动	实施要求
迎接智能时代	2	智能时代的问题 人工智能攻防战	经历人工智能项目的设计、调试、应用过程，增强利用技术服务人类的责任感。

(五) 课程评价

"解密人工智能"课程的学生评价分为过程性评价和结果性评价两类。过程性评价主要关注学生的课堂学习情况以及在项目活动中的表现，侧重点是学生学习、活动态度以及在活动中体现的学科素养，评价人员主要是教师和小组成员；结果性评价主要关注的是学生的学习结果，包括程序作品、项目作品、PPT展示等，侧重点是作品的完成情况和质量，评价人员主要是教师和其他项目组成员，也可以是家长、学校其他学科教师、学校领导和相关科技领域的专家。

表2-17 评价表

分类	评价项	评价标准	分值
课程表现	学习态度	课堂上听讲认真，能够对学到的内容进行整理，不做与课堂无关的事情	30
	交流发言	愿意与教师互动，能够主动提出合适的问题	
	活动态度	在活动中积极主动参与，不游离在外，不做与项目活动无关的事情	
	合作情况	能够主动与他人合作，愿意承担相关任务和对应的责任	
项目结果	设计意图	设计意图明确，设计内容完整，有设计意图相关说明	60
	分工合作	团队合作分工明确，能够齐心协力地完成项目任务	
	作品外观	外观设计合理，能根据主题进行一定的美化	
	功能实现	完成项目要求的所有功能，且设计合理，运行成功率高	
	分享交流	有相关项目的演示文稿，并且制作精美；能够通过团队合作进行演讲与展示；能清晰明了地介绍项目开发的过程和成果	
	自我认知	能正确分析项目的优势和局限性，能对个人在项目中的作用进行合理的评价	
突出成果	比赛成绩	获得国家级、市级或者区级相关比赛奖项	10

(本节撰写者：王智颖)

第三节　通识课程的教学方案与活动案例

教学方案与活动案例一

"解密人工智能"课程之
"了解人工智能、实践智能设计"教学方案

一、教学任务分析

本节课的内容是学校通识课程"解密人工智能"第三单元"宠物机器人设计"中的第3课时"了解人工智能、实践智能设计"，是该单元的最后一个课时，也是项目活动的展示课。学生已完成人工智能发展史、具体应用和机器学习算法等内容的学习，基于此，本节课的任务为：利用人工智能实验室的环境，对已学概念进行实践验证。

本课程面向高一年级所有学生，这一年龄阶段的学生已具备一定的逻辑思维能力，并且在生活中有过使用人工智能系统的经历，部分学生对人工智能学科充满好奇，有学习和实践的动力。

二、教学目标

1. 回顾人工智能的发展史，回顾机器学习算法的主要内容。
2. 通过问答的形式，提升对人工智能学科的理解。
3. 采用小组合作、项目设计的方式，体验人工智能系统的完整设计过程。
4. 通过课程学习，感受人工智能设计的乐趣，建立学习的信心和动力。

三、教学重点和难点

本节课的重点是：在教师的引导下，学生通过小组合作，搭建一个人工智能系统。

本节课的难点是：理解机器学习的原理，并且能够在项目活动中利用原理解决遇到的问题和困难。

四、教学资源准备

人工智能实验室（平板、机器人），多媒体教学环境（教师机、白板），网络环境，任务单。

五、教学设计思路

问题引入	学习回顾	任务实践	成果展示
你认为的人工智能是什么	人工智能历史；应用情况；机器学习算法	实现特定语义识别、简单物体识别和特定声音识别及相关应用	主持展示活动，并且逐个点评

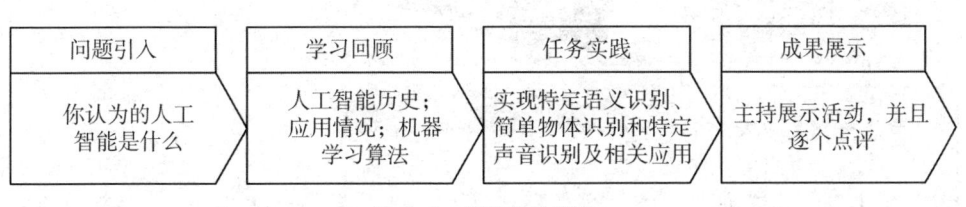

图 2-1　教学设计思路

六、教学过程

表 2-18　教学过程

教师活动	学生活动
环节一　问题引入	
问题1：在选修这节课之前，你认为的人工智能是什么？ 问题2：经过了一段时间的学习，我想问在座的同学们，现在你们认为人工智能到底是什么？ 教师对学生的回答逐一进行点评。	问题1回答： 学生拍摄采访视频，回答该问题。 问题2回答： 选择4—6人进行回答，可以从概念、想象等方面回答。
设计意图：让学生通过两组回答，思考学习人工智能拓展课的意义所在，在师生问答中捕捉学生回答中的闪光点，强化思考、创新对于学习的重要性。	

教师活动	学生活动
环节二　学习回顾	
以教师讲解为主,包括人工智能历史、应用情况、机器学习算法等。  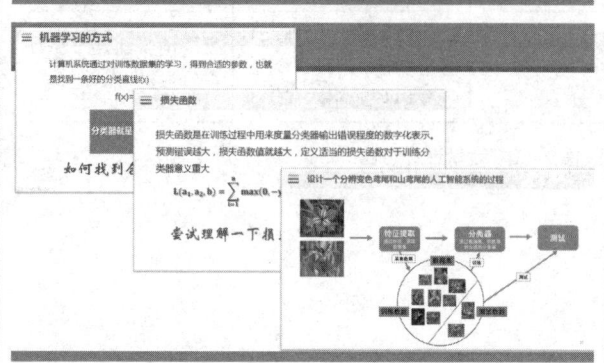	学生听讲。
设计意图:回顾整理所学知识。	
环节三　任务实践	
布置任务内容,指导学生进行分组合作。  ISSUE 03 能否利用学到的机器学习原理,设计数据集,通过训练分类器,让我们的小机器人也拥有某项智能吗?	利用人工智能实验室环境,开展项目设计活动。

续表

教师活动	学生活动
任务说明 利用机器学习的原理，设计合适的数据集，训练分类器，编写相关应用程序，完成特定应用。 实验要求： 1.小组分工：选出记录员、数据标注员、程序员、测试员和展示员。 ①记录员：填写设计单，记录项目实施过程。 ②数据标注员：设计相关主题数据集，训练分类器。 ③程序员：编写相关应用程序。 ④测试员：测试分类器，演示应用程序。 ⑤展示员：介绍项目实施过程，介绍编程思路。 2.结合设计单中的提示，完成分类模型训练、测试及相关程序开发。 3.实验时间：20分钟。	
设计意图：对应教材内容设计相关项目单，为学生提供任务完成支架。学生根据这些支架，通过小组合作，结合个人所学，更好地完成项目设计。	
环节四　成果展示	
1. 主持展示活动，并且逐个点评。 2. 教师小结。	以小组为单位，展示小组作品。
设计意图：通过项目活动结果的分享交流，引导学生理解人工智能系统设计的关键点，让学生对人工智能系统应用有更直观的体验。	

（本教学方案撰写者：张烨琼）

教学方案与活动案例二

"解密人工智能"课程之"智能宠物机器人设计"活动案例

一、案例背景

本活动案例属于通识课程"解密人工智能"中的项目，整个活动需要3个课时。在进行项目活动之前，学生已经完成了"解密人工智能"课程中的人工智能发展历程、深度学习算法初探以及人工智能实验平台使用等内容的学习。学生对于使用人工智能平台训练合适的智能系统，完成有趣的功能抱有极大的兴趣，同时高中学生已具备一定的程序设计能力，能够根据项目需求进行简单的程序开发。因为是通识课程，所以项目活动的硬件载体使用的是机器人，而非开源硬件。使用机器人可以减少工程设计的难度以及把控硬件调试的时间，把更多的项目时间用于人工智能系统的开发和项目功能的设计与调试。

二、案例描述

（一）活动目标

通过本项目活动，学生能够理解并使用各种人工智能模块的功能，提升编程、计算思维、工程思维及解决问题的能力，感受人工智能在生活中的重要作用及给人类带来的便捷性。

学生能够在项目活动的过程中体会团队分工合作、交流协商的重要作用，以及项目分享的必要性，以此来培养系统思维、创新精神、合作意识和社会责任感，提升工程素养。

（二）活动的重点和难点

活动的重点和难点是搜集、选择合适的人工智能训练素材，训练成功率高的人工智能系统；能够根据项目要求编写可行的程序模块实现功能；能够对项目的容错性进行测试，理解人工智能系统需要不断的修改完善。

（三）活动资源准备

具备人工智能训练平台的专业实验室环境；小型机器人（每组一台）；可进行拍照、录音、文字输入，并提供编程功能的平板（每人一台）；相对宽敞的空间，能够进行机器人移动测试；若干支持 Python 编程的台式电脑；完整的无线网络环境。

（四）活动设计思路

课时一	课时二	课时三
头脑风暴 确定项目主题	自主探索人工 智能系统训练	设计及调试 核心功能程序

（课时三续）团队合作 项目交流展示

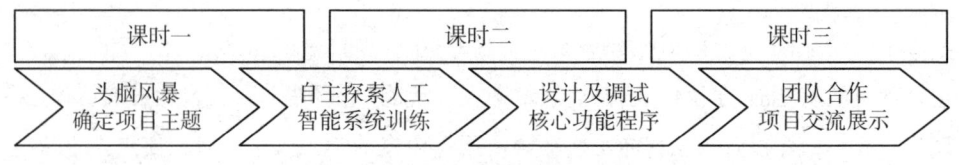

图 2-2　活动设计思路

(五) 活动过程

1. 头脑风暴确定项目主题

教师解释项目活动要求,说明项目活动的目的是利用已经学到的机器学习的原理,设计合适的数据集,通过训练分类器,让小机器人也能拥有某项智能。然后,学生分小组讨论本小组的智能宠物机器人的设计思路。

同时,教师对项目活动的具体流程、要求和人员分工进行说明。学生完成小组分工,选出记录员、数据标注员、程序员、测试员和展示员。人员分工要求是:记录员的工作是填写设计单,记录整个项目实施的过程;数据标注员的任务是设计相关主题的数据集,训练分类器,须注意要进行反复测试、修正,才能够得到最适合的分类器;程序员要编写相关的应用程序;测试员测试分类器,演示应用程序;展示员要能够介绍项目的实施过程,介绍编程的思路,介绍该特定程序可能的应用领域。学生可以结合设计单中的提示,完成分类模型设计,测试相关程序。

教师引导学生进行组内头脑风暴,然后请各组人员交流本组确定的智能宠物机器人设计方案,并接受其他组的询问。

2. 自主探索人工智能系统训练

实践出真知,只有经过自主探索,才能真正掌握所学习的知识,进而把这些知识运用起来。此环节分两个部分:第一个是训练素材搜集,学生根据设计方案选择合适的训练数据,该数据可以是图片、声音、文字;第二个是测试训练出来的人工智能系统的成功率,再进行调整,初始数据集的成功率往往是不如人意的,需要学生在这一过程中不断发现问题,调整数据采集的内容、数据的标准,并总结有效数据的特点。在此环节中,教师需要给予学生较多的空间与时间,让他们去调试、设计、探索,只有通过不断的实践与调整,才能优化所设计的产品。在此过程中,学生不是简单地模仿,而是要积极地去思考、创作。

3. 设计及调试核心功能程序

智能宠物机器人的功能设计包括:识别主人的功能、聊天功能、跟随功能、智能安防功能等。每个小组可以根据自己的设计方案,实现其中一个或者多个功能,也可以开发更有趣、更有创造性的新功能。

4. 团队合作项目交流展示

在展示交流环节中,学生以小组为单位进行分享,教师和其他学生可以作为"专家团成员",对该组的研究进行提问。学生们可以从外观设计、功能模块、解决方案、编程过程等方面进行分享交流。"专家"们也可以根据"设计者"们的介绍给出自己的看法。这样的分享会,可以使学生对作品有全面、细致的了解,同时也加强了小组之间的学习交流,进行思维的碰撞,培养学生的批判性思维,锻炼他们的表达能力。

(六) 学生活动任务单设计

表 2-19 学生活动任务单

项 目 设 计 单					
具体功能					组长
数据集设计	类别	训练模型数据量（数据量不少于30）	能否识别	实验过程中遇到的问题及解决方法	实验人	记录员
						数据标注员
程序设计	流程图：					程序员
						测试员
具体展示					展示员

(七) 活动评价

1. 评价内容

小组分工(2分);数据集设计(2分);程序设计(2分);具体应用说明(2分);展示效果(2分)。

2. 评价标准

表2-20　评价标准

活动阶段	评价标准	评价结果 A:优秀　B:良好　C:合格　D:需努力
一	小组分工合理,小组成员相互协作、积极主动	
二	数据集完整,训练、测试准确度高	
三	程序没有明显问题,有一定的互动友好设计	
四	展示介绍过程语言清晰、思路开阔、有创新精神	
	总分	

三、案例反思

本项目活动需要学生完成人工智能课程的理论学习,同时结合其他基础学科的知识,解决具体问题,实现项目要求。项目活动内容有趣,可操作性强,不仅能有效激发学生对通识课程的学习兴趣,也能够帮助学生理解科学原理,懂得工程实践的过程、方法,掌握常见的分析方法和分析工具或解决问题的方法,还能够让学生主动思考实现项目所涉及的信息社会责任。

从学生活动情况来看,项目的完成度比较高。学生能够实现的功能有如下几个方面:识别主人,且看到主人会迎接;能够进行某一话题的聊天,如感知聊天者的情绪,进行安慰;能够进行一定的安防检查,如出示证件等。

不足之处有以下几点:

总课时数有限,只有8课时,而项目活动的课时最多为3课时,使学生的创意发挥和实践的时间受限,只能进行较为简单的人工智能系统设计。

由于教学面向全体学生,每组人数大约在5—6人,容易出现小组人数过多导致活动参与不均衡的现象,有个别学生可能会游离在活动之外。

任务单的使用情况不如预期,学生对于如何记录活动过程感到陌生和困难。这需要学生不断积累项目活动经验。

(本活动案例撰写者:黄茹清)

教学方案与活动案例三

"尚理智造2035"课程之
"汇聚万千——港口"教学方案

一、教学任务分析

"尚理智造2035"课程从了解国家"十三五"规划中的重大项目入手,以中非"一带一路"合作对话会为背景。学生以工程师的身份,从视频、文献资料等方面了解中国工程故事,基于已有的数学、物理、地理等学科基础知识,试着认识机械装置原理、设计方案,并试着参与"工程项目"。"汇聚万千——港口(上)"这一节课是"尚理智造2035"课程的第二大主题,此前学生对大国工程已经有了初步认识。

经济全球化进程的加快和国际贸易的不断发展,使资源和生产要素在各个国家之间的流动更加频繁,对运输的规模、效率和服务质量提出了更高、更严格的要求。港口作为全球综合运输网络上的关键枢纽,肩负着"货通天下"的责任,其发展状况直接影响着海上贸易的发展进程。教师结合上海洋山深水港的介绍以及学校工程素养体验馆的港口和VR设备,帮助学生身临其境地体验港口的设施设备,培养学生的相关兴趣,注重学生学习能力和研究能力的提升,培养学生的基本工程素养。

二、教学目标

深入了解洋山深水港的发展历程和现状,学习洋山深水港的历史背景、建设过程、运营管理等方面的知识。

了解中国港口业的发展历程和现状,以及洋山深水港在国际航运中的重要地位和作用。

通过实地考察、实践操作等方式,学生可以深入了解洋山深水港的运营管理模式,培养工程实践能力和创新精神,为未来从事相关工作打下坚实的基础。

三、教学重点和难点

了解洋山深水港。

四、教学资源准备

纪录片《洋山深水港》片段,PPT 等多媒体资源;港口储运系统(机械模型);机械手套件。

五、教学设计思路

本课程中的每一个主题都是从一项学生较为熟悉的上海大型工程入手。在本节课中,教师引导学生先初步了解洋山港工程建设概况,再认识工程建设中可能遇到的问题,了解工程中所涉及的专业知识,最后结合学校配套的机械模型认识工程中所需要用到的大型机械。因此,本节课根据以上思路进行教学设计,教师备课时搜集了大量相关的视频、图片资料,并在课堂中进行展示。

六、教学过程

表 2-21　教学过程

模块	教师活动	学生活动
引入	生活经验分享: 1. 什么是港口?你知道哪些港口? 2. 你觉得一个国际化的大型港口需要具备哪些特点和设施?	相互分享生活经验。
视频任务	播放《洋山深水港》视频片段。	请根据《洋山深水港》的视频内容,填写港口常见的陆域设施设备的名称,并简要描述其功能(配图)。
工程体验馆:认识机械操作	在工程素养体验馆中分组进行机械操作并且观察机械结构: 1. 操作前,教师需先强调操作注意事项; 2. 传统港口中完成卸货需要经过的流程; 3. 观察完成装卸作业需要的机械结构。	记录在操作卸货过程中的操作指令,认识机械上的驱动装置、传动装置、卷绕装置、取物装置以及制动装置。学生利用 iPad 对这些装置进行拍照记录,并一起对它们加以认识。

模块	教师活动	学生活动
学生生涯指导	如今,从岸边装卸到水平运输,从堆码提箱到闸口查验,"无人港口"的业务流程实现全自动化。请查阅相关资料,了解哪些大学院校的专业学习可以对应"无人港口"的工作岗位。	查阅资料,对自己可能感兴趣的专业有个初步的认识,为高三时选择专业提供一定的参考作用。
学科超链接:吊桥上岸	在视频中,我们看到了把桥吊这个庞然大物从运输船上转运到正在建设中的洋山港码头时的情景,这个情景可以简化为图甲。桥吊是码头上进行货物装卸的起重机,它由控制室、水平横梁 AB 以及两个竖直的支架 CD 和 EF 组成。根据视频,我们知道运输船中的不同位置有数个密封的水舱,向这些水舱加水或减水,能保证牵引车将桥吊从运输船上转运到码头的过程中,运输船的甲板始终保持水平且与码头的地面相平。 (1) 牵引车将桥吊缓缓向右拖向码头时,支架 CD、EF 下的轮子会沿顺时针方向转动,请在图乙中画出支架 CD 下的轮子对运输船甲板的摩擦力的方向。 (2) 牵引车的最大输出功率为 50 kW,在此功率下,9 s 内将桥吊沿水平方向匀速拖行了 3 m,则这段时间内牵引车对钢缆的拉力为多少? (3) 已知桥吊的总质量达 2 200 t,钢缆与甲板始终平行,在甲图中,运输船甲板受到的压力为多少?牵引车将桥吊从图甲所示的位置拖到图丙所示的位置,图丙位置桥吊对码头的地面压力为 $1×10^7$ N,则运输船水舱应该增加水还是减少水?增加或者减少多少立方米的水?	体验将实际复杂问题抽象成简单模型、利用学科知识解决实际问题的过程。

续表

模块	教师活动	学生活动
认识起重机械	认识常见的起重机。	认识不同种类的起重机后,请同学们在生活中注意观察,搜集生活中看到的起重机图片。
小组任务	有一类起重机在各类建造工程中都必不可少,那就是塔式起重机(简称塔吊)。请你和伙伴一起合作完成塔式起重机模型的搭建,并轮流进行货物起降的操作,绘制出货物起升、下降时的受力分析图。	机械组装,进一步认识机械装置。

七、板书设计

（一）深水港口的设施设备

（二）货物卸货过程

（三）认识"岸壁式集装箱装卸桥"（起重机）

八、学生活动任务单设计

（一）深水港口的设施设备

任务单一

写出下列图片中港口常见的陆域设施设备的名称,并简要描述其功能。

名称：

功能：

名称：

功能：

名称：
功能：

名称：
功能：

（二）货物卸货过程

任务单二

在《洋山深水港》视频中，我们可以看到港口从有人到无人的转变。为了更好地将这项技术介绍给非洲的港口工程师，请你完成以下任务：

根据视频内容，将传统港口卸货工作流程图补充完善。

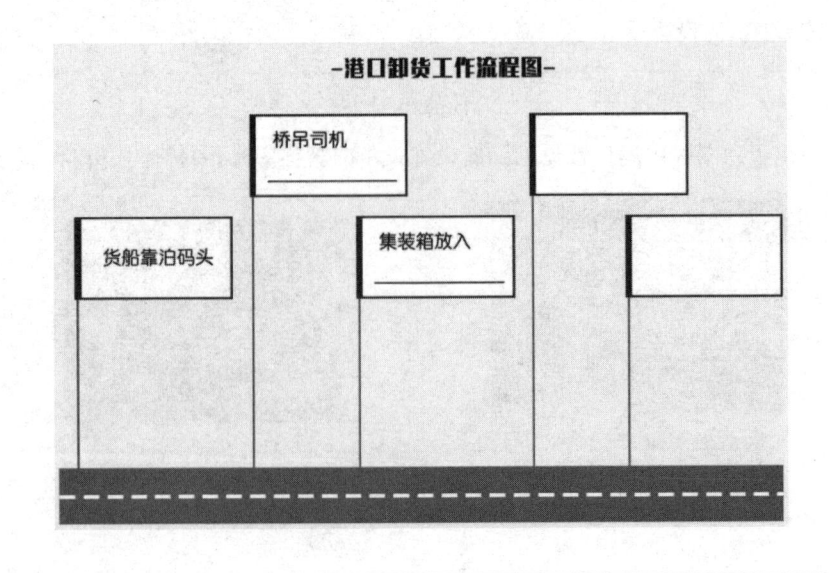

-港口卸货工作流程图-

桥吊司机

货船靠泊码头　　　集装箱放入

（三）认识"岸壁式集装箱装卸桥"（起重机）

任务单三

任何起重机械都是依靠起升机构升降货物的。请在工程素养体验馆里学习吊机模型的起升装置，并将下列装置图片和相对应的名称与描述进行连线。

描述	图片	名称
通常由电动机、制动器、减速器、卷筒以及传动轴等构成，是实现物品升降的动力源。		传动装置
通常由传动轴、联轴器、减速器等构成，布置在小车架上。		取物装置
由起升钢丝绳从卷筒上绕出，通过滑轮组，把取物装置（吊钩、抓斗等）联系起来。		驱动装置
有吊钩、抓斗、电磁吸盘等不同种类。		卷绕系统

（本教学方案撰写者：王智颖）

教学方案与活动案例四

"尚理智造2035"课程之 "汇聚万千——港口"活动案例

一、案例背景

经济全球化进程的加快和国际贸易的不断发展，使资源和生产要素在各个国家之间的流动更加频繁,对运输的规模、效率和服务质量提出了更高、更严格的要求。本节课的学习能帮助学生认识到港口作为全球综合运输网络上的关键枢纽,肩负着"货通天下"的责任,其发展状况直接影响海上贸易的发展进程。

(一) 单元大情境

随着中国经济的快速发展,特别是长三角地区经济的崛起,对国际航运的需求不断增加。然而,在洋山深水港建设之前,由于上海地区的港口承载能力不足,国际贸易活动主要依赖外部港口,这无疑增加了运输成本和时间。因此,建设洋山深水港对于解决上海及周边地区的运输问题,推动经济发展具有重要意义。洋山深水港的建设过程涉及大量的技术创新和工程实践。建设者们克服了各种技术难题和自然障碍,成功建成了全球最大的自动化集装箱码头之一。这些技术创新不仅推动了港口技术的进步和发展,也为其他类似工程提供了宝贵的经验和借鉴。

(二) 本节课大任务

港口设计涉及多个学科领域,包括港口工程、航道工程、水工结构工程等。你需要掌握这些学科的基本原理和方法,了解港口设计的标准和规范,熟悉港口设计的流程和步骤。港口设计过程中会遇到各种实际问题,如地形地质条件复杂、水流紊乱、环境保护等。请你运用所学知识进行分析、判断和决策,提出合理的解决方案。

二、案例描述

(一) 活动设计思路

基于上海洋山深水港的介绍以及学校工程素养体验馆的港口和 VR 设备,学生能够身临其境地体验港口设施设备,激发兴趣,发展学习能力和研究能力,培养基本工程素养。学生在分析港口地理位置、分析港口为上海经济中心建设带来的影响、认识港口吊机机械结构的过程中,融合地理、政治、物理、历史等学科知识,学会全面地看待问题、分析问题。在机械模型的观察、操作、制作中,提高动手操作的能力,提升学习兴趣。同时,学生在认识实际工程的过程中,能够了解不同专业,为未来职业选择积累经验。

在活动实施过程中,虽然涉及非常多的专业知识和复杂的实际问题,但是设计活动时回避了专业性较强的问题,大多停留在认识、了解层面。不过,对于从不同角度分析港口建设对上海经济发展的意义这一教学目标,不同班级、性别的学生对该课的感兴趣程度有不同的体现。在实施过程中,男女生的参与度有明显差异,因此对教学目标有不同的完成度。有些班级对问题的讨论度较高,学生对教师的问题提出了不同的看法,积极调动各学科知识分析问题,甚至想到的知识点超出了教师预期,达到了希望学生利用基础学科知识全面看待问题、分析问题的教学目标。但是,有些班级参与度不高,只是完成教师布置的任务,仅达到认识港口及吊机机械的教学目标。

(二) 活动内容

教学内容包括:形成对码头的初步认识,分析洋山深水港建设的意义及发展历程,认识洋山深水港基本的设施设备,在工程素养体验馆中认识装卸吊机,并动手制作吊机模型。回家作业:查阅资料,对自己可能感兴趣的专业有个初步的认识。

在设计这几个模块的教学内容时,尽量减少难度过大的专业知识。在课堂上,将目光聚焦在较为集中的问题上,让学生至少能在现有的学习水平上有想法可以交流,有能力可以解决问题。例如,在第二个学习模块"分析洋山深水港建设的意义以及发展历程"中,先在课堂上播放一段视频,让学生了解上海港口的发展历史,再让学生从地理和经济的角度,简单分析上海迫切需要再建设一个大型深水码头的原因。在这个问题上,大部分班级的学生都能

图 2-3 吊机模型

从中国经济发展的角度、政治的角度分析码头建设的必要性及其建设成功后对周边其他产业的带动作用。个别同学作出了超出预期的回答,例如有学生提出,若是中国不建设属于自己的足够大型的深水码头,中国的进出口贸易就会被别国制约;其特殊的地理位置不但外通国际贸易,而且可以通过长江完成对内地的输运任务。总之,课堂实践为教师的教案增色不少,对于学生的一些观点教师甚至需要课后再查阅资料进行验证和判断。此外,机械制作阶段是学生们热情最为高涨的板块,教师最后为学生提供了机械手套材,让其动手组装。

(三) 教学形式

本节课设计的教学形式主要是先让学生学习相关资料,通过观看视频、模型提出一个问题(或是目标任务),再组织学生小组讨论(活动),最后分享交流,在学习资料上留下学习记录。在本次活动中,有个别班级小组活动的积极性不高,最终还是增加了教师讲授环节,课堂效果明显不佳。有些班级的同学积极参与,在课堂上碰撞出了不少火花。因此,在后续课程设计中要预设学生若没有积极参与讨论的情况。在设计该课时,应采用尽量多的教学形式,准备大量的视频、图片,还有操作实践,尽量减少讲授,以免变成枯燥的理论课。但是鉴于本课的属性,暂时没有找到更好的办法进一步激发学生的参与积极性。

三、案例反思

本课预计用时 2 课时,但由于是选择性必修内容,教学目标以拓宽学生视野、提高学生兴趣为主,同时也希望学生能将学科知识应用到实践中。

在教学过程中遇到了很多令人惊喜的灵感迸发时刻。例如,在观看视频之后,教师让学生分小组讨论问题,预设是学生能总结出视频中提到的一些观点,但是学生实际交流的内容比视频中所提到的观点更为丰富。例如,在关于洋山深水港的选址问题上,教师预设学生的答案是:上海处于长江入海口,有泥沙堆积问题,原有的河道宽度与集装箱货运船尺寸不符,但是实际授课时有学生还提出:洋山深水港处于长江,可方便利用长江向内地运输进口货物的地理优势,另外对整个长江三角洲的城市物流发展有很大的推动作用等。再如,在机械制作时,学生发现使用的是电池驱动,只能完成简单的指令,但是可以添加控制主机,提前"烧入"程序,控制它完成更加复杂的动作。(学校还有机器人课程,有些学生在本课程之前已接触过机器人课程,可见是学以致用了。)

不过教学中也遇到了很多问题,例如,有些班级的小组活动开展不起来,给学生讨论的时间不充足,个别组学生在老师参与别组讨论时开始闲聊或是干脆相顾无言,导致分享时基本无话可说。因此,产生了一个比较奇怪的现象:有些班级需要 2 节半课甚至更久的时间才能完成,而有些班级不需要 2 节课就完成了。

(本活动案例撰写者:王智颖)

教学方案与活动案例五

"机器人是怎样炼成的"课程之 "光敏传感器的原理及使用"教学方案

一、教学任务分析

本课是"机器人是怎样炼成的"课程中的内容。"机器人是怎样练成的"是一门面向学校高一全体学生的机器人课程,历时一个学期。虽然现如今"机器人"一词提得比较多,但是高一大部分学生对于机器人的了解还是停留在影视作品层面,并没有系统学习过机器人相关理论及实践方面的知识。本课内容为"光敏传感器的原理及使用",传感器是机器人学习中必不可少的一部分内容,而光敏传感器更是其中最为常见的一种传感器。教师通过讲解及开展一系列实践活动,培养学生的创新动手能力、与他人合作的意识、工程方面的素养等。

二、教学目标

(一)知识与技能

1. 知道光电效应、光敏传感器的分类。
2. 知道光敏传感器在工业生产与生活中的应用。

(二)过程与方法

1. 通过分析光敏传感器的工作电路,了解和分析传感器基本电路的工作方法。
2. 通过编程调试,熟悉 VJC 语言的编程基本方法。

(三)情感态度与价值观

1. 通过学习光敏传感器,感悟科技与生活之间的关系。
2. 在制作机器人过程中锻炼与他人合作的能力,培养科学探究素养。

(四) 教学重点和难点

教学重点：光敏传感器的原理及应用。

教学难点：利用光敏传感器完成两个实践活动。

三、教学设计思路

(一) 教学资源准备

教学 PPT、光敏传感器、机器人相关结构件。

(二) 教学设计思路

1. 情境导入，提出问题：是什么装置在控制路灯的熄灭与点亮呢？

2. 教师讲解，学生听讲：了解什么是光电效应；知道光敏传感器及其应用；了解机器人上的光敏传感器是如何实现对光的检测的。

3. 活动一：制作一个叫人早起的机器人。

4. 活动二：制作一个趋光的机器飞蛾。

5. 小结与展示。

四、教学过程

表 2-22　教学过程

教学环节	课堂活动	学习评价
教师引入	首先引入例子：在城市的街道上，当天亮起来时，路灯会自然熄灭；当天暗下来时，路灯又会自然点亮。是什么装置在控制路灯的熄灭与点亮呢？它就是我们今天要学习的光敏传感器。	从现实生活中熟悉的场景切入课题，激发学生的学习兴趣。
介绍教学任务	这堂课我们学习什么是光电效应，什么是光敏传感器；学习光敏电阻的特征以及利用光敏传感器来完成一些创新项目。	
实物与 PPT 相结合介绍学习内容	1. 什么是光电效应？ 光电效应是物理学中的一个重要现象。在高于某特定频率的电磁波照射下，某些物质内部的电子会被光子激发出来而形成电流，即光生电。光照射到金属上，造成金	

续表

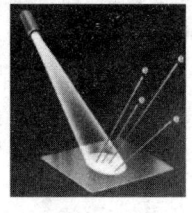

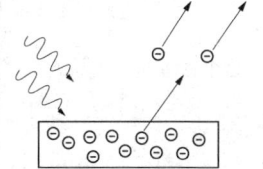

教学环节	课堂活动	学习评价
	属的电性质发生变化。这类光变致电的现象就是光电效应,也是光敏传感器的基本原理。 2. 什么是光敏传感器?  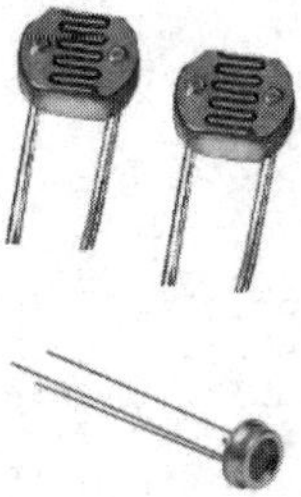 光敏传感器是基于半导体光电效应的光电转换传感器。光敏传感器按光电效应的不同分为光导型和光生伏打型。光导型,就是指光敏电阻,是一种半导体均质结构。而光生伏打型包括光电二极管、光电三极管、光电池、光电场效应管、光可控硅等,属于半导体结构型器件。 3. 光敏传感器的应用如何? 光敏传感器广泛应用于精密测量、光通信、计算技术、摄像、夜视、遥感、制导、机器人、质量检查、安全报警以及其他测量和控制装置中,与我们的生活息息相关。 请同学们举例说明生活中哪些地方会用到光敏传感器。  例如:照相机自动测光、光电控制、室内光线控制、报警器、工业控制、光控开关、光控灯、电子玩具、光控音乐IC、电子验钞机等。右图显示的是网上热销的光控自动夜灯,利用灯座底部的感光口,感觉周围环境光,调节明暗,类似于路灯功能。 4. ASMII机器人上的光敏传感器是如何实现对光的检测的? 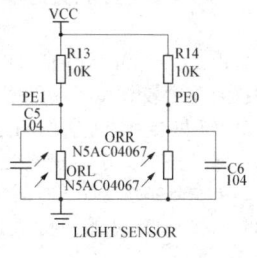 右图展示了光敏电阻的结构及工作原理: 光敏电阻和10K的电阻R13,R14相连后构成分压器。左右两个光敏电阻分别与模拟输入口PE0、PE1相连,在系统中采集的是光敏电阻上的电压值。光弱时,光敏电阻上的电压接近5 V;光强时,接近0 V,模转换为8位数字量后的范围为0—255。	细致地介绍光敏传感器的原理、特点、电路等基础知识。 为学生今后设计制作机器人打下扎实的技术基础。

教学环节	课堂活动	学习评价

学生活动	活动一:制作一个叫人早起的机器人。
	预期效果:当每天早上,太阳升起(环境变亮)时,机器人能播放一段音乐,音乐自编,并且原地打转,呼叫你起床。
	项目分析:这个任务要求机器人反复对光敏传感器采集的光线信号作出比较、判断,以确定环境光的亮度达到叫人起床的要求。
	活动时间:15—20 分钟;小组人数:3—4 人。
	过程略。
	参考程序:
	<pre>int photo_1=0;
	void main()
	{
	    printf("Wake me up\n");
	    photo_1 =(photo(1)+photo(2))/2;
	    while(photo_1 >= 200)
	    {
	        photo_1 =(photo(1)+photo(2))/2;
	    }
	    eyecolor(1 , 4);
	    eyecolor(2 , 4);
	    {int i_11;for(i_11=0;i_11< 8 ;i_11++)
	    {
	        drive(0 , 80);
	        wait(0.200000);
	        stop();
	        tone(523.200012,0.500000);
	        tone(587.299988,0.250000);
	        tone(659.200012,0.500000);
	    }}
	}</pre>
		学习使用光敏传感器。

学生活动	活动二:制作一个趋光的机器飞蛾。 预期效果:机器人能比较周围环境的光亮度,并能向较强的光"飞"去。这是灭火比赛中一个比较常见的任务要求。 项目分析:这个趋光项目要求机器人同上一例一样,能时刻感测并比较环境光线的强弱分布,感知光源的位置。ASMII 机器人的左右两侧分别有一个光敏传感器,如果左侧光强度大于右侧光强度,则左转;反之,则右转。如果左侧光强度等于右侧光强度,则直行前进。 活动时间:20—25 分钟;小组人数:3—4 人。 过程略。 参考程序:	通过解决复杂的问题,巩固学习效果。

续表

教学环节	课堂活动	学习评价
| | ```
int photo_1=0;
int photo_2=0;
void main()
{
    while(1)
    {
        photo_1 =photo(1);
        photo_2 =photo(2);
        if((photo_1 < 10) || (photo_2 < 10))
        {
            stop();
        }
        else
        {
            if(photo_1 < photo_2)
            {
                motor( 1 , 20 );
                motor( 2 , 30 );
                wait( 0.050000 );
                stop();
            }
            else
            {
                if(photo_2 < photo_1)
                {
                    motor( 1 , 30 );
                    motor( 2 , 20 );
                    wait( 0.050000 );
                    stop();
                }
                else
                {
                    drive( 20 ,0);
                    wait( 0.050000 );
                    stop();
                }
            }
        }
    }
}
``` | |
| 小结与展示 | 学生以团队为单位,将做好的机器人进行展示。 | 学生展示机器人完成情况,并进行教师评价和学生互评。 |

五、学生活动任务单设计

(一)活动一:做一个叫人早起的机器人

要求:当每天早上,太阳升起(环境变亮)时,机器人能播放一段音乐,音乐自编,并且原地打转,呼叫你起床。
```

项目分析:这个任务要求机器人反复对光敏传感器采集的光线信号作出比较、判断,以确定环境光的亮度达到叫人起床的要求。

表 2-23 测试表(请你将制作过程中的测试数据填入表中)

次数	采集的光线信号数据	完成时间	你认为存在的问题
1			
2			
3			
4			
5			
6			

表 2-24 问题探究

发现问题	原因	解决方案	再次测试

(二) 活动二:做一个趋光的机器飞蛾

要求:机器人能比较周围环境的光亮度,并能向较强的光"飞"去。这是灭火比赛中一个比较常见的任务要求。

项目分析:这个趋光项目要求机器人同上一例一样,能时刻感测并比较环境光线的强弱分布,感知光源的位置。ASMII 机器人的左右两侧分别有一个光敏传感器,如果左侧光强度大于右侧光强度,则左转;反之,则右转。如果左侧光强度等于右侧光强度,则直行前进。

表2-25 测试表(请你将制作过程中的测试数据填入表中)

次数	测试情况	你认为存在的问题	如何调整
1			
2			
3			
4			
5			
6			

表2-26 学生活动总结、反思与收获

六、学生活动评价

本课程的评价以教学目标为依据,基于培养学生工程素养和创新精神的原则进行。由于本课教学是任务驱动式的,对学生的过程评价及成果评价均重视,评价量化比例为1∶1。教师在评价环节中的角色,更多的是一个思考者和组织者,帮助学生参与评价。

过程评价:主要看学生在课程实践活动中的综合表现、任务完成过程中在团队里起的作用等。

成果评价:鼓励学生创新,考查学生作品的科学性、完整性、创新性、实用性,以及在作品功能演绎过程中的表达和逻辑等。

表 2-27 评价表

评价要素		评价指标	自我评价 A	B	C	D	小组评价 A	B	C	D
过程评价	学习态度	积极主动地参与学习,学习兴趣浓厚,求知欲强,敢于提出问题								
	合作意识	能与同学共享学习资源,互相促进,共同进步,积极参与讨论与探究,乐意帮助同学;在小组活动中主动承担任务								
	探究意识	积极思考问题,提出解决问题的方法,有创新意识;勤于积累,善于探索,思维活跃,反应灵敏								
	情感态度	努力发展自己的潜能,能认识自我的优缺点								
成果评价	任务作品	任务(作品)的科学性、完整性、创新性、实用性								
	应变能力	学生对作品的表达清晰、有逻辑性								

综合评价	自我评价等级	签名: 年 月 日	小组评价等级	签名: 年 月 日

教师评价	评语: 签名: 年 月 日

注:A 为优秀,B 为良好,C 为一般,D 为有待进步。

(本教学方案撰写者:卢胜男)

第四节 通识课程的学生发展个案

学生发展个案一

他们在人工智能实验里成长
——三人小组人工智能通识课程探究学习

一、个案背景

该组学生在学完学校的人工智能通识课程后，对人工智能技术的应用产生了浓厚兴趣，并主动进行了相关的课题研究。小组共有三位学生，分别是李同学、王同学、俞同学。他们用了一个暑假的时间，在学校的人工智能实验室里，进行项目设计、制作和调试，最终实现了自己的课题目标。在这一过程中，他们不仅将所学知识融会贯通，应用于实际生活场景，还在整个课题研究中经历合作、沟通、协助、争论的过程，最后对自己的项目活动进行整理和总结。

二、个案描述

如今物流配送行业发展迅速，对"无接触"技术有较大需求。尤其是在餐饮方面，越来越多的消费者会优先选择安全、健康的渠道就餐。

针对这一需求，该组学生将"无接触"理念与人工智能技术结合，想通过搭建自动化式的社会构架，帮助更多的餐饮行业实现"取餐""收餐"自由。为此，该组学生希望运用计算机编程、人工智能与机器人等技术实现以下功能：小车避障式前进；识别数字，并将编号与员工进行绑定认证；确认送达等。在研究过程中，学生们不仅提升了自己的技术技能、动手能力和团队协作意识，还在实践中促进了对人工智能技术原理的深入理解。

同时，学生们希望能在大学的学习探索中进一步丰富作品的功能性，增加实用性，提升可靠性，将这个初步想法与模型加以完善并付诸实践，为社会建设贡献自己的一份绵薄之力。

（一）引言

1. 课题的动机

基于"无接触"理念，学生自身对自动机械化式社会构架的畅想，加上学校人工智能以及全国中小学信息技术创新与实践大赛的启发，希望用人工智能实现无接触式"取餐""收餐"功能。

2. 课题的意义

无接触式"收餐""取餐"有助于保障安全；可以节省送餐人员和收餐人员的时间，并对送餐时间和送餐路线进行细化管理；可以进一步明确缺餐漏餐洒餐等责任，为消费者提供更加清晰、快速、有力的证据；可以促进餐饮产业在广场、美食街等大型消费中心进一步集中。

将自身兴趣与社会实践结合，融人工智能技术于餐饮行业，不仅有助于在人工智能领域开拓思维、大胆创造实践，还能帮助餐饮行业进一步细化、优化配餐管理流程，节省人力成本，提高工作效率，营造安全健康的就餐环境。

3. 预期目标

（1）识别。对餐饮店负责放餐部分的员工进行身份识别：注册/确认员工身份（员工号码牌+名字）；对称重秤上的数字进行识别（看是否与估算出的数字相符，允许在一定范围内波动）。

（2）巡线。小车采用沿黑色巡线的方式实现前进功能与转弯功能。

（3）确认送达。与外卖单号进行地址匹配，对外卖员是否送错地址作进一步确认；识别称重秤上的数字是否正确，并确认送达情况。

（二）材料与方法

1. 方案设计

在硬件设计方面，学生们以亚克力板为基础，以马达为前进动力，以履带为前进方式，用舵机控制抓起和放下，用直流电机控制抓取动作。

在软件设计方面，运用的是畅言智 AI 平台自带的 Python 语言编写环境。代码中条件判断语句与分支语句的作用是对条件进行审核，并加以分类处理。循环语句的效果是简化重复的冗余代码，为多次使用提供便利。在编写程序的过程中，学生们通过函数将具有独立功能的代码块组织成一个整体，使其成为具有特殊功能的代码集，增加代码的复用性，提高程序编写的效率。

在对 AI 技能的运用中,学生们使用了语音合成、文字识别、数字识别、声纹验证/登记。语音合成技术用于播报各类语音提示,文字识别技术用于识别人名,数字识别技术用于识别员工编号和物品的质量,声纹验证/登记技术用于进一步确认/登记员工的身份。

2. 实验材料

表 2‐28 材料与仪器

名称/规格	单位	名称/规格	单位
多孔梁 3×12	若干	电池	一块
多孔梁 3×10	若干	喇叭	一个
多孔梁 3×8	若干	摄像头	一个
多孔梁 3×6	若干	LED 灯	一个
多孔梁 3×3	若干	巡线板	一个
多孔梁 3×2	若干	直角板	两个
19 孔工字梁	若干	双轴舵机	一个
8 孔工字梁	若干	舵机支架	两个
7 孔工字梁	若干	直流电机	一个
AI 能力开发板	一块	多功能连接片	两个
驱动板	一块	各类连接线材	若干
各类传感器	若干	各规格螺丝螺母	若干

3. 实验设备

人工智能编程平台;人工智能开源硬件;笔记本/平板电脑。

4. 实验方法与步骤

(1) 从开源套件中挑选出需要用到的硬件,主要有各尺寸的多孔梁、工字梁、AI 开发驱动板、各类传感器、喇叭、摄像头、LED 灯、巡线板、电池、双轴舵机、连接线材等。

(2) 使用工字梁组装平开门的模型,通过多功能连接片将双轴舵机与门连接,从而实现门的开闭,形成基本框架。

(3) 确定 AI 开发驱动板位置并将其固定到框架上。

(4) 使用多孔梁与工字梁为基本框架搭载底座,并安装主/从动轮与履带,使其具备基础的运动功能。

(5) 最后安装喇叭、摄像头、LED 灯以及各类传感器。使用 RJ11 等线材将 AI 开发驱动板与各类传感器连接,并完成对每个传感器的调试。

(6) 设计程序流程图。

(7) 编写程序代码。

(8) 代码检查、调试及改进。

(三) 初步成果

1. 硬件

设计方案的表达方式是:实物模型,如图 2-4 所示。

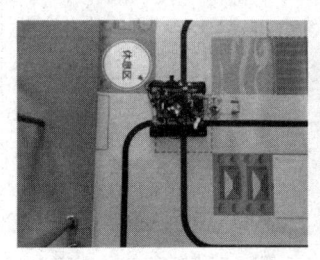

图 2-4 实物模型

2. 软件

设计方案的表达方式是:Python 代码。具体程序如下:

Robot.onStart(func1)

def func1():

  Robot.wlpMove("forward","10","normal170",10)

Robot.onWlpButtonPress(func2)

def func2():

 a = Robot.wlpValueOfKey()

 if a == "PAGEDOWN":

  Robot.turnSteeringEngine("19",90)

Robot.onWlpRocker(func3)

def func3():

 pass

Robot.onWlpButtonPress(func4)

```
def func4():
    a = Robot.wlpValueOfKey()
    if a == "ENTER":
        if Robot.pPerceivedUltrasonic("5") == '15':
            Robot.turnDynamo("9", "reversal", "170")


Robot.onWlpButtonPress(func5)
def func5():
    a = Robot.wlpValueOfKey()
    if a == "PAGEUP":
        Robot.turnSteeringEngine("19", 55)


Robot.onWlpButtonPress(func6)
def func6():
    a = Robot.wlpValueOfKey()
    if a == "SHIFT":
        Robot.turnDynamo("9", "corotation", "170")


Robot.onWlpButtonPress(func7)
def func7():
    a = Robot.wlpValueOfKey()
    if a == "UP":
        Robot.startWlpInspection("10", "4")
        Robot.setWlpInspectionSpeed("normal170", "10", "4")


Robot.onWlpButtonPress(func8)
def func8():
    a = Robot.wlpValueOfKey()
    if a == "CTRL":
        Robot.wlpTextOrNumberRecognize("text", "VVUI-1")
```

```
            Robot.wlpPortSpeechSynthesis("xiaowanzi","VVUI-
2","normal",("员工"+Robot.valueOfTextRecognitionResult()))
            Robot.wlpPortSpeechSynthesis("xiaowanzi","VVUI-
2","normal",("员工编号"+Robot.valueOfNumberRecognitionResult()))
            Robot.wlpFaceRegister("VVUI-1","slgfz2001© null@ null© 暂无")
            Robot.vocalRegister("slgfz2001© null@ null© 暂无")
            Robot.wlpPortSpeechSynthesis("xiaowanzi","VVUI-
2","normal",Robot.valueOfVocalRecognitionName())

Robot.onWlpButtonPress(func9)
def func9():
    a = Robot.wlpValueOfKey()
    if a == "ALT":
        i = 0
        Robot.wlpTextOrNumberRecognize("number","VVUI-1")
        Robot.wlpPortSpeechSynthesis("xiaowanzi","VVUI-
2","normal",Robot.valueOfNumberRecognitionResult())
        if Robot.valueOfNumberRecognitionResult() == '20223769':
            for count4 in range(5):
                Robot.setLEDColor(1,"red")
                i = i + 1
                Robot.setLEDColor(1,"yellow")
            Robot.setLEDColor(1,"cyan")
Robot.wlpPortSpeechSynthesis("xiaowanzi","VVUI-2","normal",("员工"+
Robot.valueOfTextRecognitionResult()))
            Robot.wlpPortSpeechSynthesis("xiaowanzi","VVUI-
2","normal",("员工编号"+Robot.valueOfNumberRecognitionResult()))
            Robot.wlpFaceRegister("VVUI-1","slgfz2001© null@ null© 暂无")
            Robot.vocalRegister("slgfz2001© null@ null© 暂无")
            Robot.wlpPortSpeechSynthesis("xiaowanzi","VVUI-
```

2","normal",Robot.valueOfVocalRecognitionName())

Robot.onWlpButtonPress(func9)
def func9():
  a = Robot.wlpValueOfKey()
  if a == "ALT":
    i = 0
    Robot.wlpTextOrNumberRecognize("number","VVUI-1")
    Robot.wlpPortSpeechSynthesis("xiaowanzi","VVUI-2","normal",Robot.valueOfNumberRecognitionResult())
    if Robot.valueOfNumberRecognitionResult() == '20223769':
      for count4 in range(5):
        Robot.setLEDColor(

3. 后续优化

在预期目标全部完成后,该组学生想对小车的抓取动作进行优化,增加其实用性,因而提供了其计算抓钩移动角度并抓取的功能。

流程图如图 2-5 所示:

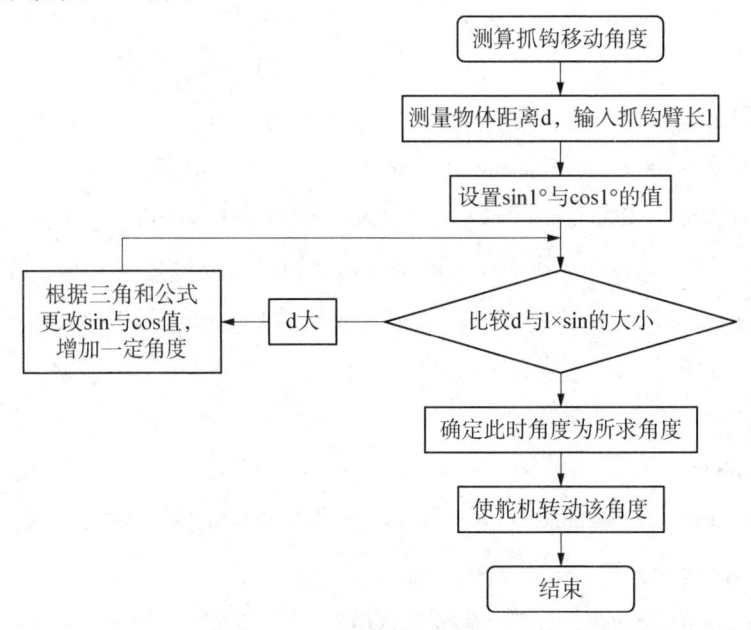

图 2-5 拓展功能流程图

经过设计开发与调试,该系统已能实现上述功能,且小车不可以抓取时亮红灯,否则亮绿灯,增加了小车运送物品时的稳定性,并且放下时物品不会摔倒。

Python 程序如下:

```
Robot.onStart(func2)
def func2():
if Robot.mathArithmetic(Robot.pPerceivedUltrasonic("5")," + ",5) > '25':
Robot.setLEDColor(1,"red")
else:
    Robot.setLEDColor(1,"cyan")
x = 1
sin_CE_B8 = 0.01745
sin1 = 0.01745
cos_CE_B8 = 0.99984
cos1 = 0.99984
_CE_B8 = Robot.mathArithmetic((Robot.mathArithmetic(Robot.pPerceivedUltrasonic("5")," + ",5)),"/",25)
while True:
y = Robot.mathArithmetic(_CE_B8,"-",cos_CE_B8)
x = x + 1
sin_CE_B8 = Robot.mathArithmetic(Robot.mathArithmetic(sin_CE_B8," * ",cos1),"+",Robot.mathArithmetic(cos_CE_B8," * ",sin1))
cos_CE_B8 = Robot.mathArithmetic(Robot.mathArithmetic(cos_CE_B8," * ",cos1),"-",Robot.mathArithmetic(sin_CE_B8," * ",sin1))
if Robot.mathArithmetic(y," * ",(Robot.mathArithmetic(_CE_B8,"-",cos_CE_B8))) &lt; '0':
break
_CE_B8 = x
Robot.turnSteeringEngine("19",(Robot.mathArithmetic(90,"-",_CE_B8)))
Robot.waitFor(1)
Robot.turnDynamo("9","reversal","170")
```

4. 测试与分析

印刷数字/文字识别的正确率约为98%,声纹验证功能的正确率约为70%。

(四)请教

当前端抓取装置拼接无现成模板时,老师为该组学生展现娃娃机的机械工程图以及工作原理。在老师的启发下,该组学生最终用舵机作为升降装置,用直流电机控制装置的正转与反转,实现抓取、拿起和放下的动作。

(五)反思

很多时候程序与硬件功能"不适配",如程序上小车转动90°,实际上小车先转动60°,后转动120°,甚至150°。对此,该组学生先调整了小车,将螺丝拧得更紧,但仍不能解决问题,后经讨论改为切换摇杆操作进行微调,并将小车转动180°改为将路线设计为闭合图形。例如,超声波探测器由于受硬件功率限制,只能反馈100 cm以内障碍物的距离数据,若距离数据大小超过100 cm,则会反馈"0 cm"的虚假数据,导致原先设计的程序出错,使小车无法前进。经讨论后改为在接近30 cm处再交给超声波装置进行微调。小车前方因为抓取装置较重而需重新调整重心,对此,该组学生将驱动板后移,把摄像头改装在侧面,重新规划调整数据线摆放位置,使其得以高效运转。

在硬件不能改变的情况下,可以跳出原有的思路,用更全面、更简洁、更细致的设计思路进行调整,也可以考虑通过改变外部因素来解决问题。

(六)总结

预期成果全部实现。经多轮测试,程序的可靠性较高,未出现故障。现已实现的功能有:

1. 员工身份登记/验证

小车对印刷数字/文字的识别能力出色,几乎没有错漏;能准确判断人脸信息与身份卡片信息是否一致。

2. 确认送达

能准确识别数字;能及时做到LED灯5次闪烁的确认。

3. 前进

能稳定直线前进;转弯有时会发生小的差错,已通过切换遥感模式进行微调解决。

4. 抓取功能

能准确判断物体重心并抓住合适的位置；抓取后能在小车运行时保持极高的稳定性。

（七）致谢

感谢张烨琼老师在课题研究过程中给予的指导与帮助！

感谢全国中小学信息技术创新与实践大赛（NOC）组委会给予的参赛机会！

通过这一次课题研究，学生们不仅提升了自己的技术技能、动手能力和团队协作意识，还在实践中加深了对于人工智能技术原理的理解。

希望能在大学的学习探索中进一步丰富作品的功能性，增强实用性，提升可靠性，将这个初步想法与模型加以完善并付诸实践，为社会建设贡献自己的一份绵薄之力。

（八）获奖情况

本研究成果"对于避障识别小车进行物流传递的可行性的探究"荣获全国中小学信息技术创新与实践大赛（NOC）AI未来派赛项地区选拔赛高中组一等奖，全国赛高中组三等奖。

三、个案反思

该组学生的课题研究结合人工智能、机器人、物理、信息技术、数学等学科内容，通过大量反复的测试和调整，以期解决现实问题。在课题研究的过程中，学生们需要不断理解学科知识的内涵和意义，也需要动手实践，思考问题解决的方法。在此过程中，学生们形成了以解决问题为导向的工程素养，并提高了学科核心能力。

不足之处在于：受到实验室设备性能的限制，学生的创新创造能力不能完全发挥，如果可以借助大学的更多资源，学生的能力培养会有更大的成效。

（本个案撰写者：王智颖）

学生发展个案二

他们是工程设计中的真正工程师
——L市机场陆侧大厅的设计

一、个案背景

学生在课堂中对虹桥枢纽进行了简单的学习,分小组分享对已有的大型机场的认识和了解。学生的探究任务是:搜集资料、信息,根据教师给定的材料形成自己的设计——对L市机场的陆侧机场大厅进行设计,并撰写模拟投标书,举办模拟招标会。

(一)教师提供材料

1. 模拟招标书及模拟投标书的模板

随着城市发展的进程不断加快,人们对机场设计的要求越来越高,其中特别重要的是功能区域分布的合理性。原始的平面空间格局已经不能满足现代人的要求,立体空间格局设计才是设计师们更为青睐的。此外,对于大型国际机场来说,陆侧机场大厅的设计需要有更多的人性化考量。

2. 拉各斯公共交通情报

城市公共交通包括常规的公共汽车交通、高架或地面的轻轨交通、地铁和城市高速铁路等。像拉各斯这样

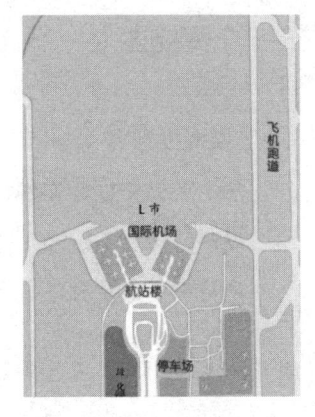

图2-6 平面图

拥有众多人口和高密度活动的城市,这些交通模式的使用是十分必要的。因为公共交通设施较私家车使用来说,更加经济,更节省能源,也能节省更多的道路空间。但拉各斯市由于没有城市轨道交通(轻轨和地铁),城市的铁路和轮渡又没有得到充分发展,一直以来,城市大众运输主要局限于汽车,公共交通有时难免会陷入危机。

3. 拉各斯机场情报

拉各斯机场是尼日利亚最大的机场,同时也是非洲最大的机场之一。它服务拉各

斯市,以及整个尼日利亚国家。拉各斯机场在施工期间更名为穆尔塔拉穆罕默德机场,坐落在拉各斯州的首府——伊凯贾,有国际国内两个候车楼,于1979年3月15日正式启用。1992年时旅客吞吐量占到国际航线的98%以及国内航线的44%。2008年时机场运送乘客达510万人次,占到尼日利亚总的旅客吞吐量的一半。货物吞吐量在国家航空运输中也占有很大比重。虽然机场在国家航空运输中占有举足轻重的地位,但对城市生活环境带来了极大的困扰,除飞机起飞降落时造成的噪声污染外,其引发的道路交通拥堵问题也很严重,尤其是两条交通要道:阿贝奥库塔高速公路和阿帕帕-奥绍迪高速公路。

(二) 作业要求

陆侧机场大厅的设计要求如下所述。

1. 与其他城市交通衔接和谐,构建综合交通枢纽。
2. 合理布局,区域分工合作。优化功能分区,保证各项流程便捷、有序、高效、顺畅,容量平衡,功能分区明确、协调,设备配备先进、得当,方便航空公司运营。

二、个案描述

(一) 模拟投标书

学生需提交投标文件,制作PPT,并在"模拟招标会"上进行竞标。

投标公司及 logo:龙门机场。

项目负责人及分项负责人如表2-29所示。

表2-29 项目负责人及分项负责人名单

项目管理	姓名	性别	现任职务
总负责人	樊同学	男	质疑和答辩
	陆同学	男	设计
	董同学	男	质疑和答辩
	季同学	男	演示文稿制作
	陆同学	男	演示文稿制作
	徐同学	男	设计

(二)主要问题

1. 机场旅客数量日益增加,交通便利是主要因素,但机场缺少机场大巴等接驳工具。

2. 机场客流量主要由旅客构成,所以在旅游旺季时机场附近会经常出现交通拥堵现象。

3. 航站区道岔口多,接、送客车辆变道需求大。缺少航空公司的客运站以及托运平台的地形标志牌,指示信息过多,使旅客难以辨识。

4. 开通了其他地区的航线,所以缺少区域划分。

(三)对应的解决措施

1. 将在T2航站楼建立铁路客站、轨道交通换乘通道,建立轨陆空换乘枢纽。在轨道交通中建立机场专用路线和站台,也会建立机场专用巴士的停车场,丰富旅客的出行方式,不再单一化。

2. 随着人口密度和外来人口的增加,将在T2航站楼中划分出国内与国外旅客的区域,让国内外旅客更方便地识别自己的航班。

3. 由于开通了其他地区的航线,众多其他区域的航空公司就会选择这个机场,因此将在T2航站楼建立多个航空公司的客运站和取票点。托运口的数量也会增加,以提高效率,方便旅客们的出行。旅客们可选择自己所信任的航空公司。T2航站楼里的标识也会简化,同时安装电子地图等设施,方便旅客们去确认自己的定位与登机口。此外,还会增加接驳巴士的数量。

(四)功能区在各层的分布

F1:行李处理大厅、运机位候机大厅、国内外VIP接待厅。

F2:国内旅客出港大厅、免税店。

B1:机场大巴、高铁、候车厅。

B2:餐饮。

B3:停车场。

(五)设计特色和亮点

1. 有高铁直达机场,有短驳车,交通便利。将各种交通设施设置在不同楼层,避免人多拥挤时发生踩踏事故。同时,将各层巧妙连接,不会出现换乘不便情况。

2. 进行区域划分,每个楼层配有便民设施(母婴、休闲长椅、吸烟区、饮水机等)。

3. 自动化的服务设施,娱乐、文化等功能相结合。采用灯光柔和的节能灯,令人感到舒适的同时节约能源。

4. 设计空中走廊,连通 T1、T2,并在走廊中加入 360°投影显示器。

5. 专设中转站,及时将航运货物与商家对接,形成良性循环。

6. 在 B2 打造一个商业娱乐一体化中心,呈环状分布,包括餐饮区、娱乐区、休闲区。

(六)学生设计图

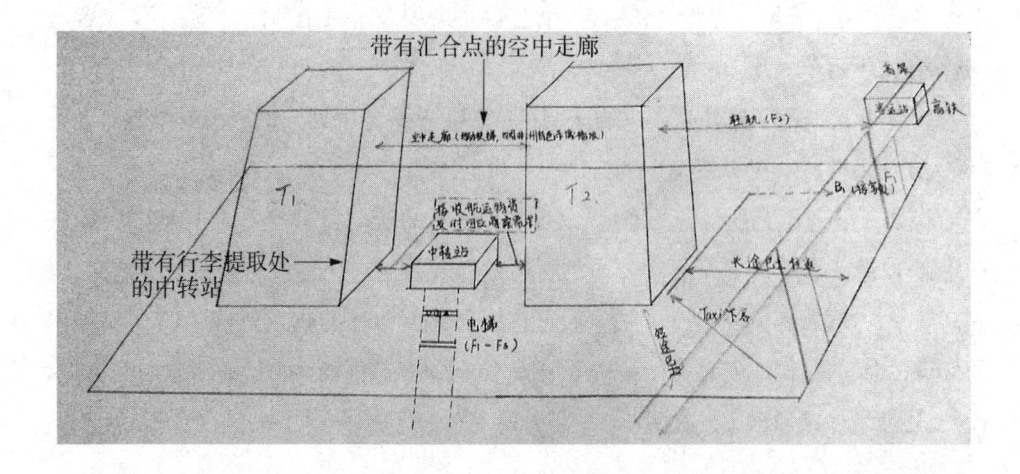

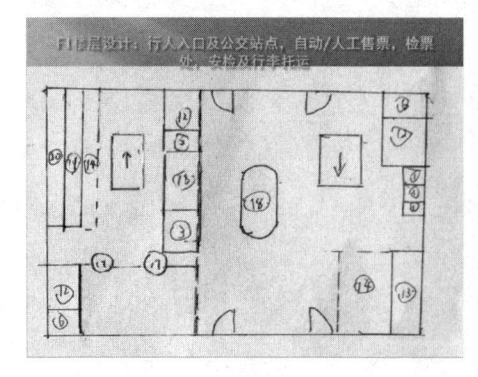

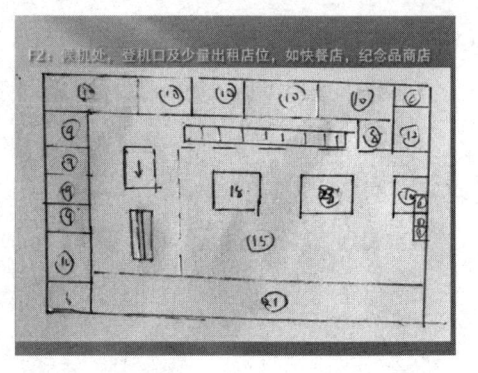

图 2-7 设计图

三、个案反思

在课堂上设定了"模拟招标会"的情境，以学生为主导，重视学生的实践体验。前期的教学预设包括招标会的大背景以及规范化的探究过程和招投标书的真实性。课后，各组的研究方向和拟解决问题是基于文献阅读和现状调查提出的，最终的设计成果没有对错之分，同时分享交流后的评价环节也是不可缺少的。因此，除了4组投标小组之外，还设有"专家组"。"专家组"需要通过参考大量文献，对比其他4组提交的投标文件，制定竞标标准细则。在课堂中，"专家组"按照制定的标准进行评价。

在整个教学活动中，教师退居"幕后"，体现指导作用，规范学生的探究过程，并为学生探究过程提供必要的后勤保障。例如，教师指导学生了解除百度百科以外的文献检索方式，帮助学生下载知网等专业文献平台，提供PPT制作的技术指导等。在前一节课堂中，教师需事先强调模拟招标会的规则，由"专家组"推进流程，最后进行探究性学习过程的反思性总结和评价。

对学生的评价主要包括两方面：一方面是对设计成果的评价；另一方面是对学生探究性学习的过程评价。前者由学生（专家组）制定标准，在小组阐述环节后加入答辩环节，请学生相互评价。虽然设计成果无绝对的对错之分，但是成果评价、竞争环境以及适当的奖励机制能给予学生探究动力，激发学生的探究热情。后者由教师实施，总结并评价学生的探究过程。

（本个案撰写者：张烨琼）

学生发展个案三

他们是制造机器人的工程师
—— 小组开展利乐包装回收机器人的制作

一、个案背景

利乐包装，即无菌纸包装，是由利乐公司生产的一种饮料软包装，由一层铝箔、一层硬纸板和数层聚乙烯塑料构成,可以保证我们日常饮品,尤其是乳品的新鲜卫生。利乐包装用的纸张都是很优质的长纤维纸。中国利乐包装盒的原材料均来自瑞典等北欧国家的优质森林。回收后的利乐包装经过技术处理后可以变为优质板材,用于制造家具、公园护栏、垃圾桶、室外地板、纸张和衣架等物品,回收利用价值极高。

国外对利乐包装的回收已经十分流行,而与此相比,中国在观念、技术方面有很大差距,消费量远远大于回收量。我们国家利乐包装的回收现状是:通常用过的利乐包装被当作普通垃圾焚烧或者填埋,但焚烧会生成大量无法利用的炉灰和一氧化碳等有害气体,填埋更不能将聚乙烯降解。我们每天使用的利乐包装数量巨大,这会带来相当严重的环境问题,并且也是对铝、纸资源的严重浪费。因此,学生们准备设计一个利乐包装回收机器人,从而将利乐包装这种资源利用起来,变废为宝,减少污染。

为什么利乐包装回收价值高却鲜有人问津?对于这个问题,学生们做了两项小调查。

他们先到五角场政立路的废品收购站作调查,采访了收废站的工作人员。接着电话采访了利乐中国有限公司企业传播事务部的孙先生。

根据调查,学生们认为导致利乐包装盒回收困难的最重要的两个原因是:

(1)废液问题:一个纸包装只有几十克,而废液却有可能占据极大重量,而且更重要的是废液极易污染收购环境。

(2)运输成本问题:胖鼓鼓的利乐包装盒是无法回收的,由于利乐包装本身的形状决定了在回收过程中会占据很大的空间,导致运输成本上升。

二、个案描述

(一)利乐公司倡导的理念和正确回收利乐包装的步骤

利乐包装回收步骤如图2-8所示。

图2-8 利乐包装回收步骤

也许你会说,何必这么麻烦呢?直接回收或者直接压扁再回收不就可以了吗?

因为在日常生活中,大家往往忽视了对空间的浪费其实也是环保中一个需要注意的方面。很多包装材料如玻璃瓶、塑料瓶、纸盒在回收过程中占据的空间较大,导致回收成本上升,非常不利于环保。举一个简单的例子,纸盒如果没有被充分合理地压扁,原来可以装 200 个纸盒的垃圾桶可能只装得下 50 个,那么环卫工人可能要多做 3 次才能把原来一次可以完成的工作做完。这样,对于人力、时间、物力都是一种浪费。

许多人不愿意将用完的利乐包装折叠起来,因为要做到这四步非常麻烦。该组学生设计的机器人就是代替人完成这四个步骤,尤其是后面三个步骤。通过设计利乐包装回收机器人,学生们希望能提升人们的环保意识,努力回收利乐包装这一"放错位置的资源"。

(二) 设计草图与工作过程描述

1. 草图与实物图

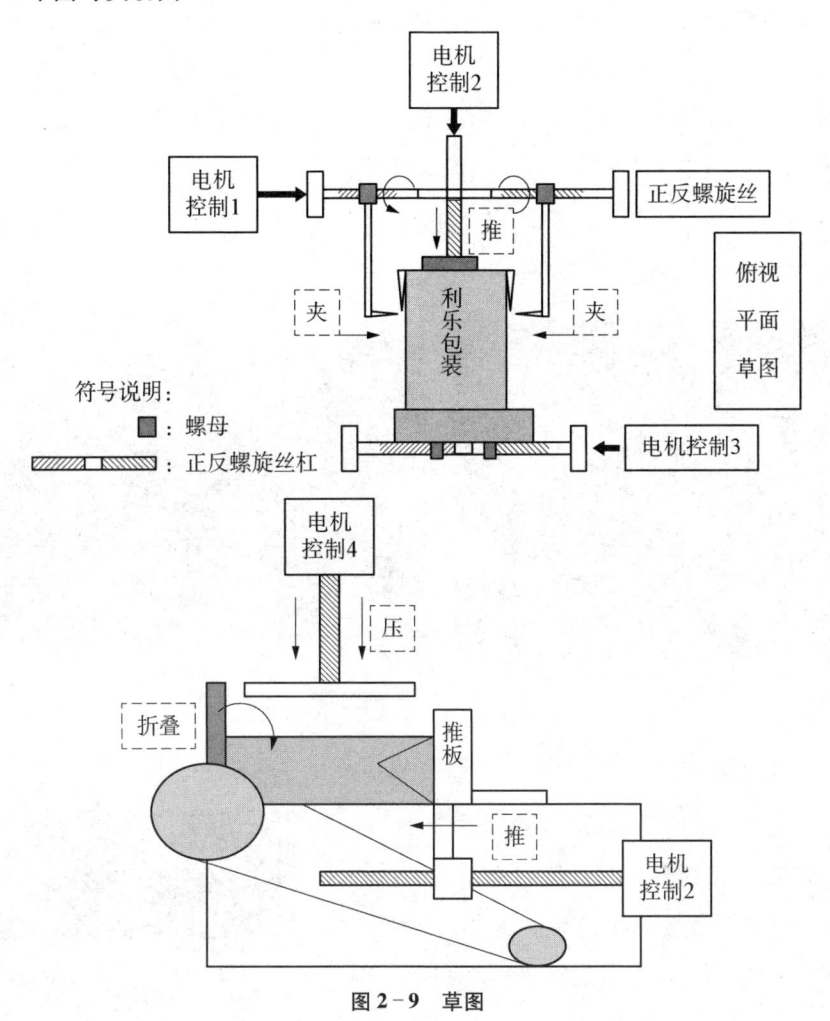

图 2-9 草图

图 2‑10　实物图

2. 工作过程描述

第一步：放入利乐包装盒；

第二步：正反螺旋丝杠带动两边的夹子同步"夹"住包装盒两侧的顶角；

第三步：螺杆带动推板将利乐包装的两角"掀"开；

第四步：压板将包装盒从中部"压"扁；

第五步：由挡板完成"折叠"的动作。

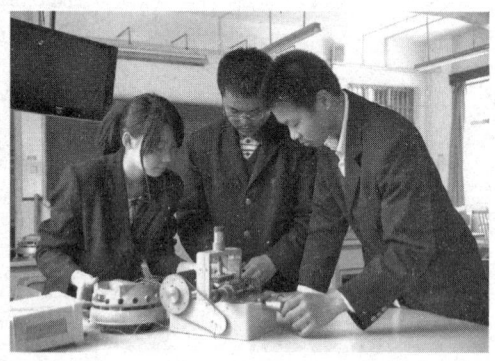

图 2‑11　学生操作试验

3. 核心部件介绍

（1）正反螺旋丝杠。这个正反螺旋丝杠可以同步地将两个钢片展开，保证同时夹紧利乐包装，又同时分开底部夹角。而且，正反螺旋丝杠的输出扭力很大，只需用三个低压电机就可以完成任务。

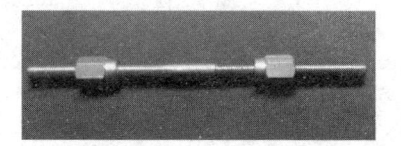

图 2‑12　正反螺旋丝杠

(2) 大功率马达。机器人身上装有三种型号的大功率马达。因为利乐包装盒本身有一定的硬度,所以学生们选择了 10 r/min、26 r/min、60 r/min 三种型号的大功率马达,以满足不同的力度要求。经过大量的试验,学生们发现:"折叠"这个动作所需力道最大,"推"动作次之,"压""夹"所需力道较少。于是,学生们按照这一特点,分配了不同型号的马达。

(3) 电子控制部分。

(三) 双继电器控制电机正反转电路

1. 单继电器电路

继电器是一种电子控制器件,它具有控制系统(又称输入回路)和被控制系统(又称输出回路),通常应用在自动控制电路中。实际上,它是用较小电流去控制较大电流的一种"自动开关",故在电路中起着自动调节、安全保护、转换电路等作用。

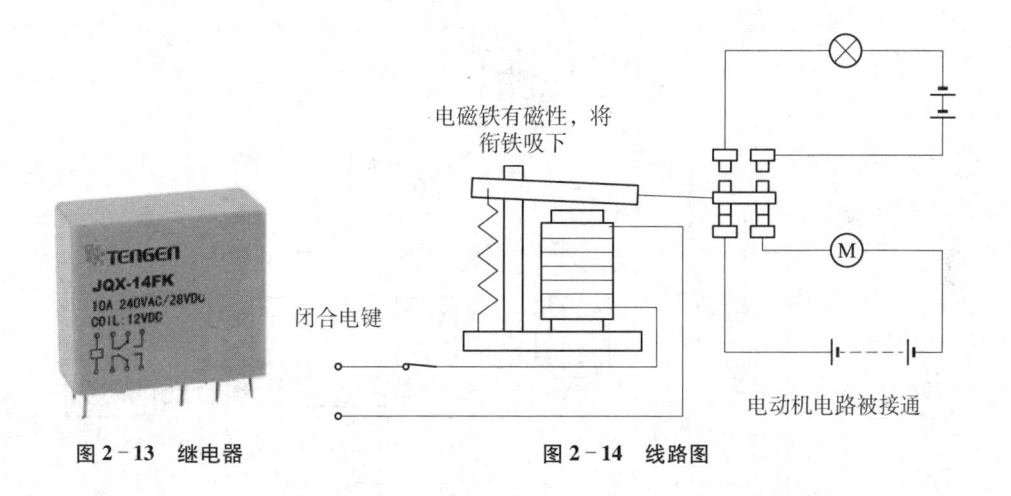

图 2-13 继电器

图 2-14 线路图

可以用数字集成电路,比如广茂达 ASMII 机器人+多功能扩展板上的数字输出来控制继电器的开和关,即程序控制。同时,通过继电器来控制机器人的动作。在数字电路输出电平信号后,当听到继电器在微小的扩展卡输出电流控制下发出"嗒"一声时,马达就转起来了。

2. 单继电器电路的致命缺陷

不要以为就这么简单。这种做法还是有缺陷的。这种继电器电路一旦导通后,马达确实在外接电源与继电器、控制程序等方面的作用下动起来了,但无论如何改变数字输出的方向,马达都只能够朝一个方向转。道理非常简单,继电器的基本原理无非就是加了电后,线圈产生磁力然后吸住钢片,从而导通另一个电路。无论是正向经过导线还是逆向经过导线,产生的磁力效果都是一样的,就是都使钢片被吸住。马达导通的方向全都一样。想让机器人的手臂实现两个方向的动作,是不可能的,只能是一个方向。

3. 双继电器电路的改进

既然单个继电器无法实现马达的正反转,学生们就考虑采用两个继电器。这从理论上讲是完全可行的。两个继电器的开合共有 00、01、10、11 四种状态,理论上完全有机会实现。在经过一番研究后,学生们设计了一种"双继电器控制马达正反转的电路"。

然后,学生们又在这个基础上设计了专门用于扩展广茂达机器人数字扩展卡功能的"8 继电器控制 4 马达正反转电路"。

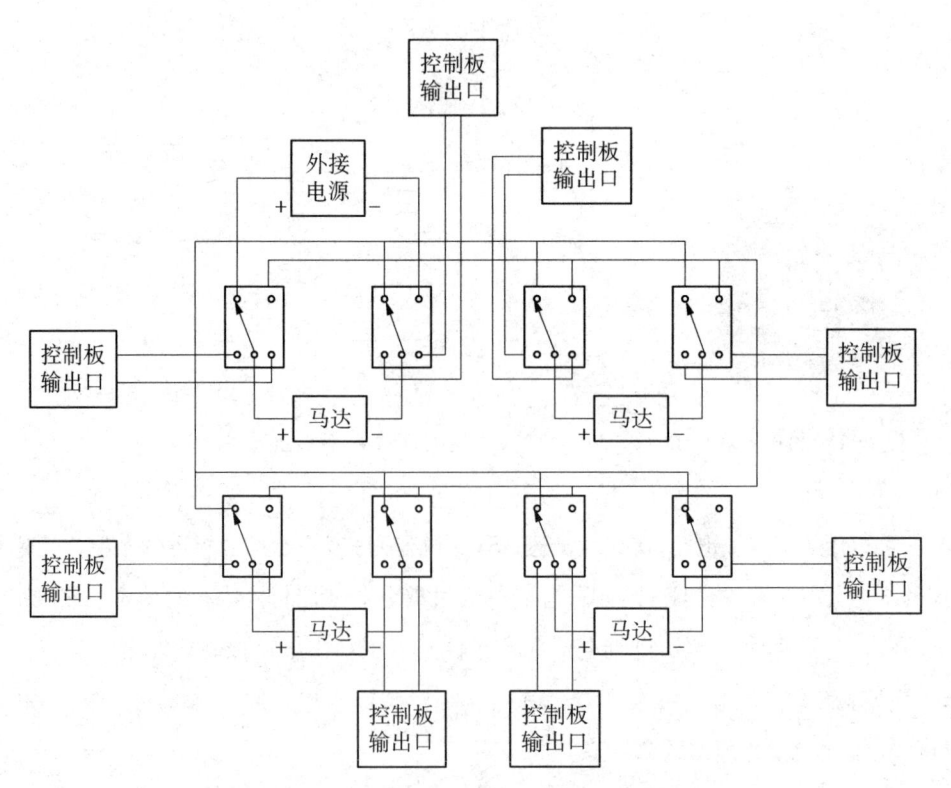

图 2-15　8 继电器控制 4 马达正反转电路连线图

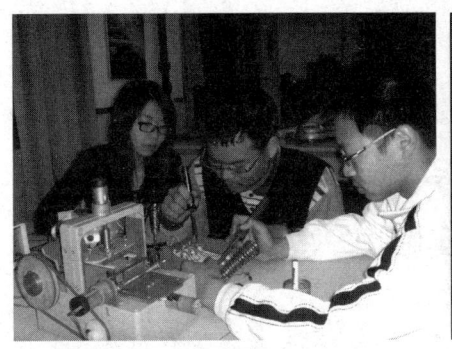

图 2-16　焊接继电器电路　　　图 2-17　学生们焊接的继电器电路(实物图)

三、个案反思

现在的问题是：残液问题的解决还没有实现，对不同类型的利乐包装盒的适应能力还不是很强。

鉴于我国没有一个规范的利乐包装回收体系，这个利乐包装机器人可谓是一块试验石，如能实现量产，那么回收利乐包装便有了一个稳定的源头，对于国内的利乐包装收购将起到巨大作用。不仅如此，在用机器人将利乐包装压扁后，所占体积约是原先的十七至十八分之一，也就是说，运输经过拆解的利乐包装可将运输成本降低至原先的十七至十八分之一。可见在利乐包装回收过程中正确拆解的重要性。

同时，在创造巨大经济价值的同时，这个机器人也旨在引导大家养成垃圾分类、资源再利用的环保理念，而这一观念的养成是多少钱都买不来的。

学生们在整个作品的制作过程中，针对日常生活中所观察到的问题，运用所学习的知识，根据具体要实现的功能设计制作智能机器人，并能熟练地使用机器人软件进行编程与调试。在整个学习与研究活动中，高中生能积极地应用和实践自己在其他学科中学过的知识，并与同学交流，使知识更加融会贯通。学生们在经历整个完整的设计与研究过程中，体会到工程中所蕴含的魅力，提升了自觉关注科技发展的意识，从而树立远大理想，将来能为科学发展贡献自己的力量。

(本个案撰写者：卢胜男)

第三章　高中生工程素养培育"工程与科学"课程的研究与实践

第一节　"工程与科学"课程的实践研究

一、课程的含义与结构特色

(一) 工程与科学的含义

工程是将自然科学原理应用到工农业生产部门中而形成的各学科的总称,是应用数学、物理学、化学、生物学等基础科学的原理,结合在科学实验与生产实践中所积累的经验而发展起来的学科体系。科学是人类为了认识世界而创建的"关于自然和社会(包括人类自身)的本质及其运动规律"的开放性理论知识体系,它通过长期的社会实践而在人们的头脑中反映和抽象出来,又经过长期的社会实践检验而得到确立和更新。科学是寻找问题解决的可能性,它是为世界寻找方向,寻找规律,指导工程应用。工程是将科学的发散的"可能性"收敛到"经济性"的社会应用上来。科学是理论,工程是策略,科学提供了技术上的可行性,工程让科学理论物化为产品,使之更具可用性、高品质,并通过规模化、标准化为人类生存提供更加便利的条件。

(二) 课程的含义

"工程与科学"课程是指,注重工程素养(实践创新、系统思维、交流合作和责任伦理)培育的有关工程与科学方面内容的高中生拓展性课程。"工程与科学"课程的学习有利于打破学科壁垒,有效实施跨学科教学,推动传统学习方式的变革。该课程意在把科学知识和学习者的生活结合起来,让学生正确地认识科学、追求科学,创造性地运用科学,敢于实践应用,在解决问题的过程中加深对科学知识的理解。学生通过理论探究、动手实践、成果物化、团队协作，养成科学的思维及工程规范，获得更有效的学习知识和技能的方式。

(三) 课程的特色

"工程与科学"课程有着如下特色：营造一个适合课程萌芽、成长的培育场，建立多主题单元的"工程与科学"课程，开展体现时代主题的项目化研究，具有多方面的教育特色。

1. 营造一个适合课程萌芽、成长的培育场

工程素养的校本理解只是对教育结果的一种静态描述，要让其真正落实，必须通过学校营造一个适合其萌芽、成长的培育场。除了营造校园特色环境，学校为此还建设了工程素养体验馆、机器人创新实验室、环境工程创新实验室、尚理创智坊、人工智能实验室、数学建模与3D打印实验室等，为工程素养培育创设了良好的实施条件。

2. 建立多主题单元的"工程与科学"课程

工程素养培育必须通过一次次教学过程中的体验和积累方可实现，学校在必修课程、选择性必修课程渗透实施的基础上，形成《工程素养学科实施指南》。经过多年的实践探索，借助上海理工大学的资源，学校初步形成了具有校本特色的"工程与科学"课程，包括"数学建模""做中学物理""生活中的化学""植物克隆""环境科普大讲堂""水科学与水文明""奇思智能科创"等。

3. 开展体现时代主题特色的项目化研究

课程具有工程素养培育的价值取向，借助学校的创新实验室，在高校专家的指导下，关注高中生目前基础学科的认知水平，选取适合高中阶段学生学习的项目主题，开展体现时代主题的工程与科学相关项目化研究，以项目实践为载体，培育学生实践创新、系统思维、交流合作及责任伦理的素养。目前，学校已形成工程素养基础学科渗透、工程与科学特色单元选修深造、学生社团自主发展的校本化实施格局。

4. 具有多方面的教育特色

课程具有工程素养培育的价值取向，旨在培育高中生的工程素养；具有和工程与科学有关的多方面教育内容，如数学建模、做中学物理、生活中的化学等；具有和工程与科学相关的多要素，如格式、设计、制造、创意等；具有多方面的教育操作实践活动，如观察、思考、实践、评价等；引导高中生积极探究、创造，如发现问题、确立课题，培养创意思维、灵感思维等；开发主题化单元，如"植物克隆""环境科普大讲堂""水科学与水文明"等；实施操作选修课程，让学生可以根据自己的兴趣与意愿进行选修。

二、课程的指导思想与课程目标

（一）指导思想

"工程与科学"课程的指导思想是通过"工程与科学"系列课程，第一，贯彻落实国家培养人才的重要战略——把中国从制造大国变成智造大国，注重工程素养培育；第二，依托并充分利用上理工的教师智力资源、课程资源与设备资源，探索高中生工程素养的培育；第三，促进高中生创新精神、创造性思维能力与创造性实践能力的培育，充分利用"工程与科学"课程培育学生的创造力；第四，促进高中生学习方式的转变与探究创造习惯品质的养成，充分利用"工程与科学"课程重探究、重实践、重创新的特点，转变学生的传统学习方式；第五，促进学校"工程素养培育"办学特色更好地发展。

（二）课程的总目标

"工程与科学"课程的总目标是：第一，促进高中生实践创新精神与能力的发展；第二，促进高中生系统思维意识与能力的发展；第三，促进高中生交流合作意识与品质的发展；第四，促进高中生责任伦理态度与精神的发展。

（三）课程的阶段目标

为了夯实学生基础，发展学生个性，培养学生创造性，学校根据工程素养培育目标，结合学生发展特色，形成了"工程与科学"课程的阶段目标。

第一阶段（高一年级）目标：以从初中进入高中的学习转型为突破口，通过基础型学科课程的学习，拓展与学科知识紧密相关的实践项目，激发学生对"工程与科学"课程学习的兴趣，理解科学原理，懂得工程实践的过程、方法，掌握常见的分析方法和分析工具或解决问题的方法。

第二阶段（高二年级）目标：分科拓展深化，理解工程与科学的思想方法、实践能力和文献处理方法，基本掌握情况（问题）综述、文本梳理、科研论文简易写作等基础程序和规则。

第三阶段(高三年级)目标:结合上海市综合素质评价,引导学生应用所学工程知识,开展课题研究及成果物化,力求个性化突破,将工程的思维与学科概念、学科基本逻辑相结合,进行较有深度的思考,为开展社会实践及适应大学学习奠定良好的基础。

三、课程的实施策略

实施策略包括:课程内容密切联系生活实际问题;关注跨学科知识的综合运用;开展以挑战性问题为驱动的项目化学习实践活动;注重学生学习方式转变,注重自主探究、实践体验与合作交流;充分利用上海理工大学"工程与科学"课程资源(实验设备、教师资源等);注重激励性过程评价。

(一) 课程内容密切联系生活实际问题

从实际生活入手,设计课程大情境。"工程与科学"课程鼓励学生参与社会活动,提高学生独立思考和学习的能力,鼓励学生个性发展,更重要的是,希望学生在体验探究的过程中找到自己真正感兴趣的方向,为生涯发展提供指导。教师在探究活动中为学生的探究过程搭建支架,提供后勤保障和技术指导。课程设计的第一步是为每个单元设计一个大情境。根据每个单元的主题,从贴近学生生活、能引起学生学习兴趣的角度出发,设计课程的学习背景,引导学生从不同的视角完成各类活动,摆脱被动学习的身份,激发主动学习的热情。例如,在"数学建模"课程中,以上海核酸检测点设置的优化为情境,引出相关距离问题的数学学习探讨,对相关问题进行数学抽象,并拓展维度,形成数学模型,同时查阅资料,自我学习,借助信息编程运算,得出优化结果,从而将模型应用到区域中心点、商业中心选址、铁路站点规划等相关实践问题中去。

(二) 关注跨学科知识的综合运用

小组合作,引领跨学科活动。在"工程与科学"课程的单元设计中,以阶段任务为基础,学生通过小组合作的形式完成各阶段的学习活动。通过这样的方式,培养学生发现问题、分析问题和科学地解决问题的系统思维,体验科学的探究过程,培养计划先行、科学严谨的学习习惯和意识,同时在团队完成学习任务的过程中学会交流,提升交流合作精神。以任务为引领,思考需要用到哪些知识、技能和方法来解决问题,重视核心素养的培育,而不是将校本课程视作一种学科拓展,将跨学科课程单纯地看作学科知识的相互组合。如"做中学物理"中的"老龙王救火车"项目,学生团队需要根据要求分组设计图纸、完成制作、组装救火车,依据任务目标安装探测传感器,制作喷嘴,查阅资料,编辑应用程序,在实验中不断调整喷嘴角度及水压参数等。完成模拟场景救火拍摄,整理过程材料,制作项目介绍PPT及视频,撰写演讲稿,汇报小组成果。

(三) 开展以挑战性问题为驱动的项目化学习实践活动

调动学生的主观能动性,开展项目化实践活动。"工程与科学"课程是学生依据自身兴趣爱好及特长选修的课程,虽有自身兴趣点的内在激发,但在"工程与科学"课程的实施中,我们还是强调内容选择的重要性,所学内容要符合学生兴趣,问题研究能得到学生广泛认同。在课程实施中,重视比较、类比、分析、综合、归纳和演绎等科学素养的渗透,重视活动讨论,为学生提供更多的思考机会,创设良好的学习氛围。让学生大胆发表见解,相互争论,达成解决共识。教师的"教"更大的作用是引导学生主观能动地"学"。教师的主导与学生的主体作用都要得到充分体现,以项目化大作业为任务驱动,引导学生对自身发展进行自我设计,绘制自我成长的蓝图,并为之奋斗。例如,在"奇思智能科创"课程的"基于人流量密度检测的智慧商城引导系统"项目中,学生团队先是从人脸识别这一基础人工智能应用出发,在教师团队的引领下,学生去五角场合生汇实地考察调研,确定课题。同时,利用自身的计算机特长,在教师的帮助下编写手机小程序和网页端代码,并进行多次试验和数据采集。通过历时近一年的坚持和努力,学生最终获得了可行性论证,并出具了试用报告,计数精度高达百分之九十,实现了最初的设想。

(四) 注重学生学习方式转变,注重自主探究、实践体验与合作交流

在做中学,在学中思,在思中悟。"做中学"主要是以学生认知为本,面向每一位学生,着力培养学生的工程与科学素养,让学生学会在生活中去应用科学知识,而不仅仅是"科学家"式的精英化培养。"做中学"引导学生对科学知识进行探究,通过实践来理解科学,在做中学,在学中思,在思中悟。在这个教育过程中给予学生在实践中探究科学知识的机会,从中发现乐趣,引发探究兴趣,培养探究能力,提高个人素养。该课程引导学生将科学知识与技能和自身的生活相关联,更注重帮助学生了解科学探究过程、理解科学成果来源，培养学生的质疑精神，促进学生科学经验的积累和科学态度的养成。

（五）充分利用上海理工大学"工程与科学"课程资源（实验设备、教师资源等）

作为大学附属中学，学校与上海理工大学机械学院、环境与建筑学院密切合作。在大学教授领衔下，学校实施了前期创新实验室的功能布局设计与设备引进的改造工程。学校创新实验室均由上理工教授团队挂牌指导，如围绕工程与环境创新实验室，上理工张晓东、杨一琼教授分别开设"环境科普大讲堂——揭秘大气污染背后的故事""水科学与水文明"课程，指导学生开展基于环境治理的相关项目化研究。同时，学校选派优秀青年教师和教授们进行课程项目对接，有效提升教师自身的专业研究能力。此外，学校通过"大中小一体化"学习项目及实践工作站等活动，让高中生深入大学专业实验室，在教授的指导下，与大学生一起参与项目化课题研究。

（六）注重激励性过程评价

"工程与科学"课程倾向于过程取向评价，把课程开发、实施以及教学过程中的全部情况都纳入评价的范围。在指导思想上：突出评价的发展性功能和激励性功能，重视对学生学习潜能的评价，致力于促进学生的学习和充分发展，为提供"适合学生的教育"创造有利的支撑环境。在评价主体上：调动学生主动参与评价的积极性，改变评价主体的单一性，实现评价主体的多元化；建立由学生、家长、社会、学校和教师等共同参与的评价机制。在评价方法上：关注形成性评价，实行多次评价和随时性评价、"档案袋"式评价等方式，突出过程性。提倡对不同的学生采用不同的评价标准和方法，以促进所有学生都在"最近发展区"上获得充分的发展。例如，"植物克隆"的评价方法是：(1)日常评价，即过程式评价，主要针对学生在过程中体现的能力和态度。如搜集资料和处理信息的能力、提出问题和解释问题的能力、表达和交流观点的能力等。(2)考核评价，即成果式评价，主要针对学生实验技能的掌握程度和研究性课题的完成程度。如学生课题成果的得分表，学生在设计实验→实施实验→处理数据→得出结论整个过程中的每一个环节都有具体的得分，总分越高，课题品质越好。(3)学生自评和互评，主要针对学生求真求实、批判质疑、探索创新等科学精神与团队合作能力进行评价。

四、课程的评价与保障

（一）评价

1. 评价的内容指标

制作"工程与科学"课程教学活动评价表,包含的评价内容指标有:认真参加,团结协作,理论与实践融合,实践活动有效果,探究创造活动有成果,反思交流,体验感悟。

制作"工程与科学"课程教学活动的学生个体评价表,包含的评价内容指标有:促进学生系统思维的养成,促进学生实践创新能力的增强,促进学生交流合作习惯与品质的提升,促进学生责任心与伦理精神的培育,促进学生创新综合素养的发展。

评价等第:优,良,合格,需努力。

2. 评价的方式方法

（1）日常评价,即过程式评价,主要针对学生在过程中体现的能力和态度。

（2）考核评价,即成果式评价,主要针对学生操作技能的掌握程度和研究性课题的完成程度。

（3）学生自评和互评,主要针对学生求真求实、批判质疑、探索创新等科学精神与团队合作能力。

（二）保障

"工程与科学"课程的保障措施主要有:强化"工程与科学"课程的领导与顶层设计,加强"工程与科学"课程师资的建设,推动"工程与科学"课程逐步发展。

1. 强化"工程与科学"课程的领导与顶层设计

在"工程与科学"课程建设方面,学校注重构建科学的组织架构。在必修、选择性必修课程方面,学校开设了"数学建模""做中学物理""生活中的化学"及"植物克隆"等,指导学生应用高中阶段所学的科学知识来解决生活中的实际问题,开展相关模拟实验并撰写研究性报告,得出问题解决的结论。依托上海理工大学环境与建筑学院,由大学老师通过实践和改良,开设"环境科普大讲堂"及"水科学与水文明"等课程,重视学生现代科学意识、环境综合治理、社会责任担当等科学素养的提升。学校借助高校专家指导团队,开设"奇思智能科创"课程,特别关注学生的原创想法,并引导学生经过科学论证,开展课题研究,物化相关成果。学校采取以下策略,如通过数学、物理、化学、生命科学等学科拓展实施课程,由大学老师领衔进行课程深化,打造专业团队指导学生个性化课题深入研究,在顶层设计上将课程落实。课程难度依据学生的能力,逐级递增,为每一位学生提供向上发展的通道。同时,通过"工程与科学"课程的学习,学生亦能增加相关的基础性学科兴趣,找到新的学科学习方法和动力。

2. 加强"工程与科学"课程师资的建设

在课程师资方面,学校专门成立跨学科教研组,把一批志同道合的老师组织在一起,通过外出考察,分析学校发展内需,挖掘个人专业及擅长领域,在实践中提升改进。同时,通过选修课程实施纲要的编制及校本课程资源包的组建,逐步完善各自单元项目。学校积极与华东师范大学跨学科教授指导团队合作,开展整校推进青年教师项目化学习设计能力,为学校的特色发展培育人才。此外,学校还进一步加强与上海理工大学等高校合作,通过引进优质资源,安排校内对接教师学习相关经验,改进校本化项目,逐渐生成符合上理工附中学生个性特征的项目化单元。上理工附中正是通过教师个性特长释放、在职专业提升及优质资源引进,保证了"工程与科学"课程师资的迭代更新。

3. 推动"工程与科学"课程逐步发展

学校"工程与科学"课程在校本化实施的过程中,要实现生根、发芽、茁壮成长,离不开规范有序的实施纲要。通过实施纲要的编制,教师进一步明晰课程单元与学校办学理念及办学特色的关联,形成富有个性的单元目标,划分内容编排和课时安排、单元模块和实施建议等板块,使得课程实施落地。作为选修课程,"工程与科学"课程创新课堂形式,采用听理论、讲见解、做实验、制作品、写报告等多种形式。随着青年教师的加入,学校不断地优化课程资源。例如,数学建模团队在原有基础上,逐渐形成"数学建模与机械制图""数学建模与海洋工程""基于图文计算器的数学实验"等多个分支单元,满足学生的学习需求。"做中学物理"被细化为力学单元和电学单元,开发出"水火箭""静电除尘""老龙王救火车"等独具个性特点的单元模块。"生活中的化学"也被逐渐细化出"饕餮化学""鸡精里没有'鸡'""手工皂DIY"等主题单元。生命科学学科则先后形成"植物克隆""生命的奥秘""植物香精提取"等主题单元。学校通过课程的更新、迭代与升级,满足学生的多样需求。

五、课程的实践效果

(一) 形成系列"工程与科学"精品课程

自学校创建特色高中以来,"工程与科学"课程从原来数学、物理、化学、生物学科中的单一选修课,逐步发展到多单元主题模块并存,实现了从"单一"到"多支"的转变,以适应不同的个性需求。课程设置上也呈现出基础型学科拓展—大学课程进阶—个性化课题深化的三阶梯结构。改变传统课程实施中过于强调接受学习、死记硬背、机械训练的状况,倡导学生主动参与、乐于探究、勤于动手,培养学生搜集和处理信息的能力、获取新知识的能力、分析和解决问题的能力以及交流与合作的能力。改变课程评价过分强调甄别与选拔的功能,发挥评价促进学生发展、提升教师能力和改进教学实践的功能。

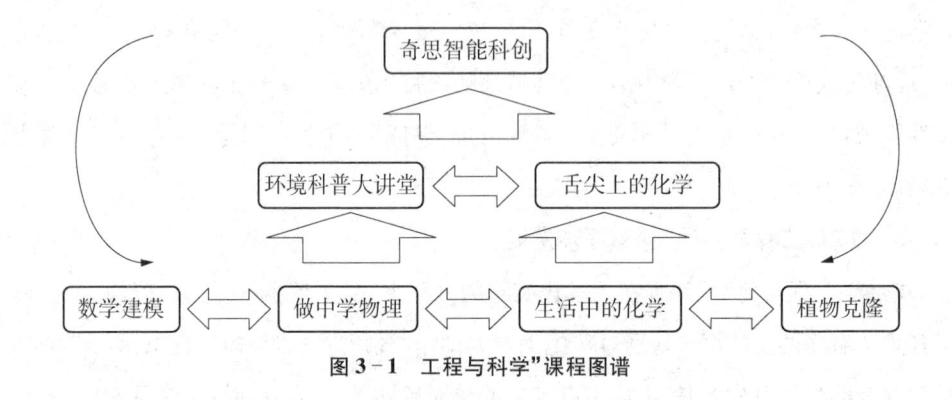

图 3-1 "工程与科学"课程图谱

(二) 初步彰显"工程与科学"课程的区域特色和实践成果

通过三年多的创建、实施与发展,学校初步彰显出"工程与科学"课程的区域特色和实践成果。通过"数学建模"课程的实施,李晞鹏老师的论文《敢问高中生数学建模,路在何方》在《上海中学数学》上发表,《基于核心素养的高中数学建模实践探索》一文在《上海教师》上发表,同时代表杨浦区数学教师在上海师资培训中心与上海教师发展协作联盟联合主办的"新课程 新教材 新教师——数学建模与教师行动"活动中作主题发言。此外,"数学建模"已在"上海市高中名校慕课平台"上共享。"做中学物理"课程,参与了同济大学举办的区级教研活动,并在广东深圳举办的中国教育学会"中学物理教学改革创新展示活动"中获得优秀展示奖。"生活中的化学"课程,在化学教研组的通力协作下,通过课程纲要的细化及慕课拍摄,已成为杨浦区区域共享课程。

(三) 学生工程素养得到显著提升

在上理工附中工程场域的作用下,通过项目的实践,学生的系统思维、实践创新、交流合作和责任伦理四大核心要素得到显著提升,学生通过尚理科技节等活动进行科创作品分享。例如,展示垃圾分拣装置、"我心中的红船"船模设计、自制温度计、多功能景观灯、智慧桥梁等制作类作品,全校分享《履带式抓取搬运机器人》《一种基于 PID 控制的功率自调节油烟机设计与探究》《一种行人汽车可交互的车辆礼让提示器的设计与探究》等研究报告。吴怡然、叶栩珲、冯柏贺等同学先后参加上海市青少年科技创新大赛并斩获一等奖,其他同学获得该赛事等第奖共十余项。薛宁、傅渝、邱晓俊、陈司昊等同学参加上海市百万青少年争创"明日科技之星"评选活动,先后获得"明日科技之星"提名奖;倪思喆、车润豪、吴琦、吴言呈等同学获得"科技希望之星"称号。还有学生多次在宋庆龄少儿发明奖评选中取得优异成绩。特别是在 2021 年,邹振洋、琚浩然、张悦言、叶宇峰、陈禹润等同学开发的"基于人流量密度检测的智慧商场引导软件""商场客流引导微信小程序软件",获得计算机软件著作权登记书;团队项目"基于人流量密度检测的智慧商城引导系统"获得第七届中国国际"互联网+"大学生创新创业大赛萌芽赛道最高奖项——创新潜力奖。几年来,"工程与科学"课程已指导学生完成高质量研究报告几百篇。

(四) 教师队伍工程素养有较大提高

在推动课程建设的同时,教师的职业发展也得到助力。部分教师的工程素养有较大提高,其系统思维、实践创新、交流合作和责任伦理四大核心要素也有显著提升。"做中学物理"指导教师刘严君老师、黄茹清老师成为杨浦区学科带头人;"数学建模"指导教师李晞鹏老师成为杨浦区骨干教师;年轻的王智颖老师也在"做中学物理"课程建设中不断成长,成为杨浦区教育新秀;朱琳老师的"基于 MATLAB 与 SPSS 的外卖与环保问题"在数学建模课例比赛中获得杨浦区"百花杯"二等奖;负责设计"植物香精提取"单元的王薇老师,获得杨浦区"小荷杯"教学比赛一等奖;负责"数学建模与海洋工程"单元的王晨征老师获得杨浦区见习教师基本大赛一等奖,并入围上海市决赛。"工程与科学"课程的开发与实施,在成就学生发展的同时,也成就了教师个人的职业发展。

(本节撰写者:李晞鹏)

第二节 "工程与科学"课程的实施内容

一、"做中学物理"课程

(一) 课程背景分析

1. 课程定位

在"高中物理"课程的基础上,做中学物理,既是一种教育思想,也是一种教学方式和学习方式。开展"做中学物理"的目的,就是通过动手做,让学生手脑并用,经历和感受人类科学探究的过程,加深对科学的理解。在实施"做"中学的过程中,强调培养学生的科学方法、科学思维、科学态度、科学价值观、创新精神和实践能力,提高其科学素养。该课程配合学校"工程素养"培育特色,彰显"人文厚实、理工见长"的培育目标。

2. 学情分析

学生从数学课、物理课和化学课等基础型学科中学习了基本的理科理论知识,掌握了基本的实验技能。同时,他们对生活中涉及的和理科相关联的问题非常感兴趣,迫切地想用掌握的理科知识去解释生活中有趣的现象,解决生活中遇到的问题。"做中学物理"课程给学生搭设了一个平台,要求他们亲自动手做实验或从事实践活动,在学习科学的过程中手脑并用,亲身经历科学探究过程,用"科学家探究科学的方式"学习科学,并在其中获得体验。由此不难看出,学生在"做"中学的过程中能使自身的科学思维与探究能力获得提升,一定程度上还培养了创新精神。

(二) 资源条件

1. 师资团队

该课程由学校物理教研组承担,由物理教研组长、区学科带头人黄茹清老师领衔,带领物理教研组内青年教师进行课程的研究和实施。经过几年的课程实践,团队积累了大量的视频素材和学生课题研究案例。

2. 硬件资源

学校"尚理实验中心"给予了课程强大的硬件支持。目前有三间实验教室和一间材料制作加工教室,可作为师生教学和活动的场所。实验室内备有DIS实验、创新者TI实验系统和能源研究套材等先进设备。将来也会根据课程发展需要,联合总务进行专项采购。

(三) 课程核心育人价值和理念

做中学,最早是由美国物理学家雷德曼总结并提出的一种学习方法,这种学习方法和教育思想对 20 世纪末叶的科学教育产生了深刻的影响。20 世纪 90 年代以来,世界上许多国家和地区陆续开展做中学的科学教育实验。作为一种新的教学和学习方法,"做中学物理"对目前中小学科学教育的教学具有极其深刻的启迪作用,并产生了积极影响。新课程标准将科学探究明确列入课程内容,其重要的理念之一是从"生活走向物理,从物理走向社会"。物理教学要求联系学生的生活实际,改变单一的教学方式,使学生采用多样化的方式学习物理,突出他们在学习中的主体地位,使学生真正成为学习的主人。实现这些目标需要广大教育工作者创造性地综合运用多样化的教学方式。"做中学物理"就是操作性极强的有效教学方式之一。开设这门微课程,就是想对该种教学方式进行有益的研究和探索。

(四) 基于物理学科核心素养的课程目标

1. 物理观念

开展物理小实验、小制作和其他各种与物理相关的实践活动,促使学生更深刻地理解物理核心观念。

2. 科学思维

通过提出问题、设计解决问题方案、动手制作解决问题的整个过程,提高系统思维和科学思维能力。

3. 科学探究

能基于实验中的现象和获得的实验数据,进行分析推理,解释实验现象,获得实验结论。

把课堂上所学的物理知识运用到动手制作作品的过程中,培养知识迁移和运用的能力。通过活动把物理知识和生活相结合,提高工程方面的素养。

4. 科学态度与责任

在设计方案的过程中,培养追求创新、敢于质疑、严谨务实的科学态度。

在动手"做"的过程中,激发学生对物理学习的好奇心和求知欲,并培养与他人合作共享及责任担当的意识。

（五）课程模块与内容

表3-1 课程模块与内容

模　块	内　容
一、生活中的物理（一）	脱水机的原理与制作
	生活中的超重与失重现象
二、航天飞船与生活中的反冲现象	水火箭的制作与展示
三、桥梁的结构研究与设计	承重桥梁的制作
四、新能源的利用	风力发电的原理介绍与制作
	太阳能的应用和太阳能概念汽车的设计与应用
五、静电的利用与防范	静电的利用之静电植绒
	静电的利用之静电除尘
	静电的利用之电子风车
	静电的防御之模拟避雷针的工作原理
六、生活中的物理（二）	水果电池的制作与研究
	简易电动机的原理与制作
七、大国重器之电磁炮	电磁炮的原理与制作

（六）课程设置与实施

本课程中的物理实验活动均为学校物理组教师设计和开发的，适合高一、高二年级学生，每周1课时，每节课80分钟。高一开设"做中学物理（力学热学部分）"16课时，高二开设"做中学物理（电磁部分）"16课时。

表3-2 高一"做中学物理（力学热学部分）"

课题	课时教学目标	课时	授课方式和教学内容
"做中学物理"课程简介，如何做微课题研究	激发学生对物理实验的兴趣，知道做物理实验研究的基本方法。	1	教师用PPT对"做中学物理"课程进行介绍，以"水火箭制作"作为案例，让学生对如何做物理实验方面的课题研究有初步了解。
脱水机的制作	把物理课堂上学习的圆周运动的知识与生活中的洗衣机相结合，通过动手做，把课堂上所学的知识应用到实际生活中去。	3	教师用PPT展示洗衣机脱水筒的照片，并展示脱水筒的工作原理，学生分组设计实验，课后准备制作材料，课上制作、展示和交流。

续表

课题	课时教学目标	课时	授课方式和教学内容
超重和失重的应用	理解超重和失重的基本概念。能用超重和失重的理论解释生活中的一些相关现象。通过小制作培养学生的创造力。激发学生学习物理的兴趣。通过动手制作更深入地理解物理规律。	2	学生分组制作"水断流""抛出去会亮的灯泡"等装置，并进行演示、交流。课后组织学生拍摄电梯里体重计读数变化的视频，课堂上分析讨论。
水火箭的制作	通过"水火箭"的制作理解"反冲"这一物理知识。培养学生的团队协作意识、动手能力及创新精神。	3	教师播放"水火箭"的录像，让学生自主提出制作"水火箭"的方案，然后课后准备材料，上课分组制作，并在操场上交流分享成果。
承重桥梁的制作	把物理课堂上所学的静力学知识运用到桥梁的制作中。培养学生知识迁移运用的能力。通过活动，学生能够把物理知识和生活相结合。	3	观看教师制作的PPT，对世界著名桥梁有初步认识，在教师规定桥梁的尺寸和模拟河流的宽度后，学生分组设计自己的桥梁，然后用教师给定的材料进行制作，最后小组间竞赛看哪个小组作品的承重最大。
风力发电的原理与制作	了解世界能源的发展状况，列举国家之间为了争夺地球上有限的不可再生资源给人类带来的不确定性和灾难性事件，让学生认识到开发新能源的重要性和紧迫性。通过风力发电装置的制作，进一步认识能量的转化和能量守恒定律。	2	列举日常生活中使用的能源，并分析它们的特点，引入再生资源与不可再生资源的概念，介绍目前世界上开发新能源的进程以及风力发电在我国的利用情况，最后分组制作风力发电装置。
太阳能的应用和太阳能概念汽车的设计与制作	弄清太阳能转化为电能的原理。通过制作太阳能汽车，认识到利用太阳能的优点并能够客观地认识到太阳能应用存在的瓶颈问题。	2	学生了解世界上太阳能应用的领域，大致了解太阳能电池工作的原理，并设计制作以太阳能为动力的小车，最后进行成果展示。

表3-3 高二"做中学物理（电磁部分）"

课题	课时教学目标	课时	授课方式和教学内容
静电除尘	在物理课堂上学习静电知识后，学以致用，把物理课堂上所学的知识迁移到静电除尘这一工业应用中来。要求学生理解静电除尘的原理。培养学生提出问题、解决问题的能力。	2	学生分组讨论静电除尘的方案，设计出静电除尘装置图，课后准备制作所需材料，课堂上分组制作，试验除尘效果。

续表

课题	课时教学目标	课时	授课方式和教学内容
静电植绒	在物理课堂上学习静电知识后,学以致用,把物理课堂上所学的知识迁移到静电植绒这一生产应用中。要求学生理解静电植绒的原理。培养学生的创造力。	2	学生分组讨论,设计出静电植绒的图案和植绒的步骤,利用学校提供的绒丝植绒。各组同学交流总结经验。
电子风车	能用物理课堂上所学的知识解释电子风这种物理现象。在保证安全的情况下,能演示电子风车,使风车转动。	3	教师利用范式起电机演示电子风车。通过讲授让学生理解电子风车的原理。学生分组开展实验,根据所给器材制作电子风车,并进行展示、交流。
水果电池	能使用多用表或 DIS 设备对自制水果电池开展定量研究。培养学生收集数据、分析和解决问题的能力。	2	学生分组实验,连接电路点亮电子手表;设计实验方案,使用多用表或 DIS 设备测量柠檬的电动势与内阻,并展示方案,交流总结经验。
简易电动机	能用课堂上学习的磁场力的相关知识,研究并制作简易电动机。要求学生能清晰解释其原理,培养学生的动手能力和创新精神。	2	教师播放简易电动机视频,学生分组讨论原理。利用教师提供的材料进行模仿制作并加以改良,作品完成后进行演示、交流。
电磁炮	能用物理课堂上所学的知识解释电磁炮的原理。在制作电磁炮的过程中锻炼学生电路方面的动手能力。	4	教师介绍电磁炮制作的几种方法。学生分组设计,利用教师所提供的材料进行制作,作品完成后进行演示、交流。
如何撰写研究报告	让学生了解撰写物理实验研究报告的基本结构、步骤、方法等。	1	教师采用 PPT 形式,以"电磁炮"为案例,指导学生如何基于自己的实验研究完成一篇质量较高的研究报告。

(七) 课程评价方式

本课程的评价是以课程目标为依据,本着培养学生的物理学科核心素养与工程素养的原则实施的。由于是以项目化学习的方式开展教学,本课程对过程评价以及成果评价都很重视。对学生的学习过程进行全程跟踪,从学习态度、合作精神、实践能力、深入思考等方面加以考核。而成果评价主要从作品展示、报告质量等方面展开。

表3-4 课程评价

评价指向	评价指标	评价内容	得分	合计
学习态度	参与程度	积极、主动地参与课堂互动、交流,学习习惯良好,在任务完成过程中有发现并敢于表达。		
	任务完成度	能准时完成课堂、课后任务,在小组活动中承担一定的责任,或是能组织同学完成相应的任务。		
合作精神	小组合作	在小组合作中积极参与、组织小组的活动,能完成在小组中自己负责的任务,并且能为其他同学提供合适的帮助。		
	倾听	在交互学习中会倾听、善合作,能接受老师和同学的建议。		
实践能力	实验能力	能利用理论知识分析实验中遇到的问题,积极参与问题、证据、解释、交流这四个环节。		
	制作能力	在参与学习中领悟学科思想与方法,能利用已有的材料动手制作,并进行展示。		
深入思考	思维状态	善于积极思考,思维有广度和深度,能发散思考,能变通,有批判性。		
	创造性	学生善于积极思考,完成任务时能体现出一定的创新意识,能提出一些新的问题。		
作品展示	作品完成度	能设计并完成实验作品,作品原理正确且能正常运作。		
报告质量	综评报告完成情况	能找到合适的选题,从研究意义、研究背景、研究现状、创新点、研究内容、结论等方面入手,完成一份完整的研究性报告。		
综合描述				
评价等级	优秀 100—85分	良好 84—75分	合格 74—60分	不合格 60分以下	等级	总分

(本部分撰写者:黄茹清、刘严君、陆煜、王智颖)

二、"数学建模"课程

(一)课程背景分析

1. 课程定位

上海理工大学附属中学把"尚理"确定为指导学校长期发展的办学理念,以培养"人文厚实、理工见长"、具有"创新精神和国际视野"的现代高中生为育人目标。学校着力打造"工程素养"培育的特色学校。

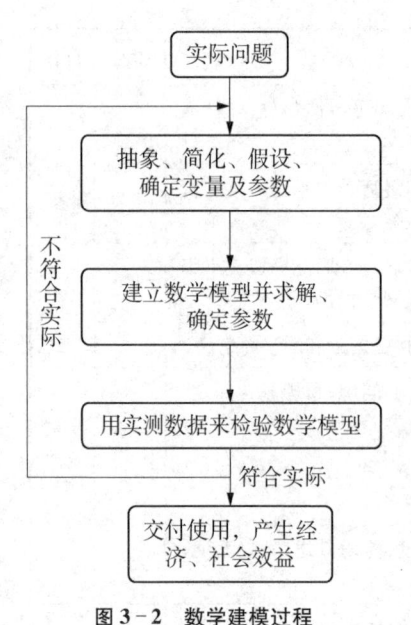

数学建模是利用数学方法解决实际问题的一种实践过程，即通过抽象、简化、假设、引进变量等处理过程，将实际问题用数学方式进行表达，建立数学模型，然后运用数学方法及计算机技术进行求解。它突出地表现为以下三个过程：对原始问题进行分析、假设、抽象的数学加工过程；数学工具、方法、模型的选择和分析过程；模型的求解、验证、再分析、修改假设、再求解的迭代过程。

该课程通过数学建模的学习与实践，预计达到各学科整合发展和学生能力综合提高的目的，是诠释学校"尚理"办学理念的重要载体，是接轨"双新"改革、突破特色高中发展深水区的积极探索，也是实现以工程素养培育为特色的课堂、成就师生共同发展的数学文化追求。

图3-2　数学建模过程

2. 学情分析

传统数学教育方式比较突出的是学生个体的学习行为，学习过程相对独立，学习情境较为抽象，学生基础知识掌握得较为牢靠，但与他人合作、解决实际问题的能力尚有不足，与"让学习者的核心素养提升的"核心要求尚不匹配。

"数学建模"课程的重心就是提高学生分析问题、解决问题的能力。通过丰富有趣的建模案例，积极引导学生自我思考、联系生活、主动探究、激发兴趣、拓展视野，逐渐形成合适的学习方式，改进学习习惯，达到提高学习能力的目的。

3. 资源条件

对于数学建模项目，学校与上海理工大学理学院对接，由具有深厚学术底蕴的大学教授担任课程顾问，为课程提供专业指导，同时为学生解决问题提供技术支持。学校建有数学建模与3D打印实验室，配有电脑24台，装有相关建模软件，满足建模活动需要。

在萧菲、黄修义主编的《研究性学习百例：理科综合》、上海市中学生数学知识应用竞赛组织委员会编的《中学数学建模与赛题集锦》、中国人民大学附属中学校本教材《中学数学课题学习指导》，以及《高中数学应用性问题》《高中数学实验》《常用数学软件使用指南》《MATLAB与数学实验》《数学建模与数学实验》等参考资料的基础上，形成选修"数学建模"课程讲义。

（二）课程的核心育人价值

通过"数学建模"课程的学习，学生能有意识地用数学语言表达现实世界，发现和提出问题，感悟数学与现实之间的联系；学会用数学模型解决实际问题，积累数学实践的经验；认识数学模型在科学、社会、工程技术等诸多领域中的作用，提升实践能力，增强创新意识和科学精神。

（三）课程目标

1. 通过课程的学习，学会数学建模活动的基本流程。让学生明白了解社会、了解实际、了解学科之间的联系。能用数学的眼光观察世界，会用数学思维思考世界，会用数学语言表达世界。

2. 形成数学的理性思维能力、搜集和处理信息的能力、分析和解决实际问题的能力，养成科学思维的习惯，对自己发现的问题进行主动探索、合作研究，形成课题报告，通过项目研究及汇报活动，增强合作学习、表达交流的能力等。

3. 能较完整地表达研究结果，学会数学建模论文书写格式。通过自主探究和研究活动获得丰富的体验，有积极的创新意识、专业精神、注重实践、敢于创新探究和善于合作，形成良好的人生观、价值观和世界观。

（四）课程内容结构图

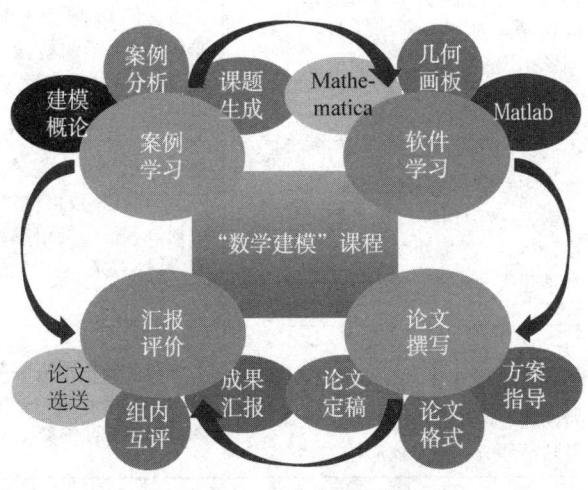

图 3-3 课程内容结构图

（五）课程设置与实施

1. 内容编排和课时安排

表 3-5　内容编排和课时安排

内　容	建议课时
什么是数学建模、历届学生成果展示	2
数学建模案例研究	12
数学建模相关软件学习	6
项目化学习实践	8
研究性报告指导与撰写	6
项目化学习成果汇报交流	2

2. 单元模块和授课建议

表 3-6　单元模块和授课建议

模块	简介	课时	授课方式和教学内容
数学建模概论与学生作品欣赏	介绍目前数学建模方面的国际前沿发展及我国在数学建模方面的历史进程。介绍数学建模课程体系。展示历届优秀建模作品。	2	教师讲述数学建模的含义。由学生以小组合作的形式查找资料，并向大家介绍数学建模活动的发展历程。学生查看历届学长的建模作品，发表观点。
"检验台位置设定"的建模研究	以运输零件的实际问题为突破口，作为第一个建模研究范例，形成"问题驱动—模型建立—寻求策略—模型获解—问题拓展—改进方向"的研究范式。	2	通过主动参与这类确定最优位置点的研究，学生的创意设想与数学实现相互作用，明白数学建模就是将现实问题划归为数学模型，然后选择合适的方法加以求解，并不断调整、改进、完善，经过验证，最后将结果应用于现实问题解决的过程。
"停车距离问题"的建模探究	分析影响停车距离的因素，建立模型，学会用计算机求解模型，提出问题解决方案，反思数学建模的研究意义。	2	通过组织学生对停车距离问题进行研究，合理收集数据，整理和分析数据，从中提取有价值的信息，并作出合理的决策，解决实际问题，尝试撰写研究小论文。
"最佳口感茶水温度问题"的建模研究	以"最佳口感茶水温度问题"为例，学习 Mathematica 在问题描述、模型建立、讨论求解等建模环节中的具体应用。	2	学生和老师依据真实问题背景，共同参与 Mathematica 中一些命令的学习，用于解决所遇到的问题。

续表

模块	简介	课时	授课方式和教学内容
关于机动车道分配规划的一种模型	利用排列组合方法,建立多个按不同行驶时速分道的数学模型,并从中找到最优分配模型,以尽量满足行驶时速相接近的车辆同道行驶,从而提高道路的行车车速,改善交通状况。	2	教师组织学生讨论影响城市交通的因素,提出分道行驶模型设想,在此研究的基础上调动学生对城市交通规划与实践研究的积极性,开展相关课题研究。
关于经营和管理中贷款问题的一点思考	本课题主要研究的是两类贷款问题:等本还款和等额还款,教会学生今后能根据自己的实际情况合理选择贷款方式,进一步拓展学生数学知识在金融领域的应用。	2	通过组织学生共同参与贷款模型的研究,学习相关数列知识,积累用数学解决现实经济领域的问题。了解一些经营管理中相关的数学问题和基础知识。引导学生关注身边的事件,开展相关课题研究。
几何画板在数学建模中的应用	几何画板中的迭代功能为一些数学实验提供了可能性,利用其迭代功能研究函数零点的近似值,用几何概型来研究圆周率等。	3	组织学生形成研究算法,上机操作加以实现,培养学生利用计算机模拟实验的能力,学会用上述功能解决自己关心的其他数学或实际问题,提高运用技术的能力。
Mathematica软件入门学习	通过Mathematica软件的一些命令的学习,能实例演示,提高用数学知识处理问题的能力。	3	通过学习,丰富用数学方法解决实际问题的手段与途径。能付诸实践,开展基于项目化学习的实践运用。
研究性报告的指导与撰写	学生以小组的形式,确定小组研究的主题,通过开题报告、过程研讨、小组分工、研究性报告的撰写,提高小组解决问题的能力。	6	以小组为单位撰写开题报告,各组对开题的内容提出小组建议。教师对学生研究过程给予相应的指导,统一进行数学建模研究报告的撰写方法指导。
项目化学习成果汇报交流	对完成的课题进行小组汇报,需要图文并茂,小组分工合作完成。依据小组表现给予相应的表现评价,作为课程评价等第的重要依据。	2	小组依次展示,小组互评,教师可以邀请其他评委一起参与,对研究的科学性、方法的适切性、结论的可行性等进行评估。

(六)课程评价

"数学建模"课程不是简单的数学知识的拓展,它更多的具有跨学科、跨领域、集成性等特点,是有意义的,学习者主动参与建构、完善和运用学科知识去解释世界的过程。同样,对于"数学建模"课程的评价也是一样,由于它突破了传统意义上的考试范畴,评价也转向关注学生的学习表现,突出过程性、综合性评价。评价功能也由甄别与选拔转向激励、诊断与调整。具体评价手段如表 3-7 所示。

表 3-7 课程评价

考核与评价内容		成果形式	评价标准	评价主体	权重	
学习表现评价	1. 小组出勤与作业提交 2. 小组讨论、合作学习 3. 小组汇报、发言 4. 小组动手操作能力	/	"出勤"记录表 "作业"等第记录表	任课教师	20%	50%
		/	讨论、合作记录表	任课教师与学生评委	30%	
		PPT 及讲稿	小组汇报、发言记录表	教师评委与学生评委	30%	
		建模作品	建模作品完成的质量	任课教师与学生评委	20%	
作品评价	1. 作品完成方案 2. 作品制作过程记录 3. 作品展示评价 4. 作品完成质量	Word 提纲	"提纲"评价表	任课教师	15%	50%
		Word 电子记录	"过程"评价表	任课教师与学生评委	15%	
		现场演示或小组汇报	"展示"评价表	任课教师与学生评委	30%	
		作品成品或论文	作品、论文评价表	教师评委	40%	

(七)课程管理

"数学建模"课程要求学生有一定的数学基础,爱好数学应用。选修人数下限10人,上限20人。开学初,学生依据教导处要求完成平台选课,选课完成后不得随意改选,不得无故旷课,严格执行考勤制度。学生在选课期间必须完成数学建模研究性报告一篇,否则视为不合格。课程参照《上海理工大学附属中学学分认定方案》及"数学建模"课程评价标准进行考核。同时,课程依托上理工大学理学院,为学生开展建模研究提供技术保障。学习期间表现积极、数学建模研究报告评为优秀的学生,将被推荐到更高级别的平台进行更深入的学习。

(本部分撰写者:李晞鹏)

三、"植物克隆"课程

(一) 课程背景分析

1. 课程定位

20 世纪 80 年代,有一句话很流行:"知识就是力量"。实际上,知识虽然是力量的必要条件,却不是充分条件。没有知识当然没有力量,有了知识却未必一定就有力量。知识只有在运动中才能彰显力量,才能创造成果。

在高中生命科学教学中渗透工程素养教育,也是落实新课程提出的三维目标,即知识与技能、过程与方法、情感态度与价值观的需要。实施渗透工程素养培育且联系生活实际的教学,尤其是实验教学,激发学生对生命科学的学习兴趣和学好生命科学的强烈愿望。

2. 学情分析

经过初三阶段的学习,高一学生基本了解了生物学科的入门知识,具有一定的个体和器官层面的实验操作技能,具备一定的发现问题和提出假设的能力,但细胞层面的生物学知识以及实验操作技能则比较欠缺。本课程选择的是容易引起学生学习兴趣的热门话题"克隆"相关内容,而对学生的要求是细胞层面的实验设计和实施的能力。学生一开始会觉得难度有点大,但是,随着高一生命科学学科的推进,学生可以运用必修课中学到的内容来理解选修课,也可以将必修课中学到的实验技能用于选修课。因此,本课程对高一的学生而言是先难后易,是必修课的延伸内容、拓展内容。

3. 资源条件

尚理实验中心给课程提供了强大的硬件支持,目前有数码显微镜、分光光度计、多种传感器、光照培养箱等,将来根据课程发展需要可以联合总务进行专项采购。另外,本课程的视频资料丰富,而且有学长的学习经验和完整的授课讲义,可以直接使用。

(二) 课程的核心育人价值和理念

本课程的主题来源于沪教版《高中生命科学》第二册的"细胞分化和植物细胞全能性",以及拓展型课程"生物工程——植物细胞工程"中的相关内容,旨在培养学生的生命科学素养,并有效渗透工程素养教育。课程的核心育人价值和理念为:(1)提高学生的生命科学素养,提升工程素养,关注学生的发展;(2)建构翻转式活力课堂,强化自主探究,提倡学习方式的多样化;(3)实施科学、技术和社会相结合的教育;(4)加强实践操作、工程素养与信息技术的整合。它以观察、实验、探究作为主要的学习手段,使学生在学习克隆的基础知识、基本技能,尤其是植物克隆技术相关操作方法的同时,培育科学精神、科学态度、科学价值观和工程素养。

(三) 课程培训目标

1. 获得有关克隆和克隆技术的一些基本事实、概念、实验原理和基本的操作方法,初步形成对克隆和克隆技术的整体认识。了解并关注克隆技术的发展及其在人类文明进步和现代社会发展中的重要作用。

2. 了解植物克隆技术的发展过程及相关技术的发展前景,理解其中关于工程素养的内涵,以及其与人类生活、生产和社会发展的关系。

3. 具有一定的科学思维能力,搜集和处理信息的能力,分析和解决实际问题的能力,以及合作学习、表达交流的能力等。养成科学思维的习惯,对自己发现的问题进行主动探索,合作研究,形成课题报告。

4. 能较完整地表达研究结果,通过自主探究和研究活动获得丰富的体验,有积极的创新意识、专业精神,注重实践,敢于创新探究和善于合作,而且在日常学习生活中能够自觉提升自己的理工素养和创新实践能力。

(四) 课程内容

表 3-8 课程内容和课时安排

内　容	建议课时
什么是克隆	0.5
克隆技术的发展历程	2.5
动物克隆技术	1
植物克隆技术	1
植物组织培养技术(理论部分)	2
植物组织培养技术(课堂实验部分)	4

(五) 课程设置与实施

表3-9 课程模块

模块	简介	用时	授课方式和教学内容
克隆的定义及其发展历程	理解克隆和克隆技术的含义,知道克隆技术的发展历程。希望学生对克隆技术发展所引发的社会伦理问题有思考、有想法。	3课时	教师讲述克隆和克隆技术的含义。学生以小组合作的形式查找资料,并介绍克隆技术的发展历程。学生观看影片《逃出克隆岛》,对克隆技术和社会伦理问题进行探讨,并发表观点。
动物克隆技术和植物克隆技术	知道动物克隆技术和植物克隆技术的理论基础。理解两者具体操作过程的差异,为接下来的实验操作打下基础。	2课时	教师请学生预习动物克隆技术和植物克隆技术相关理论基础和实验操作。学生比较、整理、介绍两类克隆技术的差异。
植物组织培养技术之理论部分	知道植物组织培养的定义、特点,及其技术发展历程和前景。此处是对基础型课程中的"细胞分化和植物细胞全能性"和"生物工程——植物细胞工程"的内容拓展。	2课时	教师请学生自学植物组织培养技术的理论基础和其他相关内容。希望学生结合基础型课程中的"细胞分化和植物细胞全能性"和"生物工程——植物细胞工程"相关内容,在课堂上对不理解的内容进行即时提问,教师当场答疑解惑。
植物组织培养技术之配制培养基	学生将进入一个特别的实验室——装有紫外线灭菌灯,有超净工作台和光照培养箱。配制培养基暂时不用这些,用到的是电子天平和电子高压灭菌锅,我们在做大干一场的准备!	2课时	教师和学生一起在瓶瓶罐罐中配制母液,享受用电子天平精确称量、用电子高压灭菌锅严格灭菌的过程。
植物组织培养技术之消毒和接种	这是很关键的一步,离体培养的组织或细胞必须在无菌环境中才能脱分化。外植体的表面消毒和无菌接种过程都要小心谨慎!	1课时	学生分小组进行实验操作,先在实验室外进行无实物接种训练,以期正式操作时能眼明手快。进入无菌室后,从外植体消毒到无菌接种,由教师一对一进行适时指导。
植物组织培养技术之观察外植体脱分化	外植体在含有植物激素的培养基上进行脱分化过程,从离体组织或细胞变成一团不定细胞群,然后成为愈伤组织。其间未受感染的,可以保留至继代培养。	课余时间(维持4—6周)	学生分小组进行实验现象的观察,记录愈伤组织的生长情况,清理被污染的外植体。
植物组织培养技术之愈伤组织继代培养	将愈伤组织接种到再分化培养基上,以期分化出芽和根,形成克隆植物的幼苗。	1课时	学生分小组进行实验操作,先在实验室外进行无实物接种训练,以期正式操作时能眼明手快。进入无菌室后,由学生互相指导开展无菌接种过程。

续表

模块	简介	用时	授课方式和教学内容
植物组织培养技术之观察愈伤组织再分化	愈伤组织在含有植物激素的培养基上进行再分化过程,一团没有固定形态、分生状态的薄壁细胞,先后分化出芽和根,形成克隆植物的幼苗,待移栽。	课余时间(维持4—6周)	学生分小组进行实验现象的观察,记录芽和根的生长情况,清理被污染的愈伤组织。
学生研究性课题	课题分为两大类:一类是纯理论型的观点表述,关于克隆技术是一把双刃剑之类的探讨;另一类是实验型研究报告,关于植物组织培养的材料选择和方法改进等。	没有时间限制,没有内容限制,没有具体授课方式限制,因为提升学生的科学素养、培养工程素养是我们一直在做的事!	

(六) 学生评价

1. 评价方法

(1) 日常评价:即过程式评价,主要针对学生在过程中体现的能力和态度。

(2) 考核评价:即成果式评价,主要针对学生实验技能的掌握程度和研究性课题的完成程度。

(3) 学生自评和互评:主要针对学生求真求实、批判质疑、探索创新等科学精神与团队合作能力。

2. 评价量规(建议)

请注意,下列具体内容和项目可以在实际教学过程中由授课教师自行制定。

(1) 日常评价

表3-10 日常评价

主题内容:克隆技术与社会伦理		评 语
评价内容	搜集和处理信息	
	提出和解释问题	
	表达和交流观点	
	……	

（2）考核评价

表 3-11 考核评价

内容	MS 培养基的母液配制				
电子天平的使用	先调零后称量(1分)	用称量纸或小烧杯(1分)	不慎称取过多时一律重新称量(2分)	……	小计：
电子高压灭菌锅的使用	灭菌锅内的水量适宜(1分)	正确使用安全阀(2分)	待压力降为零后慢慢开盖(3分)	……	小计：
……					
总计					

（3）学生自评和互评

表 3-12 学生自评和互评

内容	"植物克隆"课程学习的自评、互评			
1. 信息获取和处理能力	强	一般	需努力	都是队友帮忙的
2. 实验操作能力	很规范	有小失误	重要步骤需帮助和指点	基本看着队友在忙
3. 课题探究能力	自己发现问题并形成课题	队友确定课题合作很愉快	打下手挂个名	不知什么是课题
……				
你所在学习社群的核心人物是谁？你能从他/她身上学到什么？				
……				

（七）课程管理

1. 学分管理，根据学校学分管理规定实施。

2. 学习社群管理，课堂分成几个活动小组——学习社群，以学习社群为单位进行作业的提交、实物的制作、成果的展示。

3. 过程管理，对每次课题进行阶段性反馈和评分，从实践、合作、探究和创新四个方面对学习社群及成员进行阶段性评价。

（本部分撰写者：王利平）

第三节 "工程与科学"课程的活动方案与活动案例

活动方案与活动案例一

"做中学物理"课程之
"水火箭的制作与发射"活动方案

一、活动任务分析

牛顿第一、第二定律描述了一个物体的运动与力的关系；牛顿第三定律是把两个物体的相互作用联系起来的桥梁，它独立地反映了力学规律的另一侧面。牛顿第三定律是对牛顿第一、第二定律的有效补充，可以实现把受力分析的对象从一个物体扩展到多个物体。因此，牛顿第三定律和牛顿第一、第二定律一起建立了一个完整的理论体系，奠定了整个力学的基础。通过学习高一物理基础型课程，学生了解了牛顿运动定律的理论知识，形成了动力学知识体系。但是，学生对物理规律的理解仅仅停留在解题层面，对物理问题高度"模型化"，解决实际问题的能力比较欠缺，还没有形成物理观念。"水火箭的制作和发射"这节课，以学生为主体去体验，以教师为主导去启发，让学生在"做"中把物理课堂中的物理知识运用到实际问题的解决和运用上，加深对物理概念的理解，形成更深刻的物理规律。题材选择上，本课聚焦我国的"大工程""大技术"，以小见大，不失趣味性，体现了工程素养培育的育人理念。

二、活动目标

1. 通过水火箭的制作过程，让学生进一步明确作用力与反作用力的关系，巩固牛顿第三定律的内容,强化"相互作用"的物理观念。

2. 通过水火箭的制作过程,提高学生的动手能力,体验分工合作在实验中的重要作用,增强合作意识。

3. 了解我国神舟载人飞船发射升空的过程,引导学生感悟物理学在社会科学发展中起到的重要作用,同时激发学生的爱国热情。

4. 通过了解水火箭发射过程,引导学生发现问题,能够针对问题制订计划、收集证据、分析推理、得出结论并相互交流,体验一般的课题研究的过程,提高科学研究能力。

三、活动重点和难点

重点:学生能够明确水火箭的发射原理,并能够分组独立制作出较为美观的水火箭。

难点:学生在制作和发射水火箭后如何针对活动中的某个细节去提出问题,进行课题研究是学生能力获得提升的重要途径。由于这对学生主观能动性的要求比较高,思维要求也很高,因此是活动的一个难点。

四、活动资源准备

600 mL 或 1.25 L 的饮料瓶(每组一个)、剪刀(每组一把)、单面刀片(一块)、橡皮塞(每组一个)、自行车的气门芯(每组一个)、502胶水(每组一管)、塑料片(若干)、双面胶(每组一卷)、彩色装饰纸、气筒(演示备用)、水火箭发射架(演示备用)、高清摄像机2台、测量跑道长度的50 m卷尺。

五、活动设计思路

本次活动由四个环节组成:第一,学生观看神舟飞船发射上空的视频,然后利用物理基础课程中所学的牛顿运动定律知识解释火箭升空的原因,在动手实验前明确其中的物理原理;第二,水火箭的制作,学生分组后利用教师所提供的资源在教师的指导下完成水火箭的制作;第三,水火箭的发射,在这个环节中学生检验制作成果;第四,学生在活动中选择某一个角度提出问题、制订计划、收集证据、分析推理(数据处理)、得出结论,并和其他各组同学相互交流,提出改进方案。

六、活动过程

(一) 情景引入:学生观看神舟飞船发射升空的视频

教师提问:火箭能从地面飞上空的原理是什么?

学生:因为火箭尾部的燃料燃烧,向下喷出气体。由于力是相互的,且根据牛顿第三定律可知,作用力与反作用力等大、反向、共线,这样在气体反作用力的作用下火箭获得向上的加速度,向上加速运动。

教师:今天我们就要一起制作一支火箭,我们用的燃料是水。(明确本次活动的主要任务)

(二) 水火箭的制作

教师:火箭升空是向下喷出空气,而水火箭是向下喷出水,我们可以用怎样的方法让饮料瓶喷出水呢?

学生分组讨论后获得方法:饮料瓶注入水,瓶口作为火箭的尾部并用橡皮塞塞紧。利用打气筒给装水的瓶中注入气体,随着瓶内气体压强逐渐增加,对橡皮塞的压力慢慢增大,最后把橡皮塞顶出,水就向下喷了出去。

教师:明确水火箭发射原理后,请同学们利用课桌上的材料,制作一枚既能打得远,又美观漂亮的水火箭吧。火箭制作完成后不要忘记给自己的火箭取一个有意义的名字噢。

在教师的引导下,学生开始制作水火箭。

(三) 水火箭的发射

首先,教师给学生制作好的水火箭贴好标签,带领学生来到空旷的操场,利用事先准备好的火箭发射架和打气筒,让每一组同学进行水火箭试发射实验,同时请其他组同学利用摄像机拍摄视频。另一组同学利用事先准备好的卷尺测量并记录水火箭通过的水平距离。

其次,所有小组都完成试发射后,返回教室,通过拍摄好的视频欣赏交流水火箭的试发射。

最后,评选出"打击距离最远火箭""打击最准火箭"和"最美观火箭"三个奖项,并分享把水火箭"打远""打准"的"秘诀"。

(四)微课题研究

教师:同学们在本次活动中一定收获了很多吧,当然也有些问题和疑惑。请各组同学选择一个角度,提出一个可以研究的问题,并且围绕这个问题,通过制订计划、收集证据、分析推理、得出结论、表达交流等环节完成微课题的研究。

学生研究方向一:水火箭发射前与水平面间夹角和飞行水平距离之间有什么关系?(涉及斜上抛运动的物理知识)

学生研究方向二:研究水火箭发射前注入的水和飞行水平距离的关系。(涉及动量守恒知识)

学生研究方向三:研究水火箭形状对飞行水平距离的影响。(涉及空气动力学)

……

教师对学生提出的各种问题或者研究方向,从科学性、可行性和创新性这三个方面给出建议,帮助学生完成开题报告,为学生在课后完成课题提供帮助。课题研究是一个周期比较长的过程,尽管是微课题研究,但是也需要学生经过一段时间的研究才能获得成果。教师可以以学期为时间节点,分阶段完成,分批交流。

七、学生活动任务单设计

学生活动任务单		
任务	内容	体会与收获
1	通过神舟飞船发射升空过程了解火箭发射原理	火箭发射的物理原理是:
2	水火箭的制作	制作水火箭过程中你遇到的困难是: 给你制作完成的水火箭拍张照。
3	水火箭的发射	打击距离测试——水火箭发射距离:_____m 打击精度测试——水火箭距离制定目标:_____m 获得荣誉:

续表

任务	内容	体会与收获
4	（1）提出一个在活动中可用来研究的问题是(微课题)： （2）你们研究的计划是(需要测量哪些物理量？实验原理是什么？实验步骤是什么？)： （3）你们实验的数据记录(表格)： （4）你们处理数据的过程： （5）你们得到的结论是： （6）你们与其他小组交流后，有哪些启发？研究过程中可能存在哪些问题？你们今后会如何进行改进？	

（本活动方案撰写者：黄茹清、陆煜、王智颖、刘严君）

活动方案与活动案例二

"做中学物理"课程之"水火箭的制作与发射"活动案例

一、案例背景

学生在课堂上结合生活经验和基础学科知识进行制作与发射，在课外结合水火箭的实际发射经历和测量结果，寻找一个角度继续进行更加科学和深入的探究，在老师的指导下完成研究性报告。基于学生的学习基础，学生已具备分析水火箭原理和制作水火箭的能力。在拓展型课程中，学生通过活动应用基本的学科知识，在活动中发现问题,为课外继续进行科学探究奠定基础。

(一) 单元大背景

以 2022 年 10 月中国人造卫星的梦天实验仓为背景,设计一系列学生活动,包括水火箭的制作、加速度计的设计与制作、水的表面张力等。"水火箭的制作与发射"是本单元的第一个活动。学生先利用基础知识解释火箭能发射的原因,选择合适的材料进行水火箭的制作,最终在操场上进行水火箭发射。

(二) 学生学情

学生在高一的物理课堂上已经学习过了牛顿运动定律,初中也接触过气体压强,有一定的知识基础。在拓展研究型课程中,学生对基础学科的知识进行应用和拓展。学生能用所学过的知识解释水火箭发射的基本原理。气门芯的工作原理对大部分学生来说比较陌生,但基于基础物理中物体相互作用的知识,学生具备分析和理解气门芯工作原理图的能力。水火箭侧翼形状的选择原理涉及比较复杂的学科专业知识,但学生可以根据基本的生活经验进行制作,同时查阅相关资料,试分析如何选择机翼形状,提升水火箭的发射效果。

二、案例描述

(一) 课前准备

基本资料搜集:可利用废弃的饮料瓶制作水火箭的主体结构、箭头、尾侧翼。接着灌入一定的水,利用打气筒充入空气。然后,压缩空气,把水从火箭尾部的喷嘴向下后高速喷出。在反作用下,水火箭快速飞出,利用加速度和惯性在空中飞行,像导弹一样有一个飞行轨迹,最后达到一定高度,以此模拟火箭模型。

材料准备:饮料瓶(学生自备)、剪刀、刀片、橡皮塞、自行车的气门芯、双面胶、各种材质的彩色装饰纸、打气筒、可调角度的水火箭发射架(教师提供)、卷尺等。

(二) 活动过程

1. 活动引入

观看火箭发射视频,请学生分析火箭点火升空的原理。

2. 水火箭的原理分析

教师提问：

（1）火箭向前飞出的原理是什么？

（2）如何获得向后的推力？

（3）气门芯原理是什么？

学生总结：

因为火箭尾部的燃料燃烧，所以向下喷出气体。由于力是相互的，且根据牛顿第三定律可知，在气体反作用力的作用下火箭获得向前的加速度，向上前加速飞出。

使封闭瓶子内的气体被压缩，压强增大，当压强增大到一定值时，活塞和水从水火箭尾部向后高速喷出，在反作用力下，水火箭加速飞出。

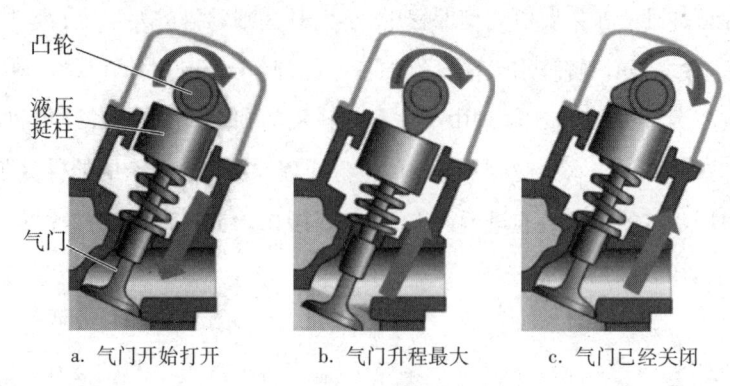

a. 气门开始打开　　　b. 气门升程最大　　　c. 气门已经关闭

图 3-4　水火箭原理示意图

气门芯是一种单向阀门，当给自行车打气时，空气进入气门芯，气门打开，空气进入车胎；当不打气时，气门收紧，空气不能从车胎中回流出去。

3. 水火箭的制作

教师引导：记录水火箭的制作过程。

某组学生记录的水火箭制作过程：

1. 活塞制作

用打孔机在活塞上穿出一个小孔，使气门芯能穿过小孔装上，依次装上胶管和螺帽。将橡皮塞用力塞进瓶口内，其露在瓶口外的部分约为活塞长度的三分之一。

2. 侧翼的制作

用硬纸片剪下梯形侧翼四个，为了使火箭飞行时有较好的稳定性，选择了有较大硬度的纸,并将两片硬纸片黏在一起制作,剪出侧翼。为了将机翼更好地固定在塑料瓶上,用垂直机翼制作"底座",用胶水对称地粘贴在火箭的下部侧面。

图 3-5　学生制作过程和制作成品

4. 水火箭的发射

教师引导:

(1) 邀请同学们分组比一比谁的水火箭飞得更远。

将发射台控制在同一个位置且发射倾角不变,面对操场进行发射。同学们自己控制注入的水量,打气进行发射,测量水火箭落地与出发点之间的距离。

图 3-6　水火箭发射

(2) 请同学尝试改变参数,让水火箭飞得更远,并将数据记录下来。
(3) 请同学分析影响水火箭发射结果的原因。

同学1：水量调控。水火箭用水量和容器空间的比例很重要，不能太多，也不能太少。通过反复尝试，我认为最佳用水量约为火箭容器空间的$\frac{1}{4}$到$\frac{2}{5}$之间。(2.5升的空间大约装600毫升)

同学2：发射角度。水平方向飞行，由于空气的阻力，不同水火箭的最佳发射角度可能不同，可通过控制变量的方法试验确定。(我们制作的水火箭的最佳角度是35度左右)此外，我认为与天气也有一定关系，应视风力和风向适当调偏与发射目标的方向，保持最佳发射角度进行发射。(仅讨论水平方向的发射距离)

同学3：气塞使用。气塞的使用原理是通过压缩软胶塞体积膨胀来调节气塞的松紧程度，压缩越厉害，体积膨胀越大。所以我觉得气塞越紧，要把气塞冲出去的气压就越大，即火箭获得的动力就越大。此外，在发射前，如果可以使用工具拧紧气塞的螺丝，那么发射时的最大压强变大，发射效果可能会更好。

同学4：使发射台可以稳定调控。需要对发射台进行改进，首先，本次使用的发射台本身不够稳定。其次，发射台要配一个导航轨道。导航轨道不要太长，也不要太短。

同学5：在制作过程中，喷口是最为重要的，密封性一定要好，否则不能提供良好的压力。气针在橡皮塞中。同时也要密不透水，最好用打孔机穿洞。如果还有漏水情况，可以在气门芯周围打密封胶，以防止打气时气泡的翻滚和漏水情况。尾翼一定要固定牢，不然一旦空气压力过大，就可能会从瓶上掉落。

(4) 根据同学提出的问题，请大家选择一个角度，制订计划，收集证据，分析推理(数据处理)，得出结论，和其他各组同学相互交流并提出改进方案，最终完成研究性报告。

① 水火箭的竖直升高高度与瓶内水位的关系。

② 发射远与近和倾角的关系。

③ 发射台对发射结果的影响。

……

表3-13 研究性学习报告(参考)

课题名称	
组员及组员任务	
确定研究课题	

续表

想要解决的问题：   关于这个问题,已经了解的信息及其途径：   最终确定的项目名称：
制定研究方案
课题/项目背景(研究的意义和目的)：   调查研究或实践的内容、方法和实施过程：   具体任务：   所需设备：   预计困难(包括相应措施)：   预期成果：
实验数据记录及结果
实验的数据记录(表格)：   处理数据的过程：   得到的结论：   与其他小组交流后,有哪些启发？研究过程中可能存在哪些问题？今后会如何改进？
测试与改进
在测试作品的过程中发现的问题及解决方法：

三、案例反思

开展"做"中学的目的,就是通过动手做科学,让学生手脑并用,经历和感受人类科学探究的过程,动手又动脑地理解科学。希望在实施"做"中学的过程中,强调培养学生的科学方法、科学思维、科学态度、科学价值观、创新精神和实践能力,提高其科学素养。新课程标准将科学探究明确列入课程内容,其重要的理念之一是从"生活走向理论知识,从理论知识走向社会"。教学要求联系学生的生活实际,改变单一的教学方式,使学生采用多样化的学习方式,突出他们在学习中的主体地位,真正成为学习的主人。"做"中学是操作性极强的有效教学方式之一。我们开设这门课程,设计学生活动,就是想对该种教学进行有益的研究和探索。

此外,本次活动实践在以下几个方面还存在需改进之处:

首先,活动评价。学生的水火箭发射成果并不是评价的主体,主体应是参与的过程,所以之后的活动中会提前设计学生活动评价的量表。在活动设计中,教师不占主体地位,但对学生的学习过程全程跟踪,从学习态度、合作精神、深入思考、动手程度、作品展示等几方面进行考核和评价。

其次,活动中设计了学生活动任务单,但是没有充分应用起来。特别是在操场上发射水火箭时,学生的兴奋点集中于如何调整以使火箭发射得更远。由于没有提前请学生进行猜想与假设及设计更严谨的实验数据记录表格,学生记录下来的数据比较混乱,没有系统性。如果要做下一步的探究,还需要重新进行实验和设计数据记录表格。

最后,对于侧翼的制作学生缺少创新的方案,大多数学生都根据老师提供的示例来操作,也没有同学提出机翼形状对飞行的可能影响。这可能是因为活动中,老师提前给的示例使学生形成了思维定式,没有找出这个比较关键的问题,在之后的活动中对此要进行调整。

(本活动案例撰写者:黄茹清、陆煜、王智颖、刘严君)

活动方案与活动案例三

"植物克隆"课程之
"植物组织培养"活动方案

一、活动任务分析

植物组织培养技术的理论性、实践性都很强,且对实验条件要求高。通过课程学习,学生初步掌握组织培养的基本原理和基本技术,为以后从事基础研究、苗木生产等工作奠定基础。学生通过这个简单的课题来接触生物技术,并获得动手探索、动脑创新和实践的机会。

二、活动目标

（一）知识目标

1. 说明植物组织培养的基本原理,学习植物组织培养的基本技术。
2. 掌握培养基制备、外植体消毒、接种、培养、移栽以及栽培等基本操作技术。

（二）能力目标

1. 利用提供的材料,培养学生的动手能力、小组分工合作能力。
2. 发挥学生的积极性、自觉性和创造性,促进学生综合能力的提高。

（三）情感目标

1. 通过查阅植物组织培养技术在生产实践中应用的资料,关注学生科学态度的教育,拓宽学生视野,感受科学技术在生产实践中的重要价值。
2. 激发学生热爱自然、热爱科学的情感,提高学生的综合实践能力。

三、活动重点和难点

重点:植物组织培养过程中使用的无菌技术以及培养基中植物激素的添加顺序和比例对实验结果的影响。

难点:掌握接种过程中的无菌技术,分析植物组织培养中污染的原因。

四、活动资源准备

（一）实验材料

健康的胡萝卜根、芦荟、烟草茎、菊花叶等。

（二）试剂和仪器

手术刀、手术剪、称量纸、牛皮纸、镊子、记号笔（或标签纸）、培养皿、酒精灯、打孔器；超净工作台、高压灭菌锅、光照培养箱、电子天平；2%的次氯酸钠溶液、70%的酒精、蒸馏水等。

五、活动设计思路

本课题耗时较长，是在学生原有知识、经验基础上的提升，以来源广泛、成本较低的植物营养器官为具体实例，对植物组织培养的原理进行实际应用，增加学生的直观印象。因此，在教学过程中，应注意在教师引导下适时加强学生解决问题的能力。

六、活动过程

（一）制备 MS 培养基

1. 配制母液

根据实验的需要，事先配制一系列溶液（母液），然后从中分别量取一定量的各种液体，配制在一起，供实验使用。

2. 配制培养基

大量元素母液 100 mL，微量元素母液 10 mL，铁盐母液 5 mL，有机生长物质母液 5 mL，蔗糖 30 g，琼脂 8 g，加入重蒸馏水定容至 1 000 mL，调节 pH 值为 5.8。

（二）灭菌和消毒

1. 灭菌

第一，培养基的高压灭菌：将装有培养基的锥形瓶和其他需要灭菌的物品放入高压蒸气灭菌锅内。在 98 kPa、121.3℃的条件下，灭菌 20 分钟。灭菌后取出，让培养基自然冷却凝固，最好放置 1 天后再使用。

第二，工作环境的灭菌：接种前 1 小时打开超净工作台和棚面的紫外灯照射 40 分钟。结束后，先关掉棚面的紫外灯，再打开风机，最后关掉超净工作台上的紫外灯。

第三，植物材料的灭菌：用流水清洗植物材料表面的污垢，再用无菌洁净滤纸吸干水分。植物材料的灭菌需在超净工作台上进行,可选择不同的灭菌剂进行植物组织表面消毒。灭菌后,需用无菌水反复冲洗,彻底洗去表面消毒剂。

2. 消毒

操作者消毒:在接种前用肥皂洗净双手、擦干,再用酒精棉球擦拭双手。

外植体消毒:外植体必须经过表面消毒剂消毒后才可使用,表面消毒剂用2%的次氯酸钠溶液和75%的酒精。

(三)接种和培养

1. 接种

接种前,将剪、镊插入75%的酒精中,取出后置于酒精灯外焰上彻底灼烧,冷却后方可进行接种。左手拿三角瓶(或试管),靠近酒精灯外焰,用右手拇指、食指、中指拿消毒过的镊子夹一块外植体送入瓶内,轻轻地插在培养基上,盖好封口膜,扎紧皮筋,便完成了操作。如此重复,直到外植体全部接种完。

2. 培养

将接种或继代培养的植物组织置于光照培养箱内,温度设定为25±2℃,设置适当的光照强度和光周期。每4—6周继代一次。培养过程中如果有的培养物被微生物污染,应当马上将其清理掉。

七、板书设计

(一)基础知识
　　植物组织培养的基本过程
　　影响植物组织培养的基本因素
(二)实验操作
　　配制MS固体培养基→外植体的消毒→接种的无菌操作→无菌箱中的培养→移栽到消过毒的环境中生存一段时间→栽培
(三)结果分析与评价
(四)课题延伸

八、学生活动任务单设计

活动任务单

（一）制备 MS 固体培养基
1. 配制培养基之前，为什么要先配制各种母液？

（二）外植体消毒
2. 什么是外植体？如何选择？如何消毒？
3. 如何避免已经消毒的外植体被再次污染？

（三）接种
4. 无菌技术主要包括哪几个方面？
5. 接种后需要做什么？

（四）培养
6. 定期观察外植体的形态会发生怎样的变化？

（五）移栽和栽培
7. 如果试管苗直接移栽到土壤中，能够正常生长吗？

（六）小组之间交流经验

（本活动方案撰写者：王利平）

活动方案与活动案例四

"植物克隆"课程之
"植物组织培养"活动案例

一、案例背景

植物组织培养是生物技术的重要组成部分,并且越来越受到重视。植物组织培养技术之所以能得到迅速的发展和引起当今人们广泛的重视,是因为它在理论和应用上都具有极其重要的意义。植物组织培养除了在基础理论研究上有重要价值外,在实际应用中也日益显示出优越性。目前,它已成为从实验室研究走向大规模工厂化育苗的新技术,在农学、园艺、森林、药物等学科上得到了广泛的应用。

植物组织培养可以缩短苗木繁殖周期,一些难用常规方法繁殖的种类可利用植物组织培养技术而得到迅速扩繁。体细胞杂交的技术使人们在更大范围内进行基因重组,在育种上培育优良品种。通过植物组织培养技术进行苗木脱除病毒处理,可以从感染病毒的植物上得到无病毒植物。此外,与常规方法相比,它在优良种质材料的繁殖、保存和突变体的诱导、筛选等方面,无论在时间或空间上都要优越得多。据不完全统计,在植物组织培养中,果树、蔬菜、观赏植物、药用植物等方面已有数百种获得成功,产生了良好的社会效益和经济效益。

二、案例描述

(一)制备 MS 培养基

大量元素:C、H、O、N、P、K、Ca、Mg、S;

微量元素:B、Mn、Cu、Zn、Fe、Mo、I、Co;

有机物:甘氨酸、烟酸、肌醇、维生素、蔗糖等;

植物激素:生长素、细胞分裂素、赤霉素等。

图 3-7 MS 培养基

（二）灭菌和消毒

1. 灭菌

第一，培养基的高压灭菌：将装有培养基的锥形瓶和其他需要灭菌的物品放入高压蒸气灭菌锅内。在 98 kPa、121.3℃ 的条件下，灭菌 20 分钟。灭菌后取出，让培养基自然冷却凝固，最好放置 1 天后再使用。

第二，工作环境的灭菌：接种前 1 小时打开超净工作台和棚面的紫外灯照射 40 分钟。结束后，先关掉棚面的紫外灯，再打开风机，最后关掉超净工作台上的紫外灯。

棚面的紫外灯　　　　　　超净工作台的紫外灯

图 3-8　紫外灯

2. 消毒

操作者消毒：在接种前用肥皂洗净双手、擦干，再用酒精棉球擦拭双手。

外植体消毒：外植体必须经过表面消毒剂消毒后才可使用，表面消毒剂用 2% 的次氯酸钠溶液和 75% 的酒精。当用胡萝卜根作外植体时，消毒前应将胡萝卜洗净、去皮，去两头留中段，并切成 5 厘米长的小段。先用 75% 的酒精擦洗切段，擦干后用适量的 2% 的次氯酸钠溶液消毒 10—15 分钟，然后倒去次氯酸钠溶液，用适量蒸馏水清洗。最后用无菌解剖刀将胡萝卜根小段切成 5 毫米厚的圆片，用无菌滤纸吸干，用灭过菌的打孔器取材，在形成层部位切取直径 1 厘米的小块，备用。

（三）接种和培养

1. 接种

接种前，将剪、镊插入 75% 的酒精中，取出后置于酒精灯外焰上彻底灼烧，冷却后方可进行接种。左手拿三角瓶（或试管），靠近酒精灯外焰，用右手拇指、食指、中指拿消毒过的镊子夹一块外植体送入瓶内，轻轻地插在培养基上，盖好封口膜，扎紧皮筋，便完成了操作。如此重复，直到外植体全部接种完。

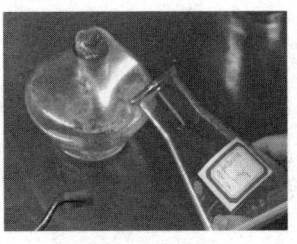

| 灼烧镊子 | 锥形瓶口通过火焰 | 将外植体插入培养基 |

图 3-9 接种过程

注意：

操作人员的头、胳膊等不得进入台内；

操作人员不得随意谈话、说笑，以免造成污染；

台外人员走动要轻、动作要小；

用酒精对双手消毒时，务必待酒精彻底挥发后再靠近酒精灯火焰。

2. 培养

将接种或继代培养的植物组织放置在光照培养箱（诱导胡萝卜的愈伤组织时不需要光照）中，将温度控制在23℃—28℃，培养14天。每4—6周继代一次，使之生长出芽和根，发育成试管幼苗。培养过程中，如果有的培养物被微生物污染，应当马上将其清理掉。

（四）填写合作学习活动学生自评和互评表

表 3-14 学生自评和互评表

评价标准	4分	3分	2分	1分	得分
学习态度	积极持续地促进小组目标的达成	能够促进小组目标达成	偶尔促进小组目标达成	只有在被催促的情况下，才为小组目标努力	
合作能力	与小组成员保持默契合作，并有一定的带动能力	能够按照组长的要求进行合作	合作不积极，需要组长催促	合作态度随意、散漫	
实验探究能力	能自主思考探索思路及方法，并能快速、高质量地完成探究	能在老师的指导下较好地完成探究	不能按时按要求完成探究	探究过程中不认真对待	

续表

评价标准	4分	3分	2分	1分	得分
课题完成情况	能够带领小组成员独立完成整个课题	能够在老师、同学的帮助下完成课题	在完成课题的过程中缺乏一定的主动性,但是能完成自己的任务	在整个课题过程中无积极性	

三、案例反思

对于植物组织培养的基础知识,学生已经有所掌握,教材内容中也有所涉及。教师引导,加上学生回顾和思考,再经师生共同总结,起到了很好的教学效果。

但是,在设计过程中,教师发现本节课开展分组实验很困难,硬件条件不允许,实验完成时间长,具体操作复杂,致使实验很难成功。因此,若把重心调整为对实验过程的把握以及对实验不成功结果的原因分析,可能会收到更好的效果。

（本活动案例撰写者:王利平）

第四节　"工程与科学"课程的学生发展个案

学生发展个案一

在科创中探索,在学习中成长

一、个案背景

在高一第二个学期,我参加了第38届上海市青少年科技创新大赛。我报的是计算机学科,所研究的主题是基于自然语言处理技术的中医辨证方法研究。我的指导教师是来自同济大学的何良华老师和来自平安科技的王彦老师,其中何良华老师是我英才计划的指导教师。

二、个案描述

激动的点子

  我在学校的拓展课是奇思智能科创,老师在学校经常和我们讲一些有关比赛的事情,并举了很多有趣的科创例子,其中令我印象最深刻的是"智能喷水白板擦"。它通过内置在白板擦中的小型水雾喷嘴使得擦黑板更加方便,这不由得让我的内心对科创十分期待。同时,我在初中也参加过青少年科技创新大赛,并取得过一等奖的好成绩,于是我便打算做一个课题,拓宽我的视野,促进科学素质的全面提高。但到底应该选什么题目呢?对此,我思考了许久。

  我的爸爸是一名医生,他曾跟我提起中医中"十个医生会有十个证型判断"的说法。也就是说,对于一个相同的患者,不同的中医医生会给出不同的证候判断,这主要取决于医生的经验。同时,我对计算机学科很感兴趣,于是我打算设计一款基于大数据分析的模型,使其在学习了大量中医病例后能够对患者证型给出准确判断。想到这个思路以后,我高兴得一蹦三尺高,心里久久不能平静。走在上学的路上也会想这个问题。这个课题的意义究竟是什么?如果这个课题能完成,就可以使医生的判断更加准确,使其诊断效率更高。

艰辛的历程

  虽然说起来容易,但实践起来就难了。首先,我对 Python 的了解还不够深,对于这项任务可以说是一点思路也没有,只得去求助我的指导教师何良华老师。他非常支持我完成课题,并给我列了一份清单——需要学哪些知识,需要看哪些书籍,需要掌握哪些语言。我在何老师的指导下,列出学习时间表并确定进度安排。

  首先我到"中国知网"和"谷歌学术"上查阅资料,这步叫查新,检查是否有人也做过类似的研究,同时为自己的课题打开思路。经过搜索,我找到了好几篇有关深度学习的文章,但都被何老师否决了。因为深度学习的算法太过复杂,网络层数增加越多,可解释性越低,虽然准确性高,但不利于高中生理解。最终,他挑选了几篇机器学习的文章让我阅读。

  其次是数据库的查找,这也是个难题。医院怎么会愿意把数据随随便便进行共享呢?正当我一筹莫展之际,何老师又给我出了一个好主意:阿里云天池实验室有大量数据，足以满足课题的需求。我上网查了一下，果然有这么一个数据集。阿里云天池实验室中有关中医的数据集虽然只有 5 万多条，但正好可以作为进行机器学习的素材！

接下来就是程序的编写。我与算法专家王彦老师进行了认真讨论，决定采用 Word2vec 将文本向量化，再用 XGBoost 的决策树算法进行初步分类，然后使用匹配知识库的算法进行加权计算，得出最后的结论。在学习和编程的过程中，我遇到了不小的麻烦。有一次，程序出现了一个大的问题，明明按照文献编写的程序却一直显示运行错误。我改了 1 个小时都没改好，一下子心里凉了半截，怎么办？我一筹莫展……王彦老师看了我改的程序后，发现是函数设置的问题，于是他指导我定义了一个新的函数。最终，在两位老师的帮助下，我的编程能力大大提升，而且能熟练运用 Sklearn 等各种数据库。

在我编写完成后，两位老师对我的程序进行了修改和完善。我发现刚建好的模型的预测准确性有限，仅有 40% 左右，这与我的期望差距很大。为此，我非常苦恼，但是不抛弃、不放弃的信念一直激励着我。在老师的帮助下，我进行了大量实验。我永远记得那个周末，我从下午一直干到凌晨，完全没有感觉到时间飞逝。深夜，当我抬起头时，看到爸爸妈妈站在我的身边。他们看到我还没有做完，过来安慰我，让我先休息，后面再想办法。我坚定地摇了摇头，说："你们不用担心，我没事的。我一定能够调好参数，得到满意的试验结果。"那是一个让我终生难以忘怀的夜晚，在我的不懈努力下，模型结果达到了 86%，准确率远远高于国内相关研究。

难忘的答辩

虽然课题做完了，但这不是结束。2023 年 3 月份，我迎来了大赛最重要的环节——终评答辩。除了准备展板，我还提前对评委可能提出的问题进行预判。我站在评审的角度，对立项依据、研究思路到试验过程、结果分析等每个环节都进行了认真分析和反思，梳理可能会提到的问题。我让爸爸模拟评委，他提问题，我回答，然后把答案记下来，逐条分析、修改，直到答案让自己满意为止。最后统计下来，我们一共理出 20 多个问题。但在实际的展示答辩过程中，我还是遇到了一些比较棘手的问题。例如，有一位评委提出阿里云数据集数据量不足的问题。当下我有点蒙了，我本以为 5 万余条数据已经够多了，但是老师的提问明确告诉我，这个数据量依然不够。我的大脑快速思考，他可能指的是 ChatGPT 大模型中动辄几千亿的数据量。我尽量让自己冷静下来，想到了自己准备的问题中有类似的情形，于是作出回答："机器学习的优势就是可以用少量的数据推算出比较可靠的预测模型，这与深度学习需要大量数据进行模型建构有明显的不同……"我的随机应变得到了评委老师的认可,他对我满意地点点头。

三、个案反思

在这次比赛中,我得到了以下收获。

第一,提升了综合素质。一方面培养了科学思维,能够发现问题、分析问题、解决问题,找到与日常生活密切相关的问题,并顺利解决该问题。另一方面提高了表达能力,无论是语言、文字还是图表,都有很强的"输出"能力,并且表现出极强的自信心。

第二,体验了科学家精神。从何良华老师和我共同探讨研究思路的经历中,我学到了做任何事都要有系统思维;从王彦老师协助我完成一些技术调整的过程中,我学会了要追求真理、严谨治学、坚持不懈、坚忍不拔。这些都是难能可贵的科学家精神,我将受益终身。

第三,培养了永不言弃的品质。由于自己的课题还不成熟,方法还不是最先进的,我仅仅得了二等奖。虽然知道结果时有一点点失落,但是我觉得名次不是目的,更重要的是锻炼自己,让自己有所收获。我记得美国著名外交家菲尔普斯说过:"一个人没有经历过失败就很难有所作为。"我会在上理工附中的平台上,在老师的带领下,不放弃,继续努力,以取得更好的成绩!

(本个案撰写者:高一(6)班 王晨瑄;指导教师 王彦)

学生发展个案二

在科创探索中成长

一、个案背景

受父母潜移默化的影响,我从小就对科学探究感兴趣。从小学到初中,我的课题研究在老师的指导下不断深入,并且积累了很多科创探索的经验,并培养了良好的动手能力。在高一这一学年,我也开展了新的课题研究。同时,在指导教师的帮助下,我参加了第 38 届上海市青少年科技创新大赛,获得科技创新成果奖二等奖。在第六届上海市高中生论坛中,我的课题获得了一等奖。在上海市百万青少年争创"明日科技之星"评选活动中,我又获得了"科技希望之星"称号。

二、个案描述

选择课题

中考一结束,我就空闲了下来,白天基本上都待在妈妈的单位——同济大学里。于是,我和好朋友经常在同济大学校园里到处闲逛溜达,无聊的时候也开始为新的课题作准备。在参观同济大学的物理馆时,我看到墙上的展板有关于纳米多孔材料 SiO_2 气凝胶的介绍,一下子就被吸引了。我初中时听过一个关于气凝胶的讲座,当时印象非常深,记得气凝胶很轻很轻,还拥有十多项世界纪录。讲座的老师给我们展示了气凝胶的保温隔热效果,一寸厚的气凝胶的隔热功能相当于 20—30 块的普通玻璃,还被期许为"改变世界的神奇材料"。

于是,一个大胆的想法在我的脑海里产生了——我想做个关于气凝胶的课题研究。我立马回到妈妈办公室,打开电脑,开始查阅资料。之前指导教师就告诉过我查阅资料的方法,我先从百度、知网开始查找,发现气凝胶的研究果真有很多。我从文献中了解到 SiO_2 气凝胶具有三维空间网络结构、低密度、高比表面积和超低热导率等特性,并且有阻燃作用。SiO_2 气凝胶的这些特性不就代表着它是一种性能优越的保温隔热材料吗?我想起我家小区建筑工地上有一些临时搭建的工人用房,这些临时用房具有可搬动、可组装、便宜的优点,但缺点是冬冷夏热。例如在夏天,户外温度 38℃,集装箱内温度往往高达 42℃,体验感非常差。如果把 SiO_2 气凝胶用在增强墙体的保温效果上,那么不仅节能环保,还可以改善部分房屋的居住环境问题。而保温材料最常见的一种形式就是涂料。我的课题的初步设想就是用气凝胶制作一种隔热性能优异的保温涂料。

我进了同济大学纳米材料课题组

我从展板上了解到同济大学物理学院从二十多年前就已经开始研究气凝胶了,其研究在该领域已经处于国际前沿,但是怎么联系展板上提到的纳米材料课题组呢?这个想法一直在我心里搁置着。

很快高中生活开始了，我成为上理工附中的一员，学校的拓展课程和社团活动都很丰富。我选择了"做中学物理"拓展课程，也联系到了学院的科技辅导员潘老师。我把当初搁置的气凝胶用于保温涂料的想法提了出来，希望得到老师的帮助。潘老师的经验很丰富，告诉我可以通过杨浦区高中生"双进入"探究活动进入高校开展课题研究。我关注到同济大学物理实践工作站就有我之前关注的纳米材料课题组，非常想进这个课题组，最后也得偿所愿。

同济大学高老师做我的指导教师

在与同济大学物理实践工作站的高老师沟通时，我把我的想法提了出来。高老师带我参观了纳米材料课题组实验室。看着实验桌上一大堆烧杯烧瓶以及其他设备，我一一询问高老师，高老师很耐心地给我讲解。"溶胶-凝胶""超临界干燥""表面张力""气凝胶"等一大堆名词从高老师的嘴巴里蹦出来，我听得云里雾里的。但高兴的是，高老师估计被我的求知热情所打动，答应做我的指导教师，并给了我一些文献。

我答应老师两周内完成我的开题计划。上课之余，我就看文献，偶尔也会和校内的潘老师进行讨论，但开题过程并不容易。在日常生活中，我总是会习惯性地提出问题，然后找出解决问题的方法，但每个问题不是太容易解决，就是已有解决办法。那段时间，我常常为课题百分之零的进度而发愁，但是知道会得到两位老师的指导，又很开心。

研究中不断地调整方案

我的课题方向主要是制备一种 SiO_2 气凝胶材料，用于节能保温隔热涂料的研究。通过查阅文献，我发现以往的 SiO_2 气凝胶一般以正硅酸乙酯为硅源，乙醇等有机溶剂为溶剂，采用溶胶-凝胶技术，通过超临界干燥或常压干燥工艺制备而成，危险系数高，生产成本也高。比如，酒精超临界干燥就需要243℃的高温和60多个标准大气压的压力。大量地使用酒精等有机溶剂对人力、物力、财力都是巨大的损失，也是气凝胶平民化使用的巨大障碍。

我和指导教师讨论，尝试用水替代有机溶剂，探究在纯水体系下制备水系类 SiO2 气凝胶，这样可以降低成本，操作也更加简单、安全、环保。后续的课题研究工作开始了。每个周日我都会到同济大学纳米材料课题组，刚开始跟着研究生学习，慢慢地自己动手独立操作。在研究过程中，酸甜苦辣应有尽有。我的实验失败过很多次，也出现了各种各样的问题。比如，对于几种原料的配比，我刚开始是按照文献去配的，但是结果却不如人意，制备出来的气凝胶成了粉末。因为我把溶剂改成了水，所以我要通过控制变量法不断地调整配比方案，调整步骤。最后当我自己制备出了成块的气凝胶时，那种心情无法用语言形容。后期气凝胶和立邦乳胶漆以怎样的方式混合，也是困难重重，遇到了粉末混合成团、严重分散不开等问题。在面对困难时，我并不气馁，在和指导教师的一次一次讨论中，慢慢地调整方案……

当实验有了初步的结果时，我就在潘老师的指导下报名参加了杨浦区第8届学术节及第二十一届上海市百万青少年争创"明日科技之星"评选活动。当时还有些表征测试没有完成，我又多次和指导教师沟通，终于在最后的复评答辩前基本完成了工作，使课题稍微完整了一些。在后来的多次课题答辩中，我有时候被专家追问到哑口无言，有时候要对专家提出的问题作进一步的解释，但更多的是得到了专家有益的建议，这有助于我在后面把课题完成得更好。

研究成果获奖

通过两位指导教师的帮助、一次又一次的培训，以及在多次答辩过程中专家的指导，我的课题不断完善，并开始有所收获。我参加了第38届上海市青少年科技创新大赛，获得科技创新成果奖二等奖。在第六届上海市高中生论坛中，我的课题获得了一等奖。在上海市百万青少年争创"明日科技之星"评选活动中，我又获得了"科技希望之星"称号。这些奖项就是我勤奋耕耘、积极进取的最好见证。

三、个案反思

在亲身体验这些科学探究活动的过程中，我收获了很多，学会了面对困难时，不气馁，不轻易放弃，寻找各种方法解决自己所面临的难题。这些探究活动不仅拓宽了我的知识面和视野，还锻炼了我的动手能力和语言表达能力。更重要的是，这些探究活动教会了我：做一件事很有可能会经历失败，这是通往成功的一个过程，关键在于不断进行总结和改进，享受过程，同时让结果变得更好。当然，在学习的过程中，我也得益于学校对学生责任伦理、系统思维、实践创新、交流合作工程素养的培育，这种培育为我的科创探索提供了极大的帮助。

(本个案撰写者：高一(3)班　夏天瑾；指导教师　潘志刚)

第四章　高中生工程素养培育"工程与技术"课程的研究与实践

第一节　"工程与技术"课程的实践研究

一、课程的含义与特色

(一) 含义

1. 工程与技术的含义

工程是人类有组织地综合运用多门科学技术进行的大规模改造世界的活动，着重解决"做出了什么"的问题。技术意为工艺、技能，是指在科学的指导下，通过总结实践的经验而得到的，在生产过程和其他实践过程中广泛应用的，从设计、装备、方法、规范到管理等各方面的系统知识与物态。技术是以发明革新为核心，着重解决"做什么、怎么做"的问题。工程和技术是相辅相成的。技术是工程活动的基本要素，是手段性活动。在工程活动中有技术的发明和创造，这些技术的发明和创造也是工程活动的一个组成部分，为工程的总体目的服务。技术可以是知识形态的，也可以是实物形态的，从知识形态向实物形态的转化就是工程活动。

2. "工程与技术"课程的含义

"工程与技术"课程是指引导学生应用数学和科学原理，设计与使用工具解决实际问题的实践活动。该课程旨在引导学生系统地学习和归纳知识，学会综合运用知识，体验知识在工程实践中的指导作用，然后进一步理解这些知识；了解知识在工程实践中应用的方式方法、手段和条件，初步形成解决工程实际问题的基本方法、能力与品质。

（二）课程的特色

"工程与技术"课程的特色包括：具有工程素养培育的价值取向，具有与工程、技术有关的教育内容，具有工程与技术两方面的多要素，具有多方面的教育操作实践活动，具有高中生探究、创造的特征，具有现代主题化单元开发的特征，具有高中生选修课程的实施操作等。

第一，该课程特别具有"多"与"选"的特色。相比面向全体的通识类课程，"工程与技术"课程在实施中更关注学生个人的兴趣特长，助力学生未来的专业发展。因此，课程强调"多"与"选"，为学生提供了个性多样的选择和逐层渐进的实施路径，如表4-1所示，现有15门相关课程供学生选择。这些课程不仅聚焦于高中阶段学生的培育，还考虑大学里理工专业需要什么素养的高中毕业人才，形成了连贯一致的体系。

表4-1 "工程与技术"课程群

	课程名称	课时	对接学院/部门
"工程与技术"课程群	初识Python与人工智能	17	机械工程学院
	数据结构与人工智能拓展	17	
	趣味电子设计与制作	17	
	机器人概论	17	
	数字媒体设计与制作	17	
	生命的奥秘	17	医疗器械与食品学院
	生物与工程（植物克隆）	17	
	建模与机械制图	17	理学院数学系
	数学与海洋工程	17	
	头脑OM	17	创业学院
	DI创意实践	17	
	3D打印	17	材料科学与工程学院
	揭秘大气污染背后的故事	17	环境与建筑学院
	水科学与水文明	17	
	废水污染与环境保护	17	

第二，该课程特别具有依托理工大学资源的特色。所有"工程与技术"课程依托上海理工大学的资源，均与上海理工大学相关学院和部门相对接。其中"机器人概

论""水科学与水文明""废水污染与环境保护""揭秘大气污染背后的故事"等是由大学专家直接参与课程设计的,并且大学教授、研究生团队进入高中参与指导。同时,对于其他课程,学校教师在教材编写、课程设计与实施中均得到了大学专家的建议和学术支持。学校教师和大学专家也通过这些特色课程,在校内外齐力带领学生全面开展研究性学习和主题实践活动,为学生搭建了培养工程素养、展示个性的舞台。

二、课程的指导思想与课程目标

（一）指导思想

"工程与技术"课程的指导思想是:通过"工程与技术"系列课程的学习,第一,贯彻落实国家人才培养重要战略方向——注重工程素养,要把中国从制造大国变成智造大国,必须注重工程素养培育;第二,依托并充分利用上理工的教师智力资源、课程资源与设备资源,探索高中生工程素养的培育;第三,促进高中生创新精神、创造性思维能力与创造性实践能力的培育;第四,促进高中生学习方式的转变与探究创造习惯品质的养成,充分利用"工程与技术"课程重探究、重实践、重创新的特点,转变学生的传统学习方式;第五,促进学校"工程素养培育"办学特色更好地发展。

（二）课程的总目标

1. 促进高中生系统思维意识与能力的发展

系统思维是指能够运用知识形成对问题情境的整体判断,具有较好的发现问题、分析问题和科学地解决问题的综合思维能力。具体而言,系统思维是指:具有必要的理工知识与人文知识,能够灵活综合地运用理工知识与人文知识解决工程技术问题;具有较好的逻辑思维与辩证思维能力,能够运用逻辑思维与辩证思维解决工程技术问题;具有较好的创造性思维能力,能够运用创造性思维解决工程技术问题;具有较好的发现、分析与解决问题的综合思维能力,能够较好地发现、分析与解决工程技术问题。"工程与技术"课程的实施促进高中生系统思维意识与能力的发展。

2. 促进高中生实践创新精神与能力的发展

实践创新是指具备动手实践能力,能创造性地运用工程技术和信息技术,将科学的理论创新运用于实践,具有探索精神,有实现工程目标的能力。具体而言,实践创新是指:具有必要的工程技术实践操作动手能力、工程技术探究操作动手能力、工程技术创造操作动手能力;具有较好的创新性意识、创造性精神、探索精神,具有坚持不懈的毅力;具有较好的发散思维、集中思维、创造性想象、直觉思维与灵感思维能力;具有能运用工程技术和信息技术进行实践创新的能力;具有能运用科学理论和技术进行实践创新的能力。"工程与技术"课程的实施促进高中生实践创新精神与能力的发展。

3. 促进高中生交流合作意识与品质的发展

交流合作是指具有交流合作的意识和能力,能够在团队协作中沟通交流,合作分享,取长补短,相互促进。具体而言,交流合作是指:具有与同伴合作进行实践、探究与创造活动的意识和品质;具有与同伴友好地交流讨论实践、探究与创造过程的意识和品质;具有与同伴友好地共享、分享实践、探究与创造成果的意识和品质;具有虚心学习、耐心倾听、乐于接受不同意见、善于取长补短的良好习惯与品质。"工程与技术"课程的实施促进高中生交流合作意识与品质的发展。

4. 促进高中生责任伦理态度与精神的发展

责任伦理是指在行为发生之前就能预见行为完成之后可能产生的结果,并努力克服其中负面的东西。比如,做工程不能破坏自然环境等,实现人与人、人与社会、人与自然的和谐。具体而言,责任伦理是指:具有开展工程技术问题的实践、探究与创造的责任心;具有开展工程技术问题的实践、探究与创造的伦理精神;具有对开展工程技术实践、探究与创造的社会效果的预见性;具有努力克服工程技术实践、探究与创造产生的负面效应的责任心;具有承担工程技术实践、探究与创造产生的负面效应的伦理精神。"工程与技术"课程的实施促进高中生责任伦理态度与精神的发展。

(三) 课程的阶段目标

1. 高中一年级课程阶段目标

以从初中进入高中的学习转型为突破口,通过基础型学科课程的学习,拓展形成与学科知识紧密相关的工程技术项目实践,激发学生对"工程与技术"学习的兴趣,理解技术原理,懂得工程实践的过程、方法,掌握常见的分析方法和分析工具或解决问题的方法。

2. 高中二年级课程阶段目标

分科拓展深化,理解工程与技术的思想方法、实践能力和文献处理方法,基本掌握情况(问题)综述、文本梳理、科研论文简易写作等基础程序和规则。

3. 高中三年级课程阶段目标

结合上海市综合素质评价,应用所学工程与技术知识,开展课题研究,促进成果物化,力求个性化突破,能够将工程的思维与学科概念、学科基本逻辑相结合,进行较有深度的思考,为适应大学学习及社会实践奠定良好的基础。

三、课程的实施策略

"工程与技术"课程的实施策略包括:课程内容密切联系生活实际问题;关注跨学科知识的综合运用;开展以挑战性问题为驱动的项目化学习实践活动;注重学生学习方式的转变,注重自主探究、实践体验与合作交流;充分利用上海理工大学"工程与技术"课程资源(实验设备、教师资源等)。

(一) 课程内容密切联系生活实际问题

"工程与技术"课程一直秉持着"教师在情境中教学,学生在情境中解决问题"的实施策略。课程内容须紧贴实际生活,以此激发学生的学习兴趣和探究愿望。而且在课程实施过程中,教师要给予学生较大的自由,让学生可以用自己喜欢的思维方式自由、开放地去探究、发现和解决问题,从而培养学生的创新能力和系统思维,同时也品尝创造的快乐。

例如,黄茹清老师曾在机器人课上,以"帮助残疾人"为主题让学生展开讨论。有同学提到上海目前有许多公共场所的无障碍设施还不完善,一些轮椅出行的乘客遇到台阶就上不去,于是想到设计一辆能够爬坡的轮椅车,并且在爬坡时,要保证坐轮椅者的人身安全,能自动感知和调整座位,使其始终保持水平。在黄老师的指导下,三个高二学生通过不懈努力,最终制作出了一个当年获得上海市一等奖、全国二等奖的作品"无障碍助残轮椅机器人"(图4-1)。

图 4-1 无障碍助残轮椅机器人

(二) 关注跨学科知识技术的综合运用

"工程与技术"课程一直十分重视"通过项目化学习实现多学科融合"的实施策

略。要把对知识、基本技能和情感态度的培养融合到"工程与技术"的课程中。通过精选教学内容、改进授课方式、改变学习方式等举措,在课堂内和课堂外积极推进跨学科学习,激发学生主动进行知识融合、协调多学科的意识,培养学生在宽广的学科视野中考虑问题的能力。

以顾凌燕老师"DI 创意实践"课上的"会拐弯的小车"课例为例。为使小车能在跑道上自动沿轨道运动并能"精准"拐弯(图 4-2),学生们从轮子的形状、车轴的距离入手,对车轮进行数学建模、材料选择、制作调试等。然后,为了让小车走得更远,他们不单运用了物理课上能量守恒的知识,还自学了刚体、角动量、转动惯量等大学物理知识。最终,学生成功地让小车不但走得准,还走得远。该课例于 2021 年受邀参加了中国教育学会科创教育协作体科创案例征集活动,广受专家好评。

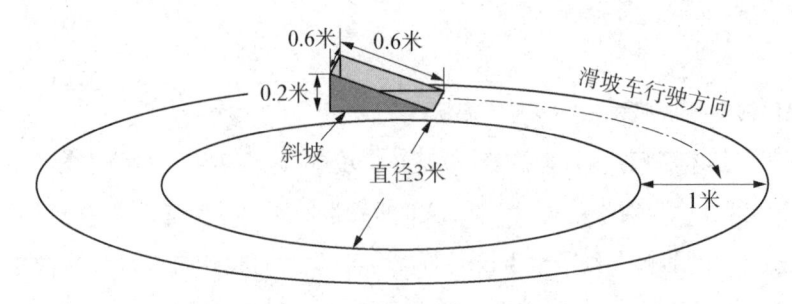

图 4-2 "会拐弯的小车"设计

(三) 开展以挑战性问题为驱动的项目化学习实践活动

"工程与技术"课程关于开展项目化学习实践活动的策略可概括为:基于核心知识、关键技能确立学习目标,设计具有真实性、驱动性、挑战性的问题情境,并且重视展示交流与评价总结环节的激励作用。具体包含四个步骤:第一,设计真实情境问题,引导学生进入项目化学习;第二,组建学生团队,开展探究活动;第三,指导学生形成学习成果,在此过程中实现深度学习;第四,组织学生展示交流,并进行评价和总结。

在人工智能课上,张烨琼老师以这几年很火的"汽车自动驾驶技术"作为问题情境,要求学生运用课上习

图 4-3 智能小车

得的程序知识，利用实验室内的器材，设计并制作一个能够自动避开障碍物、自动行驶至目的地的智能小车。完成后，各小组间要分享、交流、评价彼此的作品。在张老师的精心设计、组织引导以及学生的积极参与下，最终展示出的效果令人欣喜。

（四）注重学生学习方式的转变，注重自主探究、实践体验与合作交流

"工程与技术"课程注重学生学习方式的转变，始终秉持以下四条原则：第一，以问题为载体。引导学生自己发现问题，激发学习热情和探究欲望。第二，以合作为基础。引导学生在学习过程中积极沟通，培养合作精神。第三，加强实践活动。在活动中增强学生各方面的能力素养等。第四，注重探究的过程。引导学生学习探究的方法，领悟科学的思想和精神。

例如，在"生命的奥秘"课堂上，高秋月老师提出"探究对α-淀粉酶活性影响的因素"的任务后，引导学生小组讨论、交流实验方案，合作开展实验，经历科学探究的过程。学生从中初步理解并掌握了α-淀粉酶的固定化技术及酶活性的检测技术，同时也发展了相互合作能力。

（五）充分利用上海理工大学"工程与技术"课程资源（实验设备、教师资源等）

作为附中，学校依托大学资源，形成高中与大学相结合的实践活动课程。上海理工大学的优秀教授团队对接学校创新实验室，大学专家提供学术支持，与高中教师组成团队，共同进行课程和教材研发，定期开展教学研讨和集体备课。与高校对接的青年教师，在合作交流的过程中实现了自我发展与专业成长。同时，在创新实验室设备引进和实验室功能布局上，学校充分听取了大学专家的建议。大学教授、研究生团队也进入高中参与学生项目指导等。

例如，上海理工大学环境与建筑学院的张晓东和杨一琼两位老师从创新项目申报开始，小到实验室的物品摆放，大到实验室大型科普教具的设计与制作，积极参与学校"环境科学创新实验室"建设，还为学校量身定制了校本教材及配套实验手册，亲自为上理工附中学生授课，指导上理工附中陈龙老师、张建芬老师开展学生创新课题研究。在实验室中学习优秀的学生可进入上海理工大学环境科学实践工作站继续开展研究。相关课程自然也成为学生选课时"争破头"的"明星课"。

四、教学活动的具体实施

"工程与技术"课程教学活动的具体实施步骤一般为：确定教学活动的主题；做好教学活动准备与探究实践操作；进行教学活动探究实践成果的交流展示；开展教学活动的评价和总结。现以"机器人概论"课程中"工业抓放臂的制作"第2课时"移动单元制作——精确定位技术"为例来加以阐明。

(一) 确定教学活动的主题

教学内容背景：工业机械手（工业机器人）是目前在机器人技术领域中实际应用最广泛的自动化机械装置，在工业焊接、工业装配、工业搬运等领域都能见到其身影。尽管它们的形态各有不同，但它们都有一个共同的特点，就是能够接受指令，精确地定位到三维（或二维）空间上的某一点进行作业。

教学活动主题：如何能精准控制移动单元（机械臂、移动平台）。

(二) 教学活动准备与探究实践操作

1. 教学内容与主要流程

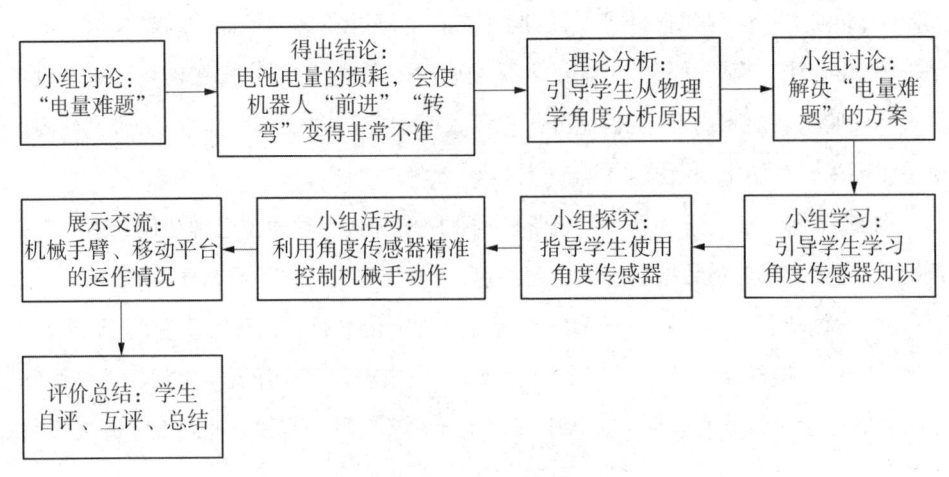

图 4-4　教学内容与主要流程

2. 设备材料

演示设备：自制教具"计数蜂鸣器"（解决"电量难题"）、不同种类的角度传感器实物。

学生实验设备：Poweroncon 控制器、磁敏式角度传感器、光电码盘、ei 工程搭件、电磁铁、LED 灯等。

3. 形式方法

（1）学生采用小组合作学习模式，经历小组讨论、合作探究、分享展示等学习形式。

（2）教师作为引导者，在关键时刻对陷入困扰的学生进行点拨。例如，在如何设计解决"电量难题"方案的环节，教师使用自制教具"计数蜂鸣器"，引导学生从"计时定位"转变为"计数定位"，突破教学难点。

（三）教学活动探究实践成果的展示交流

1. 作品展示："机械手抓物 PK 赛"

各小组编写一段程序控制"移动平台"与"机械手"，通过电磁铁将篮子里的"玻璃瓶"（顶部有吸铁石）抓起，并放到目标桌子上。

2. 技术交流

各小组通过 PPT 展示在制作机器人过程中的思路、经验以及心得体会等。

（四）教学活动的评价和总结

本节课的评价是以教学目标为依据，本着培养学生工程素养和创新精神的原则进行的。因为是采取任务驱动式开展教学，所以对学生的过程评价和成果评价都很重视，评价量化比例为 1:1。教师在评价环节中的角色，更多的是一个观察者和组织者。

过程评价：主要看学生在课程实践活动中的综合表现、任务完成过程中在团队里起到的作用等。

成果评价：鼓励学生创新，考查学生作品的科学性、完整性、创新性、实用性，以及在作品功能演绎过程中的表达和逻辑等。

表 4-2 为"机器人概论"学生评价表。

表4-2 学生评价表

评价要素		评价指标	自我评价				小组评价			
			A	B	C	D	A	B	C	D
过程评价	学习态度	积极主动地参与学习,学习兴趣浓厚,求知欲强,敢于提出问题								
	合作意识	能与同学共享学习资源,互相促进,共同进步;积极参与讨论与探究,乐意帮助同学;在小组活动中主动承担任务								
	探究意识	积极思考问题,提出解决问题的方法,有创新意识;勤于积累,善于探索,思维活跃,反应灵敏								
	情感态度	努力发展自己的潜能,能认识自我的优缺点								
成果评价	任务作品	任务(作品)的科学性、完整性、创新性、实用性								
	应变能力	学生对作品的表达清晰、有逻辑性								
综合评价	自我评价等级		签名: 年 月 日				小组评价等级	签名: 年 月 日		
教师评价	评语: 签名: 年 月 日									

注:A 为优秀,B 为良好,C 为一般,D 为有待进步。

五、课程的评价与保障

（一）评价

1. 评价的内容指标

（1）教学活动的评价表

评价内容指标：认真参加学习，团结协作活动，理论实践融合，学习有体验感悟，实践有操作效果，探究有创造成果，反思有交流促进。

（2）教学活动的学生个体评价表

评价内容指标：促进学生系统思维的养成，促进学生实践创新能力的增强，促进学生交流合作习惯与品质的提升，促进学生责任心与伦理精神的培育，促进学生创新综合素养的发展。

评价等第：优、良、合格、需努力。

2. 评价的方式方法

日常评价，即过程式评价：主要针对学生在过程中体现的能力和态度。

考核评价，即成果式评价：主要针对学生操作技能的掌握程度和研究性课题的完成程度。

学生自评和互评：主要针对学生求真求实、批判质疑、探索创新等科学精神以及团队合作能力。

（二）保障

保障措施主要包括：强化"工程与技术"课程的领导与顶层设计，强化"工程与技术"课程师资的建设，推进"工程与技术"课程逐步改进发展。

1. 强化"工程与技术"课程的领导与顶层设计

学校课程体系的设计遵循"承载'尚理'办学理念、落实育人目标、多样化、多选择、注重过程管理"的总体思路，以"人文厚实、理工见长"的培育目标为导向，整体规划课程体系，着力提升学校课程领导力，构建渗透工程素养培育的基础型课程、尊重选择与特色发展的拓展型课程以及个性体验与创新实践相结合的研究型课程。"工程与技术"课程目前主要在高一高二年级开设，属于拓展型和研究型课程的范畴。为保障这些课程能真正成为培育学生工程素养的土壤，学校在对校情、办学理念和育人目标进行系统分析和整体规划后，依托高校资源集合本校教师智慧，构建了层次递进科学、内容结构合理的"工程与技术"课程群。

2. 强化"工程与技术"课程师资的建设

学校重视师资队伍建设，制定了教师梯队建设培养计划，创新教师专业发展的培养机制，积极打造教师学习共同体。通过教研训一体机制，将教研活动、科研活动与师资培训有机结合，从课程建设、课堂教学、专业提升、课题研究等多方面加强教师培养。加强对特色教师的培训，注重吸收校外兼职教师参与学校特色建设，与有关高校、理工特色高中和社区学校等组建教育联盟共同体，对学校特色建设和学生培养起到专业支持作用。目前，学校成立了以青年教师为主体的跨学科特色课程教研团队，在专家引领和自身努力下，教研团队内的每位特色教师都能"驾驭一门基础型课程、开设一门拓展型课程、指导一门研究型课程"。

3. 推进"工程与技术"课程逐步改进发展

在校本化实施过程中，为保障"工程与技术"课程健康可持续发展，学校需编制规范有序的课程纲要。课程纲要的编制，有助于将课程标准具体化，对实施有效教学、教师的专业发展、校本教研以及特色课程的发展皆有重要意义。课程纲要的设计需要教师具有对课程整体的思考和把握，将课程内容通过纲要中一个个单元模块信息列表呈现出来。

例如，"机器人概论"就开发出了"蓝牙控制小车""趋光的飞蛾""旋转工作台""工业抓放臂"等项目化学习主题单元模块，学生通过实施一个个项目，积累实践经验，逐步掌握机器人的软硬件知识。"人工智能"则根据学习目标将课程细化成"机器学习""机器视觉""智能语音""自然语言处理""机器博弈"等多个分支单元，满足学生的学习需求。其他课程亦是如此。学校通过课程的更新、迭代与升级，保障"工程与技术"课程逐步改进发展。

六、课程的实践效果

（一）形成系列"工程与技术"精品课程

自学校创建特色高中以来，"工程与技术"课程经历了从"移植"到"种植"的过程。学校从最初直接将上海理工大学的"机器人基础"和"环境科学"等大学课程移植到高中，到后来以本校教师为主，联合大学专家合作攻关，精选适合学情的课程内容，研发了学校自身的"机器人概论""废水污染与环境保护""水科学与水文明""揭秘大气污染背后的故事"等四门课程,完成了从大学"移植"到本校"种植"的转变。

"工程与技术"课程经历了从"分散"到"体系"的转变。根据不同阶段学生的不同需求,建立了较完善的阶梯式课程设置。例如,喜欢机器人的学生,可以在高一选修"初识Python与人工智能"和"机器人概论",具有一定基础后到高二可选修"数据结构与人工智能拓展"和"趣味电子设计与制作"。而喜欢环境科学的学生可以在高一选修"水科学与水文明",到高二选修"废水污染与环境保护"或"揭秘大气污染背后的故事"等。以前课与课之间的关联很小,现在它们被糅合在一起,以更好地落实学校工程素养培育的目标。

(二) 初步彰显"工程与技术"课程的区域特色和实践成果

学校通过三年多的"工程与技术"课程创建、实施与发展过程,已初步彰显课程的区域特色和实践成果。经过多年对课程的实践与改进,目前"机器人是怎样炼成的"和"创意思维"两门课程已成为杨浦区的区域共享课程,同时也在上海市高中名校慕课平台上实现共享。黄茹清老师的"机器人是怎样炼成的"课程获得第二届全国创造教育研究成果三等奖、首届上海市科创教育(中学)优秀课程、杨浦区域创新实验室联合运作体系课程案例一等奖。顾凌燕老师的"基于工程模型的高中生跨学科学习模式——以会拐弯小车为例"受邀参加中国教育学会科创教育协作体科创案例征集活动,并在2021年年会上展示推广。计算机教研组多年来在"人工智能"课程上的辛勤耕耘,使学校被列为全国首批"中小学人工智能教育实验校"。上海理工大学的张晓东老师的"废水污染与环境保护"也被列为上海青少年科学创新实践工作站项目。这些优质课程的推广展示了学校特色成果,示范辐射作用显著。

(三) 学生的工程素养得到显著提升

通过多年的课程实践活动的有序开展,学生的系统思维、实践创新、交流合作和责任伦理四大核心要素得到显著提升。学生勇于探索、顽强拼搏的精神在各项竞赛活动中得以展现,学校在科技、人文、艺术等竞赛中捷报频传。以近两年成绩为例:深山将平、李浩霆同学在"全国中小学信息技术创新与实践大赛"中取得全国一等奖,窦昊、孙程一鸣同学在该项目上获得全国二等奖;何闻达、倪思喆、区镛凯、邓卓青在"未来杯"上海市高中阶段学生机器人大赛中获得市二、三等奖;徐净同学的仿生机器人获得"上海市未来工程师大赛"三等奖。值得一提的是,学校的头脑OM和DI学生团队多次在"头脑奥林匹克创新大赛""DI上海青少年创新思维竞赛"上取得一、二等奖的优异成绩,并代表中国参加了世界头脑奥林匹克创新大赛,站在世界大赛的舞台上展示上理工附中学子的风采。

另外在校内,学生们通过科技节活动向全校师生分享他们的科创作品。例如,傅瑜同学的基于 aduino 的垃圾分拣装置;李昱霖、冉杰同学的手机蓝牙控制小车;周昱坤、宋麟杰同学的红船模型(程控机器小车)、陈晓风同学的"老龙王救火车"……这些作品目前都在实验中心的橱窗里展示着,留下了属于他们的青春记忆。

(四) 教师队伍的工程素养有较大提高

课程建设的过程也是教师成长的过程,教师的系统思维、实践创新、交流合作和责任伦理四大核心要素得到显著的提升。负责"头脑 OM"与"DI 创意实践"课程的顾凌燕老师的课例"会拐弯的小车"在杨浦区"百花杯"教学比赛中获得一等奖。她撰写的"指向工程素养培育的高中生线上课程开发与实施——以'工程创意'为例"获上海市名校慕课优秀案例征集活动二等奖。负责"人工智能"课程的张烨琼老师撰写的"了解人工智能 实践智能设计"在上海市中小学信息化教学应用交流展示活动中获得一等奖。负责"机器人"课程的黄茹清老师撰写的《基于 H 桥电路的水银平衡传感器》《继电器控制电路的研究》《电脑机器人教育与培养学生创新能力》等三篇文章发表在了全国刊《动手做报》上。负责"生命的奥秘"课程的高秋月老师,凭借课例"基于传感器技术的光合作用影响因素的探究实践"获得杨浦区"百花杯"教学比赛三等奖。课程建设实现了教师教育理念的转变、教师知识结构的重整与优化、教学手段的改革与创新,促进教师更快更好地发展。

(本节撰写者:黄茹清)

第二节 "工程与技术"课程的实施内容

一、"废水污染与环境保护"课程

(一) 课程背景分析

1. 课程定位

本课程结合化学、生物等学科,依托上海理工大学环境与建筑学院专家以及实验室等资源开设。

印染废水中的染料对各类生物具有致畸、致癌、致突变的危害,因此,如何高效消除染料以提高水质量成为科学家研究的重点,开发高效率的净化材料及工艺技术势在必行。

本课程主要合成两种多孔分子筛吸附材料,用于染料废水脱色实验。通过该课程的学习,学生可了解染料的种类、结构以及性质特点,了解废水处理技术的现状以及多孔分子筛吸附剂相关科学研究的学科前沿,拓宽视野,增强环境保护理念,提高创新思维能力以及培养"可持续发展"和"环境友好型社会"的理念。

2. 学情分析

学生通过数学课、化学课和生物课等基础型学科学习了基本的理科理论知识,掌握了基本的实验技能,同时对生活中化学、生物相关联的问题非常感兴趣。本课程对于学生的化学学科知识有一定的要求,建议有一定化学学科基础的学生选修,并且注重培养学生的创新意识和创新能力,以及对科技创新的实践体验。

分子筛是一种应用广泛的材料,可以作高效干燥剂、选择性吸附剂、催化剂、离子交换剂等。在本课程中,学生要自己去制备一些分子筛材料,去探索分子筛的特性,还要利用分子筛去完成一些具体且有用的任务——主要合成两种多孔分子筛吸附材料,并用于染料废水脱色实验。

这一切的活动,都是为在课堂中体验"真正"的科技创新作准备。科技创新需要灵感,但灵感不会凭空产生,灵感离不开良好的知识基础和能力基础。

3. 资源条件

本课程依托上海理工大学环境与建筑学院,由深厚底蕴的大学教授担任课程顾问,为课程提供专业指导。其中,领衔专家为上海理工大学环境与建筑学院的陶红教授与张晓东副教授。学校也给予课程大力支持,开辟尚理实验中心环境科学实验室,配备多种先进的仪器设备和试剂药品,供该课程的师生使用。

(二)课程的核心育人价值和理念

环境教育是以人类与环境的关系为核心,以解决环境问题和实现可持续发展为目的,以提高人们的环境意识和有效参与能力、普及环境保护知识与技能、培养环境保护人才为任务,以教育为手段而展开的一种社会实践活动过程。"废水污染与环境保护"课程正是践行了环境教育的理念,提高了学生应对环境与发展问题的能力,同时也秉承学校工程素养培育的理念,展示科学、技术、人文相融合的知识与能力。

(三) 课程目标

1. 激发学生对环境工程和环境科学的兴趣。

2. 了解水是极为宝贵的自然资源;意识到随着社会经济的迅速发展,人类大量消耗水资源,同时排放出废水;理解环境保护的重要性。

3. 通过知识的学习,掌握几种科学实验方法。

4. 掌握基本的科学实验报告的撰写方法,以及对参考文献的阅读、引用方法。

(四) 课程的设置与实施

1. 准备创新阶段

在教学中重视染料的分子结构、危害以及分子筛的结构;采用启发式、开放式的教学方式培养学生的环保意识,结合现实环境讨论如何去除废水中的染料。

表 4-3 课程设置

序号	教学内容	学习方式
1	认识印染废水 纺织品耐皂洗色牢度试验	理论学习 实践学习
2	知道印染废水处理方法	理论学习
3	揭秘印染废水中吸附脱色法 几种常见吸附剂的应用	理论学习 实践学习
4	了解吸附剂的性质对染料脱色性能的影响 阴阳离子染料的选择性吸附	理论学习 实践学习
5	了解环境因素对染料脱色性能的影响	理论学习 实践学习
6	深入了解多孔分子筛	理论学习
7	探秘多孔分子筛的形成过程	理论学习 实践学习
8	了解固废资源化	理论学习
9	总结和交流	实践学习

2. 体验创新阶段

主要培养学生的动手能力,在此过程中思考如何变废为宝,还有哪些资源可以利用。

表4-4 课程实施

序号	教学内容
1	课题"基于固废资源化的多孔分子筛制备及用于印染废水的脱色研究"的背景
2	借助"印染废水处理与多孔分子筛"种子课程文献概要学习文献查阅和整理
3	制定"基于固废资源化的多孔分子筛制备及用于印染废水的脱色研究"研究计划
4	开展"基于固废资源化的多孔分子筛制备及用于印染废水的脱色研究"实践活动
5	开展"基于固废资源化的多孔分子筛制备及用于印染废水的脱色研究"实践活动
6	开展"基于固废资源化的多孔分子筛制备及用于印染废水的脱色研究"实践活动
7	学习如何写作小论文
8	撰写"基于固废资源化的多孔分子筛制备及用于印染废水的脱色研究"研究报告
9	总结交流

(五)课程的评价方式

本课程的评价是以课程目标为依据,以培养学生科学研究核心素养与工程素养为原则进行的。因为是以项目化学习开展教学,所以本课程对学生的过程评价以及成果评价都重视。对学生的学习过程全程跟踪,从学习态度、合作精神、实践能力、深入思考等方面进行考核。而成果评价主要落实在作品展示、报告质量等方面。

表4-5 课程的评价

评价内容	学习能力评价指标			评价方式		
	1—2★	3—4★	5★	自评	互评	师评
实践能力	实验完成度在70%以上,能够基本按照实验步骤,误差率在20%以内。	实验完成,合成的产品符合要求,误差在10%以内。若有误差,自己或在老师帮助下能分析误差原因。	实验完成,每一步操作都无明显失误,生产的产物符合要求,且误差在5%以内。			

续表

评价内容	学习能力评价指标			评价方式		
	1—2★	3—4★	5★	自评	互评	师评
合作能力	偶尔参与团队活动,很少与团队其他成员交流,对团队任务的贡献较少。	能够听从他人的安排,在他人帮助或指导下完成团队的基本任务。	能够主动与他人交流,为团队提出建设性意见,主动承担团队中最困难的任务。			
探究能力	在他人帮助或启发下找到比较有价值的问题,能够设计出实验方案但科学性上有漏洞或是可行性不强,最终没有形成解决问题的方案。	能够找到有价值的问题,设计出比较科学的实验方案,收集部分证据,最终给出能够解决问题的方案,但是存在缺陷或瑕疵。	能够找到有价值的问题,设计出科学、可行性强的实验方案,收集完整的证据,最终给出能够解决问题的方案。			
创新能力	提出的解决问题的方案比较老套,或者是完全借鉴他人的方案。	提出的解决问题的方案在某个方面有一定的创新性。	提出的解决问题的方案有较强的创新性。			

(本部分撰写者:上海理工大学环境与建筑学院　张晓东、杨一琼
　　　　　　上海理工大学附属中学跨学科教研组　张建芬、陈龙)

二、"机器人概论"课程

(一) 课程背景分析

1. 课程定位

教育部从2003年起,把中小学的机器人比赛纳入全国中小学电脑制作活动中,同时普通高中新课程也将人工智能技术及简易机器人制作列入选修内容。为此,2003年12月,学校经研究决定把智能机器人制作正式列为校本课程。

学校把这门选修内容列为校本课程,主要是基于以下五方面考虑:

(1)智能机器人课程是信息技术发展的前沿领域,是一门具有高度综合渗透性、前瞻性、创新实践性的学科,蕴含着极其丰富的教育资源。

(2)智能机器人课程的开设,是落实新课标要求、开展素质教育的一项崭新内容。

(3) 智能机器人课程的开设,能够为学生创设一个良好的科技平台,使一些具有良好信息素养的学生的能力得到有效发挥。它是以问题为驱动,促使学生主动进行探究式学习,发挥学生主动性和创造性的有效途径。

(4) 这门课程的开设,是学校信息技术工作向深层次发展的需要,也是学校工作的新增长点。

(5) 智能机器人课程集成了数学、物理、化学、生物、机械、电子、材料、能源、计算机硬件和软件、人工智能等众多领域的科学与技术知识,没有一种技术平台比该课程更综合,因此,它可以为必修课提供学习支持。

2. 资源条件

(1) 硬件设施

上理工附中是杨浦区唯一一所上海市工程素养特色高中,学校历来对机器人课程和活动的开展非常支持。学校的机器人创新实验室是上海市级创新实验室,坐落在学校"尚理实验中心"南侧二楼。实验室的硬件设施一流,配有专用电脑20台,而且实操工作区、编程调试区、场地活动区、仓储区等功能区划分清晰。

本课程是基于 ASMII 和 Poweroncon 控制器两款具有联系的机器人平台开发的。课程的硬件设备和机器人材料齐全,同时还有慧鱼、Vex、乐高、彼林等机器人设备作补充,满足开展教学、学生活动、竞赛等要求。

图 4-5 机器人创新实验室和教材

(2) 教师团队

学校同上海理工大学合作,在课程的开发、实施过程中都得到了上海理工大学的大力支持。上海理工大学的李清都教授团队对接机器人创新实验室。李教授参与创新实验室的课程设计,与学校教师组成团队共同完成教材编写,同时其他教授、研究生团队也进入学校参与学生项目指导。

此外,学校也积极培养年轻有潜力的科技指导教师团队,目前这门课程主要由物理、计算机学科老师负责。

(3) 参与学生的要求

学校作为上海市工程素养特色高中,要求高一全体学生参加这门课程的学习,以进行通识教育,并从中发掘科技好苗子,实施进一步的专项培养。

(二) 课程的核心育人价值和理念

机器人课程是开展信息技术教育的有效载体,旨在培养学生的创新精神和综合实践能力,其中也包括动手能力、创造力、观察力、判断力、归纳力、决策力、计划力。

通过机器人课程的学习,学生不仅可以培养动手能力,更重要的是,可以培养科研能力,提高科学计算和理解能力,发展逻辑思维能力。

(三) 课程目标

1. 知识与技能

(1) 理解智能机器人的概念,了解智能机器人的发展趋势以及对未来社会的影响。

(2) 初步掌握智能机器人的工作原理和软硬件组成。

2. 过程与方法

(1) 能根据要求设计和制作智能机器人,并能熟练地使用机器人软件进行编程与调试。

(2) 在学习和研究活动中,能积极地应用自己在其他学科中学过的知识,并与同学交流,使知识更加融会贯通。

(3) 通过制作与调试智能机器人,进一步增强学生的动手实践能力和创新意识。

(4) 能对自己和他人的研究活动过程与结果进行评价,并能分析和归纳解决机器人问题的基本思想和方法。

3. 情感态度与价值观

(1) 提高学生自觉关注科技发展的意识,从小树立远大理想,热爱科学,为科学进步作出贡献。

(2)培养学生的自主意识、团队意识及合作学习的能力。

(四)课程的设置与实施

本课程包括三个层次:

第一层次(基础),普及机器人的基本原理与知识,包括历史文化、硬件结构、传感器原理、软件编程与调试等。

第二层次(熟悉),开展基于学习型 ASMII 机器人平台的实践,包括控制机器人运动、学习经典传感器原理与使用等。

第三层次(进阶),开展基于 Poweroncon 控制器的实践,包括 I/O 口的调用、ei 组件的动手实践、项目的设计与制作等。

这三个层次由浅入深地带领学生系统学习机器人知识,从一开始的接触到中期的熟练操控再到最终的自行设计与制作,一步步达成培育工程素养的育人目标。

表4-6 课程的主要内容(包括学时安排,教学方式等)

单元	课程主要内容	教学方式
1. 机器人的文化	了解机器人的文化、历史和构成	讲授法
2. 机械零件与结构	了解和体验减速、曲柄、凸轮、同步带、齿轮、惰轮等结构	讲授+实验法
3. 电机控制的研究	知道 PWM 技术、H 桥式电路、双继电器控制电路,并学会操作	讲授+实验法
4. 初识 ASMII 机器人	知道 ASMII 构造,并学习 VJC 软件	讲授+实验法
5. 程序的三种结构	掌握顺序、循环、选择程序结构	讲授+实验法
6. 显示信息	知道 LCD,并学会调用	讲授+实验法
7. 传感器技术	知道传感器的基础电路、种类、信号等	讲授+实验法
8. 经典传感器:①触碰传感器	知道触碰传感器的原理并学会使用	讲授+实验法
9. 经典传感器:②光敏传感器	知道光敏传感器的原理并学会使用	讲授+实验法
10. 经典传感器:③红外传感器	知道红外传感器的原理并学会使用	讲授+实验法
11. Poweroncon 控制器	知道 Poweroncon 控制器的 I/O 口功能并学习调用,学习 ei 组件的搭建、编程	讲授+实验法
12. 项目实践:①模拟红绿灯	学习发光二极管的原理及使用	讲授+实验法

续表

单元	课程主要内容	教学方式
13. 项目实践：②自动门	知道自动门的机械结构及搭建方式	讲授+实验法
14. 项目实践：③旋转工作台	学习磁敏传感器的原理及使用	讲授+实验法
15. 项目实践：④工业机械手	学习电磁铁、齿条的原理及使用	讲授+实验法
16. 项目实践：⑤移动平台单元	学会角度传感器、限位器等知识	讲授+实验法
17. 张开你想象的翅膀，做你想做的机器人	创意机器人的设计与制作	讲授+实验法

（五）课程评价方式

本课程的评价是以教学目标为依据，以培养学生工程素养和创新精神的原则进行的。因为是以任务驱动式开展教学的，所以对学生的过程评价以及成果评价都重视，评价量化比例为1∶1。

在过程评价中，主要看学生在课程实践活动中、任务完成过程中及团队里起到的作用，分为教师评价与学生互评。

在成果评价中，鼓励学生创新，考查学生作品的科学性、完整性、创新性、实用性等指标。

（本部分撰写者：上海理工大学机械工程学院　李清都、钱炜

上海理工大学附属中学物理教研组　黄茹清）

三、"生命的奥秘"课程

（一）课程背景

上海理工大学附属中学把"尚理"确定为指导学校长期发展的办学理念，以培养"人文厚实、理工见长"，具有"创新精神和国际视野"的现代高中生为育人目标，着力打造"工程素养"培育的特色学校。

21世纪是生命科学的世纪，近二十年来，生命科学这门学科的发展突飞猛进，对人类生活生产起到了非常大的促进作用。对于新时代的中学生、未来的公民，为了更好地实现自我价值和负责任的生活，让赖以生存的世界变得更加美好，掌握生命现象，

学习科学研究方法,培养一定的科学素养是必要的。生命科学不仅仅有美妙的理论,更有吸引学生不断探索的实践。通过学习和探索,学生可以认识生命的奥秘,了解生命的精美,从而更加敬畏生命,更加爱惜生命,形成健康的生活方式,养成深刻的绿色生态观念。

(二) 学情分析

在知识方面,高中生在初中时已学习了浅显的生命科学基础知识,在高中时学习了细胞结构、生物体的调节、遗传、微生物、生物工程等方面的知识。另外,学生在生活中通过观看纪录片、浏览网络、阅读书籍等方式积累了一些不系统的、零散的知识。在实践方面,学生们有生活的经验,有一些关于生命科学的简单常识。

(三) 课程资源

尚理实验中心给课程提供了强大的硬件支持,目前中心配备了数码显微镜、分光光度计、多种传感器、光照培养箱等设备,将来根据课程发展需要还可以联合总务进行专向采购。另外,本课程视频资料丰富,有前辈学长的学习经验,还有完整的授课讲义,可以直接使用。

(四) 育人价值

引导学生开展科学与工程学实践,发展出伴其一生的综合素养:(1)提出科学问题;(2)制作和使用模型;(3)确定并实施研究方案;(4)分析并解释数据;(5)通过信息技术建立数学模型;(6)得出实验结论;(7)通过交流探讨,分享实验成果。在整个过程中培养生命科学的四个核心素养:生命观念、科学思维、科学探索和社会责任。项目化的学习更加注重知识的应用,从而真正地将知识内化,让学生学到终身受用的观念和能力。

(五) 课程目标

1. 获得微生物学的基本概念,知道关于微生物培养、分离纯化、鉴定的基本实验原理和操作方法。

2. 获得酶的固定化技术的基本概念,知道酶的包埋法的基本原理和操作方法。

3. 了解发酵的基本概念,知道发酵制作食品的实验原理和操作方法。

4. 通过课题的研究,了解生命科学探究的基本步骤:发现问题,通过文献搜索;了解问题,确定研究的方向;提出假设,设计实验;实验操作,记录数据;分析结果,得出结论,并能够通过结论指导实践。整个过程提升了学生的科学探究能力、科学思维能力、合作能力、表达能力、文献检索能力、解决实际问题的能力、创新能力。

5. 通过研究报告的撰写、答辩,提高思辨能力、表达能力、逻辑思维能力、合作能力。

(六) 课程实施

表4-7 课程实施

模块	简介	课时	授课方式和教学内容
微生物的培养、分离纯化、鉴定	1. 了解微生物的基本知识。 2. 查阅文献,确定课题,如"探究一次性口罩使用时间和微生物增长关系"等。 3. 进行课题研究,通过小组合作,设计并实施实验。 4. 撰写研究报告,并进行答辩。	7课时	1. 教师先教会学生课题的研究方法、步骤及研究报告的撰写、答辩的要求。 2. 学生自主合作,利用微生物的培养、分离纯化和鉴定技术,进行相关课题的研究,教师对整个过程给予指导。 3. 教师对学生的研究报告进行答辩,通过提问交流,进行评价。
酶的固定化技术	1. 了解酶的固定化技术的基本知识。 2. 查阅文献,确定课题,如"探究温度对固定化酶的作用效果的影响"等。 3. 进行课题研究,通过小组合作,设计并实施实验。 4. 撰写研究报告,并进行答辩。	6课时	1. 教师先教会学生课题的研究方法、步骤及研究报告的撰写、答辩的要求。 2. 学生自主合作,利用酶的固定化技术,进行相关课题的研究,教师对整个过程给予指导。 3. 教师对学生的研究报告进行答辩,通过提问交流,进行评价。
食品发酵技术	1. 了解食品发酵技术的基础知识。 2. 查阅文献,确定课题,如"泡菜配方的研究"等。 3. 进行课题研究,通过小组合作,设计并实施实验。 4. 撰写研究报告,并进行答辩。	5课时	1. 教师先教会学生课题的研究方法、步骤及研究报告的撰写、答辩的要求。 2. 学生自主合作,利用微生物发酵技术,进行相关课题的研究,教师对整个过程给予指导。 3. 教师对学生的研究报告进行答辩,通过提问交流,进行评价。

(七) 课程评价

表4-8 _____小组合作学习情况记录卡

姓名	自评	互评	教师评价	总分

对其他小组合作学习任务完成情况的评价		
组别	可借鉴之处	可改进之处

对教师的评价	
对教师的认可与建议	

表4-9 高中生物合作学习活动学生自评/互评表

小组：　　　组长：　　　监督员：　　　组员：

评价标准	4分	3分	2分	1分	得分
学习态度	积极持续地促进小组目标的达成	能够促进小组目标达成	偶尔促进小组目标达成	只有在被催促的情况下，才为小组目标努力	
与他人的互动情况	与小组成员保持默契、互助互学	能够与他人进行合作交流	偶尔与他人进行交流	被催促时才与其他人进行交流	

续表

评价标准	4分	3分	2分	1分	得分
合作过程中的贡献	积极持续地贡献自己的知识、观点、技能	在大部分时间内能贡献自己的知识、观点、技能	偶尔贡献自己的知识、观点、技能	几乎不贡献自己的知识、观点、技能	
表达能力	语言表达清晰、逻辑性强,能表达自己的观点	语言表达较清晰,能够让别人了解自己的观点	偶尔出现语言表达不清晰的情况	语言表达不清晰	
评估能力	评价小组所有成员的能力,并给予鼓励	评价部分成员能力并给予鼓励	评价部分成员能力	对其他组员几乎没有评价	

表4-10 高中生物合作学习活动教师评价表

小组:	组长:	组员:			
评价标准	4分	3分	2分	1分	得分
合作交流氛围	小组成员配合默契,交流有效	出现一些分歧,但最终能达成一致意见	小组活动出现"一言堂"的情况	小组成员间没有默契,出现分歧	
小组纪律	声音可控,井然有序	声音偏大,井然有序	声音大,频繁争论	喧哗、杂乱无章	
合作的有效性	继续围绕主题开展活动	大部分时间围绕主题开展活动	经常出现离题现象	几乎没有解决问题	
创新能力	小组内成员提出的观点非常有创新性	小组内成员提出的观点有创新性,但相对不多	小组内成员提出的观点很少有创新性	没有创新观点	
教学目标达成度	高效达成	仅完成学习任务	部分达成	几乎没有达成	

(本部分撰写者:高秋月)

四、"PS 图像处理与数字媒体"课程

(一) 课程背景分析

随着科学技术的发展,当今社会已经变成了一个数字化的社会,与数字媒体相关产业的发展势头一片向好。当今社会需要从业者熟练地掌握数字媒体技术,那么针对数字媒体技术的教育必不可少。当网络和多媒体与计算机技术相结合的时候,数字媒体技术也就孕育而生了。当今的数字媒体教育的主要目的是为中国培养高素质、高能力的复合型人才。由于中国处在经济转型的关键时期,对相关的高技术人才的需求量较大,越来越多的高校也开设了与数字媒体相关的专业与课程。因此,在高中阶段开设数字媒体相关的选修课程也是非常有必要的。

1. 课程定位

数字媒体是指以信息技术为基础,通过数字化技术和艺术设计美感的应用,结合视频、文字、音乐、图像等多种方式,再利用计算机、新型移动智能设备,进行实时、互动、高效的信息传递。数字媒体艺术教育领域是没有界限的,以信息技术、理工、美学、艺术学等多方面学科为基础。其与生俱来的吸收性质,决定了它不局限于学校,同时也走进社会,利用社会资源。课程充分发挥学生对问题的探索精神,同时以问题为核心进行教学和学习,以学生为本,积极发展学生个性,培养学生的时代感和艺术创新意识。

2. 学情分析

现代中学生正处于一个信息爆炸的时代,在他们的学习与生活中,常常要与各类数字媒体资源打交道,因此不仅要学会如何正确地使用数字媒体资源,还需知道如何设计与制作。此外,学生们对数字媒体具有浓厚的学习兴趣。但是,对于刚进入高中的学生来说,计算机操作技能与艺术设计水平还是比较薄弱。因此,开设和数字媒体设计与制作相关的选修课,对于高中生来说是非常有必要的。

3. 资源条件

硬件资源:计算机房、多媒体教室、彩色打印机等。

软件资源:Adobe Photoshop、Powerpoint、Premiere、幻彩动画大师等多媒体制作软件。

（二）课程核心育人价值

在当今科技日新月异和信息爆炸性传播的大背景下，学生对于数字媒体的学习和掌握是十分重要的。此外，为适应将来高等教育的发展趋势，对接国际优质教育资源，应当促进数字化时代学校计算机与艺术教育的发展，培养学生新的技术力量和艺术修养。

（三）课程目标

本课程主要培育的是数字媒体艺术人才，提升学生的能力素质，培养学生的创新能力、艺术修养，让学生身体力行，通过所习得的技术解决生活与学习中的实际问题。

本课程各单元的目标如下所述。

单元1："走进数字媒体"

（1）了解什么是数字媒体；

（2）知道常见的数字媒体采编设备及软件。

单元2："Photoshop 图形与图像处理"

（1）学会使用 Photoshop 并掌握简单的图片处理方法；

（2）掌握 Photoshop 处理照片的常用方法与技巧；

（3）会使用 photoshop 解决生活中的实际问题。

单元3："Powerpoint 的设计与制作"

（1）学会 Powerpoint 软件的基本操作；

（2）掌握 PPT 的基本排版设计原则；

（3）学会利用 PPT 制作电子相册、数字故事、微视频。

单元4："音频与视频的基础处理与制作"

（1）学会使用音频处理软件对音频进行简单的处理与编辑；

（2）学会使用视频制作软件进行简单的视频处理与编辑。

单元5："新媒体的制作与发布"

（1）学会使用新媒体工具进行多媒体资源的发布；

（2）学会使用小工具软件快速制作数字媒体。

表 4-11　课程目标

单元主题	课程内容	学习目标
单元 1:走进数字媒体	1. 初识数字媒体 2. 常见的数字媒体制作工具及采编设备	完成一份与数字媒体相关的报告
单元 2:Photoshop 图形与图像处理	项目1:简单数码照片处理 案例1:制作名片 案例2:旋转照片 案例3:裁剪照片	学习文件的基本操作、图像处理的基本操作,学习"旋转画布"命令、"画布大小"命令、简单图层操作、"自由变换"命令、裁剪工具、"图像大小"命令等知识点,能利用 Photoshop 对数码照片进行简单处理
	项目2:人物数码照片处理 案例1:制作儿童艺术照片 案例2:更换儿童照片背景	学习矩形选框工具、椭圆选框工具、磁性套索工具、多边形套索工具的使用,学习选择区域的运算,学习利用 Photoshop 选择人物图像的操作技巧,能对人物数码照片进行处理
	项目3:装饰数码照片处理 案例1:处理花卉装饰照片 案例2:处理风景装饰照片 案例3:处理人物装饰照片	学习利用魔棒工具和"色彩范围"命令选择图像的方法,学习利用"选择并遮住"命令选择人物头发的技巧,能利用 Photoshop 对装饰数码照片进行处理
	项目4:风景数码照片处理 案例1:制作黑白照片 案例2:调整风景照片的影调 案例3:调整风景照片的色彩	学习颜色模式的转换,学习"色阶"命令、"曲线"命令、"通道混合器"命令、"色相/饱和度"命令、"替换颜色"命令、"可选颜色"命令、"反向"命令、"色调分离"命令、"去色"命令和"渐变映射"命令的使用方法和技巧,能创建调整图层,能利用 Photoshop 对风景数码照片进行处理
	项目5:数码照片修复 案例1:去除照片中多余的人物 案例2:修复照片中的缺憾 案例3:修复老照片 案例4:修复脸部皮肤缺憾	学习仿制图章工具、修补工具、红眼工具、修复画笔工具和污点修复画笔工具的使用方法,能利用 Photoshop 进行数码照片的修复
	项目6:数码照片合成 案例1:制作艺术相框 案例2:无缝拼接数码照片 案例3:合成数码照片	学习 Alpha 通道的创建、编辑与应用,图层蒙版和快速蒙版等知识点,能利用 Photoshop 合成数码照片

续表

单元主题	课程内容	学习目标
第一学期期末课程考核:利用 Photoshop 软件完成一个综合项目设计		
单元3:Powerpoint 的设计与制作	第一节 什么是好的PPT 1.1 PPT 的本质 1.2 PPT 的"七宗罪" 1.3 什么是好的 PPT 1.4 PPT 的安装 1.5 PPT 的基本操作及简单使用	了解什么是好的 PPT,学会 PPT 的审美;学会区别哪些是好的 PPT;掌握 PPT 的基本操作及功能
	第二节 如何设计出好的PPT 2.1 观看演示时,观众是如何看的 2.2 为何设计出好的 PPT 需要视觉化 2.3 如何组织 PPT 信息才能更容易被观众记住	知道如何设计出好的 PPT 以及如何对 PPT 进行视觉化的展示
	第三节 PPT 设计三元素——图片 3.1 高清图片资源哪里找 3.2 如何获得符合主题的图片 3.3 图片的加工方法:裁剪、抠图等 3.4 图片的更多用法:制作剪影、背景黑白彩色主题、立体化图片 3.5 多图混排的常见问题与处理	知道 PPT 设计三元素——图片、图形、文字,一图胜千言,在 PPT 设计中更是需要用好图片来表达意思
	第四节 PPT 设计三元素——图形 4.1 图形工具的基本用法 4.2 图形的布尔运算	学会使用图形工具,通过图形的布尔运算制作自定义图形;利用 PPT 图形工具等功能完成一幅手绘作品
	第五节 PPT 设计三元素——文字 5.1 如何为 PPT 选择合适的字体 5.2 字体的收集和安装 5.3 特殊字体的处理	学会根据 PPT 不同的风格选择相应的字体,并学会收集与安装字体;选择你认为合适的字体,制作一张海报

续表

单元主题	课程内容	学习目标
	① 常用且有特色的特殊字体 ② 安装特殊字体后的处理和应用 ③ PPT 中字体使用的禁忌与提醒	
	第六节 版面的设计原理 6.1 排版设计四原则 6.2 多图片页面排版技巧 6.3 多文字页面排版技巧 6.4 排版设计的实例拆解	知道排版设计四原则,并能正确根据四原则对 PPT 的版面进行设计与排版
	第七节 颜色的力量 7.1 颜色的基础知识 7.2 一个公式搞定 PPT 版面色彩搭配 7.3 实用的 PPT 配色法	能正确地使用不同的颜色进行 PPT 版面色彩的搭配
	第八节 数字故事的制作 8.1 什么是数字故事 8.2 故事、故事图片与音乐 8.3 数字故事的动画制作 8.4 数字故事的导出与发布	学会利用 PPT 进行数字故事的制作,并学会制作简单的 PPT 动画效果,能独立完成一个数字故事作品
	第九节 PPT 辅助工具与资源介绍 9.1 让 PPT 设计如虎添翼的辅助工具 9.2 适合经常看看学习的设计网站 9.3 PPT 中的一些小技巧	学会如何获取学习资源及 PPT 设计的小技巧,提升自我的学习能力
单元 4:音频与视频的基础处理与制作	第一节 音频的基础处理与编辑 第二节 视频的基础处理与编辑	学会利用音频、视频处理工具对音视频进行简单的处理与编辑
单元 5:新媒体的制作与发布	第一节 微信公众平台 第二节 新媒体图文制作工具	学会在微信公众平台进行简单的推文编辑;学会使用网络平台资源进行新媒体资源的制作与处理
第二学期期末考核:综合利用本选修课所习得的技术与工具制作一个数字媒体作品,形式可以是海报设计、产品设计、视频制作等,最终在微信公众平台以推文的形式进行发布;让学生充分结合自己所学习的知识技能,完成一个完整的数字媒体作品		

(四) 课程设置与实施

1. 设置说明

本课程面向高一、高二年级且对平面设计、多媒体设计感兴趣的同学。

2. 活动安排

每周四下午 1 小时的拓展课。

3. 实施策略

理论与实践相结合,最终考核方式为设计多媒体作品。

4. 资源配置

多媒体计算机房、彩色打印机等。

(五) 课程评价

1. 过程性评价

(1) 关注成功

评价重在发现和肯定学生身上所蕴藏的潜能及所表现出的闪光点,激励和维持学生在学习中的积极性和主动性,将学生的每一点进展都视为成功。

(2) 关注过程

重视学生积极参与活动的全过程,重视过程中的评价,关注学生在过程中的参与、体验情况,强调让学生自己来改进学习。

(3) 关注体验

关注学生在学习过程中所获得的感悟和体验,而不是一般的接受别人所传授的经验,能够进行创新。

2. 总结性评价

(1) 学生上课时的表现情况,能够主动分析相关案例,并模仿学习实践,养成良好的学习习惯。

(2) 学生参与活动的主动、积极、专注程度。

(3) 学生最后作品的完成度。

3. 数字故事评价量表

表4-12 评价量表

评价指标 作品名称	故事性 (30)	艺术性 (30)	技术性 (30)	创新性 (10)	总分 (100)
作品总体评价 (优点及不足)					

评价指标说明:

(1) 故事性:故事吸引人,有教育意义,能引起读者的兴趣和思考。
(选题新颖性、结构明晰程度、语言组织、叙事手法创意等)

(2) 艺术性:画面设计简洁、美观、大方,给人以艺术享受。
(与故事主题吻合程度、图片可视化效果、字体的设计等)

(3) 技术性:能恰当地使用多媒体技术,并支持整个故事的发展。
(时间控制在3—5分钟,画面效果,背景音乐的选择等)

(4) 创新性:有特色、有创意,给读者耳目一新的感觉,留下深刻印象。
(故事的组织形式、图片的表现形式等)

(本部分撰写者:卢胜男)

五、"人工智能:人工智能研究"课程

(一) 课程背景分析

1. 课程定位

教育部在《2019年教育信息化和网络安全工作要点》中提出了"推动在中小学阶段设置人工智能相关课程,逐步推广编程教育"的要求,同时《普通高中信息技术课程标准(2017年版2020年修订)》中,将人工智能作为必修模块一"数据与计算"的第四单元内容,并且在选择性必修中出现了"人工智能初步"模块。由此可见,培养具有创新能力和合作精神的人工智能高端人才,已然成为基础教育的重要使命。因此,从中小学开始指导学生了解、体验、认识、使用人工智能技术,把相关知识作为当代学生的

信息技术学科基础内容,是十分必要的。

2. 学情分析

高中阶段,学生是通过自主选择选修人工智能课程的。这部分学生具有较强的逻辑思维能力,具备一定的数学和物理学科基础知识,并且经过了人工智能通识课程的学习,对人工智能技术有相当的好奇心。同时,在信息技术基础课程中完成了计算机的程序设计学习,具有对复杂问题进行抽象和建模的能力。这一部分学生能够进行人工智能课程的进一步学习和实践。

当前高中生基本都是2000年后出生的,可能从幼年时期开始就接触到了各类电子设备和网络,对于新的技术有着天然的亲和度,对于使用网络进行学习、生活和娱乐习以为常。而且,其中一部分学生对当今的前沿科技有着强烈的学习兴趣。

部分学生对于人工智能及其相关领域和行业充满兴趣,并且愿意尝试了解和学习,大多数学生也愿意了解人工智能学科和人工智能的应用,为更好地适应智能时代作好准备。

3. 资源条件

学校2019年入选中央电教馆人工智能试点校,开始建设学校的人工智能实验室,并且在2022年成为"央馆人工智能课程"规模化应用试点校。人工智能实验室包括1台超算服务器、11台机器人、21套开源硬件,以及其他人工智能相关的设备。学校配备3位信息技术教师,承担人工智能通识课程和专项课程教学。教材使用的是《人工智能(高中版)》。

(二)课程的核心育人价值和理念

通过"人工智能:人工智能研究"课程的学习,学生能够形成人工智能意识,也就是形成技术安全和责任意识,提升技术伦理和道德意识,增强维护社会信息安全责任,注意防范人工智能技术不合理应用造成的负面影响;能够建立智能社会责任,提升对人工智能技术的敏感度和理解力;能够通过实践创新思维,让技术创新思维成为思维的常态,为创新精神、创新能力的发展奠定基础;能够发展劳动观念、安全意识、合作意识等。这些能力的培养与学校工程素养的培育高度契合,因此,该课程是学校特色培育的重要课程。

(三)课程目标

1. 学习人工智能的相关算法,了解智能应用的逻辑原理,认同算法在人工智能学科领域的重要性。

2. 通过学习相关智能系统的设计,完成人工智能应用项目,经历人工智能跨学科项目的设计、调试、应用过程,增强利用技术服务人类的意识,树立智能社会责任感。

(四) 课程设置与实施

表 4-13 课程设置与实施

	单元主题	课时	内容或活动	实施要求
课程安排	智能语音	2	声音的编码	通过教师讲解、实验体验,理解智能语音的算法原理
			声音的智能识别	
	自然语言处理	2	贝叶斯分类器	通过教师讲解、实验体验,理解自然语言处理的算法原理
			词云分析实现	
	机器博弈	4	决策树原理	通过一个项目活动,利用人工智能实验室的设备,完成机器博弈算法的学习和运用
			和机器人玩猜拳	
			Q-learning 算法理解	
	人工智能专项活动	8	自动避障小车设计	学生按照自己的兴趣选择一个项目,根据项目活动的要求,利用人工智能实验室的设备,完成任务
			无人机编程	
			六足机器人设计	
			舞蹈机器人开发	

(五) 课程评价方式

1. 学生评价

"人工智能:人工智能研究"课程的学生评价分为过程性评价和结果性评价两类。过程性评价主要关注学生的课堂学习情况、项目活动中的表现,侧重点是学生学习、活动的态度以及在活动中体现的学科素养,评价人员主要是教师和小组成员;结果性评价主要关注的是学生的学习结果,包括程序作品、项目作品、PPT 展示等,侧重点是作品的完成情况和质量,评价人员主要是教师和其他项目组成员,也可以是家长、学校其他学科教师、学校领导和相关科技领域的专家。

2. 课程评价

表4-14 课程评价

分类	评价项	评价标准	分值
课程表现	学习态度	课堂听讲认真,能够对学到的内容进行整理,不做与课堂无关的事情	30
	交流发言	愿意与教师互动,能够主动提出合适的问题	
	活动态度	在活动中积极主动参与,不游离在外,不做与项目活动无关的事情	
	合作情况	能够主动与他人合作,愿意承担相关任务和对应责任	
项目结果	设计意图	设计意图明确,设计内容完整,有设计意图相关说明	60
	分工合作	团队合作分工明确,能够齐心协力完成项目任务	
	作品外观	外观设计合理,能根据主题进行一定的美化	
	功能实现	完成项目要求的所有功能,且设计合理,运行成功率高	
	分享交流	有相关项目的演示文稿,并且制作精美;能够通过团队合作进行演讲与展示;能清晰明了地介绍项目开发的过程和成果	
	自我认知	能正确分析项目的优势和局限性,能对个人在项目中的作用进行合理的评价	
突出成果	比赛成绩	获得国家级、市级或者区级相关比赛奖项	10

(本部分撰写者:张烨琼、周珏)

第三节 "工程与技术"课程的活动方案与活动案例

活动方案与活动案例一

"生命的奥秘"课程之
"微生物的培养和鉴定"活动方案

一、活动任务分析

教材内容分析:2008年沪科版教材拓展课本第一章的内容,涉及微生物培养的相关知识及实验技能,如微生物培养基的配置,微生物的培养,无菌操作的具体流程,对微生物进行观察、鉴定和计数等操作。

学生学情分析:高二学生已掌握了以上微生物相关知识,并且拥有一定的实验操作技能。在此基础上,高中学生已具有一定的逻辑思维、初步的科学探究能力和总结归纳的能力。另外,学生通过观看纪录片、阅读书籍等途径,已有一些不系统的、零散的知识。在实践方面,学生们有鲜活的生活经验,能够从生活实践出发,确定探索的主题,结合所学知识,设计方案,实施探究,最终通过分析结果,得出结论,为现实生活提供参考。

二、活动目标

1. 掌握关于微生物培养、分离纯化、鉴定的基本实验原理和操作方法。
2. 通过课题的研究,了解生命科学探究的基本步骤——发现问题,通过文献搜索了解问题,确定研究的方向,提出假设,设计实验,实验操作,记录数据,分析结果,得出结论,再通过结论指导实践,提升科学探究能力、科学思维、合作能力、表达能力、文献检索能力、解决实际问题的能力、创新能力。
3. 通过研究报告的撰写、答辩,提高学生的思辨能力、表达能力、逻辑思维能力、合作能力。

三、活动重点和难点

重点:学生能够利用微生物学的培养和鉴定技术来探究生活中的具体问题。

难点:学生在科学探究过程中针对具体问题提出相应的假设,并能够科学地设计实验方案,进行实验探究,并分析实验结果,得出实验结论,从而解决实际问题。整个过程是对学生主观能动性、科学思维、科学探究能力、合作交流能力等方面的综合考量,所以是活动的难点。

四、活动资源准备

试剂:牛肉膏、蛋白胨、琼脂、氯化钠、无菌水、10%的盐酸、10%的氢氧化钠等;

器材:高压灭菌锅、超净工作台、酒精灯、培养皿、涂布器、试管、细口瓶、移液枪、镊子、手术剪、接种环、火柴等。

五、活动设计思路

本次活动由以下几个环节组成:

1. 开题:小组同学结合生活实际,查阅文献,确定研究课题,并对课题的可行性进行评估,进行开题答辩,最终确定课题。

2. 课题研究:针对课题方向,提出相应的假设,探讨可行的实验方案,准备相应的试剂器材,实施实验,记录实验结果,并对结果进行分析,最终得出结论,对生活实际有所指导。

3. 论文答辩:班级以小组为单位,进行论文答辩,引导学生思维碰撞,共同进步。

六、活动过程

(一) 开题

教师提问:基于微生物的培养和鉴定技术,同学们想要探究生活中的哪些问题呢?

学生 A:我想知道医用口罩佩戴一段时间后,微生物的滋生情况。

学生 B:我平时使用 OK 镜,想了解 OK 镜浸泡液的细菌繁殖情况。

学生 C:手机屏幕上微生物的种类和数量。

……

教师:确定好课题的小组成员可通过查阅相关资料,结合实验室环境综合考量课题的创新性、可行性等。

(二) 课题研究

1. 设计方案

小组成员思想碰撞,合作设计课题研究的整体实施方案,一定要注重科学严谨性,注意遵守实验设计的各项原则。设计完成后,小组之间进行交流,共同探讨实验方案的科学性和可行性,最终确定实验方案。

2. 实施方案

小组成员分工合作,分别进行培养基的配制,包括灭菌、取样、接种和培养,最后观察微生物的生长状况,并对此进行分离、鉴定、计数等相关操作,记录实验结果。整个过程由教师进行指导,注重操作的科学性和规范性,激发学生的创造性,提升发现问题、解决问题的能力。

3. 分析实验结果,得出实验结论

对实验结果进行分析,得出实验结论,同时查阅文献,最后进行归纳总结,用研究成果为现实生活提供指导或参考。

(三)课题答辩

以小组为单位,查阅文献,结合研究过程及研究成果,撰写研究论文,并制作论文概述 PPT,在整个班级中进行论文答辩。各个研究小组派一名代表介绍本组课题的背景、研究方案、实施过程及研究成果等,由教师和其他学生对以上内容进行提问,答辩小组成员给予解答。整个过程既能够展示学生的研究成果,又能够形成积极的交流学习环境,达到共同进步的目的。

七、板书设计

(一)确定研究主题
(二)进行科学探究过程
(三)课题答辩

八、学生活动任务单设计

表 4-15 学生活动任务单

学生活动任务单		
任务	内容	体会与收获
1	确定研究课题	结合生活实践和相关知识,查阅文献,评估课题的可行性。
2	探究过程	1. 实验设计过程中应遵循哪些基本原则?你是如何运用这些原则来指导实验的?

续表

任务	内容	体会与收获
		2. 实验操作过程中需要注意的事项是什么？ 3. 你采用了哪些方法来减少实验误差？ 4. 实验过程中遇到了哪些困难，你是如何解决的？ 5. 查阅相关文献，评估实验结果的科学性。 6. 由实验结果可以得到哪些结论？
3	课题答辩	1. 课题探究过程中如何改进实验方案？依据是什么？ 2. 整个课题是否达到了指导生活实践的目的？ 3. 课题探究过程中没有解决的困难有哪些？这对实验结果会有怎样的影响？ 4. 如果在此课题的基础上还要继续进行探究，你会选择哪个探究方向？

（本活动方案撰写者：高秋月）

活动方案与活动案例二

"生命的奥秘"课程之"微生物的培养和鉴定"活动案例

一、案例背景

学生能够从生活实践出发，发现问题，结合所学的生命科学知识和相关技能，发挥主观能动性，进行科学探究。通过查阅文献、小组合作交流和教师指导，学生设计可行性方案并加以实施，记录实验结果并进行分析，得到实验结论，从而指导现实生活。整个过程充分体现了以人为本的教学理念，切实提升了学生探索生命、发现问题、解决问题的能力，促进了学科核心素养的培育。

（一）大背景

在当前大背景下，戴口罩已经成为部分人的生活习惯。虽然口罩有具体的使用时间，但学生想探究医用口罩佩戴时间的长短和微生物的滋养情况之间有何规律，并尝试对佩戴一定时间后的口罩滋生的微生物种类和数量进行鉴定和分析。

(二) 学生学情

高二学生已掌握了一些微生物相关知识,并且拥有了一定的实验操作技能。在此基础上,高中学生具有一定的逻辑思维、初步的科学探究能力和总结归纳的能力。另外,学生通过观看纪录片、阅读书籍等途径已获得一些不系统的、零散的知识。在实践方面,学生们有鲜活的生活经验,能够从生活实践出发,确定探索的主题,并结合所学知识,设计方案,实施探究,最终通过分析结果,得出结论,为现实生活提供参考。

二、案例描述

(一) 课前准备

试剂:牛肉膏、蛋白胨、琼脂、氯化钠、无菌水、10%的盐酸、10%的氢氧化钠等。

器材:高压灭菌锅、超净工作台、酒精灯、培养皿、涂布器、试管、细口瓶、移液枪、镊子、手术剪、接种环、火柴、佩戴不同时长的口罩等。

(二) 活动过程

1. 活动引入

学生利用所学的微生物学相关知识和实验技能,结合生活实践,确定科学探究的主题。

2. 设计实验方案

教师提问:

(1) 如何制作样本才能保证实验的准确性?

(2) 设计实验方案应遵循哪些基本的实验原则?这些原则在实验设计中如何体现?

(3) 哪些措施能够进一步减少实验的误差?

学生总结:

实验的目的是检测佩戴不同时间长度的口罩内层(与口接触面)的微生物滋生情况。由于样本是固体,需要进一步处理。首先将内层用剪刀剪下来,用定量的无菌水进行浸泡,浸泡后的液体作为微生物接种的样本。接着通过平行实验、设置接种无菌水的对照、口罩佩戴时间作为单一变量等方式，将实验设计原则应用其中，保证实验的科学性并力求减少实验误差。另外，在操作过程中，我们严格遵守无菌操作的流程，每一个步骤都力求做到完美，以减少实验的误差。

3. 实施实验

小组合作进行样品的制作，培养基的配置，培养基及相应器械的灭菌，倒平板，接种，恒温培养箱培养，微生物的观察、鉴定、计数并记录实验结果。

在整个实验过程中，学生严格遵守正确的实验操作步骤，尤其是保证相应步骤的无菌操作。

4. 实验结果及结论

请学生记录实验结果，查阅相关文献，并通过充分的交流得出实验结论。

5. 请学生分析实验过程中部分实验失败的原因

学生1：我们组内有2个平板的菌落分布不均导致无法计数，原因是涂布不均匀。

学生2：有1个平板忘记倒置培养，致使菌落模糊，无法正确计数。

学生3：制作样本时，使用的无菌水含量过多，导致样品稀释度太大，菌落数量较少，应多进行几次实验，选取最合适的稀释浓度。

学生4：个别平行样品的菌落数量过多。因为接种、培养过程中没有严格按照无菌操作的步骤，如接种时培养皿盖子全部被打开，部分时间暴露在有菌环境中等。

6. 撰写论文并进行课题答辩

以小组为单位，撰写论文，并将主要内容制作成PPT，进行课题答辩。

三、案例评析

生命科学是一门实验科学，也是一门与生活实践息息相关的科学，而科学探究是该学科的核心素养之一。将生活实践与科学探究相结合，经历整个科学探究过程，充分发挥学生的主观能动性，培养生命观念、科学思维、社会责任感三方面的素养，从而达到育人的目的。

整个探究过程是以小组合作的形式来进行的，学生能够充分发挥合作的力量，进行合理的分工，不断地相互学习补充，思维碰撞，齐心协力完成小组课题，并在这个过程中提升交流合作能力、表达能力等。

同时，学生自主发现问题，并通过科学探究的步骤，最终解决问题，以指导生活实践。这个过程增强了学生的成就感,使其真正感受到知识的力量,从而发展出适应社会的能力。

（本活动案例撰写者:高秋月）

活动方案与活动案例三

<h2 style="text-align:center">"废水污染与环境保护"课程之
"废水的来源及其处理"活动方案</h2>

一、活动任务分析

"废水污染与环境保护"课程的第一章节,是学生认识了解这门课程的第一节课,类似于一门学科的绪论课,所以是至关重要的。本章第一节着重从身边出发,给学生介绍了水资源有哪些、中国的水资源现状、什么是水体污染以及水体污染的危害等内容。学生在生活中,或多或少都会接触到水环境、水资源、水体,但是没有系统性地学习过这些我们貌似熟悉的词语。

因此,本节课的教学着重于水资源、水体、水体污染等概念介绍。一方面,让学生学习科学的概念,并以实例进行说明。另一方面,紧扣实际,及时更新资料,介绍中国现今水资源的现状,尤其是中国人口众多,人均水资源紧张的状况。本节课教学应充分利用互联网、数据库等信息资源。中国幅员辽阔,环境的变化日新月异,水资源的状况也各不相同,让学生查找资料,分享自己对身边水资源情况的调查和认识是十分必要的。

二、活动目标

1. 了解中国人均水资源、中国水资源的分布特点和水体的概念,了解常用水质指标和废水的一般监测方法。

2. 探讨减少废水产生和排放的措施,了解按照废水处理技术能去除的污染物、废水处理的过程以及废水处理系统的分类。

3. 以简单介绍黄浦江以及上海的水资源为切入点,介绍中国现在的水资源现状以及水污染的严峻形势。让学生交流、讨论并分享自己身边的水资源状况。

4. 观察模拟污水处理装置,了解对废水进行无害化处理的工艺。了解一级处理工艺、二级处理工艺和三级处理工艺。理解水质监测对生产、生活的重要性。

5. 通过网络查询,知道自来水厂在从水源地取水到将水送入千家万户这样一个过程中对水的处理工艺。

6. 通过对中国现在水资源现状和什么是废水的知识学习,使学生感悟到保护环境的必要性,明白化学原理对生产实践的指导作用,并培养一定的辩证思维和逻辑思维。

三、活动重点和难点

重点:了解中国现今水资源的现状,尤其是中国人口众多,人均水资源紧张的状况。

难点:学生通过查找资料,分享自己对身边水资源情况的调查和认识。

四、活动资源准备

上海理工大学环境学院的工作站;浊度计、pH 试纸;多媒体资源。

五、活动设计思路

本次活动由四个环节组成:第一,了解水资源和水污染;第二,我国的水资源现状;第三,讨论减少废水危害的措施;第四,理解水质监测对生产、生活的重要性。首先播放一段讲述上海黄浦江的视频,以简单介绍黄浦江以及上海的水资源为切入点,介绍中国现在的水资源现状和水污染的严峻形势。然后讲授相关的定义和概念,并且在讲授之后让学生进行交流、讨论,分享自己身边的水资源状况。引导学生找到"调查报告"的主题并设计方案,通过实践探究得出结论。

六、活动过程

(一) 了解水资源和水污染

表 4-16　了解黄浦江

核心内容	活动与内容	资源	说明
初步了解黄浦江这一条上海的标志性河流	播放纪录片《黄浦江》片段。黄浦江是上海的地标河流，流经上海市区，将上海分成浦西和浦东。黄浦江全长约113公里，河宽300至770米。黄浦江始于上海市青浦区朱家角镇淀峰的淀山湖，淀山湖接纳了上游太湖流域的众多来水。"浦"是古吴语中"河"的意思，一般多指人工河。黄浦江是兼有饮用水源、航运、排洪排涝、渔业、旅游等价值的多功能河流	PPT	以上海的标志性河流黄浦江为切入点，引出课题"了解水资源和水污染"

(二) 水资源与水污染情况分析

表 4-17　水资源现状

核心内容	活动与内容	资源	说明
中国的水资源现状	指导学生阅读教材，理清以下概念： (1) 人均水资源 (2) 水体污染 (3) 水体污染的危害	PPT	
废水	指导学生阅读教材，了解废水的分类： (1) 生活废水 (2) 工业废水 (3) 农业废水		
介绍世界上比较著名的几次水体污染事件			通过全球著名的水污染实例，加深学生对保护水资源、水环境的思考

（三）讨论减少废水危害的措施

表 4-18 减少废水危害的措施

核心内容	活动与内容	资源	说明
从源头上减少废水排放	指导学生阅读教材，了解从源头上减少废水排放的两种主要方式： （1）推进清洁生产 （2）重复用水和循环用水	PPT	本概念和高中化学课本中的"绿色化学"的概念是契合的
废水的无害化处理	指导学生阅读教材，了解废水处理系统可分为一级处理工艺、二级处理工艺、三级处理工艺等		

（四）理解水质监测对生产、生活的重要性

表 4-19 常见水质指标及废水检测工具

核心内容	活动与内容	资源	说明
常用水质指标	指导学生阅读教材，了解常见的水质指标： （1）物理指标 （2）化学指标 （3）生物指标 阅读教材"知道更多"，了解城市黑臭水体污染程度的分级标准	PPT	
废水的检测	讲授三种检测方法： （1）嗅气味 （2）测浊度 （3）测 pH 可配合演示实验	pH 计	

七、板书设计

（一）水资源和水污染

（二）我国的水资源现状

（三）减少废水危害的措施

（四）废水检测

八、学生活动任务单设计

表4-20 "调查报告撰写"讨论活动过程记录表

活动时间:		地点:	
参与组员			
课题(初稿\修改稿\定稿):			
组员分工:			
调查报告内容讨论记录:			
对上一次课题报告改进的理由:			

填表说明如下:

1. 活动时间的格式为"/年/月/日",并写清楚是第几次活动。

2. 参与组员只需填写参与此次活动的组员姓名。

3. 课题是指此次调查活动的课题名称。同时明确讨论的"调查报告"是初稿、修改稿还是定稿。

4. 组员分工是指规范撰写调查报告的具体分工。例如,组员分别撰写数据分析、撰写原因分析、撰写结论和建议、完成统稿等。

5. 调查报告内容讨论记录是指讨论调查报告撰写过程的记录,比如讨论中每个组员的发言要点、合理之处、不合理之处等。

6. 对上一次课题报告改进的理由是指对调查报告上一稿提出的具体修改要点。

7. 调查报告定稿后,以"关于×××(课题名称)的调查报告"为文件名,以附件的形式上传至平台。

(本活动方案撰写者:王智颖)

活动方案与活动案例四

"废水污染与环境保护"课程活动案例

一、案例背景

据统计，全世界每年约有4200多亿立方米的污水排入江河湖海，污染了约5.5万亿立方米淡水，超过全球地表水、地下水等总流量的14%。中国的河流、湖泊、海洋等水体也同样面临着严重污染。为消除水体污染，人们想出了各种方法。近年来，伴随着科技的发展，一系列具有纳米孔结构的合成沸石材料(即分子筛)被研制了出来。它们可以高效吸附水中污染物，为废水处理等生产、生活领域开拓了广阔前景。通过了解废水处理技术的现状以及多孔分子筛吸附剂相关科学研究的学科前沿，拓宽学生的视野，提高学生环境保护意识，培养和增强学生的创新思维能力以及"可持续发展"与"环境友好型社会"的理念。

本课是第一章的第二课时，学生通过本课学习，可以对与环境科学、污染防治有关的概念、术语、方法等有一个初步认识。此外，教师在课堂上会布置一些小任务串联课程内容，帮助学生在真实的问题情境中进行学习与思考。同时，利用好学校与上海理工大学合作的优势，以及处在杨浦区的区位优势，组织学生去上海理工大学、杨浦滨江、杨树浦水厂参观学习。

二、案例描述

(一) 指导学生阅读教材，了解常见的水质指标

物理性指标有嗅味、温度、浑浊度、透明度、颜色等；化学性指标有放射性指标(总 α 射线、总 β 射线、铀、镭、钍等)。

1. 物理性指标

固体物质(TS)：在一定温度下将水样蒸发至干时所残余的固体物质总量，也称为蒸发残余物。固体物质可分为溶解性固体(DS)，也称为总可滤残渣；悬浮性固体

(SS),也称为总不可滤残渣。

浑浊度(NTU):水中含有泥沙、纤维、有机物、浮游生物等时出现的浑浊现象。

颜色:水的颜色有真色和表色之分。真色是所含溶解物质或是胶体物质引发的,表色是三物质共同引起的颜色。

2. 化学性指标

化学需氧量(COD):指在一定条件下,用强氧化剂氧化污水中的有机物质所消耗的氧量。常用的氧化剂有高锰酸钾($KMnO_4$)、重铬酸钾($K_2Cr_2O_7$)等。中国规定的污水检验标准采用重铬酸钾($K_2Cr_2O_7$)作为氧化剂,记作 CODCr。

生化需氧量(BOD):指在温度、时间都一定的条件下,由于微生物的作用,水中能分解的有机物完全氧化分解时所消耗的溶解氧量,其单位为 mg/L。有机物的分解过程包括:碳化阶段,即有机物中的碳被氧化为二氧化碳,氮被转化为氨(碳化需氧量);硝化阶段,即氮在硝化细菌的作用下被氧化为亚硝酸根和硝酸根的过程(硝化需氧量)。将污水在 20℃的温度下培养 5 天,作为生化需氧量测定的标准条件,5 日记作 BOD_5,20 日记作 BOD_{20}。BOD 值作为主要的有机物浓度指标,基本反映了能被微生物氧化分解的有机物的量。

总有机碳(TOC):指污水中所有有机物的含碳量。TOC = TC−TIC TC = 总碳 TIC = 总无机碳。TOC 值近似地代表水样中全部有机物被氧化时耗去的氧量,COD 值与 TOC 值的转换算系数为 2.67,即 1 g TOC = 2.67 g COD。

有机氮:指水中蛋白质、氨基酸、尿素等含氮有机物总量的一个水质指标。

pH 值:指水中氢离子浓度的大小,即 pH 值 = −lg[H]。

有毒物质指标:主要包括氰化物、汞、砷化物、镉、铬、铅、酚等。它们的含量均作为单独的水质指标。

3. 生物性指标

生物性指标主要有细菌总数、大肠菌群数等。细菌总数是指 1 mg 水中所含的各种细菌的总数,大肠菌群数是指每 1 L 水中的大肠菌群个数。

(二)配合演示实验讲授三种检测方法

学生分组,每组取一段学校鱼塘中的水样,分别实施 3 种检测方法:

(1)嗅气味;(2)测浊度;(3)测 pH。

（三）课后作业

了解城市黑臭水体污染程度的分级标准；完成"调查报告撰写"讨论活动过程记录表。

（四）某组学生"调查报告撰写"讨论活动过程记录表

表4-21 "调查报告撰写"讨论活动过程记录表

活动时间:2017年5月15日(第1次)	地点:学校图书馆
参与组员	陈澄、汤雯洁
课题(初稿\修改稿\定稿)： 黄浦江的水质调查及其原因分析	
组员分工： 陈澄:对已有资料进行整理,完成统稿。 汤雯洁:撰写原因分析,撰写结论和建议	
调查报告内容讨论记录	

原因初步分析：

除自然原因外，人为原因是影响水质的极大因素。水质变化主要受区域内的工业污染源、农业污染源和生活污染源等影响。据我们观察，黄浦江江面上常漂浮饮料瓶、塑料袋等各种垃圾。这些看似影响不大的东西都会对黄浦江造成日积月累的污染。在科学技术发达与生产力水平提高的今天，人们更应该关注自身的道德修养与素质，提高环境保护的意识。

上海居民所用的自来水绝大部分取自黄浦江，正因为现在黄浦江的水质污染已较为严重，水体发黄混浊，所以自来水厂为了保障居民用水的卫生，长期以来一直使用氯气对自来水进行消毒。

上海政府政策及治理现状：

淡水是人类赖以生存的基础，上海属于水质型缺水城市，上海的合流污水治理一期工程已完成，二期工程也已通水，苏州河整治一期工程已全线开工。

黄浦江每年会开展两次"体检"，分为洪季和枯季，其中每季又分为大、中、小三个潮段。大潮期潮动力最强、潮差最大，小潮期潮动力最弱、潮差最小，中潮期则介于两者之间。取三种不同潮型，是为了全方位监测黄浦江在不同潮动力下的水流泥沙特性，使数据更好地服务于涉水工程、航运、航道维护疏浚等。

目前，在申城已建的43个水质自动监测站、659个监测断面的基础上，上海市环境监测中心正在研究以"大数据""云服务"等新技术为基础的信息综合管理平台，在全面感知水环境与水处理过程的状态下，实现"水环境数据监测""动态监督与预警""水质数据对比与统计分析""水环境治理效能评估"等各项关键功能。

研究对象确定：

黄浦江黄浦段(黄浦段主要包括老外滩万国建筑博览群、老码头、南外滩金融集聚带、世博最佳实践区、江南造船厂原址等)。

续表

研究方案确定:
水体中可被氧化的物质包括有机物和无机物(硫化物、亚铁盐等),化学需氧量主要是衡量水体被还原态物质污染程度的一项重要指标。在水样中,加入硫酸及过量的高锰酸钾溶液,加热以加快反应。加入过量的草酸钠溶液还原剩余的高锰酸钾,最后用高锰酸钾溶液滴定过剩的草酸钠。根据高锰酸钾溶液的消耗量,计算水样的化学需氧量。
对上一次课题报告改进的理由: 　　1. 从内容上看,不够全面、具体。本次讨论补充、丰富了相关资料,前期调查更加全面,对提出的问题进行了较为全面和详细的现状调查。 　　2. 上次讨论的想法比较浅显,没有进行更加详细的思考或进一步提出方案。 　　3. 在理论上还不够完善。经过第二课时的学习,对水质指标以及废水检测有了进一步的理论了解,本次讨论基本确定了研究方案。

三、案例反思

教师在课堂中时不时地会提供一些结合学术前沿的问题,利用化学、生物等跨学科的知识点,帮助学生在实践中学习知识,对分子筛处理废水与日常生活现象的关联性进行思考和发现,感受科学与技术在现实生活中的巨大力量。学生通过阅读资料、亲手实验,对废水处理有了更进一步的认识和了解。此外,这部分学生的研究性课题需求也是不能忽视的,在完成讲授课堂内容的同时引导学生开始进行研究报告的撰写,第一步就是让学生记录每一次"调查报告撰写"讨论活动,为之后完成报告奠定基础。

(本活动案例撰写者:王智颖)

活动方案与活动案例五

"DI 创意实践"课程之 "会拐弯的小车"活动方案

一、活动任务分析

活动内容分析:"会拐弯的小车"作为"工程模型的创意设计与研究"项目的第三

个子项目,创新性、实践性、合作性较强,是一个趋向自主、注重深度研究和辨析的项目。

学生学情分析:学生在前面两个子项目实践中已经经历了发现问题、策划研究问题和尝试解决问题等过程,在这一项目中将进一步体验跨学科知识应用、团队合作分享、创意思维锻炼的过程。项目主要侧重于方案设计和研究实践,鼓励学生充分发挥创意,尝试提出解决问题的一些可能性。通过项目实践过程,希望能够更好地提升学生的创意思维能力、研究设计能力和团队合作能力,为后续自主研究更开放的项目作好准备。

作为第一课时,本课引入生活情况,激发学生的研究兴趣,为学生提供空间以初步建立模型,并对模型情况作初步判断,为后续深入研究作准备。

二、活动目标

1. 初步了解拐弯小车的制作原理。
2. 通过制作小车,初步学会拐弯小车的制作方法。
3. 通过对车辆的打磨,增强学生的耐性,形成精益求精的处事态度,培养工匠精神。

三、活动重点和难点

重点:初步进行方案设计,形成初代小车模型。
难点:基于车模所呈现出的情况,初步分析其背后的影响因素。

四、活动资源准备

工具:项目任务书。
材料:小车模型制作材料,包括按照设计裁切好的不同尺寸的纸圆片、纸条、卡纸、502胶水、白胶、固体胶,制作说明书等;小车制作工具,包括剪刀、美工刀、尺、护目镜、围裙、手套等。
场地:一个面积至少为50平方米的正方形空旷空间,确保地面平滑,并铺设项目专用地贴、斜坡。

设备:电子天平、米尺、平板电脑、电脑、投影仪等。

五、活动设计思路

1. 采用跨学科学习方式。课程基于 CDIO 工程教育模式设计跨学科的学习方案,不仅涉猎物理、数学、化学等学科领域,更是将工程知识和工程思维有机渗透。

2. 螺旋式推进学习进程。每个项目相对独立又逐层递进,促进学生不断深入,构建建模思维,提升团队合作成效,循序渐进,螺旋式地培养学生的创意设计、研究分析和问题解决等能力。

六、活动过程

表 4-22 活动过程

教学环节	教学活动	设计意图
课程引入	不知从哪天开始,路上流行起了平衡车。在平衡车的运行中,车辆拐弯留下的痕迹引发思考:究竟小车是怎么拐弯的呢?	明确问题,鼓励发散思维,激发研究兴趣。
班级讨论	主要是因为有电子化控制系统,也可能是因为轮子存在差异等。	激起思维碰撞,师生共同探讨并发展科学分析问题的思想与方法,在多元碰撞中对拐弯小车提出合理假设。
问题过渡	那么如果没有平衡系统,怎么让小车拐弯,甚至是绕圈呢?	将学生天马行空的设想拉回现实,注重可执行、可落地的机械方案设计。
思维碰撞	会不会像陀螺一样,快停下的时候绕着某个圆心旋转?进行推演:应该可以采用大小轮的方式制作小车,实现机械圆弧运动。	在讨论中碰撞思维火花,通过头脑风暴明确方案方向。
明确任务	用 A4 纸制作一辆能自己拐弯的小车。	提供实践空间,让学生自主根据方案设计来制作,锻炼动手能力,促使想法与实践统一协调。
学生讨论	初步设计制作方案。	由学生自主设计实验方案。
小组交流	对初步的创意设计方案进行共享,形成一个大家达成共识的基础模型制作方案。	讨论辨析,推进具有可行性的方案,走向实操环节。
制作模型	在老师的带领下一步步完成小车制作。	完整经历小车制作与测试过程。

续表

教学环节	教学活动	设计意图
初步测量	记录第一次完成的小车所能获得的成绩。	引导学生从真实现象中发现问题,客观对待产生的问题。
课后思考	相同的模型结构,相同的制作流程,可效果却不一样,差异在哪?请同学们查找相关资料,对发现的问题作初步研究,下次上课时进行讨论。	依据实验中发现的问题对车模进行分析研究,为后续课程作好准备。

七、学生活动任务单设计

"会拐弯的小车"任务单

一、任务

用现场提供的材料制作一辆小车,要求小车从斜坡上任意位置滑下后,在限定轨道内行驶尽量长的距离。

二、场地

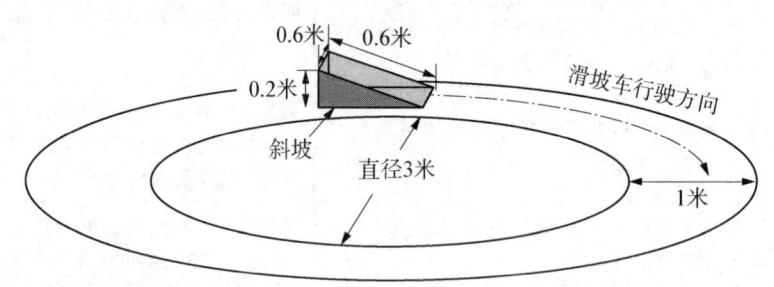

三、小车制作材料

车轮:$\phi 54$ mm、$\phi 57$ mm、$\phi 60$ mm、$\phi 63$ mm 的车轮各 2 个。

车轴:长度为 80 mm、90 mm、100 mm、110 mm、120 mm 的车轴各 1 个。

四、小车制作工具

剪刀 1 把、美工刀 1 把、直尺 1 把、胶带 1 卷、固体胶 1 支、502 胶水 1 瓶、砂纸 1 张。

五、参考资料

相关学科背景阅读资料。

六、方案设计

组别	第_____组
组员及分工	

小车设计方案	
	示意图

小车拐弯的得分记录
第一次测试
第二次测试
数据汇总分析

实验反思

八、学生项目评价表、项目验收报告设计

表4-23　项目评价表

评价维度	评价指标	指标描述			自评	互评	师评
		A	B	C			
创意思维	精准分析	能基本理解问题,并提出一些问题。	能够清晰、全面地理解问题,能提出一些有价值的问题。	能够清晰、全面地理解问题,善于提问,并找到问题的突破口。			
	灵活应用	需要在他人引导下才能应用所学知识思考问题。	能运用一些已经学过的知识和方法分析问题。	能够灵活地运用知识和方法综合分析问题。			
	独创思考	初步对问题作出理解、判断,在同学的鼓励和帮助下敢于作出尝试。	能对问题作出自己的理解、判断,能自主尝试去印证想法。	乐于对问题作出自己的理解、判断并付诸实践,实践成果能符合预期。			

续表

评价维度	评价指标	指标描述 A	B	C	自评	互评	师评
设计方法	整体协调	知道事物受多种因素的影响,只能完成自己擅长的部分。	能够考虑事物的多种因素,能够通过协调基本解决问题。	能够考虑事物的多种因素,综合协调后能很好地解决问题。			
	运作修正	基本学会"发现问题—初步建模—实践研讨—成果共享—模型完善—解决问题"的处理流程。	能够依据"发现问题—初步建模—实践研讨—成果共享—模型完善—解决问题"的流程处理问题。	能够熟练依据"发现问题—初步建模—实践研讨—成果共享—模型完善—解决问题"的流程处理问题。			
	评价反思	有评价意识,但进一步反思、修正效果一般。	能对模型或成果进行反思、修正和评价,修正后效果较好。	善于对模型或成果进行反思、修正和评价,修正后效果超预期。			
	综合管理	初步学会分配时间、人力和资源,具备一定的执行力。	能够较好地分配时间、人力和资源,能分清轻重缓急,具备较强的执行力。	能够很好地分配时间、人力和资源,能分清轻重缓急,具备很强的执行力。			
团队合作	研究方法	能够将已学的知识技术和方法进行应用,但成效不显著。	能够有效应用已学的知识技术和方法,在团队中形成学习新知的共识,但对其应用还需在指导下进行。	能够通力合作将已学的知识技术和方法进行有效应用,乐于自主学习,能在实践研究中进行拓展。			
	分工合作	能够参与团队,承担一定的分工角色,基本完成自己的职责。	能够进行分工与协作,能够较好地依托团队合作解决问题。	能够进行合理分工,团队协作融洽,能够很好地依托团队合作解决问题。			
	工匠精神	经历建模和完善的过程,能按课上的任务要求合作完成解题过程。	有钻研打磨的意识,能在已经完成任务的基础上,通过1—2次的调整,提交团队的改进方案。	乐于琢磨、精益求精,通过多次迭代更新,最终通力合作,更好地解决问题。			

续表

评价维度	评价指标	指标描述 A	指标描述 B	指标描述 C	自评	互评	师评
项目结果	能载重的小船	一般	良好	优秀			
	长跨度的桥梁	一般	良好	优秀			
	会拐弯的小车	一般	良好	优秀			
	单悬臂的结构	一般	良好	优秀			
	原创项目	一般	良好	优秀			

表4-24 项目验收报告

项目名称			
验收时间		验收人	
验收情况			
请验收人根据结构测试情况选择和评价	结构是否完整	是□	否□
	结构是否完成第一次测试	是□	否□
	第一次测试成绩		
	结构是否完成第二次测试	是□	否□
	第二次测试成绩		
	结构测试的平均成绩		
	与其他小组测试成绩比较所得的百分比成绩		
	结构创新点描述		
	结构综合评价		
结构制造方签字　　　　　　年　月　日		结构验收方签字　　　　　　年　月　日	

(本活动方案撰写者:顾凌燕)

活动方案与活动案例六

"DI 创意实践"课程之
"会拐弯的小车"活动案例

一、案例背景

学校根据《普通高中课程方案(2017 年版 2020 年修订)》的要求,指导学生开展研究性学习,以"尚理"文化为主线,适配工程素养"实践创新、系统思维、交流合作、责任伦理"四个方面的培育目标,侧重以工程思维方式和运作模式为基础来开展跨学科的研究型学习活动。本课程设计了符合学生能力范围的工程项目,注重创想品质、思维模型与探究方式的培养,符合高中阶段学生发展的需要。

二、案例描述

这是该项目的第二次活动,已进入项目的重点环节,要求学生设计实验,分析影响小车行驶轨迹的因素。这一课依据第一次活动观察到的现象及相关理论、资料开展,研究方向和方案设计均由学生自主进行,并争取得出一些研究结论。教师须引导学生进一步分析、探讨小车的制作原理和蕴含的科学知识,巩固对比实验、控制变量、数据统计等基本研究方法的相关知识,共享探究成果,知道对任何问题其影响因素都是综合的,解决问题需要多方面考量。

(一)课前准备

工具:项目任务书、实验记录表、评价量表。

材料:小车模型制作材料,包括按照设计裁切好的不同尺寸的纸圆片、纸条、卡纸,502 胶水、白胶、固体胶,制作说明书等;小车制作工具,包括剪刀、美工刀、尺、护目镜、围裙、手套等。

场地:一个面积至少为 50 平方米的正方形空旷空间,确保地面平滑,并铺设项目专用地贴、斜坡。

（二）活动过程

表 4-25　活动过程

教学环节	教学活动	设计意图
课程引入	延续上一节课的问题：小车差异来源于何处？	引入课题，继续展开研究。
班级讨论	手工的差异、两个轮子之间的距离、轮子的大小、车辆的分量等因素可能导致同样的套材却制作出不同的小车。	依据对小车影响因素的初步判断，讨论辨析，从而确定研究方向。
明确任务	通过控制变量的方式，分组实验，解析小车的影响要素。 组一：车轮大小与行驶轨迹之间的关系； 组二：车轮间距与行驶轨迹之间的关系； 组三：小车材质与行驶轨迹之间的关系。 （主要分析以上因素，如学生有分析其他因素的需求，可根据实际情况进行调整，尽量在课上进行实验检测与分析。）	根据讨论辨析的内容，在确定研究方向的基础上，以小组为单位有所侧重地进行研究。
分组实验	根据分组任务，制作对比小车，进行同组内的差异化比较实验，记录实验数据。	采用控制变量法，同组设计多辆不同规格的小车并运行，记录实验数据。
交流分享	共享分组实验的结果，形成"做好一辆会拐弯小车的经验要素"的提示。	对课上的实验结果作初步共享。
课后补充	进一步研究小车拐弯的影响因素，对课上实验和理论研究的情况再作梳理、补充，提升科学性、完整性，形成研究报告。	基于课上交流基础，课后以书面形式形成汇报成果。

学生搭建小车 　　　　　　　　小车滑行实验

学生交流设计方案 　　　　　　教师指导交流

图 4-6　学生活动过程

三、案例评析

"会拐弯的小车"是跨学科拓展课的一个典型案例。甚于生活中的汽车引发的思考，这节课的主要任务是请学生完成小车制作，实现仅依靠机械动力完成车辆转弯的目标。这个单元的学习包含圆周车轮车轴的计算、重力势能的转化、材质对行车轨迹的影响等方面内容，更涉及制作手艺、团队合作等能力，最后小车完成的成效是学生所学知识、技能和方法的综合体现。

这个案例非常真实而灵动地展现了学生拓展研究的过程。学生通过分组探究拐弯因素和共享分析成果，进一步理解小车的制作与运行原理，增加解题的知识、技能储备，为之后用自己的新方案解决更为复杂的进阶问题做好了充分铺垫和准备。在这节课上，学生讨论了小车行驶轨迹的各种影响因素，再根据现场所提供的实际材料分别对车轴、车轮和车辆材质进行有针对性的探讨，用自己的创意想法设计实验，最后进行比较和验证。课堂上所涉及的数学、物理、化学知识可能不难却很有用，所运用到的材料很常见，却在课堂上有了全新的组合。更重要的是，通过课堂的比较实验设计，学生更加清楚地知道如何通过实验进行分析和讨论，从而对自己的假设进行验证。学生在课上累积了经验，学习了科学探讨的方法，从而提升了综合运用各学科技能解决问题的能力。

附录："会拐弯的小车"配件单及影响因素分析

"会拐弯的小车"配件单

以下材料须在教师指导下使用。

各种不同规格的车轮若干：

φ	48 mm	51 mm	54 mm	57 mm	60 mm	63 mm	66 mm	69 mm	72 mm
A4纸	√	√	√	√	√	√	√	√	√
卡纸	√	√	√	√	√	√	√	√	√
有机玻璃			√	√	√				
不锈钢				√	√	√			

各种不同规格的车轴若干：

l	8 cm	9 cm	10 cm	11 cm	12 cm
A4 纸棍	√	√	√	√	√
不锈钢棍					√

工具：电子天平；场地标尺；测距仪；米尺；裁切机。

影响因素分析

组别	第_____组
组员	
影响因素	
设计方案	
具体分工	
数据对比 控制变量：同车轴□ 同车轮□ 同材质□ 同_____□ 　　　　　不同_____	

组别	变量数据	测试结果（同一辆小车应测试和记录至少2次数据）
第一组		
第二组		
第三组		

实验成果（小车制作建议）

（本活动案例撰写者：顾凌燕）

第四节 "工程与技术"课程的学生发展个案

学生发展个案一

在科技创新中培养工程素养

一、个案背景

科技创新是原创性科学研究和技术创新的总称,指的是发现新的科学规律、现象或用新的方法来解决问题。

我在陆煜老师的指导下,针对生活中遇到的问题,使用创新的方法解决问题,在克服困难的同时培养了自己的工程素养。

二、个案描述

模型爱好者的一生之敌:潮湿

我是个模型制作爱好者,喜欢制作比例模型,为了让模型的颜色、质感更接近实物,我常常需要为模型上色。在上色过程中,为了让模型有真实均匀的漆面,我通常使用气泵与喷笔喷出均匀细密的漆雾。然而,漆面的效果会受到温度、湿度等有关因素的影响。合适的外界环境会使漆面有着真实的效果,而且漆面牢固,不易剥落。若温度过低或湿度过高,则会导致漆面干燥时间变长且易剥落,严重影响模型最终成品的展示效果。此外,油漆对模型本身有腐蚀作用,若干燥时间过长,对模型本身也会造成伤害。

因此,我打算准备一台烘漆设备来解决我遇到的问题。我在各大电商平台上搜了相关商品,发现单独一台烘漆设备的尺寸太大。本来喷漆设备占据的空间就很大,有气泵、喷笔、油漆、排风箱等,如果再购置一台烘干机,原本狭小的房间就再也没有我的立足之地了。有一款兼具烤漆和换气功能的喷漆箱看似符合我的需求,然而我仔细研究后发现这个喷漆箱虽然能烤漆,但是它的烤漆设备是装于箱顶的一个灯泡。这样的烤漆方式会导致热量分布不均匀,而且局部强热会使塑料变形,损坏模型。为了保护我的模型,我决定不采用这种烤漆的形式,但是这种将烘漆与换气两种功能相结合的设计启发了我。

把两种功能结合在一起,既满足了我的需求,又节省了空间,于是我立刻着手设计一款换气烘漆两用的喷漆箱。

顺利地构思,艰难地绘图

我很快就想出了喷涂箱的大致结构,并画出了草图。我参考了烘箱上下两层的结构:上层是干燥空间;下层是加热空间,还安装了风扇,将热量以热空气的形式吹至上方。因此,在制作风箱外框时设计两层,上层为上色操作空间,下层为加热器件安装空间。然而,手在封闭的箱体空间内不方便转动零件,给喷涂工作造成了极大不便。正好,亲戚办喜事,我去参加酒席,看到宴会桌中间的转盘设计让圆桌边的每个人都能方便地夹到菜,这给了我启发。于是,我设想在箱子上层的底部安装一个万向铁转盘,这样我就能灵活地进行喷涂工作。同时,在操作台万向铁转盘下方安装两个干烧加热管,并在干燥空间上方放置一个热电偶探头,通过温控表控制操作空间的温度恒定。通过安装在加热管下方的散热风扇,把热空气送入操作空间形成空气对流,使操作空间温度均衡。我的设计使用温控表控制与热空气对流代替暖风灯加热,具有加热温度可控、操作空间温度均衡等优点,模型漆面的温度一致,烘漆干燥的过程一致,使漆面更真实均匀,色彩更亮丽。

然后便是利用绘图软件CAD进行图纸的绘制,这一步骤与构思不同,它是困难重重的。我接触CAD时间不长,对于软件的使用,特别是快捷键的使用不太熟练,因此绘图的效率不高,而且要画各种线、图形,返工了好几次。绘图过程中也出现了意外的情况。记得那是一个夜晚,我已经在电脑前画了两个多小时的图纸,突然电脑屏幕一片漆黑,接着开机的画面显示出来,中间还有个加载中的圆环。竟然碰上了自动更新,来得真不是时候!焦急地等待了十几分钟,电脑终于开机了。我赶紧打开CAD,心里想着自己前面做的东西全泡汤了,又得从头来过。惊喜的是,软件的自动保存功能帮我保存了画的大部分图纸,只需加几条线就能把图纸还原到电脑更新前的进度。经过不懈的努力,我终于完成了图纸的绘制。接下来便是制作原型机。

制作原型，全新的挑战

我在网上购置了硬纸板、排气扇、散热风扇、加热管等材料，待材料全部到齐之后就开始动手制作喷涂箱的原型机。

首先，我按照图纸将纸板分割成各个零件的形状，接着在零件上钻好预留孔，这样准备工作就完成了。然后，根据图纸进行组装。这时问题出现了。我的图纸是按照轻木板的硬度密度来设计的，材料换成较软较重的硬纸板后箱体的结构就无法有效支撑硬纸板的重量，导致零件安装后，零件与零件之间不能很好地贴合，在纸板之间形成缝隙，导致喷漆时废气漏出，烘漆时热空气无法在箱内部有效形成对流，这不仅使热量流失，还会造成能源的浪费。因此，我在箱体连接处增加了几处直角角铁，这才将箱体尽量做到严丝合缝。

原型机的框架制作完成了，我迫不及待地将手伸入操作口，想象着用这个箱子进行喷涂工作。结果却发现，我设计的尺寸过于狭小，手在箱内没有足够的活动空间，根本不能完成喷涂作业。我只能再次修改图纸，等比例扩大每块零件的尺寸。原型机彻底报废，我只好拆解并回收有用的零件之后重新制作机器。好在我一开始采购的时候考虑到了类似情况，买了备用的纸板等零件，因此原型机的制作不至于被搁置太久。

重新制作完箱体的框架后，我再次测试箱子内部的操作空间。地方大了不少，手在箱子里终于可以自由活动了。接下来，只剩下安装电子器件以及排电线了。就这样，我的原型机大功告成！

最后一步：测试原型机

做好了测试用的素组模型（指仅按照说明书进行组装，没有经过上色等工序的模型），又准备好了油漆、喷泵等喷漆材料，终于可以进行最后的测试了。

我先将手伸入箱中，再将零件放入，打开排气扇，它就隆隆作响地运转起来。我把油漆灌入喷笔之后就开始喷漆。漆雾在零件上留下均匀痕迹的同时，多余的漆雾被排气扇吸走，顺着管道排至室外。我也闻了一下，周围没有刺鼻的味道，换气的效果在意料之内，非常成功！

喷完漆后，我将模型零件分为两组，一组放在室内自然晾干，一组放在箱中烘干，分别比较两组漆面的干燥情况与牢固程度。同时用测温仪器监测箱内温度变化情况。半个小时过去了，放在箱中烘干的零件上的漆面已经干透，而且用手揉搓也不会掉漆。反观在室温下晾干的零件，上面的漆面还处于湿润状态，又过了将近三个半小时，零件上的漆面才变得干燥,但是手触摸时还是会出现掉漆的现象。经过对比,我的喷漆箱有不错的烘漆效果。

看着模型成品,我的内心无比自豪。

机器尚不完善,今后仍需努力

然而,实验的成功并不一定代表这一机器的成功,在日后的使用中也凸显出一些问题。一次,我用这个喷漆箱烘漆,时间到了以后我拿出零件,发现有几块零件因受热过度而变形了。我分析原因,发现那几块零件受热过度是由于离底部加热管太近,温度过高。这也暴露出一个问题:虽然用热对流的方式比用灯泡的热量烘烤受热更均匀,但靠近热源位置的温度仍然过高,因此需要想办法尽可能地分散热源处的热量。

在参加一次比赛的论文答辩环节时,评委老师也指出了我设计中的不足,给予我许多宝贵的意见。例如,按照空气动力学原理,将排风装置设置在箱体顶部,抽气效果会更好;在操作空间的下方加装温度计,更好地监控箱内温度……因此,我的研究作品仍在不断改进之中,相信以后会变得越来越完善,更能满足使用者的需求。

三、个案反思

科技创新培养了我的系统思维。所谓创新,就是要用新的方法去解决问题或发现事物。而系统思维,指的是将零散的问题进行有序整理,形成一个具体全面的整体,并从整体角度分析问题的思维方法。我在研究课题的过程中将湿度、温度、体积等因素作为一个整体来考虑,从中以全新的视角来分析问题,得出了模型烘漆的创新方法。在这过程中,我整理零散问题的能力得到了加强。同时,我又从整理出的整体中获得了新的思维方法,也因此创造性地找到了新的解决问题的方法。

此外,科技创新过程锻炼了我的实践能力。面对困难时,我能灵活运用自己的知识,将知识应用于实践,而且在想出问题的解决对策之后,我又能马上动手设计机器,采购材料,按照图纸动手制作,并用实验验证自己的作品。"纸上得来终觉浅,绝知此事要躬行。"理论需要通过实践才能被认可,创新只有通过实践才能有意义。科技创新过程让我意识到,有了想法就要马上动手开始设计,不要担心自己能否成功。疑一时,误一事,一个人有可能因为一时的犹豫不决,而让一个成功的机会白白流失。因此,科技创新过程培养了我实践创新的能力,让我敢于创新,敢于实践!

系统思维，实践创新，都是工程素养的重要体现。工程素养也是现代高中生应该拥有的能力之一。创新之路在不断延伸，我相信自己会在这条路上愈走愈远！

（本个案撰写者：高一学生　蒋嘉睿；指导教师　陆煜）

学生发展个案二

实践中探索　验证中求真

一、个案背景

2023年上半年，上海市举办了青少年科技创新大赛，该赛事旨在以创新的精神开展实践活动，分享创新成果与合作学习。

我们奇思科创社团的郝老师便询问社团成员的报名意愿，并最终确定了参加比赛的同学。

二、个案描述

一切的开始

高一上学期的时候，由于疫情，我们有将近一半的时间都是在线上与老师进行互动学习的。因此，我们有了较为充足的课下自我学习的时间。

就在这样的大背景下，社团的郝老师在社团群中发布了一份关于上海市青少年科技创新大赛的文档。在仔细查阅大赛的文档并了解大赛的宗旨和项目内容后，我决定参加这项比赛。这是一个锻炼自我能力的好机会。在决定参加比赛后，我就要确定参加比赛的项目内容。此时，我的大脑中想起了自己作为一名近视眼的烦恼——因为我没有养成将眼镜随手放在固定位置的好习惯，所以每天早上起来后都会忘记眼镜放在哪里，要花费较长时间寻找。对此，我就在想，是否可以做一套装置，帮助我记录眼镜放在哪里。而且我觉得这套装置也可以帮助那些记忆力较差的人士和阿尔茨海默症患者。

摸索中前进

项目内容和课题已经确定好，接下来就是如何去实现。我先在网络上搜索有关这方面的技术文档和文献，以及各种技术手段。在搜索过程中，我看到了各种各样的关于机器视觉、物品定位的技术、程序和文献。在整理好相关资料后，我决定开始我的项目。在我的初步构想之中，我的项目应当实现如下功能：能够识别画幅内物品所有的名称、类型；在初步识别之后，将物品进行分类，存储至程序的数据库之中；之后应当有一个页面能让用户直接搜索数据库中的物品，接着程序会引导用户，帮助用户寻找到他想要搜索物品的所在位置。在有了这一个构想之后，我便开始了代码的编写，初步完成了一个物品识别程序，但很快我发现了一个严重的问题。那就是我在这份代码上花费了快一个星期，然而却只实现了构想的第一个小模块。时间安排十分紧张，这样的进度是完全不够的。

眼看着大赛还有两个星期就要开始审核并停止申报，我的内心无比焦急。于是我赶忙向社团的老师询问，是否有方法快速地实现我的想法。老师在看过我已经写好的代码和已经构思好的大致逻辑后，指出以我目前的能力和时间安排，以及我所要实现的构想并不是一个商业性质的项目，并不需要如此完善的前后端界面和功能。他认为我只需要展示的是我的想法和一个初步实现情况，没有必要完成一个通用的复杂的模型。

全部推翻重来

在经历第一次的坎坷之后，我意识到，应当以我自身的能力和时间去估算一个我能实现的项目，而不应当一次性去实现一个非常庞大的项目。于是，我将之前所写的所有代码通通删除，也将之前的所有构思全部推翻重来。在社团老师的帮助下，我决定将通用物体识别这一构思更改为对特定易丢物品的识别，这是一个定向的识别，任务会更加简易，并且所需代码量更少。同时，老师向我推荐了一个能够自主训练的机器视觉平台。我可以使用这个平台对自己的模型进行训练，实现我想要实现的定向识别功能。重新构思项目之后，便又到了代码编写的环节。此时，老师邀请我到他家去，一对一帮助我完善整个项目。

不一样的感觉

在整个项目基本完成之后，便是向大赛组委会进行叙述的过程。在这个过程中，我要制作一份关于项目的PPT，在之后的答辩中直接向评委展示我的构思。于是，我向有经验的老师询问PPT如何制作，以使我能够更加简洁直观地吸引评委老师的注意。老师给我发了几个PPT模板，我便在这些模板基础上进行二次修改。在制作完成之后，我将PPT发给老师。老师针对我的PPT初稿，提出了许多建设性意见，教导我如何简洁、明了、直接地呈现出项目的优点和创新的地方，快速吸引评委老师的眼球，让我的项目在评委眼中更有价值。

在完成了PPT之后，没过几日，便是激动人心的答辩环节。在这个环节之中，我根据老师的提问，侃侃而谈。我自认较为成功地完成了这一次答辩。

等待结果

在答辩完成之后，我要进行详细的项目文档编写。在这个过程中，老师告诉我如何写这份文档，其中每一个部分应该写什么，以及在初步完成之后，老师对我的文档中的一些过程不够详细的内容进行了补充，将我的字词进行优化。最终，我与老师共同努力，完成了这一份项目文档。

三、个案反思

创新精神让我更具合作精神。在实践创新的过程中，我意识到个体的力量是有限的，这时就需要向外界求援。例如，当我遇到困难时，就会向社团老师进行求助，社团老师便给予我相应的帮助。同时，不光是我与老师之间，我与其他项目组之间也进行了一定的技术交流。这都是我们在合作共赢的基础上进行创新的过程。

创新精神让我更具系统思维。创新不是空谈，一个没有具体过程的创新，不过是一个假大空的方案。在创新的时候，应当有系统性的思维，去实现系统性的方法。例如，在第一次尝试时，我并没有一个系统性的思维，导致整个项目需要推翻重来。

创新精神让我实践创新。在日常生活之中，我们往往会满足于别人已经提供的环境，失去创新精神。例如，日常生活中所使用的智能手机款式在很大程度上是乔布斯发布的苹果手机所定义的。因此，要跳出已有环境，不断实践创新。

创新精神让我更有责任伦理。在实践创新的过程中，项目整体由我自己提出，它的发展也应当由我自己推进。在对一个项目进行创新的过程之中，我需要具有一定的责任心。不能在创新的过程中遇到挫折就对自己的创新项目予以抛弃。

唯有实践创新，人人都创新，国家的发展才能有源源不断的动力。实践创新，从我做起,从每个当代中学生做起。让我们人人都参与创新、实践创新吧!

(本个案撰写者:高一(1)班　陈淼;指导教师　陆煜)

学生发展个案三

在生活中创新,在交流中进步

一、个案背景

上海市青少年科技创新大赛是全市规模最大、层次最高的青少年科技类赛事。大赛的宗旨在于激发广大青少年的科学兴趣,培养创新精神和实践能力,树立科技报国的远大理想。作为一名上海理工大学附属中学的学生,学校开展的"工程实训"课程培养了我对科学探索的兴趣,同时在学校"尚理"办学理念的引领下,我的创新意识开始生根发芽。通过对日常生活的观察,我能发现其中存在的问题,并认真思考,形成初步的解决思路。同时,在学校老师的指导下,开展实验研究,完善解决方案。我有幸参加了第38届上海市青少年科技创新大赛,并获得了科技创意组一等奖。

二、个案描述

融入"新时尚"

2019年7月1日,上海市开始施行垃圾分类。通过垃圾分类,有回收价值的东西不再被湿垃圾污染,干垃圾焚烧成本降低,湿垃圾则可以被制成肥料、沼气等。上海市配套新增干垃圾和湿垃圾处理设施,提升干垃圾焚烧能力和湿垃圾处理能力。预计2023年年底,上海市能够实现生活垃圾零填埋。垃圾分类已经成为上海人民生活的"新时尚"。

我也非常有幸成为这个"新时尚"的一分子。最初我经常分不清楚哪些是干垃圾,哪些是湿垃圾。这时候我发现身边的人要么在学习垃圾分类,要么在宣传垃圾分类,整个生活环境焕然一新。在这个氛围中,身边的亲人都在践行垃圾分类,我也慢慢了解了垃圾分类的规则。在这个"新时尚"的引领下,在全体居民的参与下,我发现小区的垃圾少了,小区的环境更加整洁了。

发现"新时尚"带来的新问题

上海市自施行垃圾分类以来,湿垃圾分出量基本稳定在总量的35%左右,可回收物的回收量基本稳定在日均7 000吨左右,成效显著。但是,我在往垃圾站投放湿垃圾时,湿垃圾桶上面有一层液体,投放时差点飞溅到我身上。通过观察我发现,在湿垃圾分类时,液体容易飞溅出来弄脏衣物;在湿垃圾装载、运输过程中,也容易溢出污染地面环境;在靠近湿垃圾桶时,还会闻到令人头疼的气味。

在实践中了解真实情况

在回家的路上,我不断思考湿垃圾存在问题的原因。干湿垃圾分类以后,湿垃圾集中存放,导致湿垃圾的湿度增加,这大概是主要原因。我把想法告诉了我的指导教师,并说出我的构思——对湿垃圾进行去湿处理。对此,老师给我提出了实验建议。在老师的建议下,我以家里常见的湿垃圾为实验对象,对湿垃圾进行干湿分离实验研究。

实验共分四步:第一步,将样本放入筛网沥干;第二步,对样本挤压分离液体;第三步,对样本吹热风烘干;第四步,将样本放入金属容器中烘干。通过五天对五个样本的实验研究,我得出实验结论:沥干、挤压、热风等方法能够去除湿垃圾中70%左右的液体,使垃圾重量下降20%~40%;加热烘烤尽管能够彻底将湿垃圾烘干,使重量进一步下降10%~20%,但是时间长、能耗高。

创新尝试,迈出第一步

我将实验结果整理好后,交给指导教师。指导教师询问了我的实验过程,经过讨论,认为我可以考虑按照实验步骤设计一个湿垃圾的除湿装置。利用这个装置集中将湿垃圾进行固液分离,不仅使湿垃圾的量大幅度减少,避免运输和存放过程中流质泄漏污染环境,还能更方便地将剩余的固体垃圾制作成燃料或肥料加以利用,一举多得。受此启发,我查阅了相关资料,整理思路,初步形成了一个方案。对于沥干,可以考虑设计一个电动筛子,通过振动加速液体的分离;对于挤干,可以考虑给这个筛子加装一个旋转功能,通过离心力产生挤压力,把湿垃圾中的液体甩干;对于烘干,可以考虑在筛子底部增加一个热风扇,通过热风把湿垃圾中的水分烘干。经过思考,我认为烤干一步并没有太大作用,因为通过沥干、挤干、烘干三个步骤可以去除70%的液体,烤干所需时间长、耗能大，并且只能进一步去除10%左右的湿度，不经济。老师同意了我的观点，我怀揣着期待开始了第一次创新尝试。

对不足进行弥补，对方案进行优化

第一次创新尝试，我并没有那么游刃有余，其中遇到了不少问题。经过两个月的认真思考，设计方案取得了阶段性的完成。我向老师介绍我的设计方案，老师认为我的方案不够细致、完整。我告诉老师希望装置实现自动化的想法，老师向我讲解了如何通过传感器和逻辑编程实现装置的自动控制。在一次次的优化改进中，我的方案愈加完善。

收获

听取老师的指导意见后，我对设计方案进行了优化。在原有五部分的装置上加装了重量传感器和流量传感器。通过传感器监测元件对每一步是否完成进行智能判断，最终达到湿垃圾固液合理分离自动控制的目的。这套装置能够有效减少湿垃圾量，解决干湿垃圾分类后湿垃圾太湿的问题。我带着设计方案参加了第38届上海市青少年科技创新大赛，获得了科技创意组一等奖。

回望这一路，在老师的悉心指导下，我不仅加深了知识的掌握程度，而且促进了科学素养的养成，收获颇丰。犹记第一次专家答辩前夕，我既紧张又害怕，按着鼠标一遍遍地练习。经过一次次历练，我在最近一次答辩中能够较为具体精准地表达自己的想法，最大程度地理解专家意见。比赛已经结束了，但我探索世界的道路才刚刚开始，今后我会更有信心和动力，在创新的道路上不断前进。

三、个人反思

创新源自生活。古人没有飞机和火车，所以他们只能待在一个地方或去很近的地方，而不像我们现在可以如此方便地远行。我也是在生活中发现湿垃圾桶里有大量的液体，才想到是否应该给湿垃圾去湿。通过这次活动，我更加深刻地认识到"创新离不开生活"。人们想从繁琐的日常劳动中解放出来，才发明了洗衣机、洗碗机、播种机、收割机等。因此，我们要在生活中多思考，从生活中吸取创新灵感，创造更加美好的生活。

创新离不开实践。只有实践才能激发出创新的真正需求，创新成果能否成立，也必须经受实践的检验。我通过实践知道湿垃圾是可以干湿分离的,也在实践中掌握了几种给湿垃圾去湿的方法。通过实验,我知道了不同的去湿方法所能取得的效果。因此,我们要深入到实践当中,在实践中了解真实情况,在实践中找到创新方法,在实践中找到真实的答案。

创新离不开交流合作。创新需要交流,交流才能进步。孔子曰:"三人行,必有我师焉。"叔本华曾说:"单个的人是软弱无力的。"牛顿有言:"如果我看得更远,那是因为我站在巨人的肩膀上。"古今中外,大家都强调了学习交流的重要性。创新亦是如此。在这次课题研究中,我与老师、同学进行了多次交流,将不同人的思维想法融合,进而调整方案。"单丝不成线,独木不成桥",创新永远离不开交流合作。

(本个案撰写者:高一(7)班　许沁依;指导教师　潘志刚)

学生发展个案四

我在全国青少年科技创新大赛中创造性成长

一、个案背景

全国青少年科技创新大赛是由中国科协、自然科学基金委、共青团中央、全国妇联共同主办的一项全国性的青少年科技竞赛活动,旨在培养青少年的创新精神和实践能力,以迎接现实世界和未来世界的挑战。我在潘老师的指导下,开展了对课题的研究与探索,并在这个过程中获得了成长。

二、个案描述

疑惑

初次听到全国青少年科技创新大赛这个名字时,是在高一的寒假,那时的我对它知之甚少,更没有想要参加的念头。有一天,我受到好友邀约,同去公园野营。在玩乐过后,面对满地的垃圾,我们却犯了难。这些垃圾虽量不大,但种类繁多,对它们一一分类将耗费我们不少精力。对此,我们费了大力气才做好垃圾分类,完成后我不禁在想,为什么要进行垃圾分类呢?不同的垃圾又该怎样处理呢?我苦思冥想却毫无进展,无奈去网上寻求解答。经过一番查找我才知道,传统的垃圾处理方法是掩埋,对环境污染严重,而对垃圾进行分类回收并焚烧处理是新的解决方法。但现有的垃圾回收网络还无法满足需求,需要对其进行升级。于是,我便想通过数学建模的方式解决这个问题,并通过全国青少年科技创新大赛来展示自己的成果。

探索

有了想法后,我便开始对这个课题进行研究。在这之前,我虽然也接触过数学建模和编程,但并不太熟悉,一开始我就被难住了——该用什么方法去建立一个什么样的模型来解决问题呢?找不出答案的我便去求助老师,但老师并没有直接回答我,而是让我先去查阅别人的论文,看看别人是怎么做的。听闻此言,我先去查阅了部分研究人员的论文。看了他们的研究方法、研究过程和研究结果后,我深受启发,豁然开朗。不同的方法,各有其优缺点,要针对不同的问题,选择正确的方法。可每种方法都像珍器重宝,让我不忍放弃。老师似是看出我的纠结,细心地为我讲解每种方法,不厌其烦地为我分析如何研究这个课题。在老师的帮助下,我查阅了国内外典型城市生活垃圾分类情况以及垃圾回收网络规划研究的现状,并在对这两方面内容进行分析和总结的基础上,确定了用 0—1 规划的方法,以经济成本及环境负效用最小化为目标建立多目标混合整数线性规划模型。

深入

在找到方法后,我以为一切问题都已迎刃而解。就当我信心满满地建立了第一个模型后,便迫不及待地开始编写程序,用 lingo 软件进行求解。可第一次尝试并不尽如人意,在代入数据并运行程序后,结果并不是我想要的答案,而是程序错误的提示。这虽然让我有些失落,但并没有让我放弃。我一遍又一遍地调试程序,一次又一次地运行,终于在一个深夜得出了答案,我兴奋地把结果发给老师,可老师一眼便看出我的问题所在——我把会影响计算结果的所有因素都看得十分重要,这不仅加大了计算的难度,更是让计算的结果有些脱离实际。这无疑给我泼了盆冷水,让我有些心灰意冷,难道之前的努力都要付诸东流了吗?

就在我感到沮丧之际,老师也看出我脸上的失落,明白我心中的困扰,他告诉我,没有什么事情是一蹴而就的,更何况是本就困难的研究,第一次的失败并不代表未来,并且即使最终的结局是不好的,这奋斗的过程也依然值得铭记。听了老师的话,我感受到他对我的殷切希望,不再陷于过去的失败,而是重整旗鼓,开始改进模型,不断深化,打磨每一个细节。通过不懈努力,我完成了对这个问题的求解,成就感和满足感氤氲周身,让我久久不能忘怀。

展志

在完成了课题的撰写后,就只剩最后一步,那便是答辩。我素来不善交际,对主持会议、报告等事也只是略知一二,因而如何答辩成了新的问题。首先是答辩PPT的制作,这一步只需提炼文章重点即可,自然没有太大难度。然后便是要流畅地介绍自己的课题,并接受老师的提问。一开始我对此不以为然,认为最重要的文章已经写完,这又能难到哪儿去呢。很快,第一次答辩开始了。答辩PPT我早已看过百遍,内容更是烂熟于心,没有丝毫拖泥带水便介绍完了我的课题。但对于老师的问题,我却那么地力不从心,词不达意。结束后,带着遗憾,我再一次打开我的文章,反复观看,对每一个研究细节都加深记忆,练习表达。在之后的答辩中,我越战越勇,一路过关斩将,最终夺得了一等奖。

三、个案反思

研究课题的过程让我学会了创新思维。我所研究的问题,在茫茫历史长河中早就有人研究过,有所建树的人更是不在少数,即使到现在人们也没有停止对它的探讨。我不禁思考我的研究意义何在,如果和别人研究的内容一样,那不过是一个复制品罢了。因而,如何求同存异,找到和他人研究不一样的地方便成了关键。我查阅了大量的文献,并对他人的文章归纳总结,这不仅让我学习到许多知识,也让我了解到别人所没有研究过的是什么。在他们的基础上,我增加了新的想法,想到了他们没有想到的东西——我们常常是站在巨人的肩膀上来解决问题的,同时我们也能为巨人增高一点。在这个过程中,我独立思考和创新的能力得到了加强和锻炼。

我学会了要用系统思维来思考问题。在平时的题目中,我们所接触到的问题常常比较单一,只需要考虑一个或两个变量,这是出于方便求解的考量而设置的。可面对诸多现实中的问题时,思考问题的方法往往没这么简单,用单一的思维去思考或许能很快得出答案,可是这样的答案在现实中往往是不适用的。在研究的过程中,我对此便深有体会,因而这过程也让我学会用系统思维来思考问题,使我的考虑更全面、更深入。

此外,这次大赛还锻炼了我的表达能力。在学校中,生活往往是那么简单,唯一的任务便是好好学习,表达能力似乎不那么重要,毕竟考试时也不用交流。但在这次大赛后,我深有改观。好的表达能力,不仅在大赛中兹事体大,在平常生活中也是不可或缺的。

即使我有一个经过千锤百炼的课题,也还要通过我的讲解,通过回答老师的问题之后才能突出重围,这正是考验了我的表达和随机应变的能力。在一次又一次的答辩中,我不断加深理解,同时也能够更好地表达,让老师知道我所构思的是什么。

这次大赛所带给我的收获数不胜数,它更是我人生中重要的经历,让我明白过程往往比结果更重要。即使我最后没有获奖,但研究课题、参加大赛的过程依然会让我铭记。我们往往无法预知未来的结果,但我们不会因此而放弃选择。有时盲目地追求好的结果便会忽略了方向,而有时只是追求好的过程,却往往能带来好的结果。

(本个案撰写者:高二(6)班　储耀栋;指导教师　潘志刚)

学生发展个案五

从热爱自然到探索生命,用科学方法了解未知

一、个案背景

在学校工程素养培育和教育改革的大背景下,"生命的奥秘"作为一门引导学生用科学探究的方法来了解生命真相的课程,是落实工程素养的载体。课程引导学生经历科学探究的整个历程,通过小组合作的形式,发现问题,运用科学思维和科学方法最终解决问题。小张同学从小热爱大自然,喜欢探索世界,为此,他在家中还设有自己的微型实验室,其中有显微镜等简易的实验器材。平时善于观察和研究未知事物的他,在本项课程中,作为组长,带领自己的小组成员,一起完成了课题的提出、研究、论文撰写和答辩过程。小张和组内同学都感受到科学探究方法帮他们开启了学以致用的大门,使他们能够更好地认识生命,解决现实生活中的问题。小组成员之间集思广益、交

流碰撞、互相支持、解决冲突,最终取得成果,分享喜悦,每个人都获得了成长。

二、个案描述

课题开题——如何确定课题的方向和可行性

在"生命的奥秘"这门课程之前,同学们都没有进行过系统的项目化课题研究,仅在生物课堂上有过简单的操作探究实验的经验。学生对于项目化课堂的研究还非常陌生,但每个人都充满期待。小张同学表示,自己平时对大自然及生物非常感兴趣,喜欢通过网络查阅相关的资料,包括做一些小实验,但没有具体的研究方向,也没有科学的专业的研究方法,全凭个人爱好,所以对这次能够参与课题研究,并被推选为组长,带领小组同学一起学习和探究非常期待。

探究开始时,学生们遇到了第一个难题:如何开题?作为老师,我先为他们划定一个大概的范围,即用微生物培养和鉴定的方法进行生活化课题的研究,为学生们讲解了如何确定课题方向、如何鉴定课题的可行性、如何拟定课题的标题等内容。通过学习,学生们对此有了一定的了解,但毕竟是第一次开题,所以还是遇到了一些困难。

小张小组先确定了课题的大概方向:近几年来,人们愈加重视个人卫生防护,戴口罩成了生活的一部分。对于一次性的普通医学口罩,连续佩戴的时间一般不建议超过四小时,佩戴时间过长会引发颗粒物阻塞口罩过滤材料的空隙,使呼吸阻力加大,同时佩戴时间过长也会引发污染等问题。结合所学微生物学的相关知识和实验技能,小组同学想要研究佩戴后的口罩滋生微生物的情况。大方向确定后,小组同学也提出了一些问题。

小李:如何确定课题的可行性呢?

小王:我认为关键是取材,因为计数要接种液体菌种,但如何将口罩制作成液体样品呢?

小张:我们选用哪种口罩,是同一个人佩戴还是多个人一起佩戴呢?

同学们表示,原来一拍脑袋想的课题,真正实施起来,还有那么多细节要考虑。于是,他们学习如何将大方向的课题逐渐细化,转变为可执行的课题。大家意识到科学需要认真细致的态度,需要一步一步地详细规划。

最终,小组成员通过相互讨论,查阅文献,确定了课题实施的可行性。但如何用专业化的术语来描述呢?小组成员最初提出的题目是:"研究口罩佩戴时间和微生物的情况"。从中可以看出,同学们在没有课题研究经验的情况下,对题目的专业性、严谨性考虑得还比较欠缺。我指导他们进行修改,使课题的方向更具体,语言更专业,最终将题目确定为:"探究××品牌口罩佩戴时长与微生物滋生情况的关系"。才经历第一个阶段的学习,小张就感受到了系统化学习的不同,他激动地说:"过去研究时仅凭兴趣,完全没考虑如何专业化,就像个小学生,现在忽然觉得自己像个研究者了。科学研究的每一步都要运用科学思维,才能一步步将天马行空的想法真正付诸实践。很期待我们小组的探究之旅。"

课题研究——小组合作、共同经历科学探究的过程

开题后,每个同学都非常期待接下来的探究过程,即设计实验方案—实施方案—记录结果—分析实验结果并得出实验结论—撰写论文并进行答辩。虽然同学们对探究的过程烂熟于心,但真正具有的实践经验确实少之又少。在这个过程中有很多挑战等待着他们,小张同学带领组内成员继续前行。

1. 设计实验方案

在这个过程中,小张一组通过讨论,决定先查阅文献,通过参考其他文献和资料来指导实验,但对于如何做到将固体的口罩转变为"液体样本",且能够保证实验的可信度产生了疑惑。小张说:"应当取口罩内层(靠近嘴巴)一侧的中间部位作为样本。"小李说:"同意小张的想法,我们可以用中间 10 cm^2 的面积作为样本,用无菌水浸泡口罩,制作液体样本。"小王提出异议:"但这样的转化,无法将口罩上全部的微生物都溶到无菌水中,必然引起实验的误差,有没有一种方法能够取得全部的微生物?"这时,小组的研究陷入了瓶颈。最终,小组成员通过查阅文献,将实验方案确定为:准确称取 $10 \text{ g}\pm1 \text{ g}$ 样品,剪碎后加入到 200 mL 灭菌生理盐水中,充分混匀,得到一份生理盐水样液。液体产品用原液直接作样液。后续多个实验步骤的设置都经历了这样一个"查阅文献—小组交流—发现问题—解决问题"的过程,最终问题被一一克服。组内成员纷纷表示:发现问题,讨论交流,解决问题,让每个小组成员都感受到了合作的重要性,也激发了每个人的创造性。同学们强化了用科学方法解决问题的意识,感受知识与现实的结合,让探究的过程渐入佳境。

2. 实施实验

俗话说知易行难,如何将实验方案落实到操作上,小张一组也费了一番功夫。小组成员进行第一次实验时发现了诸多问题,比如:样品稀释度不合适,导致菌落过多;

对照组也出现了菌落;不少平板菌落涂布不够均匀;等等。这出乎意料的结果像一盆冷水浇灭了小组成员的热情。小王说:"原以为设计好方案,按照方案操作就一定能够出现自己想要的结果,没想到会是这样!"其他同学也表示,真是让人气馁。这时候,小张说:"课本中提到恩格豪斯为了探究光照是光合作用的条件这样一个看上去简单的问题,做了500多次实验呢!我们第一次自己做实验,有失败的经历又算什么呢?至少证明了我们的实验技能还不熟练。大家不要气馁,我们一起来找一下解决的方法吧!"在小张的带领下,组内成员也很快调整好自己的状态,大家一起根据实验结果来寻找解决方案。小张说:"实验前预实验还是很有必要的,我们可以探究一下样品的不同稀释度,最终确定最佳的稀释度。"小李说:"对于对照组出现菌落,我认为操作失误的环节主要在倒平板阶段,倒平板时培养皿盖打开角度过大,导致空气中的杂菌进去了。"小王说:"菌落生长不均匀说明我们涂布不均匀,需要多加练习。"小组同学集思广益,重新振作起来,开始探索最佳的实验条件。通过多次预实验,不断发现问题,不断解决问题,最终获得了理想的实验数据。小张表示:"原来自己曾经的探索都只是浮于表面,没有真正深入地解决问题。这次实验探究的过程,让我深刻地体会到,走科学之路不只是有热情就好了,更要有脚踏实地的实践,要有不怕失败、敢于挑战的精神。同时,在这个过程中,我还发现自己的创造力、科学思维不断提升,也感受到每个人在实验过程中经历失败时的沮丧。大家互相支持,一起克服困难,一起合作前行。我的性格也变得成熟稳重了,对科学探究之路变得更加有信心了。"小王说:"我喜欢这样不断突破自我的过程,这次课题研究的过程让科学探究的思维在我的心中埋下了种子。虽然我还有很多不足,但遇到问题时想办法去解决是我这次实践最大的收获。"

3. 分析实验结果,得出实验结论

为了方便记录实验结果,小张小组讨论并设计了记录实验的表格。通过对实验结果的统计和分析发现,当口罩佩戴时间超过6小时后,微生物的种类和数量显著增加,表明佩戴6小时以上的口罩,会有一定的污染,不建议佩戴,这也符合口罩佩戴时长的建议。但通过这次研究,小张等同学能够以更直观的方式看到实验结果,非常兴奋。小张表示:"能够看到良好的实验结果,比考试考了高分还要让人开心。每个人都为此付出了辛勤劳动和智慧,真是成就感爆棚!"

论文撰写和答辩——科学的种子在身体中发芽

同学们都是第一次撰写论文,第一次参加答辩,这难度对他们来说并不亚于前面

实验探究的挑战。小张作为组长，是论文撰写的主要负责人，他带领组员查阅资料，参考文献，向老师请教论文的格式，撰写论文需要注意的事项，并对整个探究过程进行梳理，认真完成论文的撰写工作，经过四次反复修改，最终确定了论文终稿。整篇论文从课题的背景、课题的创新、课题的准备、课题的实验研究、实验结果的分析、实验结论、对现实生活的指导等几个方面进行阐述，思路清晰，描述科学。

小张将论文中的重要部分进行归纳概括，制作成精美的PPT，向整个班级的老师和同学进行介绍。老师和同学们针对小张小组的研究内容进行提问，由小张作为代表进行解答。在答辩过程中，小张对整个课题研究都非常了解，不管是理论的问题还是实践的问题，都能够给出比较清晰的答案，逻辑思维和表达能力都得到了很好的锻炼。

小张说："没想到自己真的可以写论文了！第一次体会如何撰写一篇科学论文，如何筛选材料，如何组织语言及注意整篇论文的科学性和严谨性。每一次修改都是一个不断精进的过程。我真正地接触到了专业研究的流程，感觉自己是大学生了。当看到自己的论文完成时，我觉得太有成就感了！在答辩的过程中，我能够向老师和同学们展示我们小组的共同成果，我为整个团队感到自豪！"

作为教师，我也深切感受到了一次完整的项目化学习过程，一次真正深入的科学探究过程。希望这次学习能在每位同学心中播种下科学的种子，期待这颗种子生根发芽，为同学们工程素养的培育注入新鲜的能量。

三、个案评析

课题的研究过程充分体现了以人为本的教学理念，学生的主观能动性得到了充分发挥，从课题的选题、实验方案的设计、实验的实施、结果的分析、结论的得出，到最后的论文撰写和答辩，都是小组成员在组长小张的带领下共同完成的。通过现实问题的探究，学生不仅提升了科学思维、科学探究能力等生命科学学科素养，更充分锻炼了合作交流的能力、表达能力、论文撰写的能力和解决现实问题的能力。此外，整个过程中的方法可以迁移，学生了解了如何通过科学探究的方法一步步解决问题，从而提升了生存力、适应力和科研力。

(本个案撰写者：高秋月)

第五章　高中生工程素养培育"工程与艺术"课程的研究与实践

第一节　"工程与艺术"课程的实践研究

一、课程的含义与特色

(一) 含义

1. "工程与艺术"的含义

"工程与艺术"是指"工程"与"艺术"的跨学科结合,着眼于工程学科与艺术学科的融合,通过融入工程教育提升设计人才的能力和格局,培养具有工程思维、工程能力的融合型人才,从而突破传统的人才思维狭隘和能力单一的局限。"工程与艺术"有以下两个特征:一是艺术学科的感性思维与工程学科的理性思维有效融合;二是艺术素质、技能与工程知识、技能有机融合。"融合"是指在艺术性课程,如绘画艺术、短视频制作、英语戏剧中融入适当的工程元素,培养既具有艺术素质、艺术技能,又具有工程经验、工程能力的新型人才,做到"技"与"艺"深度结合,"美"与"用"和谐统一。简言之,"工程与艺术"融合型人才培养模式是依据行业发展趋势,遵循教育规律,融入工程教育,培养兼具工程思维和艺术素质的新型人才。

2. "工程与艺术"课程的含义

"工程与艺术"课程是指以工程素养为着力点,将工程元素融入到艺术课程中,达到工程元素和艺术课程的有机融合。它是培育高中生工程素养,将系统思维意识与能力、实践创新精神与能力、交流合作意识与品质、责任伦理态度与精神等工程素养与艺术课程相融合的课程。

（二）课程的特色

"工程与艺术"课程的特色包含：具有工程素养培育的价值取向，具有与工程、艺术有关的教育内容，具有工程与艺术两方面的多要素，具有多方面的教育操作实践活动，具有指导高中生探究、创造的特征，具有现代主题化单元开发的特征，具有高中生选修课程的实施操作特征等。

1. 具有工程素养培育的价值取向

本课程融入"中国制造""人工智能""创新创业""视频制作"等元素，以学生小组合作的形式，学习工程和机械理论知识，并通过实践输出创新型项目成果，增强学生理论和实践相结合的应用能力。它具有工程素养培育的价值取向，即培育高中生的系统思维、实践创新、交流合作与责任伦理，引导学生将动手实践能力、合作能力、艺术欣赏能力融合起来，培养综合素质。

2. 具有与工程、艺术有关的教育内容

"工程与艺术"课程主要包括"数字油画""微视频制作""英语戏剧"三门子课程，它们都强调将工程素养培养与艺术培养相结合，是交叉融合的教育内容。

例如，"微视频制作"以注重发展学生工程素养为主要目的，以"活动"为主要形式，强调学生的亲身经历，要求学生积极参与到各项活动中，在学习的过程中能够逐渐意识到微视频制作不单单是个人的艺术创作，更是一个体现社会工业进步和提倡团队合作的过程。要想制作出一个优秀的微视频作品，单枪匹马操作的难度是极大的，要把创作出一个好的微视频作品理解成在铸造一个庞大的工程。

3. 具有工程与艺术两方面的多要素

"数字油画""微视频制作""英语戏剧"三门子课程包含了很多的艺术元素，如绘画、戏剧等，同时也包含了有关工程方面的元素，如设计、实践、创造等，将人文情怀、系统思维、交流合作、设计创新、实践应用等都蕴含其中。

4. 具有多方面的教育操作实践活动

"工程与艺术"课程具有多方面的教育操作实践活动。例如，"微视频制作"涉及视频制作、历史发展、硬件介绍、软件介绍、剧本概念、分镜剧本、剧本接力、作品讲评、创意摄影、创意摄像、进阶剪辑等，还包括活动计划、活动内容、活动组织、学生参与、成果交流、相互讨论、评价激励、总结奖励等实践活动。

5. 具有指导高中生探究、创造的特征

"微视频制作""数字油画""英语戏剧"等课程都融入了探究、创造的元素，需要学

生进行探究与创造活动。

例如,"数字油画"需要学生在考察、鉴赏、体验、创作等活动中激发创意思维;在生活经验和艺术经验的相互作用与转换中,学会用跨学科的创作方式表达情感、丰富生活,使艺术能力与工程素养、人文素养整合发展;在艺术学习交流合作的过程中形成尊重、关怀、友善、分享等品质。

再如,"英语戏剧"需要学生探究不同文学作品在不同语境下的不同表达,探究最符合学生认知能力的艺术表达形式。同时,学生需要借助各项技术,将剧本创作、表演、配音等融为一体。

6. 具有现代主题化单元开发的特征

"工程与艺术"课程是学校开发、结合学生实际、以新课标为基础而形成的课程,具有现代主题化单元开发的特征。例如,"数字绘画"课程设计了9个现代主题化单元,精选了9位各具特色的西方近现代绘画大师,9幅作品,9个欣赏切入点,结合"画家其人其事""佳作赏析""创作背景理解""知识链接""文化与理解""走进美术馆""我来试一试"等板块内容的学习,通过原作赏析、解读、临摹、二度创作等步骤,循序渐进地开展艺术学习。

7. 具有高中生选修课程的实施操作特征

高一、高二学生可以根据自己的兴趣与愿望选择"工程与艺术"课程或某些子课程。学生需要在"工程与艺术"课程学习过程中或者结束时完成视频制作、绘画作品或者舞台戏剧表演,完成后可以获得相应的学分。

二、课程的指导思想与课程目标

(一)指导思想

"工程与艺术"课程的指导思想是:贯彻落实国家人才培养的重要战略方向——注重工程素养培育,依托上海理工大学教育资源实践探索高中生工程素养的培育路径,促进高中生艺术人文素养、创造性思维能力与实践能力的培育,促进高中生学习方式的转变与探究创造习惯品质的养成,促进学校高中生"工程素养培育"办学特色更好地发展。

1. 贯彻落实国家人才培养的重要战略方向——注重工程素养培育

工程素养是本校基于校情对中国学生发展核心素养的特色表达,是学校办学特色的集中体现。面向未来的人才培养不断提出新的要求,注重对学生工程素养的培育既是贯彻落实国家人才培养的重要战略方向,也是为学生更好地应对不确定未来及所面对的各类挑战奠定的丰厚基石。

2. 依托上海理工大学教育资源实践探索高中生工程素养的培育路径

为进一步实践探索工程素养培育的新路径、新方法,"工程与艺术"特色课程群的开发与建设充分依托高校的优质美育资源。学校不断加强与上海理工大学艺术设计学院的合作,资源共享、平台共建、夯实基础、突出特色,致力于学生工程素养的培育。

3. 促进高中生艺术人文素养、创造性思维能力与实践能力的培育

学校对高中生工程素养培育指向系统思维、实践创新、交流合作和责任伦理四个维度,能有效促进学生艺术人文素养、创造性思维能力与实践能力的培育。例如,系统思维素养中的逻辑思维与辩证思维,能让学生以整体思辨的视角看待和分析工程艺术中的问题;实践创新素养的提升,能让学生创造性地整合各类资源,通过合作实践来解决工程艺术中遇到的各类问题。

4. 促进高中生学习方式的转变与探究创造习惯品质的养成

学校的"工程与艺术"课程通过课程内容的选择和设计,为学生的学习创设良好的情境,在课程实施中立足核心素养培育,改变传统的接受式学习方式,让学生在像专家一样思考和行动的过程中塑造良好的学习品质,养成勤于思考、主动探究、勇于创造的学习习惯。

5. 促进学校高中生"工程素养培育"办学特色更好地发展

办学特色是学校发挥优势、开拓创新的重要标志,而特色课程则是学校办学特色的有效载体。特色课程更好地实现了学校特色的跨越式发展,是学校凝聚力、竞争力和创造力的集中体现。"工程与艺术"课程的建设增强了学校的办学活力,在创新校园艺术文化、丰厚学校人文底蕴、促进学校内涵发展等方面起到了重要作用。

(二) 课程总目标

1. 促进高中生系统思维意识与能力的发展

学生通过"工程与艺术"课程的学习,将获得必要的理工知识与艺术人文知识,能够灵活综合地运用理工知识与人文知识解决工程艺术问题;具有较好的逻辑思维与辩证思维能力,能够运用逻辑思维与辩证思维解决工程艺术问题;具有较好的创造性思维能力,能够运用创造性思维解决工程艺术问题;具有较好的发现、分析与解决问题的综合思维能力,能够较好地发现、分析与解决工程艺术问题。

2. 促进高中生实践创新精神与能力的发展

学生通过"工程与艺术"课程的学习,将发展必要的工程艺术实践操作动手能力、工程艺术探究操作动手能力、工程艺术创造操作动手能力;具有较好的创新性意识、创造性精神、探索精神、坚持不懈的毅力;具有较好的发散思维、集中思维、创造性想象、直觉思维与灵感思维能力;具有能运用工程艺术和信息技术进行实践创新的能力;具有能运用科学理论和艺术知识进行实践创新的能力。

3. 促进高中生交流合作意识与品质的发展

学生通过"工程与艺术"课程的学习,将具有与同伴友好合作地进行实践、探究与创造活动的意识和品质;具有与同伴友好地交流讨论实践、探究与创造过程的意识和品质;具有与同伴友好地共享、分享实践、探究与创造成果的意识和品质;具有虚心学习、耐心倾听、乐于接受不同意见、善于取长补短的良好习惯与品质。

4. 促进高中生责任伦理态度与精神的发展

学生通过"工程与艺术"课程的学习,将具有开展工程艺术问题的实践、探究与创造的责任心;具有开展工程艺术问题的实践、探究与创造的伦理精神;具有开展工程艺术实践、探究与创造的社会效果的预见性;具有努力克服工程艺术实践、探究与创造产生负面效应的责任心;具有承担工程艺术实践、探究与创造产生的负面效应的伦理精神。

(三)课程的阶段目标

根据"工程与艺术"课程对学生工程素养培育的总目标,结合学生的学段发展需求,我们确立了本课程的阶段目标,注重引导学生的自主学习、合作学习、探究学习,满足学生的个性化需求,培养兼具理工知识、审美能力和人文素养的学生,为学生的终身发展奠定基础。

第一阶段(高一年级)目标:完成初中学习向高中学习的转型,在必修课程学习的基础上,了解工程艺术表达的不同形式和创作手法,激发学生对"工程与艺术"课程的学习兴趣,理解艺术家的创作观念和创作意图,学习创作过程,激发创意思维。

第二阶段(高二年级)目标:结合不同主题进一步拓展深化课程学习,能自主运用所学的工程艺术相关知识积极探索、开展研究并进行成果物化,能通过合作学习运用工程艺术的思维,创造性地整合资源解决实际问题,为适应未来社会发展奠定基础。

三、课程教学的实施方法

高中生工程素养培育"工程与艺术"课程教学的实施方法有:讲解演示法、探究辩论法、设计制作法、劳动实践法、交流总结法、表彰奖励法。

(一)讲解演示法

讲解演示法是指通过教师的讲解、视频的演示和实践操作示范等帮助学生深入学习理论并加深思考的一种教学方法。讲解演示法可以借助各类直观的教具、实验以及现代媒体信息技术,让学生对难以理解的知识有更直观和感性的认识,因而在课程教学中被广泛使用。

例如,在"玩转微视频"课程教学中,学生需要重点掌握如何运用数字化手段进行视频素材的编辑处理。对于刚接触这门课程的学生而言,熟悉理解视频剪辑的处理和编辑技巧具有一定难度,所以教师在教学中有效运用了讲解演示法。

(二)探究辩论法

探究辩论法是指开展发现问题、自主探究、分析解决、小组讨论与班级辩论等活动的教学方法。在教学实施过程中,教师可以有针对性地创设引发学生思维冲突的情境,通过问题激发学生的知识探究欲望,让学生通过探究辩论来判断是非、识别真伪,以达到深度学习的效果。探究辩论的形式可以有多种,既可以在课堂中组织开展正规的辩论赛,也可以通过学生分组对辩题进行简单讨论。学生将在探究辩论的过程中经历发现问题、自主分析问题并加以解决的完整过程。

例如,在"数字油画"课程的学习中,针对西方现代绘画的学习内容,教师结合作品图例提出问题:"艺术的审美标准就是'美'和'像'吗?"这一思维辨析情境的创设,立刻引发了学生的激烈讨论。围绕问题,学生分组各抒己见,并自发组成了正反方,就"艺术美的标准是统一的"这一辩题进行辩论。

(三)设计制作法

设计制作法是指开展运用理论、创造思维、构思设计、分工协作与动手制作等活动的教学方法。设计是一种构想,即学生运用所学和依据自己对主题的理解进行预先构思规划。制作则是学生根据设计构思，运用合适的媒介材料将设计物化为具体的学习成果。设计制作法是一种典型的做中学的教学方法，学生在实际制作的过程中也在不断检验设计、反思学习，通过不断实践完善设计，提升对知识的理解和认识。

例如，在"数字油画"课程的学习中，学生需要将完成的数字油画作品设计制作成文创衍生品。学生先选定艺术家进行学习借鉴，随后运用所学充分发挥创意想象完成文创衍生品的初步设计稿，再通过小组合作，借鉴艺术家思维将所思所想制作成具体的艺术作品。在动手制作文创衍生品的过程中，学生会遇到各种问题，包括图样、材料的选择，色彩的搭配等，因此，制作中要不断改进以调整原有的设计稿。

（四）劳动实践法

劳动实践法是指在确定目标、准备器材、运用工具、明确程序后，开展劳动实践操作的教学方法。在"工程与艺术"课程的教学中，教师尝试将劳动学科的表现形式有效地渗透和运用到艺术教学中，通过以艺术为主线的综合实践活动，帮助学生更直观地认识劳动实践的重要性，进而发展工程素养。

例如，在"玩转微视频"课程教学中，教师通过指导学生完成创意微视频"劳动者最光荣"，在"做""考察""探究""设计""想象""反思""体验"等一系列活动中，基于劳动教育这一主题帮助学生发展自身的实践能力和创新能力。

（五）交流总结法

交流总结法是指开展个人总结、小组交流与班级展示，帮助学生体验感悟与总结反思的教学方法。交流是学生获取外界信息、提升见识的重要途径，也是在学习中突破瓶颈、获取灵感的有效方式。学习中的总结往往能帮助学生找到问题，在经验积累中摸索知识的发展规律。

例如，在"英语戏剧"课程的学习中，学校为学生创设英语戏剧展示交流的平台。每学年的校艺术节、学术节、读书节等活动中都有英语戏剧社同学的精彩表演，这些展示机会使学生提升了外语表达能力，培养了国际视野。

（六）表彰奖励法

表彰奖励法是指开展学生作品展示、评选优秀作品、介绍优秀作品、表彰奖励优秀等活动的教学方法。表彰奖励法通过支持和褒奖的方式，对具有良好学习行为和学习习惯的学生给予正面的肯定和强化,提高学生学习的积极性和创造性。

例如,在"英语戏剧"课程的学习中,为了进一步增强学生对于英语戏剧课程的学习兴趣,学校积极策划举办了英语戏剧文本鉴赏活动、英语戏剧展示活动、英语戏剧配音比赛等,对于在活动和比赛中表现优异的学生给予表彰奖励,并推荐其参加区级比赛。

四、课程的具体实施

"工程与艺术"课程的具体实施程序为:确定教学活动主题,做好教学活动准备,开展探究实践操作,开展成果交流展示,进行评价奖励总结。

(一) 确定教学活动主题

"工程与艺术"课程的实施,首先要确定教学活动主题。在主题的确定中,要注意工程与艺术的融合、工程与艺术的互动、工程与艺术的对话、科技与艺术的结合、工程与艺术的创新。

1. 工程与艺术的融合:从设计到制造

工程与艺术的融合涉及将工程技术和设计思想结合在一起,以创造具有美学和功能性的产品。这种融合可以在设计阶段就开始,通过将艺术元素融入到工程设计中,或者在制造阶段,通过使用先进的工程技术来实现艺术家的设计理念。在这种融合中,工程师和艺术家可以共同协作,创造出具有高度美学和功能性的产品和建筑。工程与艺术的融合能促进课程活动主题的确定。

2. 工程与艺术的互动:数字和手工艺

数字和手工艺方面,工程与艺术是相互促进的。数字工程技术可以帮助艺术家们更好地实现他们的设计理念。例如,计算机辅助设计(CAD)软件可以帮助艺术家在设计阶段进行三维建模和渲染,并且在制造阶段使用数控机床实现精细的雕刻和加工。手工艺技能也可以与工程技术相结合,以创造出具有独特气质的作品。例如,工程师可以使用传统的手工艺技能制造出具有艺术性的建筑元素,如精美的木制品或石刻雕塑。工程与艺术的互动将促进课程活动主题的确定。

3. 工程与艺术的对话:工业设计和产品艺术

工程与艺术之间的对话在工业设计和产品艺术方面表现得特别突出。工业设计是一种将工程与艺术相结合的设计方法,它将功能性、美学性和生产性相结合。工业设计师通过深入了解产品的使用场景和用户需求,并结合工程技术和设计理念,设计出具有高度美学价值和功能性的产品。产品艺术是一种将工程技术与艺术相结合的艺术形式,以创造具有独特气质的产品。产品艺术家通过对工程技术的深入研究和探索,创造出具有高度艺术性和功能性的产品。工程与艺术的对话将促进课程活动主题的确定。

4. 科技与艺术的结合:虚拟现实和增强现实

科技与艺术的结合在虚拟现实和增强现实领域表现得特别突出。虚拟现实(VR)是一种使用计算机生成的三维环境模拟真实世界的技术。它通过呈现一个与现实世界不同的环境,提供一种全新的艺术体验。艺术家和设计师可以使用VR技术创作出具有高度视觉冲击力和互动性的作品。增强现实(AR)是一种在真实环境中添加虚拟元素的技术。它可以让艺术家和设计师在真实世界中添加虚拟元素增强观众的体验。AR技术可以让艺术家和设计师在真实世界中创作出具有高度互动性和视觉冲击力的作品。这种结合能促进课程活动主题的确定。

5. 工程与艺术的创新:机器人艺术和智能艺术

工程与艺术的结合在机器人艺术和智能领域表现得非常明显。机器人艺术是一种将工程技术与艺术相结合的艺术形式。它利用机器人技术来创作艺术作品,可以实现自动化的创作和互动性的表演。机器人艺术可以通过控制机器人的运动,创作出具有高度视觉冲击力和互动性的作品。智能艺术是一种将人工智能技术与艺术相结合的艺术形式。它利用人工智能算法来创作艺术作品,可以实现自动化的创作和互动性的表演。智能艺术可以通过人工智能算法创作出具有高度视觉冲击力和互动性的作品。工程与艺术的创新将促进课程活动主题的确定。

(二)做好教学活动准备

确定课程活动的主题以后,在课程实施过程中,我们需要准备一系列相关的教材和教具,包括工程基础知识的教材,艺术基础知识的教材,工程设计和创新实践相关的教具、设备、材料、内容、计划、形式、方法等,并确定实施操作层次(学习、操作、探究、创造层次等)。

(三)开展探究实践操作

在课程的实施过程中,我们需要采用多种不同的教学方法和手段进行教学,包括:

课堂讲解、实验实践、创新实践、模拟设计等。让学生开展理论学习、实践操作、探究问题、创新设计、创造操作、评价反馈、发现问题、再探究解决等活动,获得研究成果和产品。一般有四个层次的课程活动:(1)学习层次:在课堂上教授工程与艺术相关的基础知识,让学生对工程与艺术有基本的了解;(2)操作层次:通过实验、模拟等形式,让学生练习工程操作技能,提高对工程知识的理解和掌握;(3)探究层次:引导学生进行自主探究,扩展工程知识的深度和广度,提升学生的创新能力;(4)创造层次:让学生在已有知识和技能的基础上,进行工程与艺术相结合的创作,培养学生的创造性思维和创新能力。

(四)开展成果交流展示

在"工程与艺术"课程的具体实施中,学生可以通过各种形式的实际操作和项目实践来开展自己的工程素养培育的实践活动,获得工程与艺术相融合的成果和产品。具体的成果和产品有微视频制作、数字油画、英语戏剧等。可以开展微视频制作、数字油画、英语戏剧等课程学习成果和产品的小组交流与班级展示。

(五)进行评价奖励总结

"工程与艺术"课程实施后,要开展课程教学活动的评价、奖励和总结,可以采用以下方式。

1. 作品评价

对学生的工程作品进行评价,包括创意性、技巧性、实用性等。主要形式为:

(1)笔试或问答:对学生理论知识的掌握情况进行考试。

(2)实践考核:对学生的实际操作和项目实践能力进行考核。

(3)观察评价:通过观察学生的表现和互动情况来评价他们的团队合作能力和项目管理能力。

(4)自我评价和他评。

2. 教学成果评价

对整个课程的教学成果进行评价,包括课程目标达成度、学生素养提升程度等。

3. 奖励

对优秀学生进行奖励,如在学校或社区的展览会上展示作品,参加省市级竞赛等。

4. 总结

根据评价结果，总结教学活动的成功与不足，并进行相应的改进。

通过上述评价和总结方式，教师可以及时发现课程教学中的问题并加以改进，提高课程教学质量，并对学生的学习成果给予表彰和鼓励。

五、课程的评价与保障

（一）评价

1. 评价的内容指标

该课程的主要评价方式是过程性评价，是对学生学习动机、学习过程和学习效果的综合评价，在学生学习过程中起着诊断、反馈和改进等功能，是一种发展的、动态的评价方式。通过该评价，学生利用课堂知识用于实践、与同学交流合作、参与小组报告或演出、阅读经典名著等方面的积极性都大大增加。同时，该评价也有利于提升学生对课程的满意度。最后，过程性评价有利于学生提升综合能力。

表 5-1 教学活动评价表

评价指标	优	良	合格	需努力
认真参加学习				
团结协作活动				
理论实践融合				
学习有体验感悟				
实践有操作效果				
探究有创作成果				
反思有交流促进				

表 5-2 学生个体评价表

评价指标	优	良	合格	需努力
促进学生系统思维的养成				
促进学生实践创新能力的增强				
促进学生交流合作习惯与品质的养成				
促进学生责任心与伦理精神的培育				
促进学生创新综合素养的发展				

2. 评价的方式方法

评价的方式方法有:学生自评、学生互评、教师评价。一学期评价一次。

学生自评和学生互评是课程的重要组成部分,力求使评价真正成为促进学生知识、技能、情感、态度和学习策略协调发展的基本方略,目的是培养学生的积极性和自信心。学生需要了解自我评价和互评对于学习能力发展的重要意义,应该成为各类评价活动的积极参与者和合作者。学生通过自我评价和同伴评价,可以进一步确立自己的学习目标,设计自己的学习路线,随时检查自己的进步情况,并在真诚和信任的基础上培养良好的合作精神。

3. 评价的组织机构

评价的组织机构是"工程与艺术"课程的子课题组。子课题组会定期去课堂听课,了解课程进度和学生学习情况,随后进行研讨并督促调整。

(二) 课程的管理

1. 管理思想

允分发挥管理的决策、组织、激励与服务的功能,使课程能够有效开展,达到科学育人的目的。具体来说,"工程与艺术"课程以工程素养为着力点,同时将人文情怀、艺术鉴赏能力、创新能力融入其中,培养全方面、多层次发展的复合型人才。

2. 管理组织

"工程与艺术"课程的管理组织为课题组、教导处、科研室,形成了比较完善的组织架构。

3. 管理规章

"工程与艺术"课程的管理规章有课程建设制度、课程实施制度、课程管理制度。

第一,课程建设要彰显学校特色。课程建设制度是关于如何对学校课程进行整体设计的制度,从课程目标的确立到课程资源的开发、从课程内容的实施到课程内容的评价和管理等一系列环节都被囊括在课程建设制度中。上理工附中以"尚理"为特色,同时将人文情怀融入其中。所以"工程与艺术"课程着眼于将三门艺术类课程与工程素养、人文情怀结合起来,培养学生的综合素质。

第二,课程实施要体现分层特性。课程实施就是将课程计划付诸实践的过程,是保障课程有序进行的重要制度。就分层而言,依据是什么?学校将学科内容分为不同的层次和板块,包括"数字油画""微视频制作"和"英语戏剧",学生依据自己的兴趣或能力来选择,采取走班模式,很好地适应了学生的需求,符合学生的兴趣,有利于培养学生多方面的能力。

第三,课程管理要用科技助力。课程管理是指将学校的资源进行整合调配。学生建立相应的选课平台(安脉平台),将学校的课程安排、课程简介、教师信息放在网上,为学生提供选课指导。

4. 管理程序

"工程与艺术"课程的管理程序包括:"工程与艺术"课程的设计,"工程与艺术"课程教学的实施,"工程与艺术"课程教学的评价、反馈、改进,"工程与艺术"课程教学的总结。

(三) 保障

"工程与艺术"课程的保障措施主要有:强化"工程与艺术"课程的领导,强化"工程与艺术"课程的顶层设计,强化"工程与艺术"课程师资的建设,推动"工程与艺术"课程逐步发展。

1. 强化"工程与艺术"课程的领导

学校各级领导关心"工程与艺术"课程建设,整合校内外各项资源,推动课程规划、课程发展、课程设计、课程实施、课程评鉴等过程,以改进课程质量,提升学生学习效果,达成课程目标。

2. 强化"工程与艺术"课程的顶层设计

学校注重"工程与艺术"课程的底层设计,将顶层设计建立在一个整体的系统上。首先,注重培养学生的核心素养,并坚持这一根本的育人目标,尤其是工程素养和艺术鉴赏相结合的能力。同时,落实立德树人的基本方针,将其融入到课程的顶层设计中。其次,确定课程的核心理念,形成学校独有的文化,比如工程素养培育是本校培养的重要目标,子课程都围绕这一目标展开,统整在一个核心和灵魂之下,构成一个有机联系、彼此联结的完整系统,蓄积巨大的能量,推动学生的成长和学校的发展。再次,制定课程整体框架,确定工程与艺术的主题,开设"数字油画""微视频制作""英语戏剧"三个子课程,形成统一整体。最后,建立课程评价考核机制,这既是对课程改革是否成功的检验,又是对师生成果的综合认定。

3. 强化"工程与艺术"课程师资的建设

新课程建设对教师的素养和能力提出了更高的要求,也会面临很多困难和挑战,如教学能力、课程开发能力的提高等方面。要在观念上超越以往的专业模式是任重而道远的。因此,学校非常重视课程师资建设,定期组织老师学习、交流、研讨,同时聘请校外专业人员(如英语戏剧外教)一同参与课程实施,旨在培养一支高水平的课程师资队伍。

4. 推动"工程与艺术"课程逐步发展

在课程设置过程中考虑到每阶段的目标,分阶段进行,逐步发展。

例如,"微视频制作"涉及"基本理论""剧本创作""前期拍摄""后期剪辑"四个板块,每个板块的要求逐步递增。"基本理论"板块帮助学生了解视频制作的概念及艺术。第二板块"剧本创作"要求较高,需要学生一起讨论合适的剧本并不断进行改编。"前期拍摄"板块包括创意摄影、创意摄像等,将学生的学习和生活联系起来。最后一个板块"后期剪辑"对技术的要求最高,学生需要在具备多方面知识的情况下才能制作出精美的作品。

再如,"英语戏剧"课程层层递进,不断深化。第一学年,形成本校融合课程大纲和设想。在戏剧课程表演的过程中,助教参与观察记录,了解戏剧课程的基本原理和内容。第二学年,形成本校融合课程实践案例,在学术节等平台上进行展示。在外教的带领下,学生精心编排剧目并进行表演,直观地呈现效果。在前一学年的基础上衍生出校级的展示活动,为学生提供展示的平台,如通过艺术节、学术节、读书节等活动鼓励学生利用所学进行表演创作。第三学年,形成个例集,同时打造上理工附中英语戏剧校本融合课程。

六、课程的实践效果

通过三年多的课程研究实践,"工程与艺术"课程获得了较好的实践效果:形成了系列"工程与艺术"精品课程,初步彰显了"工程与艺术"课程的区域特色和实践成果,学生的工程素养得到了显著提升,教师队伍的工程素养有较大提高。

(一)形成了系列"工程与艺术"精品课程

明确课程的学习目标,为学习者提供工程与艺术领域所需的知识和技能。确定课程的主题,并选择相关的工程和艺术领域的内容。根据课程目标和内容,编写教材,并且保证教材的质量。培训教师,使他们更好地了解课程目标和内容,更好地教授课程。

评估课程的效果,根据课程评估结果来改进课程。宣传和推广系列课程,以吸引更多的学生。组织实践项目活动,让学生更好地理解课程目标和内容。通过上述"工程与艺术"课程建设实践,形成了系列"工程与艺术"精品课程,如"数字油画""微视频制作"与"英语戏剧"。

(二)初步彰显了"工程与艺术"课程的区域特色和实践成果

在课程中引入区域文化和历史元素,使课程具有区域性。组织参观活动,让学生了解区域工程和艺术作品。组织工程与艺术项目,使学生在实践中学习工程与艺术。在校内或校外展示学生作品,使大家了解学生的成果。举办工程与艺术展览,展示工程与艺术的融合作品。邀请专家开展讲座,让学生了解工程与艺术的最新发展。组织交流活动,让学生与其他学校的学生或企业专家交流。通过上述"工程与艺术"课程建设实践活动,初步彰显了"工程与艺术"课程的区域特色和实践成果。

(三)学生的工程素养得到了显著提升

经过三年多的"工程与艺术"课程教学实践,高中生的工程素养——系统思维、实践创新、交流合作和责任伦理四大核心要素得到了显著提升。

1. 高中生系统思维意识与能力显著提升

三年多的"工程与艺术"课程教学实践活动,有效地促进了高中生系统思维意识与能力的提升。设置多学科综合性课程,使学生学习和了解各科目之间的联系。鼓励学生进行跨学科学习,培养学生的系统思维。提供创新和解决问题的机会,让学生在实践中学习系统思维,培养学生的探究精神,让他们对问题进行深入思考。组织团队合作活动,培养学生的团队合作能力和系统思维。提供有关系统思维和创新思维的讲座和培训,帮助学生提高系统思维能力。开展多维度的评估,检测学生的系统思维能力,并根据评估结果进行教学改进。

2. 高中生实践创新精神与能力显著提升

三年多的"工程与艺术"课程教学实践活动,有效地促进了高中生实践创新精神与能力的提升。组织实践项目活动,让学生在实践中学习创新。提供创新和问题解决的机会,让学生在实践中学习创新思维,培养学生的探究精神,让他们对问题进行深入思考。组织团队合作活动,培养学生的团队合作能力和创新思维。提供有关创新思维和问题解决的讲座和培训,帮助学生提高创新能力。鼓励学生创新思考,促进学生主动性、自主性与创新思维的发展。创造一个支持性的学习环境,鼓励学生进行尝试。开展多维度的评估,检测学生的创新能力,并根据评估结果进行教学改进。

3. 高中生交流合作意识与品质有效养成

三年多的"工程与艺术"课程教学实践活动,有效地促进了高中生交流合作意识与品质的培育。这类课程通常是以团队合作的形式进行的,学生在学习过程中不断与其他同学交流和协作,提高了交流能力和合作能力。他们在课程学习中学会了沟通、协调、解决矛盾、达成共识,并共同完成了项目。这种学习方式有效地帮助学生培养了良好的沟通技巧,增强了团队协作精神,提高了团队合作能力。

4. 高中生责任伦理态度与精神显著增强

三年多的"工程与艺术"课程教学实践活动,有效地促进了高中生责任伦理态度与精神的培育。这类课程的项目和作品通常都具有实际意义和社会责任,学生在学习过程中不断地思考自己的责任和作用。他们学会负责任地完成自己的任务,在设计和制造中考虑环境和社会影响,在使用和维护中遵循道德和法律规定。

(四) 教师队伍的工程素养有较大提高

经过三年多的"工程与艺术"课程教学实践,教师队伍的工程素养——系统思维、实践创新、交流合作和责任伦理等也有了较大提高。

1. 教师的系统思维意识与能力有较大提高

教师的系统思维是指教师对整体教学过程进行综合思考和分析的能力。在教授"工程与艺术"课程时,教师需要考虑各种因素,包括教学目标、学生需求、课程内容、教学方法、评估和反馈等。这促使教师将各种信息整合在一起,进行分析和总结,并采取相应的策略和措施提高教学质量,锤炼了系统思维能力。在"工程与艺术"课程中,教师了解和掌握了相关领域的知识和技能,能将其运用到教学中,并与学生进行有效的沟通和互动。教师借助较强的系统思维能力以及通过不断提高自己的专业素养,更好地指导和帮助学生完成课程学习和项目实践。

2. 教师的实践创新精神与能力有较大提高

在"工程与艺术"系列课程实施过程中,教师通过实践和创新的方式提高了自己的实践创新能力。例如,教师积极引入新的教学方法和技术,探索不同的课程设计和研究方法,提高了课堂教学的质量和效果。此外,教师还通过与同行和专家的交流和合作,学习新的知识和技能,提高了自己的专业水平。

3. 教师的交流合作意识与品质有较大提升

"工程与艺术"系列课程帮助教师提高了交流合作能力。在课程设计和教学实践中，教师与同事和专家进行合作，共同探讨教学方法和策略，共享教学经验和知识。此外，教师还与学生进行交流和合作，帮助学生发展团队合作精神和交流技能。在"工程与艺术"课程中，教师通过协作的方式培养学生的创新能力和团队协作精神，从而也提高了教师的交流合作能力。

4. 教师的责任伦理态度与精神有较大增强

"工程与艺术"系列课程帮助教师加强了责任伦理素养。在课程设计和教学实践中，教师引导学生学习道德和伦理原则，并在实践中运用这些原则，同时也强化了自身的职业道德与伦理。例如，在工程项目中，教师教导学生如何负责地设计和建造，以确保项目的安全性和可持续性；在艺术项目中，教师教导学生如何尊重版权和其他人的创作。教师在课堂上的良好的责任伦理表率，有助于加强学生的责任伦理态度与精神。教师要确保课堂环境良好，并且对学生的行为和言论负责。教师还要尊重学生的权利和尊严，并在遇到学生实施不道德的行为时采取适当的教育措施。通过这些教育教学方式，教师培养了学生的责任感和伦理意识，同时也加强了自己的责任伦理态度与精神。

（本节撰写者：顾超、吕忻、程群）

第二节 "工程与艺术"课程的实施内容

一、"数字油画"课程

（一）课程背景分析

1. 课程定位

"数字油画"课程在凸显学校工程素养办学特色的同时满足学生艺术学习的多样化和个性化需求。该课程作为一门跨学科课程，在注重对学生学科核心素养培育的同时，更加强对学生实践创新、系统思维、交流合作和责任伦理等工程素养的培育。

2. 学情分析

高中阶段是学生"三观"形成的重要时期,高中生大多对艺术学习有着一定的兴趣。经历义务教育阶段的艺术学习积累后,高中生一般具备了较强的艺术感知能力和一定的艺术思辨能力,愿意尝试以研究性学习的方式投入到艺术实践中,部分艺术特长生也有进一步加强专业绘画学习的需求,这些都为课程学习奠定了良好的基础。

3. 资源条件

学校师资队伍实力雄厚且教学经验丰富:现有专职艺术教师一人,为区学科名师;兼职少年宫书画教师一人,为中国美术家协会会员。学校为课程学习配备了区创新实验室——数媒艺术工作室。该工作室拥有16台一体电脑机和便于进行数字油画创作的数位板、打印机等设备。学生的学习素材丰富。学校除为每个学生提供上海教育出版社出版的《跟我学数字油画》学材外,还提供大量丰富的学习资源包,其中包含课程微视频和大量优秀的数字油画作品,供学生学习参考。

(二) 课程育人价值

"数字油画"课程作为学校"工程与艺术"系列特色课程之一,是艺术学科与信息技术学科相整合的一门课程。它将学科育人目标贯穿于课程教学的全过程,借助数字技术帮助学生感受经典艺术魅力的同时去体会实践创作带来的快乐。该课程属于拓展课,引导学生自主学习、合作学习,并开展基于课题项目的主题研究,满足学生的个性化需求。通过课程学习,力争培养兼具工程知识、审美能力和人文素养的学生,为学生的终身发展奠定基础。

(三) 基于工程素养培育的课程目标

1. 剖析莫奈、马蒂斯等艺术家和优秀文创设计师的表现技法,通过联想、迁移和借鉴,借助数字技术的表现形式和手段,进行主题式创作,在实践创新中完成数字油画创作和相关的文创设计。

2. 分析艺术作品的艺术语言,理解美术在表现自然、社会及表达情感等方面的作用和特点,发展责任伦理素养。

3. 通过学习,引导学生在对艺术创意的感知与理解、表现与创造、反思与评价中提高综合艺术能力,培养学生对艺术作品和现象的系统思维。

4. 在考察、鉴赏、体验、创作等合作学习中激发创意思维,在生活经验和艺术经验的相互作用与转换中学会用跨学科的创作方式表达情感、丰富生活,使艺术能力与工程素养、人文素养整合发展。在艺术学习和交流合作的过程中形成尊重、关怀、友善、分享等品质。

(四) 课程结构内容

课程精选了9位各具特色的西方近现代绘画大师,选出9幅作品,基于9个欣赏切入点,结合"画家其人其事""佳作赏析""创作背景理解""知识链接""文化与理解""走进美术馆""我来试一试"等板块内容的学习,通过原作赏析、解读、临摹、二度创作等步骤,循序渐进地开展艺术学习。课程内容与传统美术课程相比,特色在于将艺术与数字技术完美结合,利用数位板大大降低了油画艺术创作的门槛,使学生人人都能成为艺术创作者,体验艺术学习的快乐。课程内容既强调知识技术性,更体现艺术人文性,让学生能依据各自的学习经验和生活经历进行个性化的创作,从而使艺术学习更有趣、容易,使每个学生都能获得艺术的成功感。

表5-3 课程内容框架

赏析经典、致敬大师——数字油画创作	
2课时	创作准备
艺术与自然	
4课时	向莫奈学光色——《日出·印象》
3课时	向塞尚学结构——《圣维克多山》
3课时	向梵高学色彩——《向日葵》
艺术与心灵	
3课时	向蒙克学表现——《呐喊》
3课时	向毕加索学解构——《镜中的少女》
3课时	向夏加尔学创意——《生日》
艺术与人生	
3课时	向克里姆特学装饰——《布洛赫·鲍尔夫人》
3课时	向马蒂斯学色彩——《红色的和谐》
3课时	向达利学想象——《记忆的永恒》
2课时	作品赏鉴交流会

（五）课程设置与实施

设置说明："数字油画"为校本拓展选修课程，修习方式为混合式教学（线上+线下结合），面向高一、高二学生，每周2课时，总共32课时，修习学分2分。课程教学场地为区创新实验室——数媒艺术工作室。

表5-4　课程单元模块和授课建议

模块	简介	教学方式与授课建议
艺术与自然	在第一编"艺术与自然"中，通过印象派及后印象派画家（包括莫奈、塞尚、梵高）的描绘自然的相关艺术作品解读，使学生理解艺术家的艺术创作是基于对丰富自然的观察、体验和感悟。3位画家3个篇章的学习内容加上课前的创作准备，总共12课时。	教师可创设艺术欣赏情境，通过教师创作的数字油画作品及慕课导入，激发学生的学习兴趣。教师引导学生组成合作小组开展自主学习，通过查阅画册资料、图书馆查阅资料等形式了解画家及其作品的相关内容。课上以自主课堂的形式进行汇报演讲，以此提高学生发现问题、分析问题和解决问题的能力。
艺术与心灵	第二编"艺术与心灵"则让学生认识到艺术作品可以是画家心情的真实记录、情感的表达途径，帮助他们更好地理解如何通过艺术创作表达自身情感。涉及画家包括表现画派画家蒙克、立体主义画派画家毕加索及巴黎画派画家夏加尔，3位画家3个篇章的学习内容，总共9课时。	教师在课上介绍并示范数字油画的创作方法和绘画技巧，学生按教师要求进行练习。教师课堂上巡回指导，学生通过实际操作感受了解电脑绘画创作的要领，小组成员间分享交流。结合课堂学习内容，学生以合作小组的形式成立小课题研究组，选择本单元最感兴趣的一位画家，通过实地参观画展、与其他画家作品进行对比研究、查阅搜集资料等方式并结合配套学习单，对画家及其艺术风格开展调查研究，形成小课题报告，进行汇报展示交流。
艺术与人生	第三编"艺术与人生"则从人文视角分析和研究艺术家的艺术作品中的人文性，剖析艺术对人生的积极影响以及对真善美的价值引领。涉及画家包括象征主义画派画家克里姆特、野兽画派画家马蒂斯及超现实主义画派画家达利。3位画家3个篇章的学习内容，总共9课时。	教师引导学生借鉴、模拟学习大师的绘画风格并着手开展自己的绘画创作。学生分组，通过比较方法，运用思维导图、绘画草稿图等方式进行创作构思，形成初稿。小组交流并听取师生意见后对作品进行调整修改，完成作品。分组设计基于现实生活的文创作品方案，小组交流后进行调整，形成终稿并完成作品创作。
作品赏鉴交流会	作为一学期学习的回顾和总结，艺术作品赏鉴交流会旨在加强生生间的艺术交流，为学生成果发布搭	作品赏鉴交流会作为学生一学期学习的汇报和总结，由学生负责活动策划、画展布置和相关准备事项，教师给予指导。作品鉴赏交流会以画展

续表

模块	简介	教学方式与授课建议
	建平台。通过交流展示和评价,学生能够拓宽眼界,在互相学习借鉴中进步。总共2课时。	形式进行,学生将数字油画作品和基于此的文创作品布置在教室中,分别从创作构思、设计理念等方面加以介绍,交流学习心得和创作感想。作品评价采取主观评价、教师评价、生生互评相结合的方式。所有作品还在网上虚拟画展上进行同步展示。教师将学习中的所有过程性资料整理归档,形成学生个人的艺术学习档案袋。

(六)课程评价

课程评价主要采用过程性评价与终结性评价相结合的方式开展。课程教学关注学生的整个学习过程,通过评价量表和学习单记录学生在课堂上的行为表现、参与过程中的知识获得情况以及学生间的交流合作情况等。除对学生最终递交的数字油画作品及衍生文创品进行评估外,我们还为每一位学生准备了相应的数字化艺术学习档案袋,通过档案袋记录整个课程学习过程。教师不仅用档案袋存放最终的绘画及文创作品,而且更为强调学生学习经历的记录,包括参观考察报告、研究大师作品的学历案、绘画小稿及设计稿图等,便于学生对课程学习的回顾与反思。课程有严格的学分管理制度,学生修习完成全部课程并提交作品可获得相应学分(2分),请假或无故缺席都将被扣除相应学分。此外,我们针对学生的课程成果也会定期举办成果展示活动,邀请师生、家长等参与到课程的多元化评价中。

表5-5 课程评价量规

评价内容		优良	合格	不合格
过程表现	小组分工	分工明确	分工较明确	分工不明确
	研讨态度	认真听取同学意见,积极思考,自信、清晰地表达个人观点,善于交流	认真听取同学意见,善于交流	不听取同学意见,不能交流
	完成情况	能根据学习任务分工采用多种方式开展学习,搜集资料、筛选信息,创意思考,积极完成各项任务	能根据学习任务分工开展学习,搜集资料、筛选信息,基本完成各项任务	未完成

续表

评价内容		优良	合格	不合格
成果表现	主题	能选择"艺术与自然""艺术与人生""艺术与心灵"三大主题开展创作,作品能表达个性情感	能选择"艺术与自然""艺术与人生""艺术与心灵"三大主题开展创作,作品基本能表达个性情感	能选择"艺术与自然""艺术与人生""艺术与心灵"三大主题开展创作,作品不能表达个性情感
	风格	能根据模仿的绘画及设计风格,创造性地借助数字技术开展数字油画创作及基于此的文创设计	基本能根据模仿的绘画及设计风格,借助数字技术开展数字油画创作及基于此的文创设计	不能完成所借鉴风格的创作
	创意	能发挥想象力进行富有创意的创作,作品能呈现出鲜明的特点和形式感	基本能发挥想象力进行富有创意的创作,作品基本能呈现出鲜明的特点和形式	不能完成有创意的创作
	技巧	能熟练运用信息技术创作和完善自己的作品	基本能运用信息技术创作和完善自己的作品	不能运用信息技术创作和完善自己的作品

二、"玩转微视频"课程

在开展高中生"玩转微视频"课程教学活动的探究实践中,首先,需要设计出合理的课程计划和教学大纲,确定课程目标和教学内容。其次,选择适当的教学方法和教学手段,如主题教学、案例教学、游戏教学等,将工程与艺术相结合,使学生在实际操作中感受到工程和艺术的结合。最后,进行课程评价和反思,根据学生的反馈和实际效果,对课程进行调整和改进。

"玩转微视频"课程的实施内容包括以下几个方面。

1. 课程设计:在课程设计中,应该充分考虑工程与艺术的关系,通过课程中的不同模块来探讨工程如何与艺术相结合。例如,可以通过在课程中介绍工程美学、工程设计和工程材料等方面的知识,让学生了解工程与艺术的关系。

2. 视频制作:在视频制作过程中,应该使用专业的摄像机、麦克风和编辑软件来制作高质量的视频。例如,可以使用高清摄像机拍摄课堂教学和实际操作过程,使用高音质麦克风录制音频,并使用专业的编辑软件进行剪辑,调整音量和色彩等。

3. 内容展示:通过视频展示课程中的知识点,比如通过演示和图片展示工程材料的使用,通过动画演示工程设计的过程,这些都可以帮助学生更好地理解和记忆知识点。

4. 教学支持:在视频中提供教学支持,包括课程目标、学习目标、教学方法、教学活动和评估。

5. 学生反馈:通过问卷调查、在线讨论和课堂反馈了解学生对视频教学的满意度以及对课程的意见,以持续改进课程教学,提高课程质量。

表5-6 实施内容

课程简介	本课程以注重发展学生的工程素养为主要目的,以"活动"为主要的开展形式,强调学生的亲身经历,要求学生积极参与到各项活动中,在学习的过程中能够逐渐意识到微视频制作不单单是个人的艺术创作,更是一个体现社会工业进步和提倡团队合作的过程。要想制作出一部优秀的微视频作品,单枪匹马操作的难度是极大的,要把创作出一部好的微视频作品理解成在铸造一个庞大的工程。
课程背景	【课程定位】 近年来,数字技术与短视频平台的快速发展,带动了微视频制作环境的巨大变革。制作方式和制作环境的发展对视频制作人员的素质不断提出新的要求。只有具备了摄像技术、网络技术、后期编辑能力、策划及艺术创新能力、责任意识的综合型人才,才符合新时代的视频制作要求。 【学习材料(或活动)分析】 通过各类单元学习任务单,帮助学生明确每单元的学习任务目标,并汇总各阶段的学习成果。 【学情分析】 高一学生绝大多数具备找寻微视频资源、鉴赏微视频的能力,而且一部分学生对制作微视频有较大的兴趣。本课程旨在针对这部分有兴趣并有意愿学习制作微视频的学生开设,使其通过较短周期的学习,熟悉制作微视频作品的各个流程,掌握制作高质量微视频作品的各种技巧,并通过合作,制作出至少一部自己参与的微视频作品。在经历完整的制作流程后,撰写研究报告。 【资源分析】 本课程由数学组吕忻老师独立开发完成。吕老师曾指导学生在国家级、市级多项比赛中获奖,具有丰富的教学能力和实践指导经验。 学校有专业的虚拟演播厅,视频线性编辑设备,高清摄像无人机,补光灯、字幕机等摄像辅助设备,并与校外专业指导团队及区少年宫有紧密合作。 本课程经过十多年的不断修改更新,已储备了大量的学生作品。
课程设计思路/原则	本课程指导学生在"做""考察""探究""设计""想象""反思""体验"等一系列活动中发现问题和解决问题,体验和感受生活,发展自身的实践能力和创新能力;注重学生最基本的艺术审美能力、动手能力、交往协作能力、观察分析能力;引导学生初步掌握参与社会实践与调查的方法,信息资料搜集、分析与处理的方法和研究探索的方法,获得亲身参与综合实践活动的积极体验和丰富经验,初步养成合作、分享、积极进取等良好的个性品质,形成对自然的关爱和对社会、对他人、对自我的责任意识。

续表

课程目标	本课程为摄影与数字视频制作方向的拓展型课程，主要讲授前期摄影和后期剪辑的相关基础知识。该课程融专业性、技术性、艺术性于一体，重点培养学生运用数字化手段进行前期视频素材采集和后期编辑的能力；掌握剪辑的性质和作用；了解视频剪辑的历史和发展；熟悉视频剪辑的应用平台、画面组接的剪接点及逻辑；理解剪辑艺术处理及编辑技巧、剪辑过程的蒙太奇思维、画面组接的时空、主体动作的连贯性、声画剪接、剪辑艺术处理及编辑技巧。学生最终能够独立完成一份属于自己的后期编辑作品，磨炼微视频制作的基本功底。教师的主导作用侧重于服务、帮助、指导。
课程结构	玩转微视频 基本理论：视频制作、历史发展、硬件介绍、软件介绍 剧本创作：剧本概念、分镜剧本、剧本接力、作品讲评 前期拍摄：创意摄影、创意摄像、定格动画、作品讲评 后期剪辑：会声会影、基本剪辑、进阶剪辑、作品讲评

课程安排	单元主题	课时	内容或活动	实施要求
	视频制作	1	简介视频制作的基本概念，让学生知晓要从事相关工作需要具有哪些基本素养	研究报告：《我眼中的视频制作》
	历史发展	1	简介视频制作的过去、现在和将来	研究报告：《卢米埃尔工厂大门》
	硬件介绍	1	简介各种视频制作可以用到的硬件	研究报告：《致敬那些年我用过的设备》
	软件介绍	1	简介各种视频制作可以用到的软件	研究报告：《×××的介绍》（挑选某一款软件作深度介绍）
	剧本概念	1	什么是剧本？如何编写剧本？剧本编写的三要素和三禁忌	编写200字内的微剧本
	分镜剧本	1	分镜剧本的介绍及编写技巧	选择一分钟电影视频，写出其分镜剧本
	剧本接力	1	每人提供两个关键词，团队接力创作剧本	剧情需合理，且有能力拍摄
	作品讲评	1	对前两节课的作业进行学生互评，教师点评	选择优秀的作品，多人合作，修改成较成熟的剧本

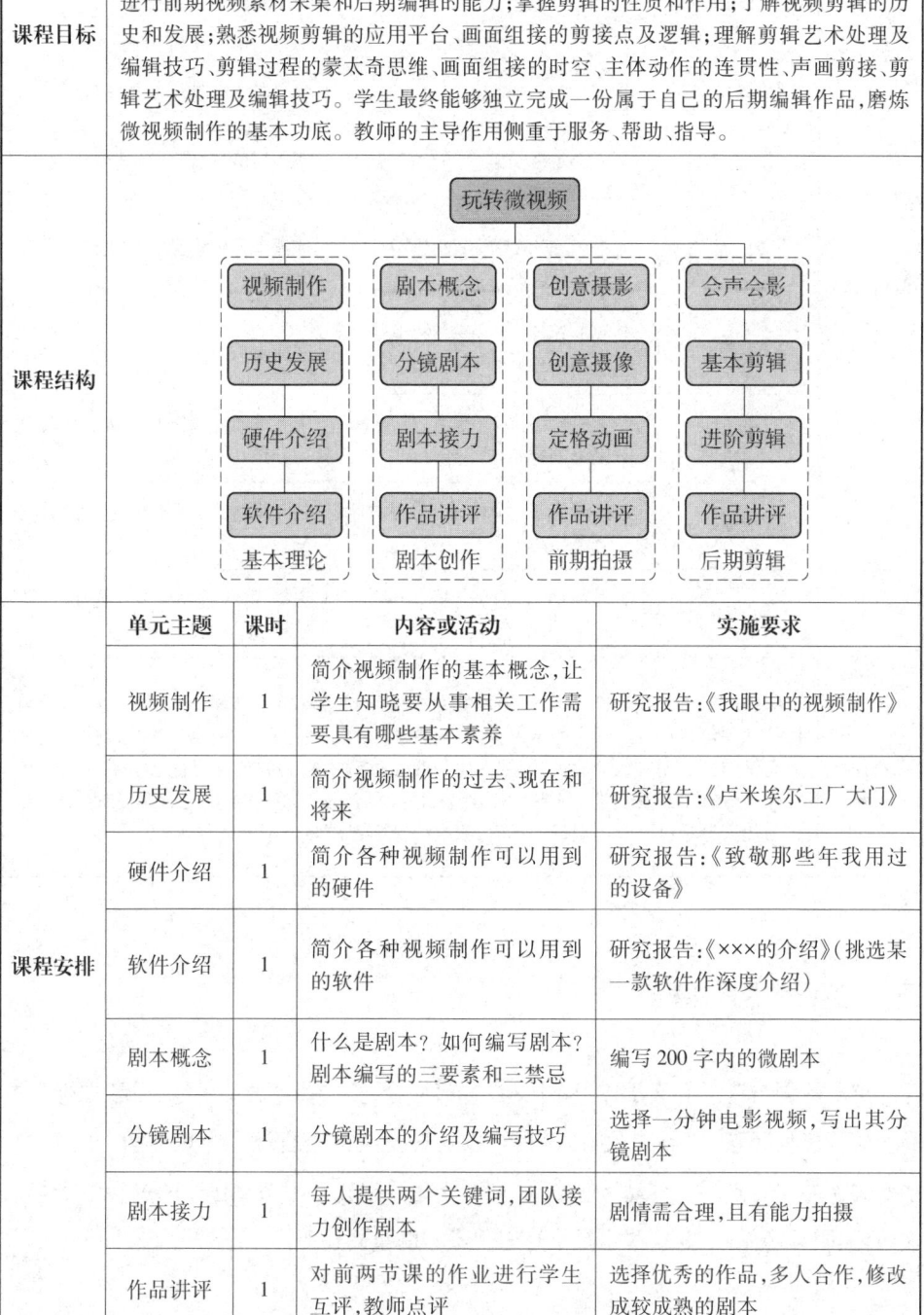

	单元主题	课时	内容或活动	实施要求
课程安排	创意摄影	1	鉴赏创意摄影作品,讲解拍摄技巧	完成至少一幅创意摄影作品
	创意摄像	1	鉴赏创意摄像作品,讲解拍摄技巧	完成至少一部创意摄像作品
	定格动画	1	鉴赏定格动画作品,讲解定格动画制作	多人组队,制作一部30秒左右的定格动画
	作品讲评	1	对前三节课的作业进行学生互评,教师点评	选择优秀的作品,多人合作,修改成较成熟的作品
	会声会影	1	剪辑软件"会声会影"基本界面介绍	完成下载并安装"会声会影"
	基本剪辑	1	"会声会影"中剪裁、移动、拼接等素材属性的修改	用不少于十张图片衔接制作时长一分钟左右的视频
	进阶剪辑	1	详解滤镜、绿幕、航拍等高阶剪辑技巧	多人组队,制作不少于一分钟的视频
	作品讲评	1	对前两节课的作业进行学生互评,教师点评	选择优秀的作品,多人合作,修改成较成熟的作品
课程评价	本课程以学生自我评价为主,多种评价方式结合,重在感受与体验、展示与表达、讨论与评价。评价将以改进学生的学习方式、促进学生的发展为目的,鼓励学生自己建立起全面完整的拓展型实践活动档案,把学生在活动过程中收集到的学习记录、调查报告、视频作品等,进行"写实性"归档。采用形成性激励评价,以使学生建立起学习的信心,并在与他人分享自己学习成果的同时,激发终身学习的愿望。			

三、"英语戏剧"课程

英语戏剧与诗歌等文学体裁不同,是一门综合艺术,包含教师讲授、作品赏析及作品表演等多种元素。"英语戏剧"课程可以提升学生的语言综合应用能力,戏剧文学轻松愉悦的课堂氛围更容易感染学生,同时学生可以在学习戏剧作品的过程中培养人文情怀、团结协作意识,这些也是培育工程素养的重要途径。

（一）课程前期准备

学校发布问卷，调查了解学生的英语戏剧学习意愿以及英语戏剧的学习背景；在学校内发起学习英语戏剧的宣传活动，渲染学习氛围；然后组织高一学生进行自主选课。

（二）确定课程目标

经典戏剧著作是人类文化的精髓，是语言典范，能滋润人的心灵。戏剧表演融音乐、视觉艺术与口头表达于一体，是文化的直接表现。本课程以戏剧文学鉴赏为基础，以英语戏剧表演为平台，以教师讲座和师生互动为途径，目标是提升学生的人文情怀、跨文化意识以及基本的语言综合应用能力。

1. 借助英语戏剧中的阅读与鉴赏交流，帮助学生感受戏剧文学的魅力，提升学生的文化意识，同时深刻体会中西语言文化的差异性，培养求同存异的意识，形成全球观念和开放的胸怀。

2. 借助戏剧表演提供的轻松愉快氛围，培养学生的创新创造精神、沟通能力、合作意识。戏剧表演中有一个很重要的部分就是改编剧本，使其更加符合观众的审美，在这个过程中学生发挥奇思妙想，设计不同的场景，相互沟通协作以达到最好的效果。

3. 利用英语戏剧中丰富的语言素材，提升学生的英语综合运用能力。英语戏剧学习不同于单纯的传统英语课程，学生需要充分理解剧本，体会人物的内心世界，对理解能力的要求特别高。同时，学生需要流畅地、带着感情和情绪地把台词说出来，这也是一个巨大的考验。在这个过程中，学生的英语综合运用能力和交流能力都能得到很大程度的提升。

4. 英语戏剧富含充满哲理和人生意义的主题，通过欣赏、表演戏剧，丰富学生的人生经历，开启学生的人生智慧，培养学生的文化审美能力。如《驯悍记》是莎士比亚早期创作的一出著名的幽默戏剧，描写了文艺复兴时期男尊女卑的现象，热闹的故事情节背后蕴藏着哲学意味，带有浓厚的文艺复兴时期关怀人类命运的色彩，发人深思，简明易懂。

（三）课程内容

该课程共18课时，2学分。所选题材包括莎士比亚的《罗密欧与朱丽叶》等经典戏剧片段以及学生自编剧本等。尽量选择与学生生活贴近的题材和作品，以便引起学生共鸣。具体如表5-7所示：

表 5-7 课程内容

单元	主 题
Unit 1	课程简介:英语戏剧之美
Unit 2	Romeo and Juliet(Ⅰ)(《罗密欧与朱丽叶》(Ⅰ))
Unit 3	Romeo and Juliet(Ⅱ)(《罗密欧与朱丽叶》(Ⅱ))
Unit 4	The Merchant of Venice(Ⅰ)(《威尼斯商人》(Ⅰ))
Unit 5	The Merchant of Venice(Ⅱ)(《威尼斯商人》(Ⅱ))
Unit 6	戏剧表演
Unit 7	A Christmas Carol(Ⅰ)(《圣诞颂歌》(Ⅰ))
Unit 8	A Christmas Carol(Ⅱ)(《圣诞颂歌》(Ⅱ))
Unit 9	筹备艺术节(排练)

(四)"英语戏剧"课程实施的核心元素——戏剧节活动

"英语戏剧"课程实施的核心元素是艺术节活动,它既提供了戏剧表演的平台,也是戏剧校本课程的最终评价方式。该种评价方式不同于传统的笔试或者口试,它是让学生组成团队,共同在舞台上完成一个作品,让全校师生共同检验。学校每年12月底都会举办英语戏剧节,主要流程如下:

1. 在外教的帮助下,挑选合适的剧本,进行改编,以适应学校的实际情况。
2. 演员进行角色分工,了解角色特点,熟记台词。
3. 确定职务,包括:导演、主演、灯光师、音响师、后勤等。
4. 制作生动形象、引人注目的戏剧海报。
5. 汇报演出。要求学生自行准备服装、音乐、妆容等。
6. 学生自评、互评,教师评价总结。

(五)"英语戏剧"课程的深远影响

英语戏剧是一种综合的文学艺术形式,学生在欣赏戏剧剧本的同时,不仅能够积累丰富的文学词汇,增进对戏剧文学的了解,还能够了解中西文化的不同魅力,增强跨文化意识和人文情怀。

学生在确定演出剧目后需要对剧本进行挖掘、重组、改编、编排,这锻炼了学生的编写能力、表达能力、合作能力,最终提升了他们的文化审美能力,对其世界观、人生观、价值观的培养起到了重要作用。

(六) 学期课程工作自评和课程计划

1. 学期课程工作自评

(1) 课程规划与管理

学生方面:学校为学生提供英语戏剧学习平台,致力于引导学生了解戏剧艺术,提升外语能力,培养国际视野。与此同时,学生对英语戏剧的兴趣逐渐深厚,团队合作意识进一步增强,英语表达更加自信,学业表现日渐提升,实际沟通能力提高。

教师方面:在课程实施过程中,英语教研组通力合作,全力促进课程的顺利进行,形成"分管领导—教研组长—项目负责—项目助教"的多层管理机制。同时,教研组全员对课程进行进一步的思考,对课题进行进一步的探索,将研究结果理论化、实践化。

课堂方面:本校教师进入外教戏剧课堂,学习外教的授课理念及方法,反思自己该"如何教",着力改变较为单一的课堂授课方式,提高"会教"能力,最终提高教学质量。

(2) 融合研究与实践

学生方面:学校对有意向申请戏剧课程的学生进行筛选,选出有一定戏剧基础、有浓厚兴趣的学生;建立学生档案,对学生每节课的表现进行追踪,维度包括课堂参与度、口语表达流畅性、表演投入度等;中期进行外教评价和同伴评价;同时,和学生在本土课堂上的表现进行横向比较。

教师方面:教研组形成个人观察、小组合作、团队共享的教研模式。

课堂方面:课程助教(本土教师)将戏剧课堂上观察到的元素在教研组内共享、讨论,努力将戏剧课堂的元素渗透到本土课堂中,如教学引导语的使用、课堂节奏的把控、对学生的评价等。

(3) 阶段进展与评价

2021年立项后进行第一轮融合实践,积极撰写论文,举办戏剧节。2022年实施第二轮融合实践,在第一轮的基础上深入研究课程融合,形成案例,联动外语组、外教进行研讨,优化课题,梳理出本土课堂可以借鉴的元素。

学生对英语戏剧课程兴趣增强,曾在区、校艺术节上进行表演,获得好评。学生的口语表达能力进一步提升,乐于思考,敢于发声。在第四届"杨浦中学生英语原创演讲大赛中",学校高一学生汪怡清同学获得了第三名的好成绩。

英语教师进一步完善教学理念,改变教学方式,以英语核心素养为导向,并与当前的"双新"有机结合起来。

2. 课程计划

(1) 工作目标

教师通过进入外教的戏剧课堂,学习外教的授课理念及方法,反思自己该"如何教",从而改变自己的课堂较为单一的授课方式,提高"会教"能力,最终提高教学质量。此外,能对课程进行进一步的思考,对融合课程进行进一步的探索,将研究结果理论化、实践化,形成校本融合式课程,如读演结合的戏剧拓展课(阅读戏剧文本,引导学生读懂字里行间的意思,同时在此基础上表演剧本,读与演两者相辅相成)。

学生能以戏剧课程为载体,对自己的语言及肢体进行进一步训练,培养对英语学习的兴趣,加强团队合作意识,提升对英语表达的自信,做到"乐学"。

在与外教的交流及阅读名著的过程中,学生可以了解多元化的世界人文和风俗,能进一步培养跨文化意识,发展国际视野和创新素养。

(2) 主要任务

教师继续深入课堂,观察课程亮点,参与外教的戏剧课程,积累研究素材。同时,结合专家及上级课题组的意见,对课题进行进一步的梳理,深入思考探究,完善课题的研究,为下一阶段的研究打下坚实的基础。

积极参加区组织的各项活动。参与国际课程与本土课程融合策略研究的案例解析与分享,聚焦校融合实践案例形成的过程、策略介绍与经验分享,以达到项目团队相互借鉴、共同促进的作用。参与国际课程与本土课程融合策略研究的阶段成果展示及交流分享。学习其他学校校本课程的设计思路、研发过程、课堂实践、效果反馈等方面的经验,为本校校本课程的完善做好积累。参与中心的线上讲座,开展自我学习,有效利用中心提供的多种类型的学习材料,例如文献类、网站类、媒体类、书本类等。

继续深入课程,观察课堂,撰写过程观察类、本土教师成长型、学生能力变化型、课程资源研发型等深度案例,从而推动子课题"一校一案例"的生成与提炼,做好"一校一案例"的编撰进展交流、分享工作。

(3) 推进路径(分学年制定)

第一学年:教研组结合学校、学生的实际情况,根据前一阶段国际课程的实践情况,思考将戏剧课程和本土课程进行融合,列出融合课程的框架及设想等。

第二学年:在实践中对框架进一步细化,形成融合课程教案并积累本土融合课程案例。这一学年,学校将举办英语戏剧文本鉴赏活动、英语戏剧展示活动、英语戏剧配音比赛等,进一步提升学生的英语表达能力和跨文化交际能力。

第三学年:经过前两个学年的探索,打造出独具上理工附中特色的英语戏剧校本课程。

(4) 预期成果(含时间节点)

第一学年:形成本土融合课程大纲和设想。

第二学年:形成本土融合课程实践案例,在学术节等平台上进行展示;在前一学年的基础上衍生出校级展示活动,为学生提供展示的平台,如通过艺术节、学术节、读书节等活动鼓励学生利用所学进行创作表演。

第三学年:形成个例集,同时打造上理工附中英语戏剧校本融合课程。

(本节撰写者:顾超、吕忻、程群)

第三节 "工程与艺术"课程的活动方案与活动案例

活动方案与活动案例一

"数字油画"课程活动方案

一、活动任务分析

本活动任务的教学内容选自学校校本课程"数字油画"。根据高中艺术课标要求及学生身心发展规律,以及应对大数据时代背景下高中艺术学习的新需求,学校对传统艺术学习的课程内容进行补充整合,将艺术学习与数字技术相结合。本活动通过对西方现代绘画大师夏加尔创作理念和技法的分析,帮助学生了解和掌握西方现代绘画的创作方法,在感受经典艺术魅力的同时通过实践去体会数字油画创作的乐趣。

本校是一所区域性的重点高中,学生对艺术学习有着较浓厚的兴趣,且具备一定的独立分析和思考问题的能力。本活动通过对俄罗斯裔法国画家夏加尔作品的学习,让学生基本学会西方现代绘画作品的欣赏方法。在活动中,注重艺术学习内容与学生现实生活的紧密关联,通过数位板模拟油画创作让学生体验艺术创作的快乐,学会热爱生活、懂得感恩，培养学生乐观豁达、努力进取的生命观，并在积极的情感体验中提高审美意识和审美能力。

二、活动目标

1. 知道画家的个人经历、时代背景及艺术风格对作品的影响，理解作品内涵并学会分析其艺术特色，学会借鉴大师风格进行数字油画创作。

2. 通过欣赏、讲解、讨论、探究实践等活动的开展，尝试分析绘画作品的艺术特色，懂得西方现代绘画的创作观念和原则。

3. 通过对夏加尔作品的学习和基于人文主题的数字油画创作实践，在感受和理解艺术美的同时体会经典艺术中"乐观、向善、尚美"的价值追求，学习画家博爱豁达、积极进取、探索创新的精神。

三、活动重点和难点

重点：夏加尔绘画艺术特色的理解与创作方法的尝试。
难点：学会合理分析《生日》的艺术特色，尝试模拟大师风格的数字油画创作。

四、活动资源准备

PPT课件、多媒体、数位板及绘画软件。

五、活动设计思路

高中学生大多对艺术学习有着较为浓厚的兴趣，有较强的艺术感知能力和一定的思辨能力，愿意尝试以活动探究的形式投入到艺术学习中，这些都为本活动的开展奠定了基础。教师将在本活动中与学生一起通过讨论、分析、实践、创作等多种方式开展学习。活动由循序渐进的三大环节（感受爱的画面——解析爱的形式——尝试爱的创作）组成，引导学生共同探索西方现代绘画艺术的表现形式，形成正确的审美判断。学习中，学生还将通过结合生活体验的艺术创作，运用数字技术表达情感，借鉴大师的创作方法和技巧感受"艺术家的创作过程",在积极的情感体验中提升艺术审美素养和实践创新能力。

六、活动过程

(一) 情境导入

教师播放上海夏加尔画展视频。

出示课题:"'爱的艺术'——赏析《生日》"。

(二) 作品探究

环节一:感受爱的画面——从画面整体到局部细节。

教师引导学生进行观察、描述,学生分组讨论并思考:艺术作品表达的是画家对自身生活经历的感悟,反映的是现实生活的印记,往往受画家所处的时代背景、个人经历及创作动因所影响。

环节二:解析爱的形式。

教师组织学生开展角色体验活动:"我是夏加尔"。

教师引导:现在让我们来进行小组的角色体验游戏。小组成员化身为"艺术家"夏加尔,根据各自的解析重点对作品进行分析解读,包括题材内容、人物造型,画面色彩及构图空间上的特点等,分析这样的处理对表现主题起到什么作用。

学生分组交流夏加尔画作的四大特色:(1)基于爱的题材内容;(2)丰富的色彩表达;(3)意象的造型表现;(4)富于变化的构图。

教师:夏加尔的画中呈现出梦幻、象征性的手法与色彩,充满童真和诗意化的浪漫。接着就让我们借鉴大师的创作风格尝试小稿创作,绘画主题是"心中的爱"。

(三) 绘画实践

环节三:尝试爱的创作。

1. 作业要求:

(1) 符合主题,适当添加。

(2) 以线为主,意象造型。

2. 教师示范讲解创作技巧。

3. 学生创作练习,教师巡回指导。

4. 作业展示交流评价:用平板展示完成稿,即时评价交流。

(四)拓展延伸

教师:西方绘画自文艺复兴时期以来一直追求的是科学的真实。对同样是表现爱慕题材的作品,如夏加尔的作品与维米尔的作品,进行比较分析。就"生活的真实等于艺术的真实吗"这一辩题分组开展辩论,感受西方现代绘画艺术创作观念上的变化。

学生以小组形式开展辩论。

七、板书设计

爱的艺术——赏析《生日》

1. 感受爱的画面
2. 解析爱的形式
   题材　色彩　造型　构图
3. 尝试爱的创作
4. 拓展辩论

八、学生活动任务单设计

任务单		
班级	姓名	所在小组
1. 你知道夏加尔吗?你了解哪些西方现代绘画大师?试着查询有关资料并写下你的答案。		
2. 你觉得作品《生日》有何动人之处?		
3. 课堂实践:角色体验——"我是夏加尔" 以小组为单位,围绕夏加尔作品《生日》的四大特色展开分析,试着将你们小组的讨论结果填入下表中。		

续表

1	题材内容(　　)	思考提示： 基于爱的题材内容	小组分析记录：
2	色彩表达(　　)	思考提示： 丰富的色彩表达	小组分析记录：
3	人物造型(　　)	思考提示： 意象的造型表现	小组分析记录：
4	画面构图(　　)	思考提示： 富于变化的构图	小组分析记录：

4. 西方绘画自文艺复兴时期以来一直追求的是科学的真实。对同样是表现爱慕题材的作品，如夏加尔的作品与维米尔的作品，进行比较分析，谈谈西方现代绘画艺术在创作观念上的变化以及《生日》给你的启示。

5. 课后作业：基于本课的学习，课后再欣赏夏加尔的其他作品，结合你对西方现代艺术的理解，写一篇500—1 000字的美术鉴赏短文。（可另附页）

（本活动方案撰写者：顾超）

活动方案与活动案例二

"数字油画"课程活动案例

一、案例背景

"向大师致敬——数字油画创作"是学校的数媒艺术校本课程，该课程精选了西方近现代艺术史上较有影响力的9位大师和他们的经典作品，旨在帮助学生走近油画艺术。课程学习凭借先进的数字技术——数位板和绘画软件 ArtRage 的组合运用，使绘画零基础的学生也能通过"经典解析—临摹学习—二度创作—评价交流"四个层层递进的学习环节，借鉴艺术家思考创作的过程，并借助数字技术完成"赏析—理解—模仿—创作"的艺术实践过程。

二、案例描述

在"向毕加索学解构"的单元课学习中，学生小陈对毕加索产生了浓厚的学习兴趣。学习之初，小陈对于毕加索的绘画风格并不了解。课中她时常与我探讨她的理解，并提出了一系列问题：为什么毕加索能成为西方现代绘画的代表画家？看似儿童涂鸦式的绘画为何会被奉为经典？我们究竟如何才能读懂毕加索的作品？对于这些问题，我并不想直接给出答案，而是引导小陈主动探究、自主建构知识，建立起自己对于西方现代绘画的判断标准，如此更能显现出学习的意义。因此，我让小陈欣赏两幅风格迥然不同的绘画作品：毕加索的自画像和丢勒的自画像，并让其结合画家所处的时代背景、个人经历及绘画风格开展研究。我为小陈提供了课程学习的相关资源，包括相关画册、画家个人传记、在线艺术馆网址以及大量的画家纪录片视频资料。我建议小陈做好一切过程性资料的积累，例如将学习中自己的所思所想通过视觉笔记、思维导图等多元化的方式及时记录下来，并整理在艺术档案袋中，同时结合不同风格作品的对比欣赏完成相关的鉴赏报告等。几周后，小陈交来了她的鉴赏报告，其中有这样一段文字记录下了她的思考：

> 20世纪科技的发展、时代的进步，使艺术家们渴望打破传统绘画准则的束缚，追求全新的艺术表现形式。西方现代绘画重新定义了艺术美的标准，为我们开启了一扇全新的感受艺术世界的大门。以毕加索为代表的西方现代绘画艺术家们更为强调的是画家的主观思维在绘画作品中的体现，所以他们的绘画形式与传统绘画显得格格不入。以毕加索的立体派风格作品为例，很显然画家画的不是我们自然看到的立体物，而是他主观想象的立体物，这样的"解构再重构"成为毕加索作品最典型的标志。就好似我们在生活中将一个立体的包装盒完全拆解开，再按照自己的主观意愿进行重新组合，这样就会出现一个全新的主观形象。我想毕加索在创作时所关心的一定不是如何逼真、精准地表现绘画对象，而是自始至

终都在思考应该怎样在平面上画出具有三维乃至四维空间的物体。正是这种观念上的改变突破了以精确写实为标准的传统绘画的审美标准。

很显然，从小陈的文字中可以看出，她已经清晰地洞悉了毕加索立体主义风格的主要特征。更难能可贵的是，她通过自主探究，运用比较鉴赏的方法，从整体视角去分析画家艺术风格改变的背后原因，能结合历史、文化、艺术经验的多个角度去评价作品，并阐明自己的观点和理由。她认为"真正的大师并不在于画作精妙到符合绝大多数人的审美趣味，而在于个性风格的凸显以及审美观念的革新"，而这恰恰是毕加索吸引她学习的重要原因。

随后，我建议她通过绘画实践进一步加强对画家艺术风格的学习，在实践创新的绘画中融入自己对社会、对生活的思考。在我的指导下，小陈结合学习单，通过毕加索作品的临摹学习、毕加索大展的实地参观、相关画册资料的查阅等方式进行了学习。学习单完整地记录了她的学习过程中的所有素材，包括：对毕加索不同时期绘画风格的总结、立体主义代表作的艺术特色分析、二度创作时用思维导图呈现的作品构思、最初的创作草稿图、画展参观心得等。当然，她的个人学习素材中也包括我设计的对学生研究性学习情况的评价表和最终作品的评价表等评价量规。这些都被归纳整理到小陈的个人艺术档案袋中，用于记录完整的学习过程。最终，小陈模仿借鉴毕加索的《镜中的少女》，完成了大胆的二度创作。如图5-1所示。

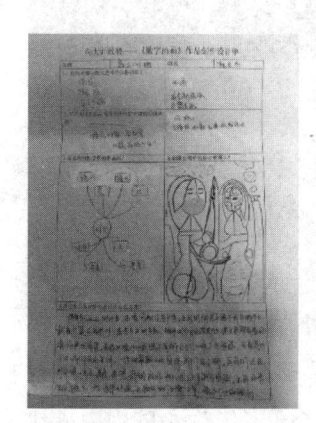

图5-1 小陈结合学习单运用数位板进行创作

小陈最后的作品让我赞叹于她非凡的创造力和想象力。她的作品中的少女因为严重的环境污染——雾霾的影响不得不戴上了防霾口罩。小陈借创作表达她对现今日趋严重的环境污染问题的忧虑。

对于同样的经典作品,学生小徐在二度创作中则表达了她对"拜金"现象的批判。她这样阐述自己的创作理念:

> 在我的画中,镜前的这个女子是一个盲目崇拜金钱、物质至上的"拜金女",她对于幸福的理解就是用华丽衣装、贵重奢侈品来装点她平凡的人生。镜中的女子是她真实的写照,即便手中拎着上万元的名牌包包,也是空有一身皮囊,徒有其表,所以我用色彩留白的方式处理了她的上身。精神灵魂的匮乏远比物质上的贫乏更让人感到可悲。一切价值都要服从于金钱价值的思想和行为是令人鄙视的。所谓"腹有诗书气自华",我们应该将知识、文化修养视作人生最好的点缀品,努力成为爱读书、读好书、善读书的新一代学子,让诗书成就你的高深修养,养成你志存高远、厚德载物的气质。把腹有诗书作为使自己美丽的途径,摒弃那些庸俗的价值观。只有高贵的气质才会随着岁月的沉淀更具魅力。

图 5-2 学生在创作中

尽管作品风格迥异,但都是学生们对于各自情感的真实表达,作品因真实而动人。借助数字技术的翅膀,学生们大胆创意,自由表现,在艺术的天空中尽情翱翔。最后,大家纷纷将自己的作品上传到学校的艺术交流平台,即微信公众号"上理工附中艺术吧"(下文简称"艺术吧")上,进行作品的展示交流。在"艺术吧"上,学生们精心制作了关于数字油画作品的推送文章,并通过留言、点评、互赞、互粉等形式开展后续学习。还有许多学生则是在互联网上大胆发表自己的作品与创作心得。学生小陈因为成功改编毕加索的作品而获得了创作的成就感,作为毫无绘画基础的新手,她感到特别骄傲。为了让更多和她一样的同学能体验数字油画创作的乐趣,她自发在"艺术吧"上推送了数位创作教程《助你成为毕加索》,并附上自己创作的数字绘画作品的详细步骤图(图5-3)。在这篇推送文章中,她俨然是一位颇有创作经验的小老师,不仅分享了自己的学习经验,更以真人模特为例,借助绘画软件通俗易懂地介绍了毕加索立体主义风格作品中所体现的几何体解构重组的鲜明特色。通过"艺术吧"平台的学习,校园里刮起了一股强劲的"数字油画创作风",诞生了一大批优秀的作品和基于此的文创作品。学生们在作品的成果发布会上纷纷向大家介绍数字油画作品的创作过程和文创作品的构思灵感,分享交流艺术实践体验的感想和体会。艺术作品这一生动鲜活的载体让学生的情感得以寄托、思想得以呈现、创意得以落实,让那些没有绘画特长的零基础的学生获得了艺术学习带来的无与伦比的快乐和成就感。

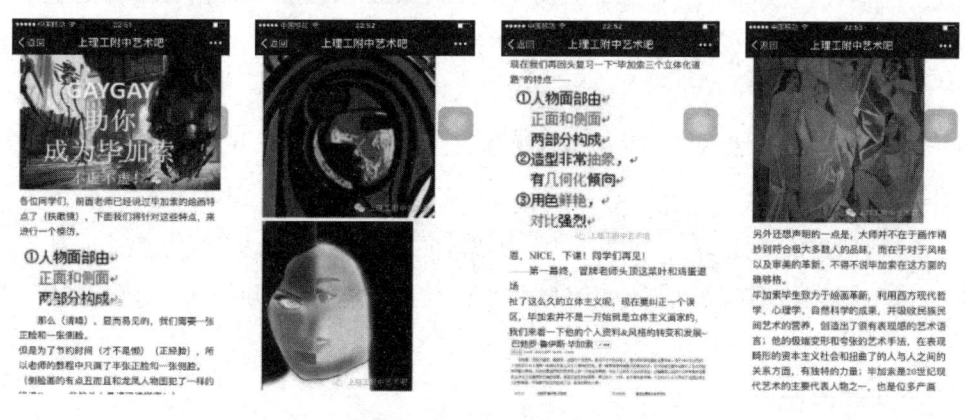

图5-3 学生的微信推送

三、案例反思

本案例中,教师将先进的数字技术与艺术教学相结合,让学生通过自主的探究学习,完整地经历了"像艺术家一样创作"的过程,于潜移默化中培养了学生的工程素养。学生通过合作学习,不仅系统学习了数字油画创作的相关知识和技能,更增进了对作品的文化理解,加强了审美判断。数字油画创作让学生不再拘囿于传统的绘画表现,帮助他们拓宽了艺术创作的创意表达形式,而且更关键的是,联系实际的二度创作及文创作品设计都反映了学生的所思所想,在整个真实性学习的过程中最大程度地调动了学生的创作热情、艺术想象及创新思维,为学生的终身可持续发展奠定了基础。

(本活动案例撰写者:顾超)

活动方案与活动案例三

"玩转微视频"课程活动方案

一、活动任务分析

1. 随着数字技术的不断发展,视频制作已经成为一种重要的媒体表达方式。
2. 视频制作不仅可以培养学生的技术技能,还可以培养学生的创造力和表达能力。
3. 视频制作课程可以让学生了解视频制作的流程和技术,并通过实践提高自己的技能水平。
4. 通过视频制作课程,学生可以学习如何更好地沟通和表达自己的想法。
5. 视频制作课程还可以为学生提供一个平台,让学生创作属于自己的作品。

二、活动目标

1. 学习基本的视频制作技巧和流程,如摄影、剪辑、音频和色彩校正等。
2. 学习掌握常用的视频制作软件和工具,如 Adobe Premiere、Final Cut Pro、After Effects 等。
3. 了解视频制作的行业标准和最佳实践。
4. 练习制作不同类型的视频,如短片、广告、MV 等。
5. 通过课程作业和项目提升学生的实践能力。
6. 培养学生的创意思维和独立思考能力。
7. 提高学生的团队协作能力。

三、活动重点难点

重点:基础知识的掌握,如摄影、剪辑、音频和色彩校正等;视频制作软件的操作和使用；导演思维和创意思维的培养。

难点：视频制作流程的理解和掌握；视频制作软件的操作，特别是对于高级功能的掌握；学习将创意转化为可行的作品；高质量的视频作品的制作；团队协作的能力培养。

四、活动资源准备

1. 摄像机和音频设备：数码相机、摄像机、话筒、扩音器等。
2. 视频制作软件：Adobe Premiere、Final Cut Pro、After Effects 等。
3. 硬件设备：电脑、硬盘、显示器等。
4. 教材和参考资料：视频制作相关的书籍、教程和在线资源。
5. 作业和项目需求：摄影棚、摄影器材等。
6. 研讨会和交流平台：教师和学生之间的研讨会和交流平台。
7. 教学环境：教室、摄影棚、录音室等。

五、活动设计思路

1. 基础知识的掌握：通过讲解、演示和实践的方式，让学生掌握摄影、剪辑、音频和色彩校正等基础知识。
2. 软件操作和使用：通过教师演示和学生实践的方式，让学生掌握视频制作软件的操作和使用。
3. 导演思维和创意思维的培养：通过案例分析、讨论和课堂演练等方式，让学生培养导演思维和创意思维。
4. 项目实践：通过实际拍摄和制作视频的方式，让学生掌握视频制作的流程和技巧。
5. 团队协作能力的培养：通过团队合作的方式，让学生培养团队协作能力。
6. 评估和反馈：通过作业和项目的评估与反馈，学生可以更好地了解自己的学习进度和问题。
7. 教师反馈：通过研讨会和交流平台，教师可以及时对学生的问题给予反馈，并提供指导。

六、活动过程

1. 课前准备:教师需要准备好课程资料和教学计划,学生需要预习课程内容。
2. 课堂讲解:教师讲解视频制作的基础知识和技巧。
3. 演示和实践:教师演示视频制作软件的操作和使用,学生进行实践练习。
4. 团队协作:学生根据课程要求进行团队协作,制作视频。
5. 课堂讨论和演练:学生通过案例分析、课堂讨论和演练等方式,进行导演思维和创意思维的培养。
6. 作业和评估:学生需要完成作业并进行评估,教师根据学生的作业和评估给予反馈。
7. 课后反馈:学生可以通过研讨会和交流平台进行课后反馈,教师根据学生的反馈进行课程调整和改进。

七、活动实施

1. 课程目标:清晰明确地阐述课程目标,使学生能够了解课程的主要内容和预期成果。
2. 课程大纲:概括列出课程的章节和主要内容,使学生能够清楚地了解课程的结构和进度。
3. 讲义:教师在课堂上提供相关的讲义,使学生能够了解课程的主要知识点和技巧。
4. 演示视频:教师在课堂上提供相关的演示视频,使学生能够了解视频制作的过程和技巧。
5. 教学案例:教师提供一些相关的教学案例,使学生能够了解视频制作的实际应用。
6. 作业和评估:教师给予学生相应的作业和评估,使学生能够深入理解课程内容。
7. 课程反馈:教师给予学生相应的反馈,使学生能够了解自己的学习进度和问题。

八、学生活动设计

1. 小组项目：学生可以组成小组，开展视频制作项目，在实际的项目操作中学习视频制作的技巧和知识。

2. 实验报告：学生可以进行相关的实验，并撰写实验报告，以加深对课程内容的理解。

3. 视频作业：学生可以提交相关的视频作业，并根据教师的反馈进行修改，提高自己的视频制作能力。

4. 比赛：学生可以参加相关的比赛，展示自己的视频制作能力，并与其他学生进行竞争。

5. 个人项目：学生可以实施个人项目，探索自己的兴趣爱好，并在此基础上进行视频制作。

（本活动方案撰写者：吕忻）

活动方案与活动案例四

"玩转微视频"课程活动案例

一、案例背景

视频制作课程的案例背景可以是多种类型的，例如，商业广告：学生可以制作一部商业广告片，学习如何使用不同的技巧来吸引消费者；新闻报道：学生可以制作一部新闻报道片，学习如何使用不同的技巧来讲述故事；纪录片：学生可以制作一部纪录片，学习如何使用不同的技巧来记录历史；电影：学生可以学习如何使用不同的技巧来制作一部电影；短片：学生可以学习如何使用不同的技巧来制作一部短片。这些案例背景能够激发学生的兴趣，增强学生的实践能力，并且能够满足学生的学习需求，帮助其更好地理解课程内容。

二、案例描述

视频制作课程的案例描述可以是多种类型的,例如,商业广告案例:针对一个品牌的新产品发布,学生需要制作一部 30 秒的广告片来宣传这个新产品;新闻报道案例:针对发生的一个重要事件,学生需要制作一部 3 分钟的新闻报道片来讲述这个事件的情况;纪录片案例:基于一座城市的历史和发展,学生需要制作一部 30 分钟的纪录片来记录这座城市的历史和发展;电影案例:基于一个家庭故事,学生需要制作一部 30 分钟的电影来讲述这个故事;短片案例:对于一种社会现象,学生需要制作一条 5 分钟的短片来加以讲述。这些案例能够提供学生足够的信息和素材,并且能够满足学生的学习需求,帮助学生更好地理解课程内容。

三、案例反思

视频制作课程的案例反思是课程教学过程中的重要环节,它能帮助学生总结课程学习过程中的经验,并对自己的学习进行评价。具体而言,学生可从以下方面进行反思和总结。

(1)课程目标达成情况:学生可以反思自己是否能够按照课程目标完成案例制作,并对自己的表现进行评价。(2)技能提升情况:学生可以反思自己是否能够在案例制作过程中提升技能水平,并对自己的技能提升情况进行评价。(3)思维发展情况:学生可以反思自己是否能够在案例制作过程中提升思维能力,如创意思维、逻辑思维等。(4)团队协作情况:如果案例制作是由团队协作完成的,学生可以反思自己是否能够通过有效的协作完成案例制作,并对团队协作情况进行评价。(5)案例制作结果:学生可以反思自己是否能够制作出高质量的作品,并对案例制作结果进行评价。(6)教学方式:学生可以反思课程教学方式是否能够帮助他们更好地理解课程内容,并对教学方式进行评价。(7)工具和设备:学生可以反思课程使用的工具和设备是否能够帮助他们完成案例制作,并对工具和设备进行评价。(8)学习兴趣:学生可以反思课程内容是否能够激发他们的学习兴趣,并对学习兴趣进行评价。(9)个人发展:学生可以反思课程对自己个人发展的贡献,如增强个人能力、提高自信心等。(10)总体评价:学生可以对整个课程进行总体评价,并提出对课程的建议和意见。

这些反思活动有助于帮助学生更好地理解课程内容,并对自己的学习进行评价,为下一步的学习和提升做好准备。评价方式包括以下内容。

学生课堂表现评价:对学生在课堂上的表现进行评价,包括学习态度、课堂参与度、作业完成情况等。

作品评价:对学生的作品进行评价,包括创意性、技巧性、实用性等。

教学成果评价:对整个课程的教学成果进行评价,包括课程目标达成度、学生素养提高程度等。

奖励:鼓励学生在学校或社区的展览会上展示作品、参加省市级竞赛等,并对优秀学生进行奖励。

总结:根据评价结果,总结教学活动的成功与不足,并进行相应的改进。

通过上述评价和总结方式,可以及时发现课程教学中的问题并对其进行改进,提高课程教学质量,对学生的学习成果给予表彰和鼓励。

(本活动案例撰写者:吕忻)

活动方案与活动案例五

"英语戏剧"课程活动方案

一、活动任务分析

(一) 内容分析

《爱丽丝梦游仙境》是一个经典的西方童话故事,其主要内容是:一个叫爱丽丝的小女孩追着一只白色的兔子先生,意外地掉进了一个名叫"仙境"的兔子洞里。这个仙境是个奇怪的地方,里面住着的都是奇怪的人,在那里一切都不按常理出牌。事实上,一切看上去都像是胡言乱语,每个人都是疯子。为了找到回家的路,爱丽丝不得不和奇怪的人、奇怪的事打交道——恶作剧的猫、迷宫般的门、疯狂的制帽人、让她身体变大变小的药水,甚至差点被自己的眼泪淹死。这一切的一切都是在遇到红心皇后前发生的事情,而红心皇后则是一个一生气就要砍人头的人。爱丽丝能找到兔子先生,让它帮助她走出仙境重回自己的家吗?

(二)学生学情分析

"英语戏剧"课程主要针对的是高一学生,这些学生有一定的语言能力,且学业压力较轻,这为之后的戏剧学习、排练、表演提供了条件。而且,他们刚进入高中校园,渴望建立友谊,"英语戏剧"课程刚好提供了很好的平台。此外,他们对于英语戏剧或多或少有一些了解或者经验,会带着热情和兴趣参与到此课程学习过程中。

二、活动目标

1. 在改编英语剧本的过程中,学生的英语文字组织能力、观察力和想象力能得到培养,同时在潜移默化中,学生对生活的敏感度和对生活中真善美的追求能力进一步加强,并提升了社会责任意识。

2. 学生的综合素养进一步提升。英语戏剧节是此课程的良好载体,它围绕着同一个目标,将很多没有联系的学科知识整合在一起,相互补充、相互促进。比如,在编写剧本时,学生需要尊重客观事实,将历史和地理知识结合起来。在设计道具和艺术节海报时,学生需要一定的美术知识。为了达到最好的舞台表演效果,学生还需要选择背景音乐,制作PPT,选择音效背景,这些都离不开信息技术知识的支持。

3. 学生的探究学习能力和合作学习能力进一步增强。从改编剧本、排练到表演,这是一个漫长的过程。在此期间,学生会遇到各种各样的问题,比如他们需要揣摩人物的性格,搭配合适的服装,需要对台词不断研究,这其实也是一个不断探究、创作、创新的过程。同时,戏剧表演不是一个人的独角戏,它需要整个团队的通力合作,表演人员、道具组、舞美组都需要相互配合、迁就,以表演的成功为最终目的。

4. 学生能沉浸式地接触西方文化,感受浓郁的人文情怀、人文素养。《爱丽丝梦游仙境》引导学生勇敢面对生活中的困难和挑战,唤醒这些高中生内心深处的孩童模样,激发其创造力。良好的英文戏剧表演需要真情实感的投入,为此学生需要融入到戏剧中人物的喜怒哀乐中,体验创作表演的乐趣。而且,不同学生的思想碰撞,可以大大锻炼学生的创新意识和创新能力。再加上在表演戏剧时,需要对灯光、音乐、舞美等环节进行调控,无形中培养了学生的实践能力,认清自己的责任,从而推动人文情怀、人文素养的养成。

三、活动重点和难点

1. 根据学生实际情况改编剧本。《爱丽丝梦游仙境》是一部经典作品,文笔流畅、深刻,但是要完全背诵下来很难,而且听众很难理解。因此,学生需要在外教的指导下改编剧本,精确到每一句台词,既要传情达意,还须方便演员展示,使观众能够理解。

2. 灯光、音乐、舞美等方面的筹备工作。这些是气氛烘托的重要手段,也是表演能否成功的关键组成。学生需要基于对剧本的正确理解进行合理设计。

3. 彩排过程要注重细节。学生要将每一句台词都熟练背诵,同时根据剧情和人物性格对每句话的重音、停顿进行精心设计。此外,不同场景之间的转换、冲突场景的表演等都需要精心打磨。

四、活动资源准备

(一)确定表演内容(剧本),改编剧本,分配台词

英语戏剧表演成功与否与剧本的选择有着密切关系。一部优秀的剧本不仅能生动传达文化精髓,提升语言表达和沟通能力,还能体现时代的主题特征,培养学生的人文情怀和爱国情操,给他们的人生提供源源不断的精神力量。因此,教师首先需要引导学生选择合适的剧本。

选择好剧本以后,最重要的一个步骤是对原著进行加工和处理。必须要找到与现实学习生活相联系的切入点,进行合理的人物取舍等,并要保留原著中经久不衰的永恒主题。此外,剧本还需要适合表演,有些作品的语言复杂,必须要对其中的句式等进行转化修改,同时还要保留原著本身的语言魅力,这是一个巨大的挑战。

学生本身也要做好充分的准备。英语戏剧表演要求极高,学生不仅在语言表达上要流畅,而且要持续揣测人物的性格,深入到角色和人物的体验中去,在观众中引起共鸣。因此,在外教老师的指导下,学生需要围读剧本(关键要素包括冲突、台词、幕和场),写人物小传,体验人物性格。

(二)设计戏剧海报

学生要发挥聪明才智,将一场戏剧的主要元素融入到一张海报里,简洁明了、生动

形象,能激起观众的注意和兴趣。在此过程中,学生协作互助,发挥所长,创新意识不断增强。

(三) 道具、服装、音乐准备

所选择的道具、服装、音乐必须要符合人物性格,能烘托场景气氛,并给观众带去积极深刻的情感交流。

(四) 彩排

演员们穿着特定服装,化妆排练,营造表演的仪式感。引导学生集中注意力,让学生对剧本的每一句台词都精通,调整语音语调,感受不同情感,在此过程中加深对人物的理解。

五、活动设计思路

随着国际交流的深入以及全球化的进一步发展,教师应该给予学生更多了解西方国家社会与文化的机会,赋予英语语言更多的文化内涵。英语戏剧既可以是欧美历史和文学的缩影,又可以是对当代社会的写照与思考。学校的"英语戏剧"课程主要包括解放天性热身训练,戏剧表演技能训练,语音、语调、语气、表情和肢体语言的运用,剧本研读、剧本撰写和改编等。同时,创设有意义的语言环境,通过情景浸入式教学法,巩固学生的语言知识。通过对角色的扮演、感受和体悟,学生增强了对文本的理解和情感体验,在潜移默化中达到戏剧教育的目的。英语戏剧节创设了很好的展示平台,在设计戏剧节活动时,主要有以下思路。

(一) 体验西方文化

我们大多数高中生缺乏直接体验西方文化的机会,这显然不利于英语语言学习,很难提升学生的英语素养。英语戏剧表演能够在无形中开阔学生的视野,丰富其学识与见识,体味英语语言背后的文化。比如,学生能够接触到很多富含哲理的句子,"Fair is foul, and foul is fair." "What's done can't be undone."。这些意蕴深刻的句子能给予学生心灵上的熏陶与启迪,同时使学生体会其中蕴藏的智慧和当时的社会文化,大大地开阔了学生的视野,取得了良好的教育效果。

（二）剧本要适合学生群体，要适应艺术节的氛围

学生需要在熟读背诵文本之后进行表演，要对文本进行深刻的理解，表演内容不能与剧本内容脱节，表演的语气、表情、动作等要与原文要求相符。要调动学生的兴趣和积极性，提高学生的思维能力。

（三）外教和助教参与表演

在艺术节中，外教和助教也都参与到表演过程中，较好地提高了学生的参与度和积极性，并取得了意想不到的效果。例如，扮演戏剧中家长角色的学生认为自己的角色不够重要，参演的积极性较低。外教自告奋勇，在开始的几次表演过程中扮演家长这一角色。外教的参与让其他参演的学生都变得更加认真和投入。外教扮演的学生家长出场时的场景既华丽又浮夸，并且他的台词功底很强，这使戏剧效果直接拉满。当扮演家长的学生看到外教的精彩表演后意识到自己角色的重要性，积极主动地申请加入，认真完成了后面的表演。

（四）要与观众共情，产生戏剧冲突

在设计改编剧本时，我们也要考虑如何引导表演者与观众产生共鸣，想象自己如果是正在观看这场演出的观众会有什么期待。

例如，教师没有直接跟学生指明原剧本中第三幕和第四幕的位置问题，而是在他们的表演过程中，让他们与观众共情，思考可不可以设置悬念，增加戏剧冲突，让故事层次更加丰富。学生探讨后认为，应该将第四幕的内容放到第三幕之前，给剧本增加悬念。让学生表演时进行共情引导，不但让学生更深层次地理解表演、语言或肢体等表达故事的基本要素，还可以让学生站在他人的角度思考问题，促进学生思维品质的提升，发展学生的核心素养。

六、活动过程

1. 分场景进行预演（负责学生进行拍摄）。
2. 教师及学生回看视频，一起探讨、总结、完善。
3. 再次排练。

（本活动方案撰写者：程群）

活动方案与活动案例六

"英语戏剧"课程活动案例

一、案例背景

在一年一度的艺术节迎新年活动上,学校英语戏剧团队会为全校师生献上压轴表演。本次表演的目标是进一步营造全校学习中西方经典名著的浓厚氛围,使学生进一步体会学习英语、使用英语的乐趣,培养学生的人文情怀、交流协作能力、设计创新能力等,同时进一步加强学生的核心素养——语言能力、学习能力、思维品质及文化品格。本次节目名称为《爱丽丝梦游仙境》,符合节日的气氛。

二、案例描述

《爱丽丝梦游仙境》中各场景的主要内容如下所述。

Scene 1: Down the Rabbit Hole!

Young Alice Liddell and her sister Margret sit in the back yard of their family home with family friend Lewis Carroll who is playing cards by himself. Margret is teaching Alice about math and square roots and Alice is bored and trying to stay awake. Suddenly Alice sees a large White Rabbit in a suit and chases him to his rabbit hole which she falls into.

Scene 2: Cheshire Cats!

Alice's fourth reflection winds up in a dark room where she can't see anything. She is greeted by the sounds of two cats trying to confuse, scare, and drive her insane. Just as Alice starts to feel she is starting to become insane, the White Rabbit comes hoping through as always complaining about being in trouble because it is late for something. Alice pulls herself together and follows the rabbit away from the Cheshire Cats before losing her mind.

Scene 3: Doors and Mirrors!

After chasing the White Rabbit and losing track of it, Alice finds herself in a room full of doors and mirrors. There are too many doors to try to open them all, so she gets help by pulling two of her reflections out the mirror to help her find the way home. The three Alice after some confusion and arguing leave through different doors in search of the White Rabbit and a way home.

Scene 4: Tea Party!

Alice's first reflection finds herself in a beautiful garden, at a tea party with a crazy hat maker, an insane hare, a gryphon, a sad half turtle and Dormouse who is always sleeping. At first she deson't want to stop and sit but when the Mad Hatter promises her information on the White Rabbit, she stays and tries to get them to tell her how to find the way home. Unfortunately for Alice, no one is of any help, constantly forgetting to actually give her tea, offering cookies they don't have, and the Mock Turtle crying about being kicked out of school for not being able to remember the dance of the lobsters and Dormouse sleeping though everything suddenly. The Mock Turtle remembers the dance of the lobster and everyone begins to dance. Just then the White Rabbit runs past and Alice escapes the tea party, chasing the rabbit.

Scene 5: Doors, Rats, Tears, and Fish!

Alice's second reflection finds herself in another room full of doors, except all these doors are locked. There she finds two rats and a small talking door. She eats and drinks strange things that make her smaller then bigger, trying to fit through the small door. When a giant Alice scares away the White Rabbit, she cries an ocean of tears that she almost drowns in when she shrinks back down. She is rescued by a boat rowed by fish who can't swim. The water drains when one of the fish falls in the water and pulls a bathtub like plug, draining all the water. The White Rabbit was also under the water and when he gets up to run for the appointment he is late for, Alice again chases after the White Rabbit.

Scene 6: Caterpillar!

Alice's sixth reflection ends up in a smoky place with a large caterpillar who offers her advice in the form of riddles. Alice confesses she doesn't know who she is anymore. Is she a mirror reflection or something else. The Caterpillar helps her realize she has the memories of all the other Alice's too, because they are all the real Alice just split into piece. Suddenly she knows were all of the Alice's are and goes to bring them back together and bring them home.

Scene 7: The Queen!

Our original Alice winds up in the garden of the Queen of Hearts and is forced to play a game of croquet with the queen cheating to win the game. The game ends suddenly when the Naïve of Hearts, a simple baker who makes cakes and biscuits for the Queen, is caught and accused of stealing the Queen's tarts. Alice must protect the innocent Naïve and save the bakers life, and persuade the Queen that if she kills her, she will no longer receive cookies and cakes. Suddenly the White Rabbit arrives to play croquet with the Queen and is sentenced to death by the Queen for being late. Alice loses her temper over the queens desire to cut everyone's heads off and her angry make the queen want to execute Alice. Luckily for her, her reflections come to the rescue her and chase the Queen, the King and their guards away. The grateful White Rabbit shows them how to get home and become one again.

Scene 8: Home...

Alice is suddenly home just where she was before chasing the rabbit and tells her sister and Mr. Carrol about her adventures. Her sister tells her it was only a dream, and it's time to go back to home. Margret is angry that Alice slept through the lesson she read, and Alice is confused by her dream that seemed so real but was it just a dream... or was it more.

三、案例反思

此次英语戏剧节从剧本构思、台词设计、剧目排演到舞台设计，每一个环节都是学生自主设计、共同讨论而成，是"与英文经典同行"阅读书目的完美输出。演员们表演时的认真、一口流利英语所展示的自信从容以及跌宕起伏的戏剧情节，给大家带来了无限的深情与欢乐。他们在舞台上的努力付出，展现了青春最好的模样。

本次戏剧表演从设计排练到正式演出历时近两个月，教师督促指导，学生精心准备，师生合力为精彩演出提供了强大的动力。本次活动不仅深化了学生对英语戏剧理论知识的理解，而且锻炼了学生对剧本的编写、排演能力，使学生的团队配合能力、协调组织能力得到了极大锻炼和提高，真正演绎了属于上理工附中学生的青春，绽放出了最精彩的梦想。

在这个过程中，学生和教师也遇到了很多困难。因时间有限，学生需要抽出大量时间研读剧本、揣摩人物、参与彩排等。同时,大量的台词记忆也是一个挑战,而且学生还需要揣摩人物说话的语气、停顿,感受人物的情绪等,这方面的训练还需要加强。

虽然戏剧表演的主体是学生,但是教师的引导作用也十分重要。首先,教师对剧本的质量要严格把关,要符合社会主义核心价值观,传播健康向上的内容。其次,教师在剧情还原过程中也要考虑难易程度,尽量做到语言精简,太复杂、太长的句式会使舞台表现力减弱,也会影响观众的接受度。改编后的剧本简洁高效,使学生能用简单的语言和词汇把各种情绪淋漓尽致地表现出来,如恐慌、喜悦、猜疑等。最后,教师对学生的表演进行把关,增强舞台张力。在剧本的表演过程中,学生主体发挥了非常重要的作用,但是教师,尤其是外教,仍然是戏剧表演成果的关键,比如语音、语调、语速、眼神、动作、位置、情感表达等都需要教师的指导,有了指导学生才能更好地入戏,真正进入到角色当中去。

(本活动案例撰写者:程群)

第四节 "工程与艺术"课程的学生发展个案

学生发展个案一

从绘画零基础到数字油画创作高手的蜕变
——数字油画圆我系统思维下的艺术创作之梦

一、个案背景

"数字油画"课程作为学校"工程与艺术"特色课程群的重要组成部分,是学校"工程素养"办学特色的重要体现。课程在着力培养学生实践创新、系统思维、交流合作和责任伦理工程素养的同时,也注重发展学生的艺术人文素养。本个案中的学生小曹是一个酷爱绘画的女生,她对色彩有着敏锐的感知力且具备一定的艺术思辨能力。但因为没有经过专业的绘画训练,所以造型能力较为薄弱。课程凭借先进的数字技术,能使绘画零基础的学生从通过主题欣赏解析经典作品的艺术特色,到通过尝试临摹作品进行相关技法的学习。小曹通过一系列层层递进的环节学习艺术家的思维,进而发展核心素养,实现了从绘画零基础的小白到数字油画创作高手的蜕变。"数字油画"课程圆了她系统思维下的艺术创作之梦。

二、个案描述

萌发兴趣——如何跨越创作难关

小曹同学从小喜爱绘画,但一直没有机会接受专业的绘画训练。她在和我交流时告诉我,虽然小学初中学校也开设了美术课,但用到的绘画工具大多是简单的彩色铅笔或油画棒之类的。进入高中后,每周一次的美术课是她最期待的时刻。因为课上,老师会带领同学欣赏不同门类的绘画作品,而她最喜欢的就是油画作品。她说:"我记得有一次课上,老师介绍了后印象派绘画大师塞尚的油画作品《圣维克多山》,并出示了法国圣维克多山的实景照片和传统西方油画风景作品,让大家仔细比较塞尚的作品有何不同。通过对比鉴赏,我能很清晰地感受到塞尚画风的不同之处,并深深为之吸引。"这样的对比鉴赏有利于让学生在艺术作品的审美判断中培养系统思维,当学生能初步感受到艺术家独特的艺术风格时,就能帮助其从整体思维出发,深入了解艺术家所处的时代背景、个人经历对其风格的影响,而不仅仅局限于"像"或"不像"等碎片化的判断。显然,塞尚的画作深深吸引了小曹,仔细比较后她发现塞尚并不像传统西方风景画家那样满足于真实表现的风格,很显然在作品创作时融入了自己的想法。她的看法得到了我的赞许,我鼓励她继续深入探究画家具体是怎样改变传统并确立自己绘画风格的,以及为何说塞尚开启了西方现代艺术大门。我为她提供了大量的课程学习资料,并建议她可以结合美术馆参观活动来寻找答案。

随后,小曹前往图书馆查阅相关画册,并实地参观了西岸美术馆、喜马拉雅美术馆等地展出的后印象派画作。此外,她通过阅读和观看塞尚的人物传记和相关的纪录片,了解画家所处的时代对其艺术风格所产生的影响。经过一段时间的学习后,小曹在课堂上大胆分享了她初步的学习成果:

通过学习,我知道了保罗·塞尚是从印象派到后印象派之间的重要画家。塞尚受印象派的影响却又有别于印象派。比如,印象派善于捕捉光与影,在静止的画面中创造出新鲜的动感美。但在作品《圣维克多山》中，画家却用几何体如圆锥、长方形、三角锥体等展现棱角分明、昂霄耸壑的圣维克多山。这种新颖的表现手法在当时的绘画界引起了广泛的关注。我认为塞尚的作品大多是他自己艺术思想的体现，表现出结实的几何体感，忽略物体的质感和造型的准确性，强调厚重沉稳的体积感以及物体之间的整体关系。塞尚为了寻求各种关系之间的和谐而放弃描绘对象的真实性。

在针对画作的鉴赏报告中，小曹写下了自己的理解，显现出较强的艺术思辨能力和系统思维。

《圣维克多山》，顾名思义，创作主体是圣维克多山，但山只占据整个画面空间上部的五分之二。画面主体山的色彩和造型都富有冲击力，画家主要使用了灰蓝和橙黄两种鲜明的对比色，给人强烈的冲击感，但通过画面处理手法又使两种本应相互矛盾的色彩产生和谐的美感。画面上部主要是灰蓝色的山体和混沌的天空，而下部则是色彩艳丽的山村土地。当人们被暖色调的山村吸引时，余光也会注意到圣维克多山的庞大山体，从而改变目光的焦点，使目光上移，画面由此产生由近及远的立体感。在造型方面，《圣维克多山》多采用有棱角的线条，将山体抽象成长方形与三角形的结合体。在一个平面上表现出多个角度的观察视角，使画面呈现出立体感。《圣维克多山》的色彩运用和线条构造都是开创性的，成为西方风景油画中独树一帜的作品。它不仅表现了画面所呈现的景物，也表达了塞尚对艺术的探索。

随着研究的不断深入，小曹逐渐意识到：艺术的形式是多元化的，并受时代背景、画家个人风格的影响；艺术美的判断标准不是唯一的。西方现代绘画大师塞尚正是通过打破传统的艺术主张建构起自己个性化的艺术表达方式，表达自己独特的审美追求，继而影响了之后包括毕加索在内的一大批艺术大师。

艺术创作贵在创新，打破传统建立自己独特艺术风格的塞尚给予小曹很大的启示。西方后印象派油画作品至今仍广受欢迎，而中国传统青绿山水画也深受艺术爱好者的青睐。为此，小曹向我表达了她的看法："老师，我觉得后印象派作品的表现方式与中国传统山水画尤其是青绿山水有着异曲同工之妙。首先，在构图方面，塞尚着重用色彩去表现绘画空间。而传统青绿山水画则通过"三远法"的布局加深空间表达。两者皆注重空间层次的变化。其次,在意境表达方面,后印象画派相较于印象派更注重画家主观情感的表达和传递。通过对物体几何造型和色彩的艺术处理,用画家的主观思维去改造客观物象,从而超越自然本身,产生丰富的意境之美。而青绿山水画同样强调寓情于景,通过虚实结合的绘画手法,与观画者产生共鸣,从而营造'天人合一'的氛围表达。"小曹觉得西方后印象派油画与中国青绿山水画之间有许多互相借鉴与相互融合之处,于是她萌发了创意想法:能否"西为中用",将塞尚后印象画派的风格和中国传统青绿山水画进行创意碰撞,完成一幅中西结合的油画风景作品呢?她决定先通过临摹学习掌握《圣维克多山》的表现技法,为之后的创意风景画创作奠定基础。小曹随即和我交流了她的想法,但又表达了她的顾虑:"老师,虽然我迫切希望能进行油画的学习和创作,可我本身并无太多绘画基础,且大量繁杂的绘画工具让我感到无所适从。难道我只能止步于此吗,我该如何跨越这个创作难关呢?"

小试牛刀——数字技术助力艺术实践

小曹在学习中不满足于"就画论画",而是融入自己的创新想法,提出了"中西融合"的绘画创作思路,这点尤为难能可贵,我理应帮助她实现创作梦想。因此,当我得知她的困惑后,及时鼓励她尝试运用数字技术进行绘画创作。我向她推荐了一些相关书籍,并拍摄制作了数字绘画的微课视频供其学习,同时在课上我又有针对性地对其进行数字绘画的现场指导。这让小曹大开眼界,她兴奋地说:"原来只要我们巧妙借助数字技术的强大功能,利用一块数位板配合相应的绘画软件,就可以模拟出逼真的油画效果,还可以进行各类文创设计。数字油画的便利和强大功能可以助力我们的艺术创意表达,让我们更充分自如地表达自己的想象力和情感,无需繁琐的工具媒材就可以实现'像艺术家一样创作'的过程,这真是太棒啦!"

于是,小曹确定了数位板数字绘画的创作形式。在初步尝试了软件中相关工具的功能和属性后,小曹感受到了数字绘画的极大优势。她意识到这种新颖的绘画很大程度上可以节省绘画时间,因为与传统油画相比,数字绘画无需经历逐层覆盖的等待时间,且数字油画更加清洁、接触门槛低,拓宽了艺术爱好者的参与形式。临摹学习技法的过程是辛苦并快乐的。依据之前所学,小曹认为几何物象造型和用色彩表现空间是塞尚绘画中最值得学习和借鉴之处。她运用数位板中的油画笔工具调整笔刷的相关参数属性后,便开始了山体的临摹学习,在绘画中边思考边比较,感受后印象派与古典油画在技法和风格语言上的差异,体会艺术家的不同创作观念。塞尚原作中大胆运用几何形体对山体和村舍进行概括化处理,小曹同样通过圆柱体、三角锥体等几何形体塑造体现物体造型。由于才接触数字绘画,小曹对于数位笔的控制、线条的把握都不太熟练,对于软件特性的了解也不全面,导致绘画进度很慢,但这些都没有影响小曹的创作信心。我示范指导其掌握绘画中的一些策略技巧,例如教会她如何通过设置和使用快捷键提高作画效率。小曹在摸索中进步,在不断尝试中积累经验,慢慢掌握了入门之道,画得越来越得心应手了。

在掌握了基本的作画步骤和方法后,小曹开始了她"中西融合"的创意绘画。首先,她通过《圣维克多山》和中国青绿山水画的学习,又结合自己之前去长白山游玩的经历,确定了创作主题——表现长白山的日出景象,并将作品取名为《山水》。作画时她借鉴《圣维克多山》的构图,初步绘制了《山水》的线稿图。画面中,她富有创意地运用几何形体表现山的主体和画面下方的度假山庄,中间夹杂些许草木以作点缀,形成画面中点线面的结合。色彩上,小曹在借鉴塞尚色彩塑形技法的同时,又富有创意地运用了亮色的日出与深青色的山体,以形成对比,给人以强烈的视觉冲击效果。虽然作品已初显效果,但小曹总觉得缺乏国画山水的意境之美。为此,她主动组建了学校拓展课的数字油画 QQ 群,集合了一批志同道合的艺术爱好者,他们通过各种方式进行艺术创作的沟通,充分交流学习中的困惑并寻求大家的帮助。通过同学间相互的点评探讨,并结合线下的参观学习,小曹的绘画能力不断提升。

成果显现——艺术创作全面开花

学习渐入佳境后,小曹借助数字绘画的优势,融入了更多创新元素,不断修改完善作品——通过不断叠加图层表现由远及近、由上及下的丰富而微妙的色彩变化效果,并营造出作品悠远的意境氛围;又通过软件中辅助模板工具的运用,表现山体沟壑的明暗关系。小曹还发现,锉刀工具的创新使用既可以丰富画面色彩的细节表现,又能使画面看上去更平和顺畅。最终完稿的作品在注重虚实结合的同时也营造出国画山水特有的自然和谐的意境。

数字油画作品《山水》中,小曹借鉴塞尚的结构画法,强调不同几何形体在画面中的结构表现,同时又结合青绿山水画的韵味,表现心中所向往的诗意山水世界。在体验到数字绘画所带来的乐趣后,小曹便一发而不可收,创意成果全面开花。她继续深入学习,挑战难度,运用软件完成基于画作的文创设计。在文创品的选择上,她首选音乐播放器这一电子产品作为中西合璧设计理念的物化载体。小曹认为她应该在设计中凸显生活化、艺术性及人性化。根据小曹的想法，我又在教学中适时引导她如何激活创新思维，以青绿山水文化为基础，在文创设计的创意实践过程中加强审美判断和文化理解。

在学期的成果分享展示会上，小曹充满自信地向大家分享了她的学习成果——数字油画《山水》及衍生的音乐播放器。小曹介绍时说："我在艺术创作中强化了'青绿山水文化'的内涵。结合设计要素，我先初步绘制了设计稿图，并以思维导图的形式对音乐播放器从造型、图案、功能等方面都做了详细的设计注解。随后，在老师的帮助下，我又借助设计小程序进行了效果图的渲染，并针对不足之处进行调整和修改。我觉得最终的文创音乐播放器在外形上全面呈现了画面主体的精髓，在功能设计上也尽可能地兼顾现代人简单便捷的使用需求。我在小巧的音乐播放器设计中融入传统的国画元素，希望能用创意活化传统文化。"小曹在绘画实践中正是充分意识到文化内涵对于文创产品的重要性，才设计出了这款兼具实用、美观和文化内涵的优秀文创作品。

图 5-4　小曹作品《山水》及衍生文创音乐播放器

三、个案评析

这是运用信息技术助力学生艺术创意表现，加强学生工程素养培育的典型个案。个案充分发挥校本工程与艺术特色课程的优势，将信息技术和系统工程思维与学生的艺术学习相整合。教师为绘画零基础的学生搭建艺术创意表现的支架，引导学生完成数字油画的学习过程,帮助学生形成完整、深刻的学习体验,激发其创意思维,发展创新能力。课程教学以数字技术为抓手,让学生在实践创新中积极探索艺术创作的全新表现形式,突破以往传统美术教学在媒介工具使用上的局限性,增强教学的可操作性,同时发展美术表现、创意实践、系统思维、交流合作等工程素养。教学中教师顺势引导,鼓励学生组建学习共同体,为学生提供多视角解决问题的途径,让学生在沟通交流、学习分享中学会主动思考、主动探索、主动发现问题并解决问题。

个案中,信息技术辅助艺术的创作教学,为学生提供了全新的创意实践的形式,降低了艺术创作的门槛,圆了学生的艺术创作之梦,使学生能实现"像艺术家一样创作"的过程,并成为小小创意设计师。"工程与艺术"特色课程所运用的文理结合的跨学科教学模式,其本质在于充分调动学生学习的主观能动性,让学生在有限的时间里能更便捷、高效地开展学习,使美术学习的过程变得更有趣生动,帮助学生获得艺术学习带来的快乐和成就感,从而全面提升工程素养,并为未来的发展奠定扎实的基础。

(本个案撰写者:顾超)

学生发展个案二

记录生活,讲述故事,创造影像中的美好
——玩转微视频助我走上创新思维下的艺术创作之路

一、个案背景

在高中阶段,学生正处于人格、心理、社会发展的关键时期。在这个阶段,学生需要丰富的经验帮助他们了解自己和自己的目标,并且需要机会学习新技能和探索自己的兴趣。"玩转微视频"课程可以帮助学生在艺术和工程方面进行素养培育,并引导学生在发展自己兴趣的同时,培养创造性思维和技能。此外,在这一课程中,学生可以通过解决真实世界的问题学习和实践工程思维,并通过艺术创作培养自己的创造力。该课程还可以帮助学生了解工程和艺术之间的联系,并培养他们在未来的职业中使用工程素养的能力。

本个案中的学生小戴经历了一个从有兴趣到钻研到热爱再到成为自己职业的过程。她在上该课程之前，平时就喜欢通过拍照片、拍视频的方式记录生活中的点点滴滴，但由于没有经过专业的训练，只能创作出一些很朴素的多媒体素材，艺术性和故事性都不强。通过课程内一系列专题化项目的学习，小戴在前期素材创作、后期编辑制作方面得到了长足的进步。在高中毕业后，她进入高校，选择了相关的专业继续学习，最终在大学毕业后，成为一位职业剪辑师，参与了许多电影电视节目的制作过程，目前已是一位小有名气的自媒体人。"玩转微视频"课程陪她从喜爱到热爱，从制造到创造，从专业到职业，最终使她走上了艺术创作之路。

二、个案描述

从喜爱到热爱——因为一部电影

小戴在进高中前就是个电影发烧友，看过国内外许多经典的优秀电影。在不影响学习的前提下，能在业余时间凭着个人的喜爱看过如此多的电影，在她这个年纪的学生中其实是少之又少的。她平时也喜欢用手机拍照片、拍视频，编文案发朋友圈或QQ空间，经常得到家人、同学、老师的点赞。但她总觉得这种程度的照片和短视频，与看过的那些优秀影视作品之间还有天河般的差距。因此，在进入上理工附中后，当得知有一门课程叫"玩转微视频"时，她非常兴奋。每次上课，她总是第一个来到教室，并经常在课余时间找老师交流课程内容和自己的学习心得。她说："上了这门课程之后，我才知道拍照片、拍视频原来还有黄金分割、三角形、九宫格等构图技巧，还要注意背景线条、光源、角度、景别、色温色调、配乐、节奏……这门课程仿佛给我开启了一扇巨大的门，带我走进了一个陌生、有趣、繁花似锦、有无限可能的世界，我非常激动，期待学习到更多的专业知识。"

其实，这些所谓的技巧是固定的，而在固定的技巧之上加入自己的人文创新，让画面和声音配合好自己要讲的故事，才是一个专业的内容创作者要追求的目标。老师给她推荐了2014年上映的由韦斯·安德森执导的电影《布达佩斯大饭店》，鼓励她在看完全片后，从电影风格、摄影构图、画面色彩等方面，对该片做出自己的分析。

小戴同学在看完电影后，用了一周的课余时间，借助网络对该片的导演、演员、剧本、影评进行了研究，写出了一篇3 000多字的论文。老师在审阅后，提出了一些修改意见。她又根据老师的意见，用一周时间对论文进行了修改，并制作了宣讲的PPT。

在课上,她展示了自己的学习成果:

我今天要介绍的这部电影叫《布达佩斯大饭店》。在看完这部电影后,我觉得电影中的场景和画面视觉效果蕴藏了一种浪漫的复古效果。一方面来自符合电影叙事时代的真实时间背景,另一方面也暗含了一种对过去时代传统精神不舍的态度。

该片承袭了导演韦斯·安德森具有独立精神的美学风格,在光鲜影像的雀跃下埋伏着一条国家沦陷、文化衰败的深刻暗线。借由布达佩斯大饭店的兴盛没落,描摹出欧洲大陆世代相传的精神文明,因战争摧残而走向灭亡的宏大景象。奥地利犹太裔作家斯蒂芬·茨威格的生平及文学作品,对片中的人物形象、故事脉络及叙事结构有着莫大的影响。至关重要的是,要用什么样的形式串联起故事和背后的思想?导演韦斯·安德森在自己一贯的摄影风格指导下,附加了更丰沛的浪漫态度和装置性极强的视觉表现,勾勒了一场精彩的视觉奇观。这在电影史上,也可以说是独树一帜的。

我真的很喜欢这部电影的风格,但因为我的能力还达不到对这部电影做出专业的评价,所以我从网络上搜索资料,学习到了一些专业的对该片做出的分析,现分享给大家:

1. 居中构图的偏执狂人……
2. 童话色彩的浪漫表达……
3. 专业设备的极限视角……
4. 无比精致的框线构图……
5. 一丝不苟的复古态度……

以上是我看完电影后,经过两个星期研究,对该片做出的分析,希望大家有空的时候也能去看一下这部我很喜欢的《布达佩斯大饭店》。

小戴同学在20分钟的时间里,结合PPT的展示,用非常流畅的语言自信地向同学们介绍了她对《布达佩斯大饭店》这部电影的分析。同学们在听完后,给予了热烈的掌声。这次成功的宣讲,也让小戴感受到了影视制作是一个非常讲究专业性的行当。剧本创作、摄影风格、后期剪辑,甚至是现场调度、打光、收音这些零零碎碎的工种,都得让专业的人来做。任何一部成功的影视作品,都是一个庞大的需要多人合作的工程,不是仅凭喜欢就能做好的。这些是小戴以往从未了解过的,这个之前喜爱拍照片、拍视频的女孩深深地感到了自己能力的不足和知识的匮乏。她向老师表达了她的感受:"老师,我真的真的很喜欢视频创作,但通过这次宣讲,我觉得我之前的那些所谓的喜欢真的是非常渺小、盲目、业余的。而且通过准备这次宣讲,我觉得我对影视作品创作已经不是喜欢,而是热爱了。我也不奢望能成为张艺谋、斯皮尔伯格这样的大导演,但我非常期望自己能走上影视制作的道路。我想成为这个行业里的一员,哪怕只是一个普通的摄像师或者剪辑师。"

老师告诉小戴,从传统意义上的艺术七大形式——绘画、雕塑、建筑、文学、戏剧、舞蹈、音乐来看,历史上每一个大师级的创作者都是从模仿开始的。创作是一种自发的欲望,而模仿则是出于理性的选择。在创作中遇到的困惑可以在模仿的过程中寻求解答,而在模仿中得到的感悟自然也可用以指导创作。善于学习的人,就在于能在二者之间找到结合点,相互推动,以渐进的方式促进共同提高。从模仿到创作不是一个割裂的、突变的过程,而是一个紧密联系的渐变过程。当然,这里所指的创作只是宽泛意义上的,即作品达到相对完美的程度。至于要达到严格意义上的有个人风格的创作,则是一个长期的甚至需要毕生求索的过程。影视艺术作为结合科技发展的第八大艺术门类,也遵循着一样的发展历程。老师鼓励小戴:"谁说你不能成为下一个张艺谋或者斯皮尔伯格呢?你既然如此坚定自己热爱的方向,不如先脚踏实地从模仿开始吧。"

从制作到创作——因为一个作品

在小戴同学向老师表达了自己的理想后,老师给她布置了第二项任务:从影视作品中截取部分片段,写出其分镜剧本,并利用自己手头的设备尽可能地进行模仿拍摄,制作出相同的视频。

小戴同学截取了电影《花木兰》中的片段,并写出了分镜剧本。

表5-8 分镜剧本

镜头序号	镜头景别	镜头运动	画面内容	声音内容
1	全景	摇推	在一座晨光沐浴着的乡村里,一户人家院内	鸟儿的声音伴着轻快的音乐
2	中景特写	推	一女子在院里梳洗着一头秀发,女主角:花木兰	木兰轻哼着小调

续表

镜头序号	镜头景别	镜头运动	画面内容	声音内容
3	全景	移	一群做农活的村妇和一群正认真习武的小孩	村里小孩的叫声 村妇说笑声
4	远景 全景	固定 摇	远处的马蹄声引起大家注意	马蹄声
5	全景 中景	固定	匈奴入侵,军队扩招,家有青壮年的必须参军	将领:国家危亡就掌握在大家手中
6	近景 特写	摇	木兰父亲即将被征入伍 镜头由父亲转向木兰	木兰与父亲的叹气声
7	全景 近景	固定	为了年迈的父亲,为了家人,木兰决定替父从军	木兰:我是家里的老大,还是我去吧
8	特写	固定	木兰摇身一变,成了威猛的士兵,随军远去	
9	全景	拉 移	木兰总是跑在第一线,士气丝毫不亚于同军的男士兵	
10	全景	固定 特写 推	在最激烈的一次交战中,木兰制造了雪崩,一箭双雕击败了匈奴,救了所剩无几的战士们	
11	全景 中景	移 推	木兰及大家的英勇善战,使战争取得了阶段性胜利,百姓列队欢迎战士的到来	百姓的呼喊声
12	全景 中景 特写	跟 推 摇	因将军的疏忽,匈奴首领占领了皇宫,准备除掉皇帝,木兰突袭匈奴将军,与官兵共同解救了皇帝	
13	远景 中景 近景	跟 推	木兰回到故乡,得到了乡亲们的热烈欢迎,长镜头描写乡里街道的情景	
14	全景 近景	跟 推	待第二天木兰从家里出来,大家才发现木兰是女儿郎	

在写出分镜剧本后,小戴和同学用一个月的课余时间,用手机拍摄,并用课上教过的视频剪辑软件,复刻出了这段《花木兰》。虽然设备比较简陋,其中的特效自然不能与耗资高达几千万的原片相比,但整个视频的节奏、画面已与原片有了非常高的相似度。

经过这次《花木兰》的拍摄和制作,小戴同学已然了解了一部合格的影视作品的制作全流程:文学作品→分镜剧本→前期拍摄→后期剪辑。一起合作的小伙伴们也熟悉了分工情况,后续这个小团队又复刻了三段影视素材的模仿视频。之后,老师给她们发布了创作原创作品的任务。

由小戴同学带领的十人团队在历经两个多月的创作之后,一个原创的短视频作品《那些年》诞生了。该作品讲述了一个根据上理工附中真人真事改编的校园故事,剧本真实感人,复古的黑白视频画面风格充满青春热血的故事走向,从拍摄到剪辑无不精益求精,一举拿下了该年上海市中学生短视频创作大赛高中组的一等奖,团队组长小戴同学也获得了本次活动的最佳创作人奖。小戴将作品分享到社交媒体上,得到了一百多万的点赞。初次创作的作品即获得市级层面的肯定,更加坚定了小戴同学在视频艺术创作之路上不断前行的信心。

图 5-5 原创视频截图

从专业到职业——因为一生热爱

小戴同学在高中毕业后,考取了自己理想中的学校——上海大学电影学院。本科毕业后就职第一家公司的工作是综艺节目《奔跑吧,兄弟》前三季的后期剪辑,后续又参与过许多影视作品的拍摄和剪辑工作,如《舌尖上的中国》《航拍中国》《故宫》《如果国宝会说话》等,甚至还在电影《梅兰芳》中客串了一个角色。目前小戴是一位独立自媒体创作人。在与老师最近的聊天中,她还非常感恩地表示,无比感谢在上理工附中学习的那些年,帮她打开了视频创作的大门,教会了她如何理性地、有规划地带好自己的团队,最终能够如愿从事自己终生热爱并且擅长的工作。

三、个案评价

作为伴随着科技进步的、不断迭代更新的新兴艺术门类,影视艺术涵盖并借鉴了传统的七大艺术门类:绘画、雕塑、建筑、文学、戏剧、舞蹈、音乐。从以卓别林为代表的黑白无声电影到充满具有高科技感的三维视听冲击的《阿凡达》,从传统电影电视节目扩容到多媒体广告、电子游戏、手机短视频 App,受众的接受审美在不断提高,接受时长在不断碎片化,现在正是微视频与长视频优劣角逐、胜者为王的时代。作为一门高中学段的拓展型课程,"玩转微视频"课程如果能够帮助学生们初步了解视频制作的全流程,为感兴趣的学生搭建一个成长的平台,教会他们如何用合理的、有组织的、有创意的方式创作出自己的多媒体作品,那就是有价值、有意义、有前途的。

在本个案中,小戴同学以及她带领的团队,通过本课程的学习,了解了视频作品制作的全流程,学习如何复刻模仿作品,最终创作出属于自己的原创作品。其间有对影视制作工业流程的学习,有对硬件软件使用方法的学习,有对作品生产过程合作分工的学习,有对前期拍摄、后期剪辑的操作学习,有对作品成型后运营推广的学习。经过专业且有针对性的指导,本课程让原本对视频制作只是有着懵懂喜欢的学生对微视频创作有了系统性的认知,对创作微视频作品的工业流程有了自己的见解,把艺术创造和工业制造有机地结合在了一起。

(本个案撰写者:吕忻)

学生发展个案三

在英语戏剧课程创新中培养学生的工程素养

一、个案背景

学生小潘,高一学生,成绩一般,很少获得老师的关注,在学校较没有存在感。由于各科成绩不理想,她有一些自卑,甚至曾一度出现厌学情绪。学校选课系统开放后,她随意地选择了"英语戏剧"课程。

二、个案描述

在第一节课上,助教问小潘为什么选择"英语戏剧"课程,她不以为然,脱口而出:"也没看到特别感兴趣的,反正就当是消磨时间了。"似乎她不太了解这门课程,对这门课程也没有太多的热情和期待。

但是在之后的学习中,学生需要朗读台词、情景表演等。她良好的语感、流畅的表达和惊人的表现力慢慢地吸引了外教的关注,外教经常对她表达欣赏:"Wow, excellent! You have done a great job!"在一次次地受到鼓励后,她也逐渐表现出对英语戏剧的兴趣。半个学期过去了,助教再一次问她每周上戏剧课的感受时,她说:"还蛮有意思的,不是每天都做题,和平常的上课方式不一样。课上大家是相互平等的,外教经常表扬我们,很开心!每周还是很期待英语戏剧课的!"

在后来持续一整年的英语戏剧学习过程中,她在外教及助教的带领下,欣赏了很多中西方经典文学作品,多次参与剧本品读活动,并与同学合作编排了多个剧本,和同学一起设计英语戏剧节海报,投入到戏剧节的排练中,整个人的状态发生了由内而外的巨大变化。同时,由于不同的评价方式以及良好的学习氛围,她变得越来越自信,越来越愿意在学习上花时间。此外,在外教的影响下,她不断了解不同文化之间的差异。具体而言,她参与了以下活动并获得了成长。

(一)用心品读经典

潘同学在英语戏剧课堂中有机会接触到丰富多样的经典作品,无形中培养了重要的工程素养——人文情怀。例如,在品读并演绎《快乐王子》(*The Happy Prince*)时,潘同学了解到王子的快乐是建立在帮助他人的基础上的,激发了她的善良之心,同时体会到个人需要对社会保持一种责任感。再如,《黑骏马》(*Black Beauty*)阐述了一匹马的一生,潘同学从中了解到人类对动物的同情关怀,受到熏陶和启发。同时,根据她的陈述,她的同理心和接受度也在提升。通过品读经典、演绎经典,她更多地了解到各种各样的人性,从而变得更加宽容、开放和仁慈,越来越懂得尊重他人,这对于她的生活、学习都是大有裨益的。

(二)悉心研读剧本

研读剧本是戏剧表演的重要前提和关键环节,只有在充分了解剧情、理解角色的基础上才能呈现出很好的舞台效果。在每周一次的角色日志当中,潘同学曾经写道:"今天和小伙伴们一起研读剧本,收获很大!原来每个同学对于剧本都有不一样的理解,我感觉自己学到了很多,阅读理解能力都提升了!在今天的分角色台词朗读环节,外教夸我口语好听,我以后也要多去看英语电影,学一学更标准流畅的发音。不过,今天排练的时候,我对台词似乎还不是很熟悉,要利用课余时间多练练才行!"在一次次的交流、训练过程中,潘同学的口语能力已经是班级里数一数二的了,同时团体意识进一步增强。

(三)别出心裁改写剧本

在"英语戏剧"课程中,外教会设计很多小组学习活动,这种群体效应也大大提升了潘同学的学习力和创造力。在一次课堂中,同学们学习了灰姑娘的故事,尽管大家都知道灰姑娘和白马王子的结局,但是戏剧表演课不能止步于此。老师鼓励潘同学及组员们在原有的故事人物或剧情的基础上进行改写、创编或续写。老师提出以下两个问题:

(1) If Cinderella doesn't get the help of magic and still meets the prince in her original appearance, will the prince like Cinderalla?

(2) If Cinderella doesn't leave before 12 o'clock, how will the story continue?

刚拿到题目时,潘同学手足无措:"还会有这种的情况吗?我们从来不会想这样的问题啊?这要怎么回答……"迫于压力,她不得不打开脑洞,开始天马行空地想象。在与同学的热烈讨论中,她也获得了启发和感悟:"那是不是也可以这样呢……"在此过程中,潘同学打破常规,发挥想象,交流沟通能力和创新能力不断增强。

(四)勇敢挑战即兴表演

即兴表演是在没有任何准备下进行的活动,非常考验潘同学的临场应变能力。在即兴表演过程中,她不用局限于角色的性格、行为特征,可以充分发挥自己的发散性思维,根据情境和其他表演者进行互动。

在一次戏剧课堂上,外教播放了《百变马丁》动画视频,潘同学通过视频知道马丁每天早上都会变成不同的人物,因此他的生活也会随之而变化。有一天,马丁变成了功夫大师,就和其他两位功夫大师成了好朋友,度过了开心的一天。在此背景下,老师随意说出另一天早上马丁变成了什么人物,如老师,潘同学需要用英语继续编下去,使得所陈述的内容合情合理,并且还要表演出来。这种即兴表演的难度非常高,她也会觉得头疼、紧张,害怕不能让故事顺利发展下去。刚开始时她说得支支吾吾,故事缺乏逻辑,即兴表达不够顺畅,挫败感很强。但是,外教和助教并不苛责,而是悉心鼓励、引导。慢慢地,经过多次训练,她越来越得心应手,在此过程中语言思维能力得到很大提升。

(五)华彩亮相艺术节

艺术节是一次大型校园活动,为学生提供了一个生活大舞台,是一次很难得的锻炼和展示机会,这是潘同学以前从未有勇气参加的。在英语剧《爱丽丝梦游仙境》中,潘同学扮演重要角色爱丽丝。流畅的台词表达、丰富的表情、得体的肢体动作,使得在场的观众尖叫连连,为之欢呼!

除了表演以外,潘同学还参与了道具组的工作,熟悉不同的道具和场景设计,和其他演员协调沟通以呈现最好的效果。这一切让她跳出自己,学会在团队中思考,同理心和心理接受度大大增强。在戏剧节圆满结束时,她兴奋地说:"一幕幕场景的表演、观众会心的微笑和热烈的掌声,无不是对我学习成果的巨大肯定,从中我获得了前所未有的自信和成就感,这也将会是我高中生涯最美好的回忆之一!"

三、个案反思

潘同学在"英语戏剧"课程中的成长过程给了我们很多启发,如学生培养、教师成长以及学校发展。

(一)要始终以培养学生的综合素质与能力为目标

教师教学不应该以提高成绩为唯一目的,而应着眼于将学生培养为各个方面全面发展的人才。教师要引导学生主动思考,培养学生的学习兴趣、创新思维和实践能力。同时,教师也要引导学生欣赏一定的文学作品,形成跨文化交际的意识和基本的跨文化交际能力,形成健全的情感、态度和价值观,为未来发展和终身学习奠定良好的基础。高中阶段要着重培养学生面对挫折的能力和对人生的健康的看法。

（二）要继续加大对"英语戏剧"课程的投入和建设

经典戏剧著作是人类文化的精髓，是语言的典范，能滋养丰富人们的心灵。而戏剧表演融音乐、视觉艺术与口头表达为一体，是文化的综合体现。由此，"英语戏剧"课程对于提升学生的综合语言运用能力、跨文化交际能力、创造力和表达力、艺术素养、人文素养有很大的帮助。语言学习的最终目的不是语言本身，而是培养学生达到品学兼优的高度。戏剧文学在世界艺术成就中灿若星辰，不同的作品能给人们带来不同的感悟，看似是在舞台上表演剧中人的生活，实际上是展示了不同的人生。正如莎士比亚所说："世界是个大舞台，每个人在一生中扮演不同的角色。"学生在戏剧表演课程中品读经典，展现经典，观察不同角色的人生，体验作品中的人物，感受不同人生的跌宕起伏。在此过程中，学生不仅能学到很多知识，而且能形成良好的文化素养和人文情怀。因此，有必要加大对"英语戏剧"课程的投入，开发更有特色的课程，培养更加专业的教师，营造全校品读经典、表演经典的氛围。

（三）要进一步细化英语戏剧课程的实施过程

首先，要发挥学生的主观能动性，让学生参与到剧本选择中，这样更有利于培养学生的积极性。其次，要采取任务驱动的形式，充分发挥学生的自主性和实践能力。以小组为单位，让每个小组都编排一个小型剧目，并在年级同学前进行表演。以任务为驱动，能大大调动学生的积极性。具体的实施步骤为：阅读原著；撰写读后感，设计手抄报，通过展示交流检验阅读效果；进行戏剧及影视作品欣赏，引导学生学习模仿；确定剧本，学生自主选角，小组分工合作，如学生可以根据自己的兴趣特长，综合整体需要，选择导演、编剧、演员、服装、道具等任务，分工合作，研讨改编，创作剧本；教师给予指导，对剧本剧情、语音规范准确、语音语调、动作表情、情感表达等进行系统训练和指导，提升效果；班级展演和年级展演。

（四）要鼓励教师参与戏剧表演

戏剧表演比较新颖，对于教师来说是全新的尝试，他们必须不断学习新知识，这有利于提升教师的综合素养。同时，戏剧表演为教师和学生之间搭建了沟通合作、相互了解、相互支持、相互欣赏的桥梁。原本可能更多关注成绩的教师变成了引导者或者导演，原本可能懒散、没有自信的学生变成了主创人员。师生有着共同的目标和期待，有了更多的交流机会，自然就能相互理解。教师能看到学生除了学习以外的很多面，学生也能为教师的技高一筹、精彩指导而折服。当然，教师要注意戏剧表演虽能提升学生的语篇理解能力，但是不能很快提高阅读速度，此外口语表达等能力的提升、人文情怀和创新意识培养的周期很长，不能在短期内看到效果，因此师生都要有足够的耐心、恒心和毅力。在相互欣赏中，英语戏剧为师生打开了另外一扇窗，建立了更加和谐、美好的师生关系。

（五）要将英语戏剧作为一门全校共同参与的课程开展

要在全校范围内掀起戏剧学习的风潮。戏剧课程不仅需要英语老师的努力，也需要各学科老师的合作，如音乐老师、美术老师、信息技术老师、历史老师等，还需要班主任和任课老师的配合，进一步培养了教师的团队协作精神。同时，英语老师也要将日常教学和戏剧表演相结合，提升学生的学习积极性，将培养学生的价值观、人文情怀等渗透到平常的课堂中，提升学生的综合素质。

（六）要进一步丰富对学生的评价方式

从潘同学的个案中可以看出，每个学生都有很多面，只注重成绩的单一评价方式不利于学生的全面发展。要进一步巩固并落实"英语戏剧"课程的多层次评价体系。首先，采取激励性、发展性评价，这样更加有利于促进学生成长。在戏剧课堂中，外教正确、肯定、赞赏的评价语言使学生心情愉悦，学习热情高涨，这一点对其他教师也有很大的借鉴意义，要记得多用发展性、激励性评价，让评价语言富有艺术和魅力。其次，采取多元化、全方位的评价方式，这样有利于促进学生的全面发展。在教学评价中不能以学习成绩论英雄，教师应该要有一双善于发现的眼睛。就像潘同学一样，虽然成绩不佳，但是表现力强，教师要及时给予这样的学生以鼓励，使其体会成长进步的喜悦。再次，自然真诚的评价语言更有力量。要做到这一点，教师要提升自身的美育素养和语言表达技巧，善于发现美、表达美、鉴赏美、创造美。最后，良好的"肢体语言"评价也不可或缺。在戏剧课堂上，外教非常擅长运用肢体语言表达对学生的欣赏和认可。在平时的教学过程中，教师的一个手势、一个点头、一个鼓掌都能快速拉近和学生的距离，让学生感受到激励，从而产生无尽的成长动力。

（本个案撰写者：程群）

第六章 高中生工程素养培育综合实践体验课程和跨学科项目化课程的研究与实践

第一节 综合实践体验课程和跨学科项目化课程的实践研究

一、课程的含义与特色

(一) 含义

1. 综合实践体验课程的含义

综合实践体验课程指向的是高中生工程素养培育,与学校综合实践活动相结合,引导学生在实践活动中发展探究、创造的品质。

2. 跨学科项目化课程的含义

上海市教委出台的《义务教育项目化学习三年行动计划(2020—2022年)》中明确提出:"项目化学习是以校长为核心的教育教学团队,在学校活动领域、学科领域和跨学科领域,设计真实、富有挑战性的问题,引导和指导学生在一段时间内持续探究,尝试创造性地解决问题,形成相关项目成果。"项目化学习能够培养学生的思维素养,以及团队沟通与合作等重要的终身学习与实践能力,促进教与学方式的变革和教师专业成长,激发学校的办学活力。

项目化学习的载体不仅包含学科项目,也包含跨学科项目及活动项目。跨学科项目是指整合不同学科的知识和方法,以系统的思维解决真实问题,与跨学科案例分析、探究型课题的开展相结合,加大跨学科项目的实践和研究,建立各学科之间的有机联系,提高学生创造性解决问题的能力。

跨学科项目化课程指向跨学科学习中的重要概念与核心素养,通过具有挑战性的问题驱动学生主动思考,引导学生开展一系列持续探究活动,并运用高阶认知策略指导学习,帮助学生经历有意义的学习实践,通过公开成果及全程评价来促进学生个人和团体共同进步。

(二) 特色

综合实践体验课程和跨学科项目化课程的特色包括:具有工程素养培育的价值取向,具有与工程、综合实践、跨学科有关的教育内容,具有工程、综合实践、跨学科方面的多要素,具有多方面的操作实践活动,具有指导高中生探究、创造的特征,具有现代主题化单元开发的特征,具有高中生选修课程的实施操作特征。

1. 具有工程素养培育的价值取向

学校课程不仅要强化思维及实践能力的培养,更强调社会价值与人本价值相结合的综合性价值取向。工程素养的培育不只是尝试帮助学生解决"会不会做"的工程技能问题,更需要全面培养学生的工程系统观、工程价值观以及工程社会观,帮助学生解决"值不值得做""可不可以做""应不应该做"的抉择问题。这一点在综合实践体验课程和跨学科项目化课程中更加凸显,从而将以社会本位为主导、追求社会价值与个人价值协调统一的价值取向贯彻渗透于学校培养的方方面面。

2. 具有与工程、综合实践、跨学科有关的教育内容

实践体验课程与跨学科项目化课程注重人文厚实、理工见长的培养目标,包含多学科内容,尤其是工程、综合实践、跨学科有关的教育内容。学校通过组建跨学科教研组,形成多个跨学科与实践项目教师团队,依托拓展课、社团活动、主题活动等多个载体开展研究与实践。"生活中的逻辑思维""上海城市桥梁探秘""跨学科人工智能设计"等多门跨学科课程在实践中不断推陈出新,同时社会实践项目"心创溢"志愿者活动以及主题活动"职业与专业巡礼"均已有十年以上的发展历史。

3. 具有工程、综合实践、跨学科方面的多要素

一个工程项目得以顺利实施,需要考虑所涉及的基本资源,组织实施所采用的方法,所依据的法律法规、规范标准和制度规章,以及工程理念、工程伦理和工程文化等工程观要素。当我们将综合实践项目与跨学科项目同样考虑成一个工程项目时,会发现这几者之间实有异曲同工之妙。因此,在设计课程时,教师会将工程项目要素纳入到设计与实施中,在综合实践活动中会考虑社会、学生群体与个体需求制定合理的活动目标,结合实际情况设计具有综合性、科学性与可操作性的实践活动内容,促进合作交流与分享展示。在跨学科项目中,基于学生对学科核心概念和跨学科概念的深度理解和应用迁移,在具有学科整合背景的真实情境中引导学生进行高阶思维的认知实践,开展解决实际问题的体验性学习,丰富学生认识事物的经历和体验,并在跨学科内容、高阶思维能力发展与真实生活环境之间建立联系,实现个人发展和社会生活的有机整合。

4. 具有多方面的操作实践活动

操作实践活动覆盖面广,包括工程与科学、工程与技术、工程与艺术等多方位课题研究活动,创新实验室探究体验活动等实验室活动,暑期工程实践体验活动、暑期创意漂流体验活动、暑期海外游学活动等暑期活动,尚理科技节、尚理读书节等尚理节庆活动,参访社会实践基地等基地体验活动以及跨学科项目探究实践活动等。

5. 具有指导高中生探究、创造的特征

与初中和小学学生相比,高中生的探究与创造体现出更大的现实性,更多是由现实中遇到的问题和困难情境所激发。高中生也有更多的主动性和有意性,渴望通过自我实践来解决现实中的问题。因此,学校课程非常注重培养学生的问题意识,并为学生的探究与创造搭建平台与资源。例如,"基于人流量密度监测的智慧商场引导系统"项目最初的构想便是来源于生活,经过不断研究与探索,最终在第七届中国国际"互联网+"大学生创新创业大赛萌芽赛道中获得最高奖项。

6. 具有现代主题化单元开发的特征

学校综合实践活动与跨学科项目主要是以社会现象、学生关心的日常生活为切入点,强调将多学科知识与技能融合到真实的社会项目中,将寻找各学科知识整合点与体验生活复杂性相结合,培养学生解决现实问题的综合能力。因此,在活动的设计与开发中,多以主题化单元开发为主要模式。例如,跨学科课程"上海城市桥梁探秘"以上海桥梁演变与社会变迁的关系为驱动化问题,将之分解为古代桥梁——近代桥梁——现代桥梁的变迁过程,整合历史与物理等多学科,培养学生基于工程设计的科学探究能力、信息检索与总结概括能力,表述、设计、合作等交流能力。

7. 具有高中生选修课程的实施操作特征

学校充分考虑学生的个性需求,因此无论是选修拓展课、社团等平台抑或是主题活动项目,都通过多主题、多选项的设置,方便学生根据自己的兴趣与需要,选择适合自己的实践课程与活动,从而提升课程与活动的有效性,更好地促进高中生工程素养培育活动课程有特色的发展,更好地促进高中生有个性、有特长的发展。

二、课程的指导思想与课程目标

（一）指导思想

综合实践体验课程和跨学科项目化课程的指导思想是：贯彻落实国家人才培养重要战略方向——注重工程素养培育，依托上海理工大学教育资源探索高中生工程素养的培育，促进高中生创新精神、创造性思维能力与创造性实践能力的培育，促进高中生学习方式的转变和探究创造习惯品质的养成，促进学校高中生"工程素养培育"办学特色更好地发展。

1. 贯彻落实国家人才培养重要战略方向——注重工程素养培育

2021年9月，习近平总书记在中央人才工作会议上发表重要讲话，对深入实施新时代人才强国战略作出重大部署，并将培养卓越工程师作为建设国家战略人才力量的重要组成部分。学校注重工程素养培育的实践正是为了贯彻落实国家人才培养的重要战略，为国家未来高端工程人才的培养筑基。

2. 依托上海理工大学教育资源探索高中生工程素养的培育

学校自2003年起依托上海理工大学办学，20年来形成了良好的深度合作机制。综合实践体验课程与跨学科项目化课程的有效实施正是有赖于学校与上海理工大学在教育教学的共同开发与实施、师资队伍的带教与培养、平台的共同打造、场馆开放与资源共享等多个领域的长期深度合作。

3. 促进高中生创新精神、创造性思维能力与创造性实践能力的培育

高中时期是学生创新品质培养的重要时期。学校在发展目标中就明确提出培养高中生创新精神与品质的重要性。学校课程的设计与实施始终朝着促进高中生创新品质培养的方向而努力，并从创新意识与精神、创造性思维品质和创造性实践能力三方面对创新品质加以理解，将之有机地嵌套在课程目标与内容之中，层层深入与落实。

4. 促进高中生学习方式的转变和探究创造习惯品质的养成

学校课程的设计与实施亦是紧跟新课改目标、关注人的发展的。因此，教师在教育教学活动开展的过程中，注重学生学习方式的改变，提倡自主、合作、探究的学习方式，形成良好的师生互动、生生互动、学生与教学中介的互动。在学习方式转变与优化的过程中，养成与筑牢学生探究和创造的习惯与品质。

5. 促进学校高中生"工程素养培育"办学特色更好地发展

学校在"尚理"办学理念的指导下,在全面落实国家对普通高中教育任务的同时,着力增强现代高中生的工程素养。学校聚焦工程素养培育,具有鲜明的办学特色。综合实践体验课程与跨学科项目化课程作为学校特色课程与活动的组成部分,服务于学校特色办学往更好方向发展的努力目标。

(二) 课程总目标

综合实践体验课程和跨学科项目化课程的总目标是:促进高中生系统思维意识与能力的发展,促进高中生实践创新精神与能力的发展,促进高中生交流合作意识与品质的发展,促进高中生责任伦理态度与精神的发展。

1. 促进高中生系统思维意识与能力的发展

学生通过综合实践体验课程和跨学科项目化课程的学习,将具有必要的理工知识与人文知识,能够灵活综合地运用理工知识与人文知识解决工程问题;将具有较好的逻辑思维与辩证思维能力,能够运用逻辑思维与辩证思维解决工程问题;将具有较好的创造性思维能力,能够运用创造性思维解决工程问题;将具有较好的发现、分析与解决问题的综合思维能力,能够较好地发现、分析与解决工程问题。

2. 促进高中生实践创新精神与能力的发展

学生通过综合实践体验课程和跨学科项目化课程的学习,将具有必要的工程实践操作动手能力、工程探究操作动手能力、工程创造操作动手能力;将具有较好的创新性意识、创造性精神、探索精神、坚持不懈的毅力;将具有较好的发散思维、集中思维、创造性想象、直觉思维与灵感思维能力;将具有运用工程科学和信息技术进行实践创新的能力;将具有运用科学理论和技术进行实践创新的能力。

3. 促进高中生交流合作意识与品质的发展

学生通过综合实践体验课程和跨学科项目化课程的学习,将具有与同伴友好合作互助地进行实践、探究与创造活动的意识和品质;将具有与同伴友好地交流讨论实践、探究与创造过程的意识和品质;将具有与同伴友好地共享、分享实践、探究与创造成果的意识和品质;将具有虚心学习、耐心倾听、乐于接受不同意见、善于取长补短的良好习惯与品质。

4. 促进高中生责任伦理态度与精神的发展

学生通过综合实践体验课程和跨学科项目化课程的学习,将具有开展工程问题相关的实践、探究与创造的责任心;将具有开展工程问题相关的实践、探究与创造的伦理精神;将具有开展工程实践、探究与创造的社会效果的预见性;将具有努力克服工程实践、探究与创造产生负面效应的责任心;将具有承担工程实践、探究与创造产生负面效应的伦理精神。

(三)课程阶段目标

1. 高一年级课程阶段性目标

系统思维:逐步掌握必要的理工知识与人文知识,培养逻辑思维、辩证思维、创造性思维与综合思维等方面能力,尝试发现、分析与解决工程问题。

实践创新:逐步掌握动手实践能力,学习运用工程技术和信息技术,将科学的理论创新运用于实践。

交流合作:逐步具有交流、合作的意识,在团队协作中通过沟通交流,实现合作分享、取长补短与相互促进。

责任伦理:逐步学会在行为发生之前进行结果预期,初步具有开展工程实践、探究与创造的责任意识与伦理精神。

2. 高二年级课程阶段性目标

系统思维:进一步掌握必要的理工知识与人文知识,培养逻辑思维、辩证思维、创造性思维及综合思维等方面能力,基本能够发现、分析与解决工程问题。

实践创新:进一步掌握动手实践能力,基本能够运用工程技术和信息技术,将科学的理论创新运用于实践,具有初步的实现工程目标的能力。

交流合作:进一步掌握交流、合作的品质,基本能够在团队协作中通过沟通交流,实现合作分享、取长补短与相互促进。

责任伦理:进一步提升开展工程实践、探究与创造的社会效果的预见性,基本具备开展工程实践、探究与创造的责任心和伦理精神,逐步增强克服工程实践、探究与创造产生负面效应的责任心。

3. 高三年级课程阶段性目标

系统思维:掌握必要的理工知识与人文知识,具有较好的逻辑思维、辩证思维、创造性思维和综合思维等方面能力,能够较好地发现、分析与解决工程问题。

实践创新:具备动手实践能力,能创造性地运用工程技术和信息技术,将科学的理论创新运用于实践,具有探索精神,有实现工程目标的能力。

交流合作:具有交流、合作的意识和品质,能够在团队协作中通过沟通交流,实现合作分享、取长补短与相互促进。

责任伦理:具有开展工程实践、探究与创造的社会效果的预见性,具备开展工程实践、探究与创造的责任心和伦理精神,具有努力克服工程实践、探究与创造产生负面效应的责任担当。

三、实施方法

综合实践体验课程和跨学科项目化课程教学的实施方法主要有:课题研究法、探究体验法、实践体验法、节日活动法、跨学科探究实践法与交流总结法。

(一)课题研究法

课题研究法的主要步骤为:选择确立课题、制订课题计划、开展探究实践、注意过程记录、课题研究总结、研究成果展示。

课题研究法是综合实践体验课程和跨学科项目化课程实施的重要方法之一。首先需要学生和教师一起选择并确立课题。确立课题的途径有很多种,可以是针对教师当前研究的大课题下的子课题进行探究,也可以根据学生平时学科学习中遇到的困惑进行深入研究,还可以是教师或学生根据一些社会热点与学科内容之间的联系确定研究课题。其次是制订课题计划,在此过程中需要确定课题小组的成员,明确课题研究的目的和意义,商定课题研究的内容、方法和实施过程。再次就是小组成员共同开展探究实践,要注意过程记录。最后则是形成课题研究的总结,同时采用多种形式进行研究成果的展示。比如,在 2021 年 4 月 13 日,有一则国际新闻是"日本政府决定将福岛第一核电站含有对海洋环境有害的核污水排放入海",引发了社会的广泛关注。于是,教师号召学生以此为出发点,结合自然、地理学科中学习的世界洋流的流动规律,以及之前阅读的书籍《菊与刀》中作者提到的日本人的耻感文化等相关因素,确立了一个研究课题,即"多角度论述日本核废水排放事件"。接下来研究小组通过查阅并整理各类资料、发放调查问卷、进行社会访谈等方式初步完成了课题研究,并撰写研究报告,制作课题的演示文稿。此过程充分地锻炼了学生查阅资料、小组合作、逻辑思维等方面的能力,也培养了学生的实践创新能力。

（二）探究体验法

探究体验法的主要步骤为：确立探究主题、制订探究计划、开展探究实践、注意过程体验、探究活动总结、探究体验交流。

探究体验法非常重视学生在课程中的主体地位，是培养高中生系统思维意识与能力和交流合作意识与品质的重要方法。本校经常与上海理工大学进行交流合作，开展了一系列青少年科技实践活动，让学生能够在周末或者寒暑假进入高校或者研究院所的实验室进行探究活动。在2021年3月19日，学校尚理实验班的同学们受邀赴上海理工大学光电信息与计算机工程学院光电信息实验中心参观体验。该中心以其先进的理念、科学的管理、特色的课程、齐全的设备，成为上海市高等学校本科实验教学示范中心之一。当同学们走进实验室，映入眼帘的就是各种整齐摆放的科学仪器。在指导教师的演示下，同学们被各种新奇的实验现象所吸引，光电信号不再是书本上那抽象的文字，而转化成了动态的曲线、形状和色彩。之后，同学们分组体验了不同的仪器并尝试了简单的操作，各种实验现象在同学们的脑中播下了一颗颗兴趣的种子，等待他们在未来的学习中去找寻答案。很多同学表示这次的体验让他们了解到光电工程的研究方向和发展动态，产生了未来报考光电学院的意向。实际上，上海理工大学和附中近年来一直在探索构建"开放的中学、奋斗的大学"的教育综合改革模式，相信未来会有更多的附中学子走进大学校园，锻炼自己的思维，开阔自己的眼界。

（三）实践体验法

实践体验法的主要步骤为：确立实践主题、制订实践计划、开展实践活动、注意过程体验、实践活动总结、实践体验交流。

实践体验法是学生切身体验实践的一种方法，该方法可以在学校的各项暑期活动中实施。每年的暑假，上理工附中的特色工程创意漂流活动都会按时扬帆起航。该活动项目众多，有爱心暑托班创意课堂教学、延吉图书馆管理服务、上海禁毒馆禁毒宣传、杨浦少科站少儿活动组织、杨浦区中心医院导诊服务、第一睦邻中心爱心看护等。其中，让同学们印象最深刻的就是爱心暑托班创意课堂教学活动。在活动过程中，学生们作为"讲师"和"助教"将"尚理"的理念融汇其中，融合学校工程创意特色，将一张A4纸变化成纸桥承载重量，变成高塔直指云霄，变成天平、拱桥、悬臂……这些综合创意设计和工程结构深受孩子们的喜爱。学生们精心设计课堂内容，教小朋友们制作折返动力小车、重力小车、风动小车等。"小老师"的体验为学生们带来了很多收获，既让学生们明白了教育事业的不易,锻炼了他们的耐心和沟通能力,也让他们体会到了"授人以渔"的快乐。

(四) 节日活动法

节日活动法的主要步骤为:确立节日活动主题、制订节日活动计划、开展节日活动实践、注意实践过程体验、进行节日活动总结、实施节日活动交流。

作为一所以培育高中生工程素养为办学特色的上海市特色普通高中,上理工附中经常开办各种类型的节日,比如尚理科技节、尚理社团文化节、尚理读书节等。每一次活动的成功举办都离不开学生们的积极参与。比如,学校在开展尚理读书节时提出了"我心中的绿书签"这一主题,学生们在参与活动的过程中联系生活实际,寻找有害出版物和侵权商品。那些打着所谓的商标,滥用别人的版权卖东西的小贩,或是打着自己的商标售卖物品的商人,都是侵犯了别人的知识产权,都是在偷窃别人的果实,侵犯了法律。对此,同学们发出倡议:高中生应该要尊重别人的劳动、知识与创造,应该主动拒绝那些侵占版权的商品,应该对那些"法盲商家"表示鄙视并持反对意见。从你我做起,拒绝侵权、盗版,做到绿色阅读!学生们在参与活动的过程中都非常注重过程体验,查阅各种相关的书籍,并积极发表自己的见解,从而大大地促进了高中生交流合作意志与品质以及责任伦理态度与精神的发展。

(五) 跨学科探究实践法

跨学科探究实践法的主要步骤为:确定跨学科学习目标,选择跨学科驱动性问题,开展持续探究性活动,不断评价、反思与改进,参与高阶认知活动,探究成果展示。

跨学科这一概念最早出现于 20 世纪 20 年代中期。美国国家科学院促进跨学科研究委员会认为,跨学科是指通过"整合两个及更多学科或专业知识体系的信息、数据、技术、视角、概念以及理论,以促进基础理解或解决单一学科或领域难以解决的问题。跨学科整合的本质是打破学科界限,既整合自然科学、人文科学、社会科学各自学科领域内的知识,强调学科之间相互交叉、渗透和融合,也从生活、社会的实际出发,以解决实际问题的逻辑顺序为主线来组织教学内容,具有较强的实践性"。近年来,"核心素养"已成为国内外课程改革的趋势之一。中国教育部于 2014 年印发《关于全面深化课程改革落实立德树人根本任务的意见》,其中将"核心素养"置于深化课程改革、落实立德树人目标的基础地位。跨学科探究实践法首先需要根据各学科的核心素养、学情等因素确定学习目标,选择一个主要的跨学科的驱动性问题。接着教师与学生依据这一驱动性问题开展持续性的探究活动,在此过程中可能会衍生出许多分支问题,由此逐渐增加探究的广度与深度,同时在研究的过程中不断进行评价、反思与改进。最后可以通过研究报告、访谈记录、演示文稿等多种方式进行成果的展示。

(六)交流总结法

交流总结法的主要步骤为个人总结、体验感悟、小组交流、班级展示、总结奖励。

交流总结法在综合实践体验课程和跨学科项目化课程的实施中尤为重要。在综合实践体验课程或者跨学科项目化课程的实施过程中,教师应该对参与的学生进行细致入微的动员组织工作,收集并整理学生在课程学习过程中提出的问题与困惑;引导学生在课程中途或者结束之前做好个人总结,将自己的体验感悟记录下来,并制作成演示文稿;先进行小组内部的交流,再在班级中进行讲解,分享实践体验课程中的收获以及心得体会,最后教师可以进行总结评价并给予一定的表扬和鼓励。交流总结法可以让学生将自己的课程收获记录下来,增强学生参与的主动性,同时学生们之间的相互交流可以使讨论的问题更加深入,涉及的面更加广泛,针对性更强,真正起到了启迪心智的作用。

四、教学活动的具体实施

综合实践体验课程和跨学科项目化课程的具体实施程序为:确定教学活动的主题,做好教学活动准备,开展教学活动的探究实践操作,开展探究实践成果的交流展示,进行教学活动的评价、奖励和总结。

(一)确定教学活动的主题

教学活动主题的确定是综合实践体验课程和跨学科项目化课程实施的首要步骤,对整个课程的实施起到了引领作用。教学活动主题的确定可以从以下两个方面展开:

1. 基于基础学科内容

教学活动的主题可以是教师本身所教授学科中的一些能被深入探究的内容或者学生感兴趣的内容。教师对于学科中的一些问题已经非常了解,同时可以结合基础课程中学生感兴趣的方向进行深化,这样既可以提升学生的学习兴趣,又可以培养学生的探究精神。比如,李晞鹏老师开设的"数学建模"这一课程,就是立足于他本身所教授的数学学科,着重阐述了一种问题解决模式,突出表现了对原始问题进行分析、假设、抽象的数学加工过程,以及对数学工具、方法、模型的选择和分析过程。

2. 基于时事热点

当代中学生深受互联网的影响,非常关注社会上的时事热点。如果可以将时事热点与自己的专业内容结合起来,进而确定活动主题,就可以将学生们的关注点与学科内容结合起来进行探究。比如,根据"一带一路"这一时事热点开设跨学科项目化课程。"一带一路"作为时事热点,在地理学科中具有重要的教学价值。"一带一路"所涉及的地理区域广泛,涵盖了以新疆、福建为核心区的沿江沿海18个省份,中西部的七大高地城市和沿海15个港口,沿线经过了65个国家和地区,区域内的自然地理环境和人文地理环境都可以作为地理学科的研究内容。由此,该课程的主题确定为"小区域地理研究——以'一带一路'国家为例"。该课程主要是采取项目化学习的模式,每位学生自行选择一个"一带一路"国家,制作成PPT,从自然、人文等方面和同学们进行介绍,从而促进地理实践力、区域认知等地理核心素养的提升。

(二)做好教学活动准备

在活动主题确认之后,就是要做好教学活动的准备工作。教师应该根据自己的活动主题做好相应的活动准备工作,可以从以下两个方面进行:

1. 撰写教学规划

在课程开始之前,教师应该撰写好开设课程的详细教学规划,包括课程简介、课程定位、学情分析、课程设计的思路、课程目标、课程安排、课程结构、课程评价等。

2. 准备教学材料

在课程开始之前,教师应该准备好课程所需的所有教学材料,包括文本材料和网络资源材料等。比如"一带一路"的跨学科项目化课程涉及高中地理、历史和政治三门学科,在课程开始之前就需要将这三门课程中的相关文本内容和课标要求进行整理归纳,并且对课程开展过程中可能用到的资源(文本、视频、音频)等进行整理罗列,以供学生参考。

(三)开展教学活动的探究实践操作

教学活动中的探究实践操作是综合实践体验课程和跨学科项目化课程实施的重

要环节。在探究实践操作过程中需要注意以下几方面内容：

1. 注意探究实践操作时的人身安全

有一部分教师开设的课程会涉及实验室操作或者去学校以外的地区进行考察、访谈等，在这些情况下就需要提前向学生声明人身安全的重要性，比如禁止将食物或饮料带入实验室、安全处置实验室废物、注意实验室设备的安全等。

2. 注重过程性指导与评价

在学生进行探究实践操作的过程中，教师需要进行适时的指导并做好过程性评价。虽然综合实践体验课程和跨学科项目化课程非常重视学生的主体地位，但是在此过程中教师也不能完全放手，必须起到引导作用，要注意在学生研究小课题的过程中收集学生的过程性资料，包括课题的设计方案、调查资料的过程、演示文稿、学生的自我评价、反思和体会、教师、同学的评价等，在课题实施中期或结束阶段帮助学生对设计方案、研究报告、研究结果进行展示、交流或答辩。

3. 注意小组合作活动的指导

在综合实践体验课程和跨学科项目化课程的探究过程中，小组活动是非常重要的。在分组前，教师要帮助学生理解合作学习的精髓与意义，进行关于合作学习的解读和培训，也可以组织学生观摩合作学习课堂，然后通过演讲、全体投票的形式选拔组长。只有做好了分组前的准备工作，才能让方向更明确。在分组的过程中，要牢牢把握好"组织体系构建""小组成员岗位设立""小组同学如何安排"这 3 个关键点，稳扎稳打地落实每一个步骤，才能让分组过程更顺利。

（四）开展探究实践成果的交流展示

综合实践体验课程和跨学科项目化课程非常重视学生的参与，强调过程重于结果，所以探究实践成果的交流展示尤为重要。总结交流的目的要落实到学生的情感体验、创新精神和实践能力的培养上，即培养学生关注社会、自然、自我的责任感，加强学生与社会、生活的联系，改变学生的学习方式，形成学生对个体及社会生活方式的思考力和判断力。在此过程中需要重视以下两点：

1. 展示形式多样化

探究实践成果展示的形式应该是多样的：可以是静态的，如论文、调查报告、日记、作品等，也可以是动态的，如演讲、报告、制作比赛、小实验、心得交流、小组之间、师生之间的互动问答、观点的辩论等，还可以是动静结合的。

2. 成果展示要真实、科学

成果展示重在学习,即让学生在展示、交流中感悟、体验,而不是为展示而展示。因此,教师要引导学生把自己小组的任务、经历介绍给大家,同时把作品展示出来,使学生意识到展示不是为了获奖,而是一种真实情感的自然流露。

(五)进行教学活动的评价、奖励和总结

综合实践体验课程与跨学科项目化课程都非常注重学生的过程体验,所以教师可以从逻辑思维、实践创新、交流合作等方面进行评价量表的设计,其中包括自我评价、学生之间的相互评价以及教师对学生的评价。教师也可以根据自己所开设的活动主题进行评价量表栏目的调整。比如,"一带一路"跨学科项目化课程设计了如表6-1所示的评价量表,可供参考。

表6-1 评价量表

评价项目	15分	20分	25分	自我评价	小组评价	教师评价
材料搜集归纳整理	从单一途径获取简单的文字材料	从多种渠道获得形式多样的相关材料,确保材料来源的准确性	从多种渠道获得形式多样的相关材料,确保材料来源的准确性,在此基础上做好材料的分类、归纳和整理			
图表绘制图层叠加	简单罗列图表信息,进行初步图层叠加	根据收集到的地图、文字材料进行图表绘制,能够完整地叠加图层	在具体的时空框架下运用收集到的地图和文字材料,绘制图表,完整正确地叠加图层,并进行具体的说明			
案例探究材料分析	材料分析停留在表面,分析视角单一,只能得出单个结论	深入分析材料,能够从至少两个方面思考问题,综合分析	深入分析和理解材料,发散思维,能够从具体的案例中联系实际生活,辩证地、多角度地看待问题			

续表

评价项目	15分	20分	25分	自我评价	小组评价	教师评价
小组合作交流展示	未能坚持完成所有学习任务；遇到困难时，小组内部没有能够及时沟通；交流展示时不能集中注意力	基本完成学习任务；活动中遇到困难时，小组成员有较多的沟通；在别的小组进行交流时能做到认真倾听	小组内部有良好的学习交流氛围，有明确的计划和分工，小组展示达到很好的效果，在别的小组进行交流时能做到认真倾听并能适时提出意见			
总分：						
启示与反思（收获、疑问、不足等）：						

五、课程的评价、管理与保障

（一）课程实施的评价

跨学科项目化课程是当前基础教育核心素养语境下学科课程改革的必然趋势，主张打破学科边界，但并非牺牲学科知识与思维的去学科学习，也非各学科知识的简单堆砌，或者流于多学科教师"你方唱罢我登场，各有各的说道"的形式。其实质含义是指学生能够综合运用多学科的知识、思想和方法，以系统的思维解决实际问题。跨学科项目化课程与学校校本化理解的工程素养有诸多共性，培育目标都是学生终身发展所需的核心素养。两者皆主张为学生创设真实的问题情境，组织学习活动，关注学生在问题解决过程中的问题意识、信息应用、批判思维、实践能力、创新能力、合作互助、成果表达等，相较于事实性知识、概念性知识，更重视学生对于程序性知识和元认知知识的习得。因此，综合实践体验课程和跨学科项目化课程的评价内容指标是多维度的，包括学生的关键能力、正确价值观、必备品格等；评价方式具有多样性，有过程性评价、终结性评价、量化评价、质性评价等；评价主体多元化，包括教师、学生、家长、外部专家、社区等。

1. 评价的内容指标

（1）教学活动的项目设计评价表。该评价表主要评估综合实践体验课程和跨学科项目化课程的设计与实施的科学性与有效度,主要评价教师设计问题、创设情境、组织活动和观察评价的能力,服务于教师对课程的反思与优化。评价的内容指标主要包括但不限于"问题设计""情境创设""活动组织""评价方式"。

"问题设计":问题设计指向综合实践体验课程和跨学科项目化课程的核心价值,是贯通学习活动重要环节的导向和驱动。符合综合实践体验课程和跨学科项目化课程的问题一定是开放的、复杂的问题,没有唯一答案,没有标准答案,具有一定的探讨、探究的空间,可以分解为一组成系列、进阶性的驱动性问题。

"情境创设":情境是学生学习活动的场景,能够激发学生的学习兴趣,调动真实的情感态度体验,具备一定的真实性和人文关怀,可以假设,但非天马行空,要立足现在、面向未来。

"活动组织":活动组织是目标达成的保障。活动组织要目标明确、组织有序;符合学生的身心素质、知识水平、能力基础、家庭生活等实际条件,具有一定的可操作性。教师是活动的主要组织者,在活动中能够起到一定的引领、指导、鼓励等作用,为学生的学习活动提供合适的脚手架支持,如分工方案、活动日志、实验工具、评价量规等。

"评价方式":评价是对项目设计、学习活动的价值判断,发挥着诊断教与学、促进教与学的作用。评价应是科学的、客观的、真实的。教师提供或师生共同制定评价量规,具体呈现清晰的评价细则。

(2)教学活动的评价表。综合实践体验课程和跨学科项目化课程教学活动的评价内容指标为:认真参加学习、团结协作活动、理论实践融合、学习有体验感悟、实践有操作效果、探究有创造成果、反思有交流促进。通过对课程教学活动的评价,充分发挥评价的反馈、改进、激励等功能,促进教学活动更好地开展。

(3)教学活动的学生个体评价表。该评价表主要评估学生的学习过程与学习成效、发现与解决问题的综合素养,服务于学生对学习的总结与改进。评价的内容指标主要包括但不限于"问题意识""实践能力""创新能力""系统思维""合作互助""自我表达"。

"问题意识":能够理解活动的核心问题与问题链;能够聚焦问题开展学习活动;能够主动寻求问题的解决方案。

"实践能力":能够合理使用活动实践需要的工具,如实验器材、电脑软件、网络平台、3D打印机等;能够自主设计解决问题的工具,如设计任务分配方案、阶段任务推进表、调查问卷等;能够在遇到困难时不放弃,主动寻求克服困难的方法和路径。

"创新能力":能够对现有问题提出创新性看法;能够在活动中发现新问题;能够设计问题解决的新方案,运用新的学习策略,如搜集信息、预测、实验、调研、抽象、概括、比较、分类、辨别等。

"系统思维":能够综合运用多学科的事实性知识(又叫事实,是学科基本要素)、概念性知识(抽象概括、结构化的知识,如原理、理论、模型等);能够运用程序性知识(即操作性知识,如做事的方法、探究的方法等)、元认知知识(即有关认知的知识,如关于自我认知的意识和知识、关于认知任务的知识等);能够综合各类型知识用于新问题的发现与解决。

"合作互助":能够主动参与、认真完成学习任务;能够耐心倾听、积极回应他人;能够真诚主动地关心与帮助他人。

"自我表达":能够敢于表达、自信表达;能够表达清晰、逻辑自洽、富有创见;能够允许、接纳同伴对自己的评议,并作出正向回应。

2. 评价的方式方法

(1) 过程性评价与终结性评价

过程性评价:是在项目实施过程中给予的贯通学习活动全过程的阶段性评价。教师或学生根据在真实学习活动过程中收集的数据进行评价,目的是促进学生反思、调整自己的学习,更好地激发学生的学习内驱力,调整学习策略,增强自信心,也帮助教师对学习活动的设计与实施进行过程性管理与调整。过程性评价数据会被归入学生档案,还可为终结性评价提供充分的真实依据。

终结性评价:是在项目阶段性完成时对学生学习效果的评价。学生根据自己的兴趣,以实验手册、论文撰写、图片展览、电子小报、公开演说、辩论、新闻播报、拍摄小视频等形式对自己的学习成果进行可视化汇报,教师或学生等根据可视化汇报情况进行终结性评价。其目的是为学生的学习效果下结论、分等级,也反映教师的课程设计与实施的质量,为后一阶段的学与教起到一定的激励与导向作用。

(2) 量化评价与质性评价

量化评价:根据纸笔测试、量表等对教学成果进行数量化分析,表现为赋分,特点是标准化、客观性强。

质性评价:根据观察、档案资料等对教学成果进行非数字化的评价,表现为写评语、分等第,如优、良、合格、需努力,特点是认识全面、突出个体发展需求。

（3）教师评价、学生自评、学生互评等

教师评价：教师是学习活动的主要组织者、评价活动的主要设计者、多元评价主体中的主导者。因此，教师评价要科学、客观、真实，尊重学生的心理感受，挖掘学生的发展潜能，完善学生的学习方法。当然，教师评价的对象不仅是学生的认知行为，也包括自身的教学行为；教师不仅对学生的课程学习活动情况进行评价，还要对课程教学活动情况进行评价，对自己课程的设计、实施与效果进行评价，对自己课程实施中的教学行为进行评价，从而不断地促进自身课程设计与实施能力的提高。

学生自评：学生是学习活动的参与者，对学习活动过程中的情感、态度、得失等有着最真实的感受。因此，自评能够更为直接地帮助学生了解自己阶段性的学习效度，明晰自己"做到了什么""做不到什么""还要做什么""应该怎么做"，进而调整、优化自己的学习态度与策略。

学生互评：学习活动中不仅有师生之间的互动，还有生生之间的互动。在综合实践体验课程和跨学科项目化课程中，小组分工与合作、小组内外交相互动是主要的活动组织形式，生生之间的互动相比师生互动更为丰富、生动、真实。因此，学生互评能够在合作互助、交流表达等维度上更好地帮助学生个体认识自我，也能在学生群体中发挥互相监督、互相学习的作用。

其他评价：综合实践体验课程和跨学科项目化课程中，学习活动探究的是开放的、真实性的问题，对于家乡建设、国家富强、社会发展、全球治理等多领域有着真切的人文关怀；学习活动的场所往往会拓展到校园之外，采访、合作、寻求帮助的对象通常也延伸到教师之外。因此，家长、外部专家、教育同行、社区等也可成为评价主体，从不同的视角提供评价信息，有助于师生更为立体、全面地了解教与学情况。

3. 评价的组织机构

综合实践体验课程和跨学科项目化课程评价的组织机构是该课程设计与实施的子课题组，子课题组长对课程的评价负责。

（二）课程的管理

1. 管理思想

以立德树人为根本任务，以培育学生的工程素养、让学生学会像工程师一样思考为主要目标，充分发挥管理的决策、组织、激励与服务的功能。

2. 管理组织

课程的管理组织为该课程子课题组,以及学校教导处、科研室。

3. 管理规章

课程的管理规章有课程建设制度、课程实施制度、课程管理制度。

4. 管理程序

课程的管理程序为:课程的设计,教学的实施,教学的评价、反馈、改进,教学的总结。

(三) 课程的保障

综合实践体验课程和跨学科项目化课程的保障措施主要有:强化课程的领导与顶层设计,强化课程的建设与改进。

1. 强化课程的领导与顶层设计

在综合实践体验课程和跨学科项目化课程建设方面,学校主要从以下几方面进行科学组织架构。第一,在课程建设方面,有机整合基础型、拓展型、研究型三类课程中工程素养培育的内容,搭建校本选修课、社团活动、主题活动课等平台,开展系列实践体验活动、跨学科项目探究实践活动,开发一系列实践体验课程和跨学科项目。第二,在师资组建方面,专门成立跨学科教研组,聚合具备创新精神和学习能力的多学科教师,通过邀请华东师范大学跨学科领域的专家教授进行团队指导与培训、友校同行的合作与交流、教学案例的互评与互学等途径,逐渐培养了一批能够设计开发、组织实施综合实践体验课程和跨学科项目化课程的优秀教师。第三,在资源保障方面,建立校本选修课程和主题活动课程管理制度,编制选修课程实施纲要和《上海理工大学附属中学跨学科项目化学习路径探索整校推进实施方案》,借助信息技术,对教研、教学、学习过程中产生的动态资源、静态资源及生成性资源进行统一储存,搭建共享校本资源中心,支持学校教师随时随地查找所需资源,为提升师生的自主探究能力提供平台。同时,助力推动校内外优质资源互通,丰富师生成长路径。此外,学校建设了工程素养体验馆、机器人创新实验室、环境工程创新实验室、尚理创智坊、人工智能实验室、数学建模与3D打印实验室等,为学习活动提供硬件支持。第四,加强与高校合作,邀请上海理工大学数理学院和机械学院、复旦大学人文学院和数学学院的研究生来学校开展活动,邀请上海理工大学、华东师范大学等高校的专家教授来学校开展讲座、授课,搭建"高中—大学"沟通的桥梁,充分发挥大学名师资源和优质课程资源的作用。基于学校自身优势,创新课堂教学形式,开创信息技术赋能下的"高中—大学"联动课程。

2. 强化课程的建设与改进

学校从顶层设计视域,在制度保障、资源保障、师资保障等方面强化综合实践体验课程和跨学科项目化课程的建设与改进。具体举措有:为高一、高二年级学生设置每周1—2节的校本选修课程,建立学分管理制度;通过项目实施搭建高中与大学间的衔接桥梁,创新课程实施形式,将传统的单一学科授课模式转变为多维综合教学模式,使学生可利用一体机、电脑、平板电脑、手机等终端,随时查找所需信息,观看课程回放,为学生建立多条自主学习探究渠道;每学年开展暑期工程实践体验活动、暑期创意漂流体验活动、暑期海外游学活动等暑期活动,及尚理科技节、读书节等尚理节庆活动,组织学生参加社会实践;鼓励中青年教师加入跨学科教研组,加入到综合实践体验课程和跨学科项目化课程的开发与实施的队伍中,借助跨学科实训营,集中开展主题师训活动,组织教师共同研讨、展示交流、互相学习,依托上海理工大学教育集团"上理之星"之教师"创智奖",奖励为校本选修课程开发作出贡献的教师;邀请华东师范大学跨学科领域的教授团队开展指导与培训,邀请上海理工大学的教授团队来校开设讲座或校本选修课程,邀请、组织区内外的友校同行们合作交流、互评互学。通过以上举措,并在学校与教师们的共同努力下,学校形成了系列综合实践体验课程和跨学科项目化课程的精品,指导学生获得了相关比赛的重要奖项,在区域内形成了一定的示范、辐射效应。

六、课程的实践效果

通过三年多的课程研究实践,综合实践体验课程和跨学科项目化课程获得了较好的实践效果:形成了系列精品课程,初步彰显了课程的区域特色和实践成果,学生的工程素养得到了显著提升,教师队伍的工程素养有较大提升。

(一)形成了系列精品课程

自学校创建特色高中以来,持续深化综合实践体验课程和跨学科项目化课程的建设与改进,逐渐形成了系列精品课程。社会实践项目"心创溢"志愿者活动以及主题活动"职业与专业巡礼"已有十多年历史,"生活中的逻辑思维""上海城市桥梁探秘""跨学科人工智能设计""奇思智能科创""'一带一路'的前世今生""大国博弈与中国地缘政治研究""海洋文化与数学探秘""整本书籍阅读课程""模拟联合国""模拟政协"等多门跨学科课程在实践与反思中不断推陈出新。

例如,"上海城市桥梁探秘"课程中,以上海桥梁的演变与社会变迁的关系为驱动性问题,引导学生穿越"古代—近代—现代"三个不同时空,运用实地调研、问卷调查、查找文献、访问专家等方式,综合历史、政治、地理、物理、工程学、材料学等多学科知识背景与思维工具,从生产力水平的发展、社会形态的变迁、科技与工程制造技术的发展、上海城市的历史发展等角度认识桥梁的发展是综合因素作用的结果。该课程反映了自古以来中华民族生生不息、开拓进取的精神,培养学生基于工程设计的科学探究、信息搜集与分析、合作互助、交流共享、热爱家乡、关心祖国建设和民族复兴等关键能力、必备品格与正确价值观。

再如,"海洋文化与数学探秘"课程中,以历史上著名的航海事件为切入点,综合数学的球面距离、地理上的洋流和季风带、船体结构分析和船体强度、概率与统计等多学科知识,整合历史、地理、数学等学科的核心概念,抽象形成跨学科的大概念——"最短航线:地球是圆形,考虑两点间最短航海路线,尽量沿着大圆航行,但是不可避免地受到地形、补给、洋流等的影响,所以是个综合的实际问题","海洋气象是个非常复杂和综合的问题,可以借助数学手段进行数据的分析与整理","全球航行花费巨大,但是收效不可预测,借助数学工具对当时的投入与产出进行分析,揣摩当时决策者的真实意图"。该课程以任务为引领,指导学生自主探究,勇于探索,培养解决实际问题的能力。

又如,"生活中的逻辑"课程中,主要引领学生在"发现生活中逻辑的谬误""运用有效的推理形式""采用合理的论证方法"等学习活动中,综合数学和语文学科中"在辨析逻辑谬误时,依据数学学科内容,认识逻辑谬误的类型""运用逻辑工具创造性地解决语言中的交流问题""能通过对逻辑的学习,欣赏语言的艺术"等知识点,以及"概括与抽象""演绎与归纳""分类与比较""综合与分析"等核心概念,去发现、分析、探究生活与学习中的逻辑谬误问题,进而发展逻辑思维能力。

还如,"人工智能自动驾驶——自动越障小车设计"课程中,回应当下热门的人工智能迅猛发展、广泛应用的现象,整合人工智能、信息科技、机器人、物理、生物、语文等学科,引导学生掌握基本的传感器、舵机传感器硬件对应的编程语句的学习,开拓学生开源硬件方面的知识,理解并使用人工智能模块功能,提升编程、计算思维、工程思维及解决问题的能力,感受人工智能在生活中的重要作用及给人类带来的便捷性。

(二) 初步彰显了课程的区域特色和实践成果

目前,上海理工大学附属中学作为杨浦区唯一的市级特色高中,依托上海理工大学,整合各类教育资源,旨在建设"尚理文化"底蕴深厚、"工程素养"特色鲜明的现代大学附中。学校的综合实践体验课程和跨学科项目化课程指向本校办学特色,聚焦工程素养的培育,通过与上海理工大学教育集团、华东师范大学跨学科教授团队的广泛而深度的合作,促进学生在责任伦理、实践创新、系统思维、交流合作等方面得到一定发展,收获了广大家长、同行、专家和社会人士的好评,形成了一定的区域特色和品牌效应。

(三) 学生的工程素养得到了显著提升

经过三年多的综合实践体验课程和跨学科项目化课程的学习,学生们的工程素养——系统思维、实践创新、交流合作和责任伦理四大核心要素得到显著提升。

在系列综合实践体验课程和跨学科项目化课程的学习中,学生们的个性得到彰显,解决问题的能力、创新能力得到提升。学生们除在升学考试成绩方面有了显著提高之外,还在区、市、全国乃至国际各项比赛中取得佳绩。例如,在2020年、2021年的上海市中小学生阅读与实践创作活动中,学校8人获得全市二等奖,5人获得三等奖;在2020年、2021年、2022年的全国青少年模拟政协活动中,数十人获得"优秀调研报告""优秀提案""优秀组织奖"等奖项;寿嘉怡同学的论文参加上海市(2019—2020年度)中学生《道德与法治》《思想政治》课小论文评选,荣获高中组二等奖;吴怡然、叶栩珲、冯柏贺等同学在上海市青少年科技创新大赛中先后斩获一等奖,其他同学获得该赛事等第奖共十余项;薛宁、傅渝、邱晓俊、陈司昊等同学参加上海市百万青少年争创"明日科技之星"评选活动,先后获得"明日科技之星"提名奖,倪思喆、车润豪、吴琦、吴言呈等同学获得"科技希望之星"称号;邹振洋、琚浩然、张悦言、叶宇峰、陈禹润等同学开发的"基于人流量密度检测的智慧商场引导软件""商场客流引导微信小程序软件"获得计算机软件著作权登记书,"基于人流量密度检测的智慧商城引导系统"项目获得第七届中国国际"互联网+"大学生创新创业大赛萌芽赛道最高奖项——创新潜力奖。

(四) 教师队伍的工程素养有较大提升

在共学共研、聚力磨炼、实践反思中,跨学科教研组团队的教师们在系统思维的意识与能力、实践创新的精神与能力、交流合作的意识与品质以及责任伦理的态度与精神都有了较大增强,具体表现为在教学教研上收获了显著成果。例如,顾凌燕、曹玲、王智颖、张烨琼、朱琳等老师在近年杨浦区"百花杯"教学比赛中先后获得一、二、三等奖;王薇老师获得杨浦区"小荷杯"教学评比一等奖;顾超、孙秀青等老师是正高级教师,黄茹清老师是区学科带头人,李晞鹏、曹玲、徐艳、顾淼淼、顾凌燕、陆煜、潘志刚、王利平等老师是区骨干教师,王智颖老师是区教育新秀;团队成员在区级、市级及全国学科核心刊物上发表论文数十篇。

(本节撰写者:甘志筠、谢星月、曹玲)

第二节 综合实践体验课程和跨学科项目化课程的实施内容

一、课题研究活动

结合工程素养培育,依托学校工程与科学、工程与技术、工程与艺术等课程群,面向全体高一、高二学生,开展基于问题链、源于生活情景的"主题项目式"学习,包含问题驱动、互动交流、主动探究课堂三环节,以项目化学习为抓手,不断探索课堂内"工程素养"的培育路径。学生课题源于选修课程,使校内课时有了保证,也让学生研究的时间和空间有了保证,而学生小组活动的时间不列入学校总课表,可以由学生利用课余时间、双休日、寒暑假自主进行。选修课程的教师承担指导学生课题研究的工作,其过程一般为一年,采用课内与课外、校内与校外相结合的方式开展活动。具体包括以下几个环节:课程学习、课题申报、课题认定、聘请指导教师、方案设计、研究实施与管理、成果评审、综评辅导等。

(一) 课程学习

学生根据自己的兴趣爱好,选择自己喜欢的拓展课,按学校管理规定,认真参与拓展课学习活动,开发自身兴趣与潜能,结合自身的生活经历寻找自己的研究课题。

(二) 课题申报

基于拓展型课程的学习,学期中期在学校跨学科教研组的指导下,按年级组织学生进行课题申报,填写《上海理工大学附属中学学生课题研究开题报告》。课题研究的内容、进行研究的组织形式等均由学生自己来决定。一般建议3—4人组成课题研究小组进行课题申报。

(三) 课题认定

学生填写的《上海理工大学附属中学学生课题研究开题报告》由学校跨学科教研组汇总,同时教研组组织指导教师和学生一起进行课题申报的认定。

(四) 聘请指导教师

学生研究课题的指导教师可以由学生自己聘请,也可以是学校推荐的校内老师,还可以是学生的家长、亲戚或该领域的专家。课题研究小组成员必须定期与指导教师联系,及时汇报自己的研究活动进展,主动听取指导教师的意见与建议。学校跨学科教研组通过组织教研研讨,了解学生的研究情况和指导教师的指导情况。

(五) 方案设计

学生在教师指导下进行研究方案的设计,确立好课题研究的目的、步骤、研究方法、成果的形式等,填写《上海理工大学附属中学学生课题研究活动记录表》。

(六) 研究实施与管理

课题研究小组在导师的指导下,实施课题研究。跨学科教研组具体负责学生课题研究的过程管理,指导教师应定期依据学生活动中遇到的问题,给予科学指导,教研组及时协调解决研究过程中产生的问题。当课题研究基本结束后,学校应组织学生小组进行成果汇报互评活动,交流课题成果(研究报告、PPT)、研究过程的体会等,最终将结果汇总到跨学科教研组。

(七) 成果评审

学校组织对学生课题研究成果的评价工作。学生对自己的课题进行自评,完成《上海理工大学附属中学学生课题研究结题自评表》;课题小组完成《上海理工大学附属中学学生课题研究结题小组互评表》,指导教师根据学生的成果撰写评定意见,参考量化评价指标,完成《上海理工大学附属中学学生课题研究指导教师评价表》;推选优秀研究成果进行论文答辩,推荐表现特别优秀的学生进行特长评定,通过科技节、读书节等活动表彰研究过程中表现突出的研究小组或个人。在完成上述过程后,学校基于以上材料完成研究型课程自适应学习平台的研究性报告操作。

(八) 综评辅导

对于高考入围综评线的学生,由跨学科教研组针对其专业倾向、个性特长等综合素养进行面试技巧培训。目前这方面还比较薄弱,需要有专门的培训。

(九) 对接上海理工大学"创新创业互联网+"萌芽板块

在高中阶段做好创新创业项目萌芽培育。高一年级,通过拓展型、研究型课程,重点培育部分相关的研究性课题,聘请项目老师给予针对性指导,将优秀的作品选送参加上海市青少年科技创新大赛、上海市百万青少年争创"明日科技之星"等项目。高二、高三年级,在上海理工大学专业教授的指引下,将获奖的研究性课题进行再一轮培育,选派优秀项目参加更高级别的赛事。通过"创新创业互联网+"萌芽板块活动,深化附中与大学的合作。

目前,基于选修课程,学校共形成了项目化学习案例近100个,覆盖所有年级和学科,这些项目由跨学科教师引领,遵循学习者的学习起点、认知风格和学习历程,通过有效的设计将学习活动引向深入。更重要的是,课程从没有停下过完善升级的脚步,学生课题也同步得到了拓展和提升。

二、实验室活动

(一) 创新实验室探究活动

在学校特色发展的进程中,创新实验室建设是举足轻重的板块,目前学校拥有市、区、校三级创新实验室。其中包括机器人创新实验室、工程素养体验馆、环境工程创新实验室、尚理实践坊四个市级创新实验室,以及三个区级和校级创新实验室。2020年新建人工智能实验室。学校以创新实验室为载体,丰富了课程学习方式,搭建了促进学生个性发展的平台,探索中学生工程素养培育的规律与模式。

同时,学校与上海理工大学紧密联系,通过结对组建创新实验室教师团队、大学资源向附中无条件开放等措施,使学生深入开展研究学习活动有了可能性。学生通过选修课程、实验室研学活动等途径开展研究性学习,在更好的设施和更强的师资力量支持下取得了良好的成果。而学校层面又从中不断发现课题重点培养对象,并聘请高校专家给予针对性指导,引领学生不断深化项目化学习。

表6-2 上海理工大学对接附中创新实验室教师团队

创新实验室	指导专家	指导团队
机器人创新实验室	李清都	上海理工大学机器人与人工智能研究院团队
	钱 炜	上海理工大学机械工程学院团队
工程素养体验馆	干宏程	上海理工大学管理学院超网研究中心团队
环境工程创新实验室	崔立峰	上海理工大学环境与建筑学院团队
	张晓东	
3D打印创新实验室	黄爱军	上海理工大学材料科学与工程学院团队
	朱钰方	
尚理实践坊	艾连中	上海理工大学医疗器械与食品学院团队
	管 骁	上海理工大学协同创新研究院团队

(二) 尚理创新实验室联盟活动

学校不仅建立了大量创新实验室,设立了实验室课程并加以实施,还在2016年9月,在作为杨浦区"七大项目"创新行动之一的"区域创新实验室联合运作体系建设"项目的引领下,在区主管部门的领导下,成立了"尚理创新实验室联盟"。该联盟以上理工附中为核心试点学校,由中原中学、上理工附属初级中学、开鲁新村第二小学、回民小学、上理工附属小学、水丰路小学分校、民星中学、新大桥中学、延吉第二初级中学等11所跨学段的中小学共同组成,是一个以创新实验室课程建设为纽带,以创新实践活动为基础,跨学科、跨学段的校内外合作的联合体。联盟本着"让学生的创新素养明显提升"的宗旨,以让创新实验室项目的实践与试验真正激发学生的创新动力作为工作的总体指导思想。上理工附中结合"工程素养培育"的特色,以现有的创新实验室为中坚力量和发展平台,与联盟学校一起,共同开展基于学生创新素养和工程素养培育的特色课程建设,探索创新实验室和教师师资团队建设的机制与路径。联盟学校各项活动的开展,促进各盟校的创新实验室建设达到一个新的水平,同时也使得核心校上理工附中的特色学校建设再上一个新的台阶,成为真正意义上的区域品牌。

近年来,联盟制定了章程,定期举办交流活动。例如,2016年在上理工附中专门举办"创世纪创新展示活动",各联盟学校老师组织学生参观上理工附中机器人创新实验室和工程素养体验馆,体验港口储运3D体统、工程素养课程资源网上学习系统、系列工程素养培育的游戏资源VR装置等,开展机器人分组对抗比赛,开拓了创新的思维,丰富了创新的体验,提高了创新的意识。此后每年结合科技节,邀请联盟校成员互访互动,增强校际交流。

作为核心校,上理工附中在组织联盟学校开展活动中发挥了中坚力量,发挥了本校的创新实验室优势,搭建了发展交流平台,更提供了本校师生展示研究学习成果、课题研究成果的舞台。各联盟学校也更积极地探索学生创新素养和工程素养培育的特色课程建设。学校未来将继续探索创新实验室的教学与管理,以探索师资团队建设的机制与路径,从而达到优势互补、资源共享、人才共育、合作共赢的目标。

三、暑期活动

暑期活动有"尚理未来工程师夏令营"体验活动、工程实训体验活动、工程创意漂流活动、国际交流活动等。

(一)"尚理未来工程师夏令营"体验活动

学校连续多年举办"尚理未来工程师夏令营"体验活动,围绕未来、工程两大主轴,每年确定主题,组织校内优秀学生代表参与,由学校科创教师带队,通过实地寻访、主题探究的形式,拓宽学生视野。学生曾相继参观了秦山核电站、微创医疗器械(上海)有限公司、上海大众汽车制造有限公司、汽车博物馆等机构,从当今各制造领域、技术领域的运营现状中亲身领略工程魅力,感受科技前沿。同时,学校也组织学生走进高校实验室,亲身体验浓郁的学术研究氛围,如参观上海理工大学实验中心、同济大学科创实验室等,了解高校科研环境及科研成果,从而在学生心中播下科学的种子。

每一期夏令营不仅有参观、实践、探究,还会邀请企业代表、院校教授进行讲座汇报、成果分享等。学生不仅能实地"看热闹",还有专家给"讲门道"。夏令营期间,教师精心组织学生研讨、反思收获与成长,为他们打开一扇探索之门,增添了一点"工程"的素养。

（二）工程实训体验活动

　　学校与上海理工大学的工程实训中心合作开展工程实践体验活动。通过一定时间的工程实训，让学生学会简单的钳工、铸造、数控加工的操作技能，初步了解机械加工的工艺概况，对现今比较先进的一些加工技术与测量手段有直接的感知，锻炼中学生的动手能力，体会工业生产的氛围，培养对机械加工操作的认真态度，从而使中学生对材料成型与材料加工有一个切实的了解，对机械行业有新的感性认识，拓展知识面，开阔视野，对有序科学的操作态度有具体的形象认识。

　　同时，工程实践体验活动以项目为导向，组织学生多渠道、多方位参与，充分利用工程实训中心丰富的实践经验和相对完善的各种加工设备，将工程实训中心看作学生的一个实践基地。学生可以选择贴合自身日常生活，又和工程实践相关的小课题来开展研究，将课题实训延伸到课余，以自我组织、自我管理的方式研究课题。学生可自主提出课题，跨年级跨学科，既可提出新命题，也可在原有的小课题上做进一步的探索。课题经校际审核后便可立项，同时学校配置相应的教师资源，给予一定的教学资金作辅助，为学生课题研究提供支持。

　　目前，工程实训中心根据学生刚接触工程问题的特点，罗列了一份小、专、精且内容灵活多样的课题清单供学生研究参考。例如，和冷加工有关的小课题包括：如何避免锯削中锯缝歪斜、浅谈钳工如何提高锉削平面质量、关于保证孔距精度方法的探讨、钳工钻孔精度的保证、钳工台钻应用、车削加工工艺——细长轴加工、细长轴加工质量的保证、如何减小车削加工表面粗糙度、车削加工附件的选择、车床加工范围及应用；和热加工有关的小课题包括：热处理在现代机械制造业中的价值、材料的组成——对于金相组织的研究、对于材料性能的研究（塑性、韧性、硬度、强度）、对于新型焊接工艺的探索、对实际操作所涉及的手工造型方法特性的讨论……

　　结合各实训内容展开课题研究。学生利用所学的知识点，并运用集体的力量完成工程素养研究型小课题，以发展同学相互间的合作意识、查询文件的能力、分析数据的能力、概括总结并得出结论的写作能力等，最终使学生的工程素养得到一个整体的提升。

　　上海理工大学工程实训中心有着一批科学实践指导经验丰富的人员，所配置的既有符合传统的实践教学的设备，也有当前比较先进的加工设备，完全可满足中学生工程素养能力的锻炼。

（三）工程创意漂流活动

"下个暑假你还来吗？"对于这个问题，每年都有同学回答："我还要来！"

工程创意漂流活动项目在杨浦区基础教育集团已经开展了十余年。"工程"是指，项目的内容主要和工程素养培育有着密切的关联，包括工程知识普及、工程技能运用、工程思维提升等。"创意"意为，项目的核心是要有创造性，不论是实践者还是体验者，都会从中体会到创意的快乐，领会创新的重要性。"漂流"是指，项目的目标是希望辐射尽可能广的领域，让更多的青少年参与进来，让尽可能多的朋友从中获益。该项目最初是上理工附中于2011年开始发起的志愿实践活动，目前作为高中生社会实践课程，不断扩大规模和完善内容，成为高中生的综合实践平台。

（四）国际交流活动

随着全球化的深入，教育国际化成为一种趋势和需求。学校围绕"尚理"办学理念，积极推进上海市特色普通高中的创建工作。因此，特色化、国际化办学是学校的追求。我们致力于以工程素养培育为核心的特色学校建设，着力培养"人文厚实、理工见长"、具有"创新精神和国际视野"的现代高中生。

本校目前已与德国罗特威尔市耐尔布欧宁学校和芬兰埃斯波市豪基拉赫蒂高中建立姐妹校关系。近几年来，双方开展了密切的友好往来。上海与芬兰埃斯波市是友好城市，由上海市教委和杨浦区教育局牵线，从2012年始，本校与埃斯波市豪基拉赫蒂高中开展了互动交流，通过邮件往来加强彼此的了解。2015年4月，芬兰埃斯波市教育代表团一行九人来沪访问，虽然中国和芬兰教育国情有较大差异，但双方在育人目标、创新教育方面有着共同的追求。芬兰教育注重均衡发展、关注每一位学生成长的理念对我们有着积极的启发，在培养学生创新能力方面很值得我们学习和借鉴。经过交流和商谈，双方决定在建立机制性的师生互访、开设特色课程等方面开展交流合作。双方约定，每年(或在约定时间)组队互访对方学校；为加强对对方课程的了解，两校决定利用两周左右的时间互相开设对方特色课程，用英语教学；在条件成熟的情况下，经两校协商，可以派遣教师到对方学校交流访问。

德国耐尔布欧宁学校位于德国巴登-符腾堡州罗特威尔市，是巴登-符腾堡州一所规模很大的综合性高中，含高级文理中学和职业学校。其中高级文理中学拥有德国国家教育部门颁发的一级中学资质，高中会考合格后，学生拥有直升大学的资格，可以选择大学和专业继续深造。上理工附中于2015年起与之建立友好姐妹校关系。在来访期间,德国师生深入参与中国课程的学习,还参加了学校为他们特别开设的剪纸、学唱中国歌、中国武术等具有浓郁中国文化色彩的系列课程。中外师生共上一课,其乐融融。例如,在剪纸课上,授课教师将中国的剪纸历史向德国师生娓娓道来——作为历史悠久的中国传统民间艺术,剪纸凝聚着深厚的中国传统文化和民族智慧,简单的纸张通过巧妙的折、叠后运用剪刻就能创造出大千世界的客观万物,这种神奇的镂刻艺术让德国师生赞叹不已。在随后的实践环节,德国学生在中国师生的帮助下,平生第一次尝试了剪纸——中国"福"字的创作。这既是中国吉祥文化的体现,也代表着学校师生对德国兄弟校师生的美好祝福。课程的学习不仅使德国学生加深了对中国传统文化的了解,更使两国师生间结下了深厚的友谊,增进了对彼此的了解,同时也锻炼了本校学生的口语交流表达能力,更增强了民族自信。

此外,外国友人还入住结对中国学生家庭,深入体会中国式的家庭生活。在中国学生的陪同下,他们畅游上海,融入中国家庭,一起包饺子、煮馄饨,感受其乐融融的中国家庭氛围。

而本校学生的回访更是宝贵的经历。观摩并参与对方的课堂教学,无论是德国还是芬兰,体育课上的激烈比赛、英语课上的人文内涵、历史课上的探究方法,都向同学们展示了西方教育的课堂"活力"。考察并了解欧洲城市的历史和文化,在梅赛德斯奔驰汽车厂感受创新的节奏和制造的严谨,在街头的咖啡店感受小镇的宁静和生活的惬意。学生通过住在结对家庭,深入体验德国和芬兰的家庭文化和人际关系,对这些国家的风土人情和民族特点也有了深切的体会。交流活动拓宽了学生视野,提升了学生的跨文化素养,对于培养学生的独立生活的能力、自主解决困难的能力、与人沟通的能力都起到了十分积极的作用。

此外,学校为了丰富国际化的教育资源,增进国际交流,不断深化国际课程与本土课程的融合研究与实践,还引进了多元化的优质课程,如"英语戏剧"课程等。学校将国际教育理念和元素融入本土课堂,打造品牌国际交流项目,并建立长期深入的国际交流与合作,通过主题活动、课程共建共享、教师合作教学、师生交换等项目活动促进姐妹校间的资源融通。

四、"尚理"活动

综合实践体验课程和跨学科项目化课程的"尚理"活动有尚理科技节、尚理社团节、尚理读书节等。

(一) 尚理科技节

一年一度的尚理科技节已成为区域内各校学生的科创盛典。每年5月,以"体验科技乐趣、弘扬创新精神"为主题,学校会联合上海理工大学以及十二所联盟校,开展科技知识竞赛、学科类竞赛、学生创意设计、科技作品分享、专项挑战赛与大学生科创观摩等活动。科技节中会设置科技作品分享会,在各类科技竞赛中获奖的学生在报告厅向全校师生汇报自己的课题研究,讲述自己的创意,展示自己的设计制作,为广大学生树立了榜样。通过学校尚理科技节打造科技教育嘉年华,形成区域辐射。

(二) 尚理社团文化节

社团是学生自主活动的主要载体,也是学校学生活力的重要体现。学校社团文化节每年开展2次社团专项展示活动,包括9月的社团招新和5月的社团文化展示。目前,学校社团有固定活动时间,每周一次,涉及工程、艺术、体育、计算机、思维创新等诸多领域,为学生课题研究提供了思维创新的沃土,已经成为培养学生的工程兴趣和自主探究能力的良好平台。学生积极参加,兴趣深厚,乐于发挥自己所长,促使学校社团蓬勃发展。在每次的社团文化节上,各个社团都精心准备,向全校师生展示社团最精彩的一面。社团文化节采用线上线下相结合的方式开展:校内专门开辟场地,各社团设摊展示活动成果,设计互动环节让现场的观众来体验;线上开放展示专栏,借助学校公众号等方式扩大社团宣传力度。

目前,学校有市级科技社团一个——头脑OM创意联盟社团,区级星级社团两个——机器人工作室、PCGT信息技术社团,以及一批校级社团——Robot工作室、PCGT计算机爱好者、环保社、人工智能社团、DI社团、奇思创想社等。它们不仅自身发展良好,在各类科创赛事中取得了优异的成绩,而且通过社团文化节展示活动扩大了影响力,在校内营造了欣欣向荣的文化氛围,还通过展示平台对外起到了宣传辐射作用。

(三) 尚理读书节

一年一度的尚理读书节亦是学生钟爱的校园活动之一,每年3月举办,开展活动包括课本剧展演、朗诵比赛、时政大赛、历史征文比赛、外国电影片段中文配音比赛、快乐星球制作比赛、现代诗创作、海报设计、辩论表演赛等。读书节力争集人文、艺术、创意、生活于一体,以宣传、活动为形,书香为魂,为学生提供更丰富、更营养的精神食粮,以培养学生的读书兴趣,鼓励学生养成爱读书的习惯。

(本节撰写者:顾凌燕)

第三节 综合实践体验课程和跨学科项目化课程的活动方案与活动案例

活动方案与活动案例一

"工程创意漂流活动"课程活动案例

一、案例背景

"工程创意漂流活动"是上理工附中的社会实践品牌项目,一直以来受到师生的广泛关注和喜爱,从2011年开始实施至今从未间断过。活动立足学校特色,以培养高中生工程素养为核心目标,广泛搭建校外活动实践平台,开展指向工程素养培育的创意体验活动和创意思维课程,以期拓展高中生的社会实践渠道,扩大受益人群范围,培养青年学生的创意创新素养和实践能力。该项目曾多次获得市区级荣誉,广受师生欢迎和好评。随着高中生综合素质评价改革的推进,志愿服务成为高中阶段学生综合实践活动中的重要组成部分。因此,"工程创意漂流活动"面向全体在校学生,侧重在高一、高二年级开展,通过合理安排学生校外实践活动,力争实现提高工程素养、弘扬志愿精神的育人目标。

二、案例描述

(一)活动目的

1. 推进高中生工程素养实践项目建设,形成校本品牌实践课程。

2. 立足高中生创新意识、实践能力、团队合作能力、人文关怀等方面,实现高中生工程素养的培养目标。

3. 探索大中小学相衔接的德育教育实践模式以及学校、社区多方合作的教育协同机制,整合校外资源,实现发展共赢。

4. 面向社会普及工程知识和创新文化。

(二)活动指导单位

上海理工大学。

(三)活动主办单位

上海理工大学附属中学、上海理工大学附属小学。

(四)合作单位

共青团上海市杨浦区委员会、杨浦区延吉新村街道、上海理工大学附属初级中学。

(五)活动时间安排

4—6月:制订"工程创意漂流"计划。

6月底:志愿者招募。

7月1—4日:志愿者培训(包括志愿者理念培训、工程素养培训、课程实务培训等)。

7月—8月:活动实施阶段(前往各个教学点开展创意课堂和嘉年华体验活动)。

8月—9月:活动总结阶段(志愿者评比、活动杂志汇编、线上微信推广、总结视频制作)。

(六)具体安排

主要以走进爱心暑托班开展创意课堂的方式,将活动系统化、课程化,与社区青少年开展创意工程素养方面的教学互动。

诚邀上理工附中教师、上理工大学生志愿者参与课堂教学活动,提升"创溢课堂"的教学质量,同时通过创意课堂、创意嘉年华、人文岗位实践等平台,增加高中生的社会实践岗位,提高青年学生的社会责任感和社会服务意识。

1. 前期准备阶段(7月)

举办"工程在身边"系列讲座:邀请理工学科专家开设工程创意讲座,面向理工联盟校全体学生开放,普及工程知识,提升学生对工程的兴趣;诚邀工程结构制作讲师开设创意动手培训课程,增强高中生和大学生志愿者的课程教学技能,为后期活动做好充分准备。

2. 具体实施阶段(7月—8月)

开办工程兴趣拓展营:主要采取"创意嘉年华"体验活动的形式。在杨浦公园、创智天地等场地,开展创意嘉年华活动,吸引小朋友参与现场体验,邀请理工联盟校各校学生一同活动,感受创意的快乐。

开办工程思维训练营:主要采取"创意思维"爱心小课堂的形式。在杨浦区所有爱心暑托班教学点开展"创意思维"课程,开设"巧块无极限""创意多米诺""百变魔方""生活中的瓶子""各式各样的球"等方面内容的思维训练课,由高中生实施课程教学整个过程,以同伴教育的方式实现创意理念的宣传和工程思想的普及。

开办工程实践体验营:主要采取"工程手作坊"制作体验的形式。在杨浦区延吉新村街道延泽社区活动中心,招募辖区内青少年参加,开设"工程手作坊",进行适合青少年的工程制作体验活动,立足工程结构、机械动力等基础内容,完成"直立结构""惯性小车""单孔纸桥""游泳小将"等作品的制作,注重青少年动手体验,丰富学生对工程知识的理解。

开办人文关怀感受营:对接延吉新村街道岗位实践平台,志愿者在杨浦体育馆、杨浦区延吉图书馆、杨浦区中心医院、杨浦区档案馆、泰晤士西餐社等活动基地参加岗位实践,通过体验管理员岗位,协助工作人员服务社会、服务公众。此外,志愿者还在杨浦公园英语角开展英语演讲活动,在延吉养老院进行表演活动,服务社区少年儿童和老年人,弘扬传统文化。

3. 总结表彰阶段(9月)

回顾暑假活动情况,对全体参与活动的志愿者予以志愿服务学分登记,对表现优秀的学生进行校内表彰。

(七)人员管理

活动工作组由张朝晖校长任组长,由邝文华书记任副组长,由团委负责组织策划和落实。具体活动开展分活动项目管理和人员管理两部分,由团工委青年教师领衔组织工程创意课程和活动的实施,由各班班主任负责志愿者管理辅助工作,德育处负责督导和应急处理,总务处配合后勤保障的协调工作。

另外,志愿者考评由校团委联合上理工附小、上理工附初协同完成,并于活动后为高中生赋分。

(八)安全保障

1. 加强培训,进行安全教育,提前做好防范预案。
2. 为学生购买意外伤害保险。

(九)后勤保障

1. 学校提供场地作为活动的准备室。
2. 成立后勤保障团队。(1)每班安排2人负责准备、制作各类材料和领取学校供给的协调工作。(2)成立专项小组,由20人组成,长期在学校活动室(准备室)负责前期活动筹备工作,活动期间每天2人值班管理。
3. 为部分骨干学生提供餐饮保障。

(十)活动成果

立足工程兴趣拓展营、工程思维训练营、工程实践体验营、人文关怀感受营四大板块,开展了11个子项目、75个小项的志愿活动。

1. 活动的实施过程

(1)工程兴趣拓展营。在暑期及平时双休时间,高中生带着自制的活动道具前往杨浦公园、创智天地等户外场所设摊,开展"创意嘉年华"体验活动共计8场,大朋友小朋友都被吸引来参与现场体验,共同感受创意的快乐。

(2)工程思维训练营。如实施"创意思维"爱心小课堂。在7月,志愿者来到杨浦区24个爱心暑托班教学点和黄浦老西门街道、普陀甘泉街道、普陀万里街道等外区教学点,开展"创意思维"爱心小课堂。在学校历届志愿者设计的"巧块无极限""创意多米诺""各式各样的球"等系列思维训练课的基础上,这些志愿者创建属于自己的课程实施方案,自己完成课程教具和材料的准备、场地联系,并实施课程教学整个过程,以同伴教育的方式实现创意理念的宣传和工程思想的普及。值得一提的是,总计达27课时的课程受到了爱心暑托班教学点的一致好评,其中10个教学点还根据自身情况邀约8月新增课程以期使小朋友们受益更多。

再如开设"工程创意"快乐创新屋。创新屋是近年来走进社区普及创新文化的新型场所之一。暑假里志愿者在创新屋里开展为期一天的工程创意活动,涵盖了讲座、现场体验、思维课程教学等形式。高中生和青年教师精心设计的活动内容深深吸引了徐汇田林、嘉定菊园、长宁周家桥等社区居民的目光,他们与高中生身处同一个空间,带着自己的孩子一起激发创新活力。

(3) 工程实践体验营。在"工程手作坊"制作体验中,志愿者立足工程结构、机械动力等基础内容,完成"直立结构""惯性小车""游泳小将"等作品的制作。暑假里,志愿者在延吉街道的爱心暑托班、长宁周家桥科技夏令营的活动点实施这些课程,注重青少年动手体验,丰富学生对工程知识的理解。课上,志愿者带领小朋友们一起制作,分享着小小创客的快乐。

(4) 人文关怀感受营。如提供岗位体验志愿服务:在爱心暑托班看护上课的学生,在延吉图书馆整理书目,在杨浦区中心医院导诊病患,在杨浦区档案馆梳理档案,在泰晤士西餐社教学西餐礼仪,等等。

再如,开展尊老爱幼服务活动:在杨浦公园英语角开展英语演讲活动,在延吉养老院进行表演活动,服务社区少年儿童和老年人,弘扬传统文化。

此外,社会实践基地的其他实践岗位让志愿者们更好地体验了社会的方方面面,多一些接触、多一些了解,也就多一点包容、多一点思考。也许这样的人文情怀正是工程素养不可或缺的组成部分。

2. 学生的收获与体会

"工程创意漂流活动"之所以充实,充满创意,充满快乐,离不开各方的支持与配合,离不开期间每个人的执着和付出。志愿者与参与者的融洽交互让工程创意的普及不再生硬。每个参与者反馈的点滴感受也许就是收获!经历过活动的志愿者们如是说:

> 作为志愿者,暑假的志愿活动为我们提供了实践和提升的平台。那么多游戏项目深受孩子们的喜爱,这令人欣喜,让我们觉得辛苦没有白费!
> 学校传统的"巧块无极限""创意多米诺""各种各样的球"等系列思维训练课程可以说是小朋友们心中的最爱了。对于这些课程内容,我们既借鉴了学长学姐的成果,也贡献着我们自己的努力。活动素材不断得到充实和丰富,内容也在一

次次实践中得到完善。希望我们的课程也能成为今后学弟学妹们可以借鉴的内容,并在此基础上再做开发,设计自己的"创意课堂"。

手作课程中的很多内容对我们自己的工程素养也是一种考验。例如,游泳小人怎么游得又远又快?虽然它的动力原理只是橡皮筋的反弹效应,但是说和做完全不是一回事,要在实践中一次又一次地摸索,才能找到"做到位"的窍门,往往容易忽视的一小片垫片就是游出理想距离的关键。再如,如何用一张A4纸张做"拱桥"?这需要大家打破原有的思维定式:纸张不是"1件"材料,它可以被裁切成很多小部件,可以被揉搓变成纸棍,变得坚硬而牢固。这些都是我们对生活经验的累积,如果对材料足够熟悉,善于思考,动手能力强,往往能把问题处理得更好。诸如这样的细节还有许多,我们就是这样在"做中学"中成长起来的。

"工程创意漂流活动"逐渐成为学校的品牌活动,其覆盖面越来越广,活动内涵不断丰富。特别是其活动内容难度不高,让更多高中生在实践中建立了自信,增加了求知欲,促使志愿者们不断提升工程兴趣、创新意识,形成了需求与能力发展的良性循环。

三、案例反思

"工程创意漂流活动"在"尚理"办学理念的指引下,围绕科技创新的教育核心,利用周边优质资源搭建平台,在青年社会实践活动中主动创新,不断丰富校外公益实践活动,涵盖展览展示、竞技比拼、主题讲座、课程培训、现场体验交互等多种活动方式。其主要做法及特色表现在以下三方面。

(一) 三区联动,搭建公益志愿实践平台

以创新为导向建设社区文化、校园文化,积极倡导校、社合作,进行优势互补,资源共享,实现共同发展。一方面,学校积极提供智力支持。由青年学生和教师组成的志愿者团队主导设计并实施创意类志愿活动,利用节假日定点在延吉新村街道、创智天地、杨浦公园等地面向社会青少年开放,提供创意项目体验。另一方面,社区、创意园区为学校创造交流、传播创意的平台。每月一次嘉年华活动,暑假面向"爱心暑托班"成员开设爱心课堂,平时定期开办"创溢课堂"等,社区、园区的场地、技术、后勤保障

为学生营造了浓厚的创新活动文化氛围。

学校、社区、创意园区的"三区"优势合作,发展区域内创意教育资源,丰富学生的课余生活,共同推动青年学生艺术、人文、科技等一系列创意活动的蓬勃发展。项目曾获得上海市十佳优秀志愿者项目奖、杨浦区优秀志愿项目奖、杨浦区爱心暑托班优秀课程等荣誉,不少教师和学生也获得优秀志愿者称号。

(二)梯队建设,组建青年志愿服务队伍

秉承"感恩、奉献、合作、创新"的志愿服务理念,成立"心创溢"志愿者联盟,逐步形成了规模化、规范化的志愿者服务队伍。在梯队组成上,确保青年教师长期参与,以老带新引领团队发展;定期招募学生志愿者,确保新老合作衔接流畅,不断推陈出新。在个体培养上,立足青年自身发展,设置理念培训、实务技能学习、团队合作、实践体验等专项课程,鼓励有选择地参与宣传、活动设计、道具制作等不同项目,促进青年发挥优势、提升自我。在评价考核上,采用积分管理体系,将志愿服务时间和质量评价换算成积分进行统计,提供个人服务信息查询,有效维护志愿者的个体权益。

目前,学校将该项目与综评志愿服务全面对接。高中生志愿者覆盖面达到100%以上,每年9月招募时吸引了大量学生踊跃报名。根据平均每月一次校外实践活动的频率,"心创溢"志愿者们的人均服务时间每年超过20小时。

(三)凝聚智慧,深化创意志愿项目内涵

创意让志愿服务的内涵更丰富。随着活动日渐成熟,已经形成了活动方案蓝本、活动课程设计、活动总结报告等诸多活动素材,在活动设计上凝结着志愿者的智慧。在课程内容上,"巧块无极限""百变魔方""创意多米诺""各式各样的球""生活中的瓶子"等思维训练课程和五十多个自主研发的创意体验游戏已经全面应用到实际活动中。在活动模式上,形成了"同伴式"的创新教育模式,由志愿者陪伴在青少年身边,共同体验生活中的创意,碰撞智慧的火花,从而提升青年学生的创新素养。

经过实践检验和优化打磨,这些精心设计、详尽具体的内容和实施方案得到不断完善。在每一届新老志愿者交替的过程中,大家都注重"传承",在传承中创新,切实提升自我内在素养和综合实践能力。

(本活动案例撰写者:谢星月)

活动方案与活动案例二

"职业与专业巡礼"课程活动案例

一、案例背景

"职业与专业巡礼"是学校综合实践体验课程中的品牌活动,旨在通过丰富的活动形式,帮助学生了解职业以及专业信息,培养学生进行生涯规划的意识与能力,更好地规划自己的高中生活,树立理想,激发前进的动力。

自2011年开展第一季活动至今,该项活动已经经历了十几年变迁,从最初1.0版本的走出去与请进来相结合,到2.0版本的与综合素质评价中的社会实践活动相结合,再到疫情期间根据实际情况加以调整的3.0版本,始终坚持突出学生的主体作用,精细化设计活动流程,将工程素养浸润在活动环节中,帮助学生收获成长。

二、案例描述

(一) 1.0版本:请进来与走出去相结合

1. 简要说明

1.0版本中,我们从最早的"请进来"过渡到"走出去",从学生听讲到体验与展示相结合,帮助学生经历从探索资源、参观体验到总结交流的过程,从多种渠道了解职业信息,提升生涯规划意识与能力。

2. 活动方案示例

"走近各行各业　展望美好未来"——职业巡礼第三季活动方案

- 活动目标

通过走进不同职业的工作场所,学生了解相关职业的工作内容、职业特点、发展前景及需具备的职业素养等信息,培养生涯规划的意识与能力,更好地规划自己的高中生活,树立理想,激发前进的动力。

- 参与对象

高一、高二年级全体学生,高三年级学生自愿参加。

- **活动形式**

整个活动主要分为两个部分：

第一部分为参观访问与交流,高一、高二年级以班级为单位,前往一个职业的工作场所参观学习,与工作人员进行交流,了解该职业行业的相关知识,并通过摄影、摄像、笔记等方式进行记录与学习。

第二部分为班级展示,高一、高二年级各班将参观访问获得的职业行业信息加以整理,自选方式(如演讲、短剧、微电影等)进行呈现与展示。除留在本班进行汇报的学生以外,其他学生可根据自己的兴趣与需要选择专场听讲与交流。

- **流程安排**

表6-3　前期准备与宣传

时间	工作内容	负责人
11月7日	活动策划会议:确定活动流程与工作内容	杨东黎　甘志筠
11月11—22日	制作宣传海报并发放至班级	学生会宣传部
11月18日	班主任会议:介绍活动内容与要求,高一、高二年级确定班级活动负责人及年级负责人	杨东黎　甘志筠
	负责人会议(中午12:30):介绍活动内容与要求	
11月18—22日	班级活动宣传与布置,确定参观场所及参观日(12月6日) 确定外出的人数,11月22日放学前班级负责人将人数上报至各年级负责人	杨东黎　甘志筠 班级负责人
11月25日	班主任会议:简要介绍活动进程,高三年级布置专场报名工作(自愿参加)	杨东黎　甘志筠 班级负责人
	负责人会议(中午12:30):分发宣传海报,各班汇报班级活动进程,布置展示日(12月13日)专场报名工作	
11月25—29日	各班学生报名观摩12月13日展示活动,统计各专场观摩学生名单(高三年级学生自愿报名),11月29日前班级负责人将名单上报至年级负责人	班级负责人
	制作宣传手册(含各班展示地点)、学生发展指导手册(个人记录单)	甘志筠
	制作入场券	学生会自主管理部
12月2日	全校宣传:升旗仪式	学生会自主管理部
	班主任会议:简要介绍活动进程,高三年级班主任上报专场报名人数	甘志筠

表6-4 活动周安排

时间	内 容	负责人
12月6日下午第一节课后	高一、高二年级以班级为单位,前往某个工作场所进行参观,与工作人员进行交流,通过摄影、摄像、笔记等方式进行记录与学习(如班级前往参观的学生多于10名,由学校包车前往,并为每位学生提供点心与水一份)	杨东黎 班主任 贾西波
12月9日	负责人会议(中午12:30):简要汇报参观情况,分发宣传手册、入场券及个人活动记录单	甘志筠 班级负责人
12月9—13日	整理参观资料,进行展示准备	班级负责人
12月13日 14:20—15:00 (可适当延长,但不宜晚于15:20)	各班根据自身情况,结合参观日搜集与整理的资料,进行全校性展示,展示主题即参观内容与感悟,可包含对于该行业或职业的介绍、班级进行探索与研究的过程等。各班除留部分工作人员外,其他成员可凭入场券至选定班级专场观摩。展示形式可自行选择,以下供参考: 主题演讲　　　微电影　　　　小品剧 绘画、照片集　　实物展览　　　现场演示 ……	班主任 班级负责人
	维持走道秩序,巡查各班活动情况	陈小萍 杨来娣
	天山中学观摩交流接待工作	杨东黎

表6-5 活动总结

时间	内 容	负责人
12月16日	完成活动效果问卷调查	甘志筠
12月16—20日	学生完成个人活动记录	班主任
12月13—20日	各班完成活动资料整理与探究报告,内容包含:行业或职业介绍、班级活动过程记录报告、部分学生的活动感悟、照片5张,以内容描述命名,交至德育处	杨东黎 班主任
12月底	完成活动报告	甘志筠
1月底	制作职业巡礼第三季活动记录册	甘志筠　杨东黎

- 班主任职责

前期工作:(1)做好活动动员,使学生进一步明确活动的目的与意义;(2)指导学生选择与确定参观地点,做好参观前的联络工作。

活动周安排:保障外出活动的安全事宜及校内活动期间所在教室的秩序。

活动总结:(1)指导学生完成个人活动记录;(2)指导学生完成班级活动资料整理与探究报告。

(二) 2.0 版本:与综合素质评价中的社会实践活动相结合

1. 简要说明

新高考改革后,学校职业与专业巡礼活动和综合素质评价中的社会实践活动进行了有机结合。高一年级学生进入学校后,参与由高二年级学生组织的职业巡礼活动,从学长学姐们的真实体验中学习社会实践活动的智慧。从社会实践活动的相关要求、如何结合个人情况进行社会实践活动项目的选择,到如何开展社会实践活动,从中收获有关职业内容的信息,并为高一下半学期的具体实践做好准备。到第二年,在社会实践活动中表现较好者会成为新一批的分享者,为新一届的高一年级学生带来他们自己的体验和感悟。

2. 活动方案示例

"畅谈高中实践　展望美好未来"——职业巡礼第七季活动方案

- 活动目标

通过高中阶段社会实践与志愿者活动的展示与交流,帮助学生认识高中素质综合评价体系及志愿者活动的申请与实践过程,增进对于高中阶段任务以及相关职业信息的了解,培养学生进行生涯规划的意识与能力,更好地规划自己的高中生活,树立理想,激发前进的动力。

- 参与对象

高一年级全体学生、高二年级部分学生。

- 活动形式

由高二年级分 8 个专场,通过自选方式(如演讲、短剧、微电影等)将自己经历过的志愿者活动进行呈现与展示,并介绍相关社会实践活动的流程与感想。高一年级分两个批次前往指定教室,与学长学姐们进行交流与学习,了解不同社会实践活动的情况。

- 流程安排

表 6-7 前期准备与宣传

时间	工作内容	负责人
11月20日	活动策划会议:确定活动流程与工作内容	杨东黎　顾凌燕　甘志筠
11月20日	制作宣传海报、班级宣传单(含各班展示地点)、学生发展指导手册(个人记录单)	杨东黎　甘志筠
11月20日	确定高二年级展示团负责人,11月21日中午12:40至学生发展指导中心一楼教室进行培训	顾凌燕　甘志筠
11月21日	展示团负责人培训一:介绍活动内容与要求	甘志筠
11月27日	全校宣传:升旗仪式	陈小萍
11月27日	高一高二班主任会议:介绍活动要求与内容,领取班级宣传单并张贴于班级,领取各班各场次入场券,在活动日中午前发放到学生手中	徐蔚然　班主任　甘志筠
11月27日	展示团负责人培训二:上报各展示团所有人员名单(由学生发展指导中心向高二年级各班班主任通报),交流准备与展示流程	甘志筠

表 6-7 活动当日(12月1日)安排

时间	内容	负责人
12:45	高一年级各班学生进教室,等待活动开始; 高二年级展示团学生离开教室进入指定活动教室,进行准备工作	班主任 展示团负责人
12:50	午会课铃声后,活动开始; 高一年级各班学生携带好入场券、个人记录单、笔及贵重物品离开本班教室,前往自己感兴趣的活动展示教室	班主任
12:55—13:20	第一轮展示	高一班主任 展示团负责人
13:20—13:25	第一场至第二场转场(高一年级眼保健操暂停一次)	徐蔚然
13:30—13:55	第二轮展示	高一班主任 展示团负责人
14:00	活动结束,各班学生回到本班教室,进行第七节课课前准备; 巡视楼道,保障活动	班主任 徐蔚然

表6-8 活动总结

时间	内　　容	负责人
12月4日	高一年级班主任会议:通知每班派5名学生于当日中午12:40至学生发展指导中心一楼参与活动效果问卷调查	徐蔚然 甘志筠
12月1—12月8日	各展示团完成活动报告,内容包含:展示流程记录(Word文档)、过程性记录档案(如汇报使用的PPT、视音频材料等)及照片5张,12月8日前交至学生发展指导中心	甘志筠 展示团负责人
12月底	完成活动报告,制作职业巡礼第七季活动记录册	甘志筠

- **班主任职责**

前期工作:(1)做好活动动员,使学生进一步明确活动的目的与意义。(2)按照各时间节点通知班级学生领取或上交相关材料。

活动日安排:(1)走班交流前对本班学生进行安全教育,保障参观活动的安全。(2)展示活动期间维护所在教室的秩序。

活动总结:指导学生完成个人活动记录,及时上交。

- **展示团负责人职责**

前期工作:准时参加两次培训,并带领团队做好相关的准备工作。

活动日安排:当日中午至相关教室进行准备工作。活动期间,根据时间安排,带领团队开展汇报交流,做好记录工作(如摄影摄像)。

活动总结:准时完成活动记录并上交。

(三) 3.0版本:新探索

1. 简要说明

新活动采取线上线下相结合的方式。职业巡礼转换形式,以家长访谈的方式帮助学生从自己的生活中了解与感受当下的各行各业。

2. 活动方案示例

走近当下行业　展望美好未来——职业巡礼第十季活动方案

- **活动目标**

引导学生学习了解职业世界的方法,并通过与父母讨论他们所处行业/企事业单位的发展情况,进行SWOT分析,帮助学生增强生涯发展思考与实践的意识与能力,激发前进的动力,培养使命感。

- **参与对象**

高一年级全体学生。

- **活动形式**

教师通过线上推文及微课的方式,帮助学生了解和探索职业信息的系统方法(文献法、访谈法及实践法)。学生选择一个职业或行业,通过家长访谈的方式,增加对该职业或行业的认识,用SWOT进行分析,并整理成PPT/海报/微视频等形式进行分享。教师挑选优秀作品进行展示与评奖。

- **流程安排**

表 6-9 活动安排

时间	内　容	负责人
3月30日	职业巡礼第十季活动推文及微课发布	甘志筠
3月30日	班主任会议:活动要求布置	杨东黎　甘志筠
4月24日	主题班会:我们的职业新发现(活动成果分享)	顾淼淼　班主任
5月6日起	优秀作品线上分享及评选	甘志筠　杨艳芳
6月5日	活动总结,优秀作品分享及颁奖	杨东黎　甘志筠

三、案例反思

"职业与专业巡礼"是学校在学生发展指导工作中的品牌活动。通过十几年的探索,我们意识到想要将工程素养浸润在活动过程中,提升活动的实效,就要发动两大引擎——发扬学生的自主性和发挥教师的指导力,并通过细致的过程设计与实施逐一落实。

(一)发扬学生的自主性

要做到发扬学生的自主性,在日常教育中就应该培养利于学生自主发展的环境与文化。在活动的整个过程中,要善于激发学生积极参与的态度,着力培养与提升其在整个活动中的各项能力,如规划、决策与应变等创新实践能力,团队合作与人际交往能力等。具体落实到活动的每一个环节中,从准备设计、组织实施到总结反馈,引导学生主动参与。

(二) 发挥教师的指导力

教师须在活动中,灵活运用多元角色,细化指导。我们梳理了在活动过程中辅导教师须承担的多项角色,如下所述。

1. 活动的设计者与组织者:以发扬学生的自主性为核心考虑要素,在活动的各个环节作细致化安排,并结合实际情况予以必要的支持。

2. 资源的提供者与整合者:不仅做物质与人力资源的直接提供者,还应能成为资源的整合者,指导学生发现与运用资源。

3. 学生的指导者与合作者:学生是活动的主体,而教师需要结合学生的具体情况,在适当的环节加以具体指导,并协助解决活动过程中出现的实际问题。

4. 成效的研究者与反思者:只有不断研究与反思,才能找到最适合学生的活动设计与方案,在辅导工作中取得实效。

(三) 细化过程管理与指导

要在活动中切实发动两大引擎,就需要细致化的过程管理与指导。在每一次活动中,我们都会安排具体的指导内容。教师团队持续关注,切实推进,但绝不越俎代庖。

工程素养不是简单的字词,而是要与综合实践活动设计和实施的各个环节相结合,从而将系统思维、交流合作、创新实践与责任伦理的培养真正体现在活动中,浸润到学生的生命中。

(本活动案例撰写者:甘志筠)

活动方案与活动案例三

"丝绸之路的愿景与行动"课程活动方案

一、活动任务分析

(一) 教材内容分析

2015 年,《推动共建丝绸之路经济带和 21 世纪海上丝绸之路的愿景与行动》发布,标志着"一带一路"已经成为中国开放发展的新倡议。近年来,"一带一路"从无到有、由点及面,进度和成果都远远超出预期,全球100多个国家和国际组织共同参与,40多个国家和国际组织与中国签署合作协议,形成了广泛的国际合作共识。地理、历史和政治学科在人口与城市的发展、领土与主权、传统文化与地域文化、生产活动与地域联系等方面有很强的关联性,有着跨学科整合教学内容的天然优势。开展跨学科融合教学主题活动,能够激发学生的学习兴趣,提高学生面对复杂世界时分析、解决问题的能力,发挥多学科综合育人功能,有效提升学生的核心素养。

表6-10 教材内容分析

学科	历史	地理
课本内容	纲要(上)"西汉与东汉——统一多民族封建国家的巩固""改革开放以来的巨大成就"; 纲要(下)"和平发展合作共赢的时代潮流"; 选择性必修二"古代的商业贸易"; 选择性必修三"古代的商路、贸易与文化交流"。	选择性必修二第三单元"区域协调合作"主题10"'一带一路'倡议与国际合作"。
课标要求	1. 了解古代的商贸活动与贸易通道; 2. 认识20世纪以来贸易、金融的变化对人类生活的影响; 3. 了解不同时代、不同类型商路的开辟; 4. 通过了解商品所体现的特色文化,理解贸易活动在文化交流中所扮演的重要角色; 5. 认识人类社会面临的机遇与挑战,理解和平、发展、合作、共赢成为时代潮流; 6. 牢固树立构建人类命运共同体意识,共同担当,同舟共济,共促全球的和平与发展。	结合"一带一路"建设,说明国际合作的重要意义。

(二) 学生学情分析

"一带一路"沿线地区的相关知识点散见于地理必修一和必修二的各个章节中,虽然高二年级学生已经有了初步的地理基础,但是要将教材中的基础知识与区域地理的内容联系起来,并在"一带一路"这一课题中加以应用,还是有一定难度的。因此,把"一带一路"沿线地区的知识渗透进高中地理课堂,有利于学生构建完整的知识框架体系,更好地把握教材知识点,培养核心素养。

二、活动目标

（一）区域认知

1. 能够对区域进行准确定位；
2. 能够分析区位要素，推断区域发展现状及未来发展态势；
3. 能够理解区域要素之间的关联性，理解区域之间的差异和联系；
4. 能够理解区域是一个整体，以及区域各要素间的相互作用；
5. 能够理解所处地区不同对人的区域认知程度产生的影响。

（二）综合思维

1. 利用有效图片、文字信息，分析简单的地理问题；
2. 调取所学知识，灵活地迁移运用，分析并解决较为综合性的地理问题；
3. 能够自主整理地理学习思路，搭建学习框架。

（三）地理实践力

在查阅资料、制作PPT以及展示交流的过程中提升地理实践能力。

（四）人地协调观

在查阅资料的过程中理解区域要素之间的关联性，树立人地协调的观念和可持续发展的理念。

三、活动重点和难点

在图表绘制、图层叠加的过程中提升时空观念、区域认知、综合思维能力，通过对中巴经济走廊、境外经贸合作区等案例的探讨，逐步树立人类命运共同体与人地协调的理念，培养地理实践力，涵养家国情怀。

四、活动资源准备

表6-11 活动资源

	地理		历史	政治
	必修一	必修二		
教材资源	海水运动、地貌类型、植被、土壤、气象灾害、地质灾害。	人口分布、人口迁移、城镇化、地域文化、农业区位因素及其变化、工业区位因素及其变化、服务业区位因素及其变化、区域发展对交通运输布局的影响、交通运输布局对区域发展的影响、环境问题、人地协调—可持续发展。	张骞通西域；西汉开通丝绸之路；唐宋时期海上丝绸之路；人类命运共同体；"一带一路"合作倡议；中国古代的民族关系与对外交往；当代中国的民族政策与外交；古代的商业贸易；水陆交通的变迁；古代的商路、贸易与文化交流。	构建人类命运共同体；认识经济全球化；日益开放的世界经济；开放是当代中国的鲜明标识；做全球发展的贡献者。
网络学习资源	中国一带一路网；纪录片《一带一路》……			

五、活动设计思路

本主题活动设计的出发点在于：引导和组织学生通过史料研读、图表绘制、图层叠加、合作交流等活动，运用历史、地理、政治等不同学科的视角、思维，对"一带一路"的历史传承、内涵举措与时代意义进行综合分析，进而提升学生提取有效信息、准确定位时空、合理组织史料等重要素养，涵养跨学科思维方式和综合分析能力。

六、活动过程

表6-12 活动过程

单元主题	课时	内容或活动	实施要求
绪论	1	1. 说明本课程的课程安排，运用视频对"一带一路"做初步的介绍。 2. 介绍PBL项目化学习的方法。 3. 展示之前学生的案例。	在地理教室授课，学生认真学习，在听课的过程中形成自己的初步想法。
"一带一路"的前世今生	3	1. 通过时空定位、图表绘制，了解从丝绸之路到"一带一路"的发展历程，认识共建"一带一路"的由来与提出背景。 2. 通过对相关领域的图层叠加，进一步了解"一带一路"国家的风土人情。 3. 通过对中巴经济走廊的案例探讨，理解国际合作的意义。 4. 通过材料的分析与解读，了解"一带一路"倡导国家之间协作发展及构建人类命运共同体的意义。	学生仔细阅读图文材料，进行小组讨论，完成活动单的任务。
初步确定个人课题	2	学生介绍自己的初步想法，教师进行记录，并提出相应的一些建议，丰富学生的论题研究。	学生厘清思路，阐述自己的初步想法，同时认真倾听其他同学的想法。
学生课题展示	8	每节课安排2—3位学生进行课题的展示，每位学生展示之后由教师进行内容的点评，同时要求一位学生进行生生互评。	学生认真倾听其他同学的课题展示，吸收有益内容，同时做出自己的评价。
教师总结	1	教师对一学期的学生课题进行总结，提出需要补充和修改的内容，指导学生完成以课题为基础的研究性论文的撰写。	学生对自己的课题进行完善，以此为基础撰写研究性论文。

七、板书设计

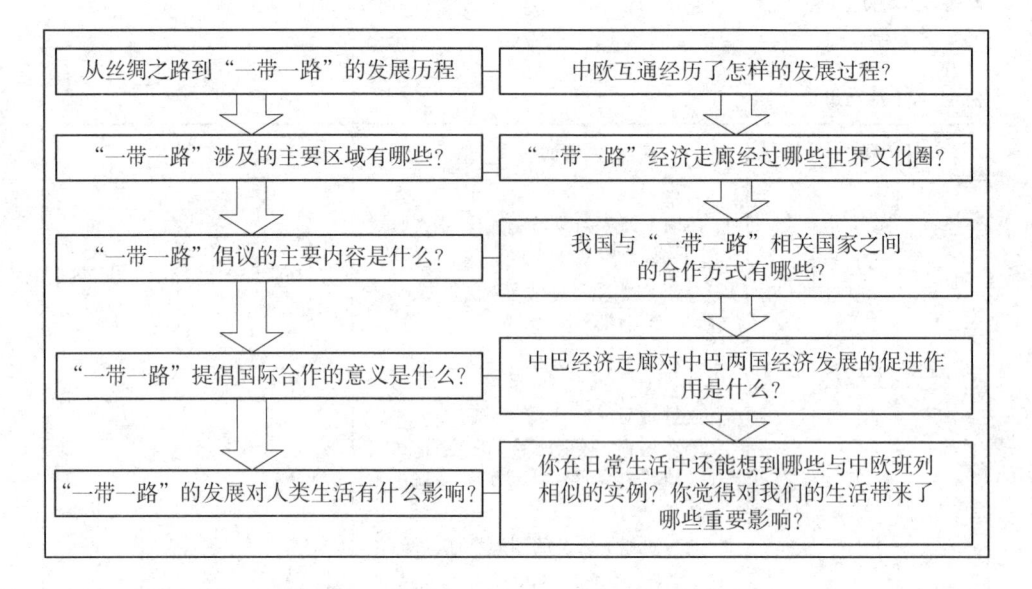

从丝绸之路到"一带一路"的发展历程	中欧互通经历了怎样的发展过程?
"一带一路"涉及的主要区域有哪些?	"一带一路"经济走廊经过哪些世界文化圈?
"一带一路"倡议的主要内容是什么?	我国与"一带一路"相关国家之间的合作方式有哪些?
"一带一路"提倡国际合作的意义是什么?	中巴经济走廊对中巴两国经济发展的促进作用是什么?
"一带一路"的发展对人类生活有什么影响?	你在日常生活中还能想到哪些与中欧班列相似的实例?你觉得对我们的生活带来了哪些重要影响?

八、学生活动任务单设计

学习任务:联系时空,绘制图表。

根据教材内容与地图信息绘制时间轴,在时间轴上标出从丝绸之路到"一带一路"的重要节点与阶段特征,并依据自己绘制的时间轴对从丝绸之路到"一带一路"的发展历程进行说明。

(本活动方案撰写者:谢星月)

活动方案与活动案例四

"丝绸之路的愿景与行动"课程活动案例

一、案例背景

"一带一路"是中国面对世界百年未有之大变局,对世界和平与发展、全球治理体系改革和建设提供的中国智慧和中国方案的重要组成部分与巨大建设成就。"一带一路"合作倡议的推行与实践,有助于促进中国与相关国家的共同发展与经济繁荣,有助于增进全世界人民的理解信任和开放交流,是21世纪举世瞩目的共赢之路与时代议题。

通过对教材内容与课程标准的分析,我们发现从丝绸之路到"一带一路"在高中历史课程与高中地理课程中都占有一定篇幅,并且有着较为重要的地位和探究价值。以"'一带一路'的前世今生"为主题进行史地跨学科整合的课程开发,可以将学生置身于时代背景中去发掘并探讨具有重要意义的热点问题,使他们能从跨学科的角度对问题进行分析,进而培养他们的核心素养和批判性思维及综合分析与解决问题能力。

二、案例描述

在教学过程中,有意识地引入或创设新颖情境,激发学生的学习兴趣,促使学生产生学习动力。教师可以精心创设教学情境,帮助学生搭建连接历史与地理学科的桥梁,增强两个学科知识之间的联系。

教科书对于教师本身来说是一种非常有价值的资源,它提供了教与学的范例和师生对话的中介。作为教师,我们要深度开发它,结合学生的知识基础、生活经验和社会环境进行加工、整理,更好地为教学服务。在地理教材中,我们发现有一则案例是:2018年俄罗斯世界杯期间,10万只中国小龙虾搭乘中欧班列被运往俄罗斯,受到球迷的喜爱。截至2018年,中欧班列累计运行次数已达10 000班次以上。中欧班列运输的货物品种日益多元化,中亚面粉、波兰苹果、法国红酒等走上了中国人的餐桌,中国制造的汽车、电子元件、农产品等也丰富着海外市场。

这则案例贴近生活实际,又符合学习主题,本节课基于这则社会新闻创设情境,使学生自主感受,获得体验。在导入部分,教师介绍这则新闻并出示中欧班列路线图,提问:"仔细察看地图中的中欧班列路线,你觉得它与古代哪一条重要的贸易通道有联系?"进而引入丝绸之路,进入本节新课学习。之后的教学活动也围绕着一些与"一带一路"有关的重要案例展开,设置问题,引发学生思考,调动学生思维的积极性。

通过将不同类型的学习资料及问题相结合,设计符合学生最近发展区的挑战性任务,可以避免学生堆砌一些碎片化事实,使他们真正进入主体角色,进行自主探究活动。

学习任务一:联系时空,绘制图表

教师出示自西汉至明清时期的丝绸之路地图以及现代"一带一路"示意图,让学生分组合作探讨,根据教材内容与地图信息绘制时间轴,在时间轴上标出从丝绸之路到"一带一路"的重要节点与阶段特征,并依据自己绘制的时间轴对从丝绸之路到"一带一路"的发展历程加以说明。

提出问题:

(1) 古代丝绸之路具有哪些特点?

(2) 古代的丝绸之路与如今的"一带一路"之间的联系是什么?

(3) 从时代背景、范围、经济交流方式、贸易方式、交通方式等角度思考古代丝绸之路与"一带一路"的区别是什么。

设计意图:通过在具体的时空框架下运用地图等材料,绘制时间轴并加以说明,把握从古代丝绸之路到"一带一路"的发展阶段与总体特征。学生能够从多个维度分析历史与现实问题,认识古代丝绸之路与"一带一路"之间的联系与区别,加深对古代丝绸之路与"一带一路"具体内涵的理解,在此过程中提升学生获取有效历史信息,进行概括归纳的学科核心素养,并进一步掌握阅读地图、运用地图的能力。

学习任务二:图层叠加,归纳信息

教师出示"一带一路"经济走廊及其途经城市分布示意图与世界主要文化圈的分布图。学生通过简单的图层叠加,找出中欧班列经过的主要国家,并归纳出其所属的世界文化圈;同时结合所学知识,列举各文化圈的传统建筑、优势农作物、饮食习俗等,并进行小组交流。

提出问题:

"一带一路"经济走廊经过哪些世界文化圈?

设计意图:通过图层叠加的方式让学生对"一带一路"倡议中涉及的主要区域进行初步了解,将区域地理与世界文化圈以及学生的日常生活联系起来,进一步培养学生的区域认知能力,落实核心素养。

学习任务三:阅读材料,积极思考

教师出示"一带一路"中国境外部分经贸合作区示意图以及相关材料。学生阅读教师提供的材料,并自主搜集材料,以小组为单位讨论教师提出的问题,理解"一带一路"倡议的主要内容。

材料:截至2019年底,我国企业在相关国家建设了一批境外经贸合作区,取得积极进展,累计投资350亿美元,上缴东道国税费超过30亿美元,为当地创造就业岗位32万个。区域内企业大多将"与中国关系友好、政治稳定、投资环境良好"作为选择驻在国的首要原因。此外,"成本低、市场广阔、资源丰富、地理位置优越"等也是这些企业决定"落户"的重要因素。

提出问题:
(1) 举例说明我国在"一带一路"贸易网络中的地位和功能。
(2) 任选一个中国境外经贸合作区,查找有关资料,指出合作区的主导产业、类型和建设意义是什么。
(3) 我国与"一带一路"相关国家之间的合作还有哪些方式?又产生了哪些效益?

设计意图:提高学生查阅材料和分析材料的能力,通过对课本中出现的案例进行解析,理解"一带一路"合作的重要内容,即政策沟通是重要保障,设施联通是优先领域,贸易畅通是重点内容,资金融通是重要支撑,民心相通是社会根基。

学习任务四:案例探究,理解意义

教师出示中巴经济走廊主要项目分布示意图及相关文字材料。学生思考教师提出的问题,从国内和国际两方面理解"一带一路"倡议提出的重要意义。

材料:"一带一路"倡议涉及我国与周边国家的贸易通道,其中中巴(巴基斯坦)经济走廊尤其引人注目。该走廊北起新疆喀什,南至巴基斯坦瓜达尔港,是一条包括公路、铁路、油气管道的综合贸易廊道。该廊道大幅度缩短了中巴贸易的距离,为我国开辟了通往印度洋的战略通道,有利于开展海陆联运。我国西部获得南下印度洋的捷径,而不必途经马六甲海峡。瓜达尔港的开发,加强了巴基斯坦的地缘优势,进而构筑东亚、中亚、南亚之间的石油天然气运输通道。中巴经济走廊的建设,构成中巴合作示范效应,激励更多的国家实施开放合作,承接产业转移,加速自身发展进程。

提出问题:

(1) 中巴经济走廊对中国、巴基斯坦两国经济发展的促进作用是什么?

(2) 目前,中巴经济走廊在能源合作、基础设施建设、瓜达尔港口建设等方面取得了一系列进展,成为"一带一路"国家合作的典范,举例说明中巴经济走廊在互联互通方面的示范效应。

设计意图:引导学生学习"一带一路"有关的典型案例,深层次地理解国际合作的意义——一方面大幅推动了我国开放空间新格局的形成,另一方面进一步理解"一带一路"倡议是构建人类命运共同体的伟大实践,引导学生从更大的视野和格局判断分析世界发展趋势。

学习任务五:发散思维,综合分析

教师提问"除了中欧班列外,你还能想到哪些一带一路的重要成果"。学生自主搜集资料进行展示。学生根据所有展示出来的重要成果以及相关材料,从经济、生活、文化等角度分析"一带一路"对人类生活产生的重要影响。

| 同江中俄铁路大桥 | 亚投行 | 亚吉铁路 |

图 6-1 "一带一路"成果

材料一:沿着中欧班列,西班牙红酒、荷兰奶酪、波兰水果、德国汽车以及欧洲各地的生物医药、母婴用品、成套橱柜等货物走入中国寻常百姓家;中国制造的日用百货、服装、电脑等商品同样便捷地进入到欧洲各国的消费市场,不仅给沿线各国民众带来便利实惠,也为各国的企业和产业发展带来新的活力和动力。

在中欧班列沿线,新的物流、工业和商业中心也相继拔地而起,创造了成千上万的就业机会。

——《经济日报》2017 年 9 月 21 日

材料二:在巴基斯坦,中巴经济走廊已经累计为这里带来 254 亿美元的直接投资,创造了许多就业岗位;在孟加拉国,由中国帮助建设并可以远程排除故障的太阳能路灯系统已经覆盖几个大城市,不仅改善了当地照明条件,也推动了清洁能源在当地的使用……据世界银行研究报告,共建"一带一路"倡议将使相关国家 760 万人摆脱极端贫困、3 200 万人摆脱中度贫困,使参与国贸易增长 2.8% 至 9.7%、全球贸易增长 1.7% 至 6.2%、全球收入增加 0.7% 至 2.9%。

——《人民日报海外版》2021 年 11 月 24 日

提出问题:

(1) 除了中欧班列外,你还能想到哪些"一带一路"的重要成果?

(2) 结合材料与同学们展示的成果,说说你觉得"一带一路"对人类生活有什么影响。

设计意图:学生能够在分析史料的基础上,尝试运用史料作为依据论证自己的观点,指出"一带一路"在经济、生活、文化等方面给人类生活带来的有利影响,充分认识并认同共建"一带一路"符合国际社会的根本利益,彰显人类社会的共同理想和美好追求,为世界和平发展增添新的正能量。学生能够继承与发扬中国传统的开放包容、互学互鉴、互利共赢的丝路精神,形成对祖国的认同感和自豪感。

三、案例反思

此跨学科主题活动联系生活、结合实际,通过多样化、探究式、合作式的多项活动,充分调动学生学习的积极性和主动性,重视学生在课堂上的主体地位,给学生构建起了完善的小组活动环境。学生在活动过程中能够使用多种感官,不仅使学生获得沉浸式的课堂体验,也使学生的跨学科思维和综合分析能力得到进一步提升。此外,学科核心素养是学科育人价值的集中体现,本次跨学科活动过程的设计也尝试将地理、历史等学科的核心素养渗透其中。例如,在"图层叠加,归纳信息"这一活动过程中,通过让学生将"一带一路"路线图与世界文化圈分布图进行简单的叠加,使学生进一步理解区域内自然与人文要素对于区域特征形成的影响,增强用综合以及空间—区域的观点认识外部事物的思维与能力。另外,教师也开阔了自身的视野,加深了对教材内容的理解,以及加强了跨学科教学的能力。

不过,此活动过程仍有值得思考与提升之处。一是历史、地理与政治之间的跨学科整合还可以进一步强化,真正将三个学科的知识内容与能力素养融合为一个整体。在每个活动中,学生都要综合运用三个学科,而非偏重任一方。二是在活动的设置和衔接上还需要教师进一步用心思考和斟酌,如可以将时间轴上的"一带一路"示意图继续作为接下来图层叠加的依据,让学生延续上一个活动的内容并继续完善,这样学生的思路会更为清晰和流畅。三是活动的形式还需要进一步完善,本次跨学科主题活动大多依托学生搜集的文字和图片材料,若是能加上一些访谈、问卷调查等,则更加有利于学生发散思维的培养,同时学生的人际交往能力也能得到进一步的提升。在小组作品的呈现上还可以运用海报、研究报告等多种形式,从而更好地培养学生的动手实践能力,让本次主题活动产生的效益最大化。

在日后的跨学科实践中,我们更多地关注上述不足之处并加以改进,进而将跨学科教学提升到一个新的境界和高度。

(本活动案例撰写者:谢星月)

第四节 综合实践体验课程和跨学科项目化课程的学生发展个案

学生发展个案一

暴躁少年的情绪控制之路
——在责任伦理素养培训中增强"抗逆能力"

一、个案背景

现在中学生的课业负担越来越重,孩子们的压力也越来越大,各种情绪和心理问题在高中生群体中层出不穷。由于初中的学习方法已经不太适用于高中,一部分刚刚进入高中阶段学习的学生不能适应高中课程的广度与难度,但是不知道该怎么办,产生了焦虑情绪,还有一部分学生根据自己的喜好来学习,出现了严重的偏科现象。小明同学从初中开始就只对数学、物理、化学这些科目感兴趣,对其他学科的学习态度十分散漫,经常缺交作业;升入高中之后情况更加严重,甚至在老师上课时无法控制好自己的情绪,与老师发生了口角。在学校开展的一系列高中生社会实践素养培训中,小明同学大受触动,慢慢意识到自己在学习态度、行为规范、责任伦理等方面存在较多的问题,逐渐学会控制自己的情绪,在学习态度和为人处世方面都取得了长足进步。

二、个案描述

情绪失控——课堂上的"小宇宙爆发"

初中与高中的学校环境、学习氛围、学习内容的广度与深度都有非常大的不同,以至于很多学生在高一的上半学期无法很好地适应。在年级的第一次质量监测之后,小明同学在学习上出现了掉队的情况,且偏科问题十分严重。他的理化生成绩在年级里名列前茅,但是其他学科成绩又排在年级末尾,再加上他的学习态度非常散漫,在自己擅长的学科上骄傲自满,上课不积极,不认真完成作业,在自己比较弱的、不感兴趣的学科上更是处于放弃的状态。结果在高一上学期的期中考试中,小明同学的大部分科目都亮起了红灯,不仅丢失了自己原本具有的学科优势,而且那些不感兴趣的学科也基本处于不及格的状态。由此,他自己陷入自暴自弃的情绪中,在学习态度和日常行规上的表现越来越差。

在期中考试后的一次历史课上,他突然情绪失控,与历史老师发生了激烈的矛盾。因为班级期中考试的成绩不甚理想,所以考试后的试卷讲评课尤其重要。但是小明同学没有认识到自己的问题,上课时并不认真听课,还偷偷地玩魔方,经老师提醒之后依然不知道收敛。老师见多次提醒无效,便要把他的魔方收走,但他拒绝把魔方上交给老师,觉得老师当众给他难堪,强词夺理道:"我加三选科不选择历史,我觉得我的合格考是可以通过的,所以我觉得我上课是不需要听课的!"老师听后非常气愤,质问他:"你是否了解现在合格考的考试范围和考试题型,如何能确定一定能通过合格考?"小明同学依旧没有意识到自己的错误,反而在自己的座位上大力翻动书本,晃动课桌,发出较大的声响,以此发泄自己的不满。这样的行为严重影响了同学们的上课环境,历史老师也觉得无法将课再进行下去,于是安排学生们进行自习,并且在下课后将这件事告知了我。

情绪平复——在素养培训中迷途知返

了解到这一情况之后,我收集了前一年的历史合格考的题目,以及考纲范围,并且向各个班级的老师了解历史的学习进度以及此次考试中各班的历史成绩。然后我找到小明同学，先给他20分钟的时间，让他浏览合格考的题目与考试范围，接着让他思考几个问题：(1)你觉得在你上课不听课、作业也不认真做的情况下，能保证自己的合格考一定能通过吗？(2)平时作业不按时上交，累计6次就会获得违纪单的处罚，这个情况你知道吗？(3)你破坏课堂纪律，完全没有做到尊敬师长，你觉得自己没有做错吗？(4)你影响了本班的教学进度，破坏了同学们上课时的环境与心情，班级的同学为什么要接受你情绪的发泄呢？在我的接连发问下，小明同学思考良久，意识到了自己的错误，也承诺会向任课教师和班级同学道歉，反思自己的行为。但是，我知道这件事并没有得到真正的解决，小明同学的情绪控制问题依旧是一个亟待解决的问题。

我不禁开始考虑，现在的高中生除了要完成日常的学习任务外，定期接受社会实践素养培训也是非常重要的。现如今，国家提倡重视学生素质和综合能力的培养，其中必要的一环就是社会实践。学生参与社会实践的经历将被记入学分，作为其升学资格的一个重要考查标准。社会实践活动既是一种学校教育，也是一种社会教育，是实行素质教育的客观有效的途径。社会实践是从社会中获取知识、发现问题的过程，也是探索和创新的源泉。恰逢此时，学校由校团委牵头，和杨浦区延吉新村街道学生社区实践指导站、上海海星之家社工师事务所合作，于2023年1月13日共同开展了"展实践之风，育时代新人——2023高中生社会实践素养培训"活动。本次培训邀请共青团中央志愿服务培训专家林士杰和华东师范大学应用心理学博士陈雅婷，围绕"志愿服务是什么""抗逆能力""情绪控制和表达能力"和"如何将各种能力在实践中运用"等内容进行分享，旨在深入推进未成年人思想道德建设，提升未成年人在社会实践中的综合素质。

在培训结束之后，小明同学大受触动，他说："课程首先解释了五种控制情绪的能力，分别是'觉察自己情绪的能力即自觉力''调控自己情绪的能力即自控力''自我激励的能力即自驱力''对他人情绪的识别能力''在人际关系中的协调能力'。授课老师还用'踢猫效应'进一步阐述了这五种能力。平时，我们要很好地接纳自己的情绪，及时觉察自己的各种情绪，尤其是一些比较强烈的负面情绪，例如愤怒焦虑等，并主动调节自己的情绪，让我们更从容、平静、祥和。在工作和生活中，我们可以进行自我激励，就像小兔子一样跟着面前的萝卜向前蹦蹦跳跳。在与他人的相处中，对于别人的情绪，我们可以多用同理心来与他人温和相处，建立良好的人际关系。而'踢猫效应'

也告诉我们,弱势群体是比较容易受伤害的,我们自己要保持适度的强大,也要远离那些不能控制自己情绪的人。情绪、思维方式与幸福息息相关,在接纳自己情绪的基础上,我们都可以更新、改变和升级自己的情绪,提高心理免疫能力。"

情绪调控——学习、做人双开花

在"抗逆能力"直播间,林老师通过故事化阐述的方式,选用同学们感兴趣的话题,融入教育理念,阐述"抗逆能力"成长构念。在培训过程中,林老师用动漫人物的经历类比分析何为"抗逆能力",将刻板的教育理念形象化,让同学们更容易去理解与接受。很多人认为,有情绪不是一件好事,但在"情绪控制和表达能力"的直播间里,陈老师通过深入浅出的分析,让学生们了解情绪背后的意义,同时又以志愿服务为出发点,通过问题互动的模式引导学生充分认识到志愿服务的重要意义,学习在学校及社区开展助人行动中如何运用情绪控制与表达能力,领悟服务学习的内在意义。

能够调控好情绪能力的人,更容易获得幸福。心理学上有两种思维模式,分别是"固定型思维"和"成长型思维"。相对而言,具有"成长型思维"的人更容易获得幸福。因此,在工作和学习中遇到挑战的时候,我们要理性分析遇到的困难,不惧怕和逃避,主动迎接挑战和改变,多进行探索。生活不是一艘一帆风顺的船,每艘船都会遇到不同的压力和挑战。曾经有观点认为压力容易导致疾病,而心理学上的实验却证明,自愿接受的挑战和压力,对人的身体不会产生疾病和伤害。因此,面对生活和学习中的一些压力,不用惧怕,我们可以选择主动面对它。在遇到困难的时候,多想想其他可能性,保持心理弹性,引导这艘船驶向幸福。小明同学在这一次的培训中收获颇多,我也趁热打铁,在班级里组建数学学习小组,要求小明同学担任小组长,同时要求小组内部的每一个学生充分发挥自己的优势,在小组内部互帮互助,营造良好的学习氛围。每周我都会找时间让学生们进行学习小组活动,并且加以监督,决不让学习小组流于形式,发挥特长生的模范带头作用。在学习小组中,小明同学积极帮助同学解答疑惑,自己也重新燃起了对学习的兴趣,同时在行为规范方面对自己加强要求。经过一个学期的努力,小明同学的成绩获得了很大的进步,也积极参与班级里的各项活动,受到了同学们的一致好评。

三、个案反思

社会实践是课堂教学的延伸和补充。社会实践课程的开设,为锻炼学生的心理品质提供了机遇,为深化课堂所学的内容提供了条件,让学生不仅可以学到很多在课堂上学不到的东西,也可以把课堂上学到的理论知识同社会实践联系起来,加深对课堂学习内容的理解。更重要的是,可以培养学生的社会责任感,有利于最大限度地发挥社会实践对学生素质教育方面的特殊作用。

(一) 培养高中生的正确价值观

随着个性化的发展,许多高中生具有一定的质疑能力,对于一切事物都会表示怀疑,希望通过自身实践去进行挑战。社会实践活动可以通过互助、体验的方式,将具有民族特征以及时代特征的价值追求融入到社会实践活动中,让高中生的精神意志得到锻炼,让优秀的价值观念得到认同和巩固。通过正确的引导,社会实践活动已成为高中生内化价值观以及养成良好生活习惯的一种有效途径。

(二) 培养高中生的团队协作意识

在组织高中生所开展的社会实践活动中,并不需要学生参与强度非常大的活动,但活动的设计要注重高中生的团队意识和协作能力。在整个社会实践活动中,所有参与者需要围绕统一的目标去完成任务,并能够在尊重个性化发展的基础上,增强团队合作意识。在这样的团队活动中,学生们既要完成临时性任务,又要保证活动最终目标的实现;既发挥个体的作用,又要合作完成团队的集体任务,进一步增强团队协作意识。

(三) 树立高中生的责任伦理信念

随着新媒体信息的泛滥,一些不良信息侵蚀着高中生的思想,影响着高中生的心理成长,使部分孩子缺少一定的自我价值实现和社会责任意识。随着社会的发展以及年龄的增长,高中生的思想意识以及理性批判能力都会得到发展,但因为缺少展示的机会与平台,没有得到深化。社会实践活动可以培养学生的奉献精神及服务社会的意识,让其在实践中去内化正确的价值观,树立起崇高的人生理想与追求。

(本个案撰写者:谢星月)

学生发展个案二

工程素养润物细无声的体验
——学生小 Q 在综合实践体验及心理健康教育活动中成长

一、个案背景

学生小 Q 是学校生涯探索社团成员,在校期间多次参与学校综合实践体验及心理健康教育活动,并在相关比赛中屡次斩获佳绩。除了获得校内活动奖项外,小 Q 还在上海理工大学大中小心理健康教育一体化活动中,连获上海理工大学"情满上理,德润人心"重阳节征文活动、创"心"空间第二届校园 Vlog 创意制作大赛高中组一等奖。此外,小 Q 被评选为上海理工大学 2021 年度心理工作先进"阳光先锋"优秀学生,曾多次在上海理工大学心理健康教育大中小一体化表彰活动中作为高中生代表进行交流。

二、个案描述

在小 Q 的高中生活中,上海理工大学大中小一体化心理健康教育综合实践体验活动扮演着重要的角色。她多次参与相关活动,斩获奖项,并在颁奖典礼上分享自己的体验与收获。这有赖于我校的工程素养培育特色,并与上海理工大学之间建立了深层合作关系。这种合作,不仅包含理工学院,也体现在综合实践领域。近年来,学校心理健康教育工作完善了每月例会制度,在大中小心理师资培养一体化、活动主题一体化以及心理工作奖励制度一体化等方面不断探索,积极尝试,逐步构建起心理健康教育大中小一体化的系统。小 Q 能够参与到大学的活动中,并且获得大学颁发的奖项,正是得益于此。

综合实践体验活动是以活动为媒介,通过各个环节的设计与指导,对学生的工程素养进行培育,而不是进行简单的生搬硬套。在小 Q 的案例中,Vlog 大赛是一项重要的活动。该项活动由大学主办,大中小各学段都参与其中。开展的过程中,它并不是简单地将任务布置下去,而是结合工程素养培育层层推进。让我们一起跟随小 Q,看看她是如何在这项活动中收获成长的。

团队从何而来——从交流合作开始

活动伊始,社团指导教师便根据学生意愿,协助他们自主组成团队,为彼此之间的交流合作、共同完成任务打下了基础。小 Q 与同为社团成员的小 F 同学组队合作。两个小伙伴本就是同班同学,在社团活动中变得更加熟络,在整个 Vlog 制作过程中共同讨论、共同实践,还一起在大中小学师生面前做了分享,收获了珍贵的友谊。小 Q 曾说这份情谊是活动里带给自己最动人的礼物。

如何确定主题——以系统思维开拓思路

在分组完成后,老师便在社团活动中指导学生进行探讨,确定视频的主题与大致构思。小 Q 和小 F 进行了积极的讨论,从几个既定主题中选择了"魔都光景"。那么魔都光景是什么样子的呢?两个小伙伴提出了多种答案。从绚丽的霓虹灯到耸天入云的东方明珠,从人流如织的外滩广场到从黄浦江两岸的城市景观……除此之外还有吗?有没有可能呈现更多面的魔都光景呢?系统思维的指导恰如其分地加入进来。小 F 说:"繁华、摩登是上海,大街小巷、人间烟火也是上海。"小 Q 马上说:"那我们把这些都包含进来吧,呈现多面的魔都光景。"于是,视频内容有了着落。

让想法落地——通过实践创新加以落实

接下来就是行动了,要去拍摄、剪辑。在该项活动的互动交流中,小 Q 分享了自己是如何经历拍摄过程的:"因为确定了主题是上海的不同面,所以我有意去观察了生活中的各种场景,才后知后觉地发现原来自己身边有这么多温馨美好的画面,但是我以前一直没有注意过,甚至有时不屑于去看一眼。例如,清晨从云层里钻出的一丝阳光,早饭铺刚刚出炉的一笼环绕着蒸汽的包子、热气腾腾的豆浆,在公园里晨练的爷爷,放学路上洒在街牌上的夕阳……这些都是我们生活中最普通、最常见的事物,但正是这些最简单的东西才能最打动我们。"这些画面都出现在了视频中。

她还说:"每个城市都有自己的特色,上海是个国际化的大都市,开放包容,东西方文化在其中互相交融。每天各种商业中心和景点被不断参观访问,而这些繁华的景色,与最普通的场景交融在一起,才是有温度、有人情味的上海。每一个或繁华或普通的镜头交织在一起,共同构成一个完整的上海。"实践中的探索丰富了原有的思路,沿着系统思维的想法又进一步拓宽了实践的维度。这些对城市家园深层次、多角度的理解,在她们的视频中以对比的方式得到了进一步的体现。

拍摄完视频后的剪辑工作,两人也是第一次尝试。她们自言是"小白",一点点摸索,不断尝试,中间还经历了视频剪辑到一半因未保存而失去之前所有成果的挫折。但是,两人互相鼓励和打气,彼此支持与促进,最终制作出一部精美的作品。

学做事更学做人——责任伦理贯穿始终

整个活动的过程都需要责任伦理的渗透,帮助学生团队更好地理解主题,完成任务。指导教师不仅在社团活动中,也在课后的个人指导中协助团队解决问题,完成挑战,并帮助她们通过交流发言梳理收获与成长,将收获从活动中一直延续到活动后。小 Q 在交流发言中说:"制作完 Vlog 后,我也时常观察和思考,有哪些事物是我会忽略掉的,有哪些场景是我如果没有制作任务就根本不会在意的。在重看我们制作的视频时,我才发现有些场景不应只存在于镜头中。一个视频不能概括阳光的温度、包子的香味,以及直达心底的感动。相机只能记录片刻的画面,视频只能记载片段式的回忆,但只有看在眼中的、记在心里的,才是一直被回忆、一直被感动、独属于我们自己、不能分享的时光。即使在未来温度和香味被淡忘,甚至连事件都不再记忆清晰,但当时那一刻的心情和那一份的感动是能一直温暖我们的精神食粮。当镜头和眼睛不能同时兼顾时,我们都应该放下相机,改为用眼睛去观察,用心去感受,用行动去创造,去深深铭记那一份感动。相机也许会随着时间的消逝被破坏,视频也许会消失,唯有把所见所闻变为自己的记忆,再以实际行动去打造更多的美好,才是最长久的保存方式。我想这也是此次活动让我们体会最深的事情。制作视频的方式可以让我们去观察最平凡普通的生活,去发现生活中的美,并且学会善于发现美、创造美,而这也是我们在今后的生活中应该坚持去做的事情。"浸润工程素养的综合实践活动将收获从活动中延伸到了活动后,带进学生之后的生活中,这就是我们一直憧憬与努力的。

三、个案反思

在上海理工大学 2021 年度心理工作先进"阳光先锋"优秀学生的颁奖发言中,小

Q曾说:"很幸运,我在附中就读,这里不仅有特色的工程素养培育,更是充满人文关怀的心灵栖息地,让我不仅增长了知识与技能,也在与伙伴们的合作中放松了心情,增进了情谊,收获了成就感和幸福感。"这正是工程素养培育润物细无声的体现。

在综合实践活动中,借由活动的媒介,工程素养的各个环节环环相扣,共同作用。这需要教师对于工程素养的内涵有深入的理解,并能利用乃至创造活动资源,以社团活动与个别指导等方式来指导学生完成任务,并帮助学生在任务中自然而然地进行锻炼。教师需要指导学生团队进行交流协作,在遇到瓶颈与困难的时候互相鼓励与支持;引导学生以系统思维的方式思考议题,拓宽思路,多角度、多层次地理解问题;指导学生通过多种方式掌握相关的知识与技能,通过创新实践解决问题;示范与渗透责任伦理的态度与精神,帮助学生不仅在活动中坚持完成任务,并能够将学习延伸到活动后。

小Q在获奖感言的最后,是这么说的:"在今后的生活中我会更加主动地学习有关心理方面的知识,尽自己所能关注同学们的心理健康状况,并给予他人支持鼓励。将自己的所学运用到生活中,照亮自己,也温暖他人,成为身心健康、人格健全、朝气蓬勃、富有梦想的青年人,为肩负起民族复兴的时代重任贡献自己的力量!"这就是我们期待培养的"尚理"人,不仅仅是在理工领域,在其他领域,也都能有自己的系统思考,与他人良好协作,将自己所学在生活中加以实践,做有责任、有担当的青年人。

(本个案撰写者:甘志筠)

学生发展个案三

跨学科多元融合助力学生提升工程素养
——"工程模型的创意设计与研究"课程筑学生创造之梦

一、个案背景

学校的三位高一学生曾带着"纸车跑圈"这一课题的研究小组前往西安,参加由西安交通大学航天学校牵头的"普通高中理工特色学校建设联盟"学生课程体验活动。"纸车跑圈"是学校工程素养类研究型课程"工程模型的创意设计与研究"中"会拐弯的小车"学习项目的一个学生延伸课题案例。课上，在指导教师的引导下，同学们积极开展课题研究，根据任务要求展开天马行空的想象和设计，并且制作模型以检验成效。课后，同学们更因此激发了极大的学习兴趣，对小车行驶轨迹的影响因素不断作深入讨论。由此，学生形成了基于实践的研究成果。此次展示便是将针对"纸车跑圈"这一开放问题所做的实验设计、问题讨论与分析的全过程进行展示，还呈现了同学们到目前为止制作的能最好完成任务的小车，展示当天也受到了各校的认可和好评。

二、个案描述

学生的研究源于课堂，也在选修课中得到研学、实践和发展的空间。"纸车跑圈"这个项目源于生活中的平衡车引发的思考，进而转化为课堂探究问题：如何用纸张制作小车，使其能够在既定环形轨道内行驶得越远越好。大致安排4课时完成：第一课时是提出问题及初步建模，第二课时是基于模型中发现的问题进行深度研究，第三课时是共享研究成果并提出改进方案，第四课时是用改进策略挑战更高难度的任务，整个研究过程一步一个脚印地有序推进。

学生的研究远远不止于课堂。在"纸车跑圈"这个项目中，探讨小车影响因素是最有趣的一部分。基于学科，学生会考虑车轮车轴的规格问题、重力势能的转化问题、黏合材质问题等，但真实情境下的问题总是更为复杂。对此，课内课外学生都愿意主动找资料或找老师进行深入探讨，并常聚在一起研究分析。学生用数学建模的方式结合算法，很快得出不少合理的小车规格参数，解锁了角动量、共轴刚体等一系列新名词，甚至找到工程设计软件设计仿真小车模拟运行情况以寻找更优方案。

正因课内课外的相互促进，学生所研究的内容务实、接地气，和当前所学的内容紧密挂钩又有一定拓展，最终形成了不错的研究报告，并通过推荐获得代表学校参加全国理工联盟范围内的交流机会。在展示后的专家讲座环节，陕西省教育科学研究院基础教育研究中心主任马亚军老师对我校展示的小车给予了高度评价：虽然任务切入口很小，但能够分析那么多影响因素、探讨那么多细节并且得到相应的结论并不容易。更难能可贵的是同学们运用了自己所学的各个领域的知识来解决实际问题，还创造性地提出了自己的想法，最后付诸实践取得了良好的成效，值得点赞！

参与此次活动的同学们，切实经历了从设计到实践、从发现问题到解决问题的全过程,也是感受颇深！小张同学说："在这次西安的交流活动中,我通过观摩来自全国不同学校学生的课题研究,知道了即使是很小的事情,也有很多值得关注的点。同时,对我来说这次的分享也是一次很好的经验,对台下的听众自信地讲出自己的探究成果,是一件令人自豪的事情。"

小王同学说："在这几天的交流与学习中,我学到了许多知识,受益匪浅。其他学校的各种展示项目也让我大开眼界,对我们研究性课题报告的撰写有着深远影响。"

小苏同学说："通过这次交流活动,我发现无论是课题研究还是生活中的问题,都需要一种锲而不舍的精神以及科学的思考方式。当遇到问题时不需要去害怕它,应该抽丝剥茧,有逻辑地去分析问题,然后把问题拆分成一个一个小问题,一步步地加以解决。这对我来说,无论是在学习中还是在生活中都有着很大的帮助。"

三、个案反思

课程是"根",学生学习的主动性是"魂"！"纸车跑圈"正是这样一个在课程中酝酿、萌芽,最终成为深刻影响学生成长的研究课题。学校不仅仅提供了课堂的学习空间,更以多元的方式,为学生搭建研究、展示的舞台,助力高中生工程素养的培育。

(一) 亲历工程项目研究是学生发展工程素养的必要过程

在"纸车跑圈"项目中,学生以完成项目和解决问题为驱动力,从第一课时完成的小车行驶的差异中发现问题,探讨了影响小车运行轨迹的一些因素,包括轮子大小、车轴长短、小车重量、两轮之间的角度、制作工艺、车辆材质、黏合材质差异等,认识到了现实问题的复杂性。在这些因素中,参照课堂中提供的材料,学生设计实验、制作小车以及对比新旧小车之间的行驶路径,有效学习并掌握了对比实验、控制变量、数据统计等一些基本的研究方法,形成了综合运用跨学科知识解决实际问题的意识,培养了融合多维视角解决问题的思维习惯。随着实验和探讨的深入,学生对自己基于实验得到的结论进行了再分析、再检验,对其他组的实验也提出了好的意见和建议,最终共享团队成果。由项目推及一般生活,引导学生明确问题解决的基本流程,针对问题的复杂多样、循环往复,能够不断创新,寻求更佳解决方案。学生们制作打磨小车的过程,正是追求精益求精的工匠精神的体现。

（二）"降维"思想是学生提升工程素养的有效思维方式

项目化学习强调以问题为导向，努力解决问题，而"纸车跑圈"项目的目的更在于激发学生的"创新意愿"，归纳出"创新方法论"，更有创意地、更有步骤地、更高效地解决实际问题。这两者之间的差异从某种程度上来源于学生学情的考虑。目前学生的现状是，当面对一个全新的问题时，往往会手足无措，不知道从哪里下手，不知道解决问题的第一步应该是什么，结果使这个问题在学生眼中会变得很"大"。项目设计改变了以往"提出问题—分析问题—解决问题"的基本流程，而是在提出问题后，添加了"建立模型"的环节，这就好比是一级台阶，给了学生向上攀登的垫脚石。学生在进行模型制作与体验的过程中，会对项目问题有一个基本的思考方向，又从自身和同伴的"试水"经验中观察现象，发现差异，从而将原本看似让人一头雾水的大问题缩小、打散。这些细化的小问题，往往能够引导学生的探究方向，甚至有的学生之所以能够提出问题，就是源于自身在某一领域有较多的认知，看到了别人所未能发现的问题。也正因如此，学生在细化研究的过程中变得更加主动，更乐于寻求更佳的解决问题的方案。这种"降维"的思维方式是学生今后应对问题的有用方式和模型，也是立足高中生的实际情况而开展类似工程项目学习模式的探索和实践。

（三）跨学科多元融合是助力学生提升工程素养的教育共识

就像在"纸车跑圈"项目中看到的，面对现实生活中出现的实际问题，我们须考虑其他影响因素。现实问题是复杂的，因此，解决问题的方案和途径也是多种多样的。这就意味着，知识面越是广阔，认知程度越深，对于问题的思考维度就越多样；越是擅长跨领域跨界的融会融通，越有可能找到问题的突破口，更有创造性地解决问题。学生的跨学科素养主要不是靠教师教出来的，而是学生自己学出来、做出来、悟出来的。项目化学习中跨学科领域的融合贯通，正是对当下学生学习生涯中学科教学短板的补足。项目的研究和推进不仅依赖课堂上的实验与实践，更需要课余时间的思考与打磨；不仅依赖课堂上教师的指引，更需要跨学科领域教师的助力。随着项目化学习的推进，教师的理念也将会转变。相信未来跨学科教学将成为学生学习生涯中不可或缺的经历。

（本个案撰写者：顾凌燕）

学生发展个案四

历史名著整本书阅读课程促进学生成长
——A 同学历史名著整本书阅读中的系统思维发展之梦

一、个案背景

经济全球化和社会信息化虽能使人们享受丰富的物质和便利的生活，但也使人们面临诸多新问题。例如，人们获取信息的过程变得快捷省时、被动轻松，面对海量信息不知如何过滤和选择，面对自媒体选择性投放的信息容易偏听、偏信，以至于网络中常有"键盘侠"不知全貌却任意评判，结果造成网暴现象。这些问题给缺乏成熟心智的中学生带来了更大困惑，甚至影响其身心健康发展。以 2021 届高一年级 A 同学为例。他在历史课堂互动中积极发言，但常常话说一半戛然而止，或突然意识到自己错读问题，或逻辑混乱、不能自圆其说，或套用教材结论、名人名言却无法逻辑自洽地解释说明。在作业中，他常洋洋洒洒地书写大段文字，又轻率武断地划线删除，而病句、错别字、词不达意等问题频现。

综合分析上述青少年群体性问题，依托学校工程素养特色课程开发与实施平台，历史组全体教师共同开发设计了历史名著整本书阅读课程，从历史学科阅读课程的角度培养学生的"工程素养"四大核心要素。该课程具体的教学目标是：改变单一的教师讲授为主的教学模式，树立以学生为参与主体的教学模式；改变传统的以知识掌握和习题训练为主的教学模式，确立以阅读著名历史文本、完成阅读任务单、小组探究交流为基本训练方法，以培养学生的阅读兴趣、阅读习惯，以及提取与整合信息、解释与评价名人言论、小组交流与合作、清晰正确地表达等关键能力。

二、个案描述

历史名著整本书阅读课程在高二年级开设，实施的第一个主题是"历史名著《中国近代社会的新陈代谢》的阅读"，一周一课时，一个学期共 15 个课时。主要学习过程是按主要章节分解本书,由教师示范、学生模仿到学生迁移、运用,逐次、逐层地完成整本书阅读。

第1课时是概论。第2至13课时以完成阅读任务单的方式驱动学生细读章节。主要阅读任务包括:(1)找出章节中作者使用的关键字,透过它们捕捉作者的情感态度与价值观;(2)圈出章节中的最重要的句子,找出其中蕴含的作者的核心认识;(3)找出作者在核心句和段落之间架构论述的前因后果,明晰本章节的基本论述;(4)通过查证史料的有效性、可靠性,检验作者思维逻辑的合理性;(5)概述作者说理论证的过程,指出作者在推理和论述中是否存在问题;(6)如果不认同作者的结论,在阅读其他史料后,利用批判性思维阐释自己否定作者的理由,并对相关问题作出自己的判断;(7)分析文本在出版当时和后世分别产生了哪些影响;(8)摘抄名言佳句。最后2个课时,教师把班级学生分为四组,组长总体负责确定每个成员的分工任务,如发言人、写稿人、查找资料、撰写任务单等,每个成员自行阅读,写出自己的思考问题、阅读心得,自拟阅读任务单,最后集体讨论确立小组发言主题。

《中国近代社会的新陈代谢》一书运用大量史料,感性分析与理性分析相结合,运用辩证思维对历史事件和历史人物进行了透彻分析,勾画出中国近代社会百年的新陈代谢和急遽变革。因此,教师可以该书为载体,组织学生进行整本书阅读,比对教材与著作两种不同的叙事方式、历史评价,提升学生的阅读、提炼、概括、比较、判断等能力。

基于校本选修课赋予教师充分自主权的特殊性,学生在课程学习中的交流获得了充足时间与宽松环境。从学生自我评价评估表与小组互评评估表的数据分析看,本课程整体上使学生不再畏惧阅读历史专业"巨"著,掌握基于作者、前言、目录与章节标题等信息判定整本书主题的方法。在解构作者论点的过程中,学生基本懂得从书籍章节标题揣摩作者表述的立意,从章节中寻找关键语句去概括作者的主要观点,再建构作者论述的思维框架。大部分学生能够进一步厘清作者说理论证的过程,基于作者所运用史料的判断与教材相关结论的比对分析,对作者陈述的史实与观点作出比较客观的判断,逻辑自洽地阐述自己的理由,同时在小组交流互动中学习正确、流畅表述的能力。

A同学积极参与第2至13课时阅读任务单的完成与分享。由于他是历史学科学业水平等级考的选考生,我能较为便捷地了解他能否把阅读课程中的习得进行迁移与运用。此后至高三年级,尽管他的学科学习成绩并非名列前茅,课堂发言与作业表现依然有较多不足,但他逐渐能够做到较为准确完整、逻辑自洽地阐述自己的观点。

三、个案反思

(一) 整本书阅读局限于校选修课程,学生受众有限

历史名著整本书阅读有助于学生养成良好的阅读习惯,掌握正确的阅读方法,拓宽学科视野,习得元认知能力,逐步实现"知识—素养"转化。但是,由于历史基础课程的内容量大、课时有限,整本书阅读活动只能主要依托高二年级校本选修课程,而高二年级各学科同时开设有十多门课程,故历史名著整本书阅读课程的选报者较少。

为了在更大范围内发挥整本书阅读活动的作用,教研组做了进一步分化处理。一方面,借助学校每学年举办的读书节活动,为学生开设阅读书单,倡导学生参与历史专著阅读报告评比活动。另一方面,立足历史学科基础课程的教材文本、学习主题与个人兴趣,选择一两本历史专著进行内容拆分,并根据课堂教学需求适时适度地组织片段化阅读学习活动。

(二) 阅读成果的表现形式单一,激励效果不足

由于经验不足与思维局限,仅以阅读任务单的形式记录学生的阅读与思考的过程,以小组发言交流的方式呈现阅读与思考的成果,激趣与激励的效果不足。此后可开发小报设计、小组辩论赛、论文写作等可视化作业来呈现学生的思维轨迹,激励学生参与展示交流。

(三) 进一步提炼整本书阅读的学习方法,实现广泛的迁移与运用

历史、地理、政治、语文等多学科课程标准都出现了"描述、说明、论述、逻辑思维、辩证思维、创新思维、自主学习、合作学习、探究学习"等高频词汇,借助整本书阅读培养的关键能力,能够较高程度地契合多学科的育人要求。因此,历史名著整本书阅读课程的育人目标重点关注的不是学生掌握了哪些历史知识或名家言论,而是运用元认知理论,引导学生思考以下问题:"我的学习目标是什么?""需要完成哪些学习任务?""学习任务之间具有怎样的逻辑关系?哪个任务是最核心的?如何分解或重组任务?""我在团队中的角色是什么?应该发挥怎样的作用?""我使用了哪些学习策略?""学习策略运用的效果怎样?""如何更好地总结我的学习方法,从而迁移运用在其他学科的学习中?"等等。

（本个案撰写者：曹玲）

学生发展个案五

辩论赛
——成为自己人生的主角

一、个案背景

我随学校辩论社团参加了以"智造·人生"为主题的第六届上海高中生论坛的辩论赛活动。领队老师为黄卉、何斌，参赛同学为蒋子欣、马琳雅、白时瑞，以及替补队员季诺诚。从初赛到决赛，我们总共参与了四个探究人工智能与人类活动关系的辩题，进行了五场比赛，并最终取得了冠军。

二、个案描述

艰难曲折的备赛

提到辩论赛，可能大部分人脑海中浮现出的画面，是辩手们在赛场上针锋相对地提出观点，并唾沫横飞地激烈争辩。没错，比赛中的发挥将直接决定谁胜谁负，但是隐藏在这背后的备赛过程，才是一场辩论赛中最复杂、最耗时、最重要的部分。要想在比赛中充分论证己方的观点，辩手们需要对辩题有全方位的、深入的思考。我们辩论队在每场正式比赛前，都会经历一个十分漫长且充满困难曲折的备赛过程。

这个辩论赛的主题为"智造·人生"，许多辩题都与人工智能、大数据时代等前沿领域有关，比如复赛的辩题"大数据时代下人类活动越来越安全/不安全"，涉及信息科技领域的大数据、算法等专业知识。这就给我们带来了备赛中的第一个难题——对专业领域的陌生。对于这些专业知识，我们高中生了解甚微，在缺少相关知识的情况下，很难对辩题有深入的理解和思考。于是，我们开始想办法学习了解这些前沿领域。

在指导教师的帮助下,我们查阅了大量文献资料。许多重要文献来自外国研究者,对此我们进行了翻译解读,以对辩题涉及的专业知识有更加深入的了解。

辩论赛就是思想交锋的过程,我们在备赛中也经常遇到队员意见不一的情况。如在准备"科技越发展,人类越有/没有安全感"这个辩题时,队员们对安全本身和安全感之间的关系产生分歧。有人认为只有人们确实安全了,人类才会有安全感;而有人认为安全感是一种主观感受,是区别于安全本身的。不过,分歧给了我们更加深入思考的机会——在队员们不断地互相反驳、互相争辩的过程中,我们的思路更加开阔,同时也让己方的观点被打磨得更加坚固,这样在正式比赛时才不怕对方的质疑。

在备赛的过程中,我们学习到许多不曾接触过的知识和观点,不断完善在赛场上准备提出的论点和论据,队员们的默契程度也越来越高。尽管困难重重,但我们努力克服,把每一个辩题都准备到位。

紧张刺激的辩论

正式的辩论比赛可谓是惊心动魄。不只有我们做了充足的准备,我们所有的对手,也都摩拳擦掌,跃跃欲试。我们经历的每一场比赛,都十分精彩,双方引经据典,字字珠玑,辩手们以语言为武器进行激烈的交锋。

辩论比赛十分考验随机应变和快速思维能力,辩手们需要在防守己方论点的同时,在对方的论点中寻找漏洞,进行攻击。很多时候,我们会因为对手出其不意的论点而措手不及。

还记得最惊险的一次,是在"大数据时代下人类活动越来越安全(正方)/不安全(反方)"这个辩题中,对手持反方,从我们没想到的角度提出论点——将大数据技术运用在军事武器上,如导弹的精确制导,可以提高其命中率,造成更大的伤亡,将人类置于危险之中。由于备赛时没有从军事的角度加以考虑,在刚听到这个论点时,我和队友们面面相觑,有点不知所措,但是时间不等人,马上就轮到我发言了。于是,我调整好状态,飞速思考,最终找到了一个漏洞——如果将大数据技术运用在国防领域,也可以更好地对导弹发射进行侦测,预测导弹飞行轨迹,进行精确拦截,从而保护国民安全。这样,我们才得以在军事领域打破对方的利好之势,化解了危机。

当然,我们也对对手的论点打出过"出奇一招"。在"科技越发展,人类越有(正方)/没有(反方)安全感"这个辩题中,我们持正方,提出科技发展提高生产力,保障人类基础生存需求,提高了安全感的观点;对手持反方,提出科技发展造成核泄漏、环境污染等危害,使人类没有安全感的观点。我在陈词中反驳:若从人类文明发展的长期历程来看,过去的人们科技落后,只能靠天吃饭,人们担心的是吃不饱、穿不暖这样的基础生存需求;拿科技发展带来的人们基础生存需求得以充分满足的安全感,与环境污染、生态破坏等已经算超脱人类自身生存需求的长远担忧对比,显然可以体现人类的安全感在科技发展下不断提高。这个观点被评委接受并认可,让我们在这场比赛中获得了胜利。

激动人心的赛果

我和我的队友们一路过五关斩六将,最终走到了决赛的舞台。对手也是一支十分强劲的队伍,在决赛中,我们的交锋十分焦灼,难分胜负。

在决赛后,我们下台,等待着评委投票的结果——那是我们全体队员最紧张的十分钟。在这之前,我们学校的辩论队还从未在大型比赛中获得过冠军,这是我们离梦想最近的一次,我们双手合十,期待着好的结果。终于,主持人带着赛果上台宣布:"上海理工大学附属中学辩论队以5:4的投票结果险胜,获得冠军!"那一瞬间如同梦境一般,我不敢想象我们真的击败所有对手走到了最后,获得了冠军。我和队员们聚到一起,相互击掌,庆祝这一胜利的时刻。

现在回想起那一刻,我依然会热血沸腾。获得冠军不是某一个人的功劳,而是属于我们全体辩论队员的荣誉。一路走来,我们遭受过挫折,经历过磨难,但是我们从未放弃,无论何时,我们都鼓励着彼此,携手一起向前。这个比赛的冠军奖杯,被我们放在辩论社的教室里。它见证了我们的拼搏,也会陪伴未来的辩论社员,取得更好的成绩。

三、个案反思

辩论——带领我成为自己人生的主角

在刚刚接触辩论的时候,我对每一场比赛都极其认真地准备,把所有准备质问对手的问题,还有对对方可能提出问题的回应,满满当当地写在纸上。可是当在赛场上,对方以我没想到的方式完美解决了我提出的质问时,我就慌了神。我有过无数次这种大脑一片空白、一句话也说不出的经历。在属于我的发言时间里,我却手足无措,这时连聚光灯都仿佛无比炽热,带着观众犀利的眼神在我的脸上炙烤。

我对此感到无比挫败,甚至想过放弃成为攻辩手。但是,队友和教练的鼓励给了我启示——谁说主角不会失败呢?马里奥是电子游戏里的主角,但他也从未曾一次通关,而是经历过无数次失败—重来—再失败—再重来,才闯过所有关卡,拯救了公主。直到今天,我依然会在辩论赛上因为紧张慌乱而失误,因为对手太强而来不及反应,但是我就像马里奥一样,越挫越勇。因为我明白,失败和挫折也是一个主角的必经之路。

　　我十分感谢辩论,让我有机会成为自己人生的主角。辩论,即是站在同一个问题的不同角度进行思考。在过去,我似乎更加喜欢"适应"他人的思维,而缺乏自己的独立思考。很多时候,我只是随着老师和家长的要求去完成任务,听从他们的说法和建议,鲜有自己的想法。辩论带给我宝贵的思辨能力,让我敢于提出自己的观点,也敢于对他人的观点提出质疑,而不再是人云亦云,追求权威。我开始自己探索这个世界,独立地寻找自己心目中美丽的花朵;我开始成为自己人生的主角,在人生的舞台上展示自己独特的表演。

　　我十分享受在辩论场上,可以与自己观点不一的人来一场深刻的交流讨论。当我站在台上,拿着麦克风,面对着台下的观众和聚光灯,阐述着自己对事物的认知、自己的想法时,我仿佛就处于自己人生的高光时刻。此时,不需要去在意旁人的眼光,也不用担心可能会出现的失误,只要我站在辩论场上,我就是我人生中最闪亮的那个主角。

(本个案撰写者:高二(6)班　白时瑞;指导教师　黄卉、何斌)

附件　指向高中生工程素养培育的特色课程群开发与实施的调查问卷和访谈提纲

附件一　普通高中特色课程开发与实施调查问卷(学生版)

亲爱的同学：

你好！

为了解上海理工大学附属中学特色课程的开发和实施情况及效果，特邀请你参加此次调查。你的回答无论怎样，对你的学业成绩、学业进步、升级升学都没有任何影响！答卷中也不需要写上你的姓名！但是你的回答对我们的特色课程课题研究非常重要，对改善学校教师教学、学生学习有较大作用。请根据你的特色课程实践情况实事求是、认真地回答。

祝你学习不断进步！谢谢！

友情提示：未注明的题目均为单选题，其余都为多选题。如选择"其他"，请将你的答案写在横线上。请选择一个你认为合适的答案填在答案纸对应的题号括号里。

第一部分　基本信息

1. 你的性别(　　)

A. 男　　　　　　　　　　B. 女

2. 你就读于(　　)

A. 高一年级　　　B. 高二年级　　　C. 高三年级

第二部分　特色课程问卷

3. 你对"工程素养"特色课程内涵的了解程度(　　)

A. 不了解　　　　B. 不太了解　　　C. 了解

4. 你认为( )

   A. 特色课程在课程的内容和开展形式上具有特色

   B. 特色课程能与学校课程体系融为一体

   C. 特色课程应是本校办学理念的体现,是本校的代表性课程

   D. 特色课程是衡量学校办学水平和教育质量的重要参考标准

   E. 特色课程应适应学生的全面发展

5. 你认为学校开发"工程素养"特色课程是为了( )

   A. 推动学生的多样化发展　　　　B. 壮大学校实力

   C. 推动教师的专业化发展　　　　D. 合理利用学校资源

   E. 满足学生家长的要求

6. 你认为在普通高中教育阶段,学校有开设特色课程的必要吗?( )

   A. 没有必要,浪费时间

   B. 有必要,有利于自己全面而有个性地发展

7. 你本人对学校"工程素养"特色课程目标的了解程度( )

   A. 熟悉　　　　B. 了解　　　　C. 一般

   D. 不太了解　　　　　　　　　　E. 不了解

8. 你认为学校"工程素养"特色课程的目标建设应参照(多选)( )

   A. 学校的办学理念和育人目标　　B. 学校的现有条件和传统优势

   C. 学校所在地域的经济社会情况　D. 贴近社会生活与学生生活

   E. 学生的兴趣

9. 你认为学校"工程素养"特色课程主要培养学生的(多选)( )

   A. 实践创新素养　　　　　　　　B. 系统思维素养

   C. 合作交流素养　　　　　　　　D. 责任伦理素养

   E. 其他(请注明):_____

10. 你对学校"工程素养"特色课程的内容( )

    A. 非常满意,学校特色课程的内容十分丰富多彩且有趣

    B. 比较满意,学校特色课程的内容大部分丰富且有趣

    C. 一般,学校特色课程的内容也就那样,一半左右的内容丰富且有趣

    D. 不太满意,学校特色课程的内容仅有一小部分丰富、有趣,大部分是无聊的

    E. 不满意,学校特色课程的内容不丰富、很无聊

11. 学校开设的"工程素养"特色课程,与你个人的兴趣爱好是否相符?(   )

   A. 符合我的爱好   B. 小部分符合

   C. 不符合,基本没有什么关系   D. 不清楚

12. 你认为学校在特色课程内容的组织上应该主要考虑的是(最多选三项)(   )

   A. 特色课程的目标   B. 学生个人的兴趣与需求

   C. 学校所在地域的特色   D. 教师的教学经验与教学能力

   E. 学校的特色办学理念及条件 F. 相关课程专家及专业人士的建议

   G. 其他(请注明):_____

13. 在学校"工程素养"特色课程的开设和安排上,你是否满意?(   )

   A. 非常满意,开设的特色课程种类十分丰富,学生可选择性强,且安排科学、合理

   B. 满意,开设的特色课程种类较多,学生可选择性较强,且安排比较科学、合理

   C. 一般,开设的特色课程种类仅能满足学生的基本需求,且安排还算科学、合理

   D. 不太满意,开设的特色课程种类较少,不太能满足学生的选择需求,且安排不合理

   E. 不满意,开设的特色课程根本不能满足学生的选择需求,且安排十分不合理

14. 你认为学校目前的"工程素养"特色课程的课时数量(   )

   A. 合适   B. 不合适,应该增加

   C. 不合适,应该减少   D. 不清楚

15. 你是否有参与过学校组织的"工程素养"特色课程教学评价(   )

   A. 有   B. 没有

16. 学校"工程素养"特色课程的评价主体是(多选)(   )

   A. 教师   B. 学生个人   C. 行政教辅老师

   D. 学生小组   E. 家长

17. 你本人对目前学校关于学生"工程素养"特色课程学习考核的评价标准是否满意?(   )

   A. 非常满意,目前实行的评价标准都能十分全面地评价学生

   B. 满意,目前实行的评价标准大部分能全面地评价学生

   C. 一般,目前实行的评价标准不好也不坏

   D. 不太满意,目前实行的评价标准仅有一小部分能全面地评价学生

   E. 不满意,目前实行的评价标准不能全面地评价学生

18. 你认为学校"工程素养"特色课程的考核评价内容应包含哪些?(多选)
(   )

    A. 对工程素养基本常识的掌握情况   B. 对工程知识的认知

    C. 工程思维的养成情况   D. 问题解决能力

    E. 工程素养相关实践的成果

    F. 其他(请注明):_____

19. 你认为学校特色课程的考核评价可以改进的方面有哪些?(多选)(   )

    A. 多注重学生学习过程中的评价(如课堂及活动表现等)

    B. 提高学生实践成果评价的占比(如学生的行为养成、参与综合实践活动的数量及质量)

    C. 引进第三方专家参与课程评价

    D. 提高学生小组合作或学生小组互评的成绩占比

    E. 其他(请注明):_____

20. 对自己和学校而言,你认为学校"工程素养"特色课程的开发是否有益?
(   )

    A. 有   B. 没有   C. 不知道

21. 你认为学校"工程素养"特色课程如何?(   )

    A. 非常好   B. 还可以   C. 一般

    D. 尚可,仍存在许多不足   E. 不合格

22. 你学习了"工程素养"特色课程后,对你有影响吗?(   )

    A. 对我产生了非常正面、积极的影响   B. 对我产生了较为正面、积极的影响

    C. 对我基本上没什么影响   D. 对我产生了负面、消极的影响

23. 学校特色课程的开发给你的高中生活带来了什么变化?(   )

    A. 丰富了课余文化生活,提高了自身素质

    B. 便于根据自己的兴趣选择适合自己发展的学习课程

    C. 改变了以往的学习方式,学习自主性加强

    D. 综合素质提升,个性化得到发展

24. 你在特色课程的学习过程中接触到的特色课程授课教师主要有(多选)
(   )

    A. 专门从事特色课程教育的教师(不兼任其他学科教学)

B. 学科课程教学教师　　　　　C. 行政教辅老师

D. 校外专业从业人员(例如:工程师)　　E. 大学及相关部门专家

F. 其他(请注明):＿＿＿＿＿＿＿＿＿＿＿＿＿＿＿＿＿＿＿＿＿

25. 你对学校"工程素养"特色课程的师资水平是否满意?(　　)

A. 非常满意,教师相关知识储备和教学能力水平高,经常运用多种教学方法授课

B. 满意,教师有一定的知识储备和教学能力水平,偶尔运用多种教学方法授课

C. 一般,教师的知识储备和教学能力水平普通,仅限于教材知识讲授

D. 不满意,教师的知识储备和教学能力水平较低,听不懂老师想表达什么

E. 无所谓,不关心

26. 你希望未来增加哪种人士充当"工程素养"特色课程的授课教师?(多选)
(　　)

A. 专门从事相关特色课程教育的教师　　B. 学科教师

C. 行政教辅老师

D. 校外专业从业人员(例如:工程师、大学相关专业教师)

E. 相关部门专职人员

F. 其他(请注明):＿＿＿＿＿＿＿＿＿＿＿＿＿＿＿＿＿＿＿＿＿

27. 你觉得学校工程特色氛围环境(展板、宣传栏、公众号等)如何?(　　)

A. 氛围浓厚,经常能接触到工程特色相关内容

B. 氛围一般,偶尔能接触到工程特色相关内容

C. 氛围较淡,几乎接触不到工程特色相关内容

D. 完全没有工程特色的氛围

E. 不了解,没有关注

28 你认为"工程素养"特色课程的教学方式和日常上课的教学方式有区别吗?
(　　)

A. 有区别　　　　B. 没有区别　　　C. 有一点区别　　　D. 不清楚

29. 对于学校教师在"工程素养"特色课程教学内容的处理方式上,你是否满意?
(　　)

A. 非常满意,教师能将教学内容与我们的兴趣或生活实际相联系,从而呈现出我们喜欢的内容

B. 满意,教师时常将教学内容与我们的兴趣或生活实际相联系,从而呈现出我们

喜欢的内容

C. 一般,教师偶尔将教学内容与我们的兴趣或生活实际相联系,从而呈现出我们喜欢的内容

D. 不太满意,教师并不会将教学内容与我们的兴趣或生活实际相联系,从而呈现出我们喜欢的内容

E. 不满意,不喜欢教师讲课的方式和内容

30. 在"工程素养"特色课程的课堂实施环节,你对教师的教学过程和教学方式等方面是否满意?(　　)

A. 非常满意,特色课程教师的授课方式新颖多样,活动内容丰富多彩

B. 满意,部分特色课程教师的授课方式新颖多样,活动内容丰富多彩

C. 一般,特色课程教师的授课方式不好也不坏

D. 不太满意,仅有一小部分特色课程教师的授课方式新颖多样,活动内容丰富多彩

E. 不满意,特色课程教师的授课方式并不新颖多样,活动内容也不丰富多彩

31. 你或你周围的同学是否参与过学校"工程素养"特色课程的开发?(　　)

A. 学校并未提供学生参与的机会　　B. 学校提供机会并挑选学生参与

C. 学校提供机会让学生自愿参与　　D. 不知道

32. 你是否愿意参与到"工程素养"特色课程开发中?如果可以,你会怎么做?(　　)

A. 不愿意,我不感兴趣

B. 不愿意,我觉得这是在浪费时间

C. 愿意,可我并不知道要做什么

D. 很愿意,关于"工程素养"特色课程我有自己的想法

33. 经过多年学校"工程素养培育的特色课程群"的学习实践,你的系统思维的意识与能力是否有显著提高?(　　)

A. 三年多来有较大提高　　　　B. 三年多来有一定提高

C. 三年多来略有提高　　　　　D. 三年多来没有提高

34. 经过多年学校"工程素养培育的特色课程群"的学习实践,你的实践创新的精神与能力是否有显著提高?(　　)

A. 三年多来有较大提高　　　　B. 三年多来有一定提高

C. 三年多来略有提高 D. 三年多来没有提高

35. 经过多年学校"工程素养培育的特色课程群"的学习实践,你的交流合作的意识与品质是否有显著提高?(　　)

A. 三年多来有较大提高 B. 三年多来有一定提高

C. 三年多来略有提高 D. 三年多来没有提高

36. 经过多年学校"工程素养培育的特色课程群"的学习实践,你的责任伦理的态度与精神是否有显著提高?(　　)

A. 三年多来有较大提高 B. 三年多来有一定提高

C. 三年多来略有提高 D. 三年多来没有提高

37. 经过多年学校"工程素养培育的特色课程群"的学习实践,你的创新综合素养是否有显著提高?(　　)

A. 三年多来有较大提高 B. 三年多来有一定提高

C. 三年多来略有提高 D. 三年多来没有提高

"指向高中生工程素养培育的特色课程群开发研究"课题调查组

2023年3月

附件二　普通高中特色课程开发与实施调查问卷(教师版)

尊敬的老师:

您好!

为了解上海理工大学附属中学特色课程的开发和实施情况及效果,特邀请您参加此次调查。您的回答无论怎样,对您的教学成绩、教学进步、升级升职都没有任何影响!答卷中也不需要写上您的姓名!但是您的回答对我们的特色课程课题研究非常重要,对改善学校教师教学、学生学习有较大作用。请根据您的特色课程实践情况实事求是、认真地回答。

祝您工作顺利!谢谢!

友情提示:未注明的题目均为单选题,其余都为多选题。如选择"其他",请将您的答案写在横线上。

第一部分　基本信息

1. 您的性别(　　)

    A. 男　　　　　　　　　　B. 女

2. 您的年龄是(　　)

    A. 25 岁以下　　B. 26—35 岁　　C. 36—45 岁

    D. 46—55 岁　　　　　　　　　　E. 56 岁以上

3. 您的学历是(　　)

    A. 大专　　　　B. 本科　　　　C. 研究生

4. 您目前任教于(　　)

    A. 高一学年　　B. 高二学年　　C. 高三学年

5. 您的任教学科是(　　)

    A. 语文　　　　B. 数学　　　　C. 英语

    D. 理化生　　　E. 政史地　　　F. 音体美

    G. 其他(请您注明):＿＿＿＿＿＿＿＿＿＿＿＿＿＿＿＿＿＿＿＿＿＿＿

6. 若您承担学校"工程素养"特色课程的开发及教学任务,请回答以下三个小题(若您未承担学校"工程素养"特色课程的相关任务,则无需作答)(　　)

(1) 您参与开发、任教"工程素养"特色课程的原因是(多选)

A. 个人对"工程素养"特色课程开发感兴趣

B. 学校的硬性要求

C. 参与"工程素养"特色课程开发、任教有助于自身专业发展

D. 参与"工程素养"特色课程开发、任教可获得更多的绩效收入

E. 其他(请注明):＿＿＿＿＿＿＿＿＿＿＿＿＿＿＿＿

(2) 您任教的"工程素养"特色课程的名称是(请注明):＿＿＿＿＿＿＿＿＿＿＿＿

(3) 您已经任教该门课程:

A. 半年　　　　　B. 1年　　　　　C. 2年

D. 3年　　　　　　　　　　　　　E. 3年以上

第二部分　特色课程问卷

7. 您对"工程素养"特色课程内涵的了解程度(　　)

A. 不了解　　　　B. 不太了解　　　C. 了解

8. 您认为(　　)

A. 特色课程在课程的内容和开展形式上具有特色

B. 特色课程能与学校课程体系融为一体

C. 特色课程应是本校办学理念的体现,是本校的代表性课程

D. 特色课程是衡量学校办学水平和教育质量的重要参考标准

E. 特色课程应适应学生的全面发展

9. 您认为学校开发"工程素养"特色课程是为了(　　)

A. 推动学生的多样化发展　　　　C. 推动教师的专业化发展

B. 壮大学校实力　　　　　　　　D. 合理利用学校资源

E. 满足学生家长的要求

10. 您认为在普通高中教育阶段,学校有开设特色课程的必要吗?(　　)

A. 没有必要,浪费时间

B. 有必要,有利于学生全面而有个性地发展

11. 您本人对学校"工程素养"特色课程目标的了解程度(　　)

　　A. 熟悉　　　　　　　B. 了解　　　　　　　C. 一般

　　D. 不太了解　　　　　　　　　　　　　　　 E. 不了解

12. 您认为学校"工程素养"特色课程(　　)

　　A. 有模糊的课程目标　　　　　　B. 几乎不明确课程目标

　　C. 有较为明确的课程目标　　　　D. 有明确的课程目标

13. 您认为学校"工程素养"特色课程的目标建设应参照(多选)(　　)

　　A. 学校的办学理念和育人目标　　B. 学校的现有条件和传统优势

　　C. 学校所在地域的经济社会情况　　D. 贴近社会生活与学生生活

　　E. 学生的兴趣

14. 您认为学校"工程素养"特色课程目标主要是培养学生的(多选)(　　)

　　A. 实践创新素养　　　　　　　　B. 系统思维素养

　　C. 合作交流素养　　　　　　　　D. 责任伦理素养

　　E. 其他(请注明)：_____

15. 您对学校"工程素养"特色课程的内容(　　)

　　A. 非常满意,学校特色课程的内容十分丰富且有趣

　　B. 比较满意,学校特色课程的内容大部分丰富且有趣

　　C. 一般,学校特色课程的内容也就那样,有一半左右的内容丰富且有趣

　　D. 不太满意,学校特色课程的内容仅有一小部分丰富、有趣,大部分是无聊的

　　E. 不满意,学校特色课程的内容不丰富、很无聊

16. 您认为学校在"工程素养"特色课程内容的组织上应该考虑的是(限选三项)(　　)

　　A. 特色课程的目标　　　　　　　B. 学生个人的兴趣与需求

　　C. 学校所在地域的特色　　　　　D. 教师的教学经验与教学能力

　　E. 学校的特色办学理念及条件　　F. 相关课程专家及专业人士的建议

　　G. 其他(请注明)：_____

17. 学校开设的"工程素养"特色课程,与学生个人的兴趣爱好是否相符？(　　)

　　A. 符合学生的爱好　　　　　　　B. 小部分符合

　　C. 不符合,基本没有什么关系　　　D. 不清楚

18. 您本人对学校"工程素养"特色课程实施的满意度(　　)

A. 非常满意,学校所有特色课程的实施均达到了预期效果

B. 比较满意,学校大部分特色课程的实施能达到预期效果

C. 一般,学校特色课程的实施不好也不坏

D. 不太满意,学校仅有极少部分特色课程的实施能达到预期效果

E. 不满意,学校特色课程的实施并未达到预期效果

19. 您认为学校"工程素养"特色课程如何?(　　)

A. 非常好　　　　B. 还可以　　　C. 一般

D. 尚可,仍存在许多不足　　　　E. 不合格

20. 在学校"工程素养"特色课程的开设和安排上,您是否满意?(　　)

A. 非常满意,开设的特色课程种类十分丰富,学生可选择性强,且安排科学、合理

B. 满意,开设的特色课程种类较多,学生可选择性较强,且安排比较科学、合理

C. 一般,开设的特色课程种类仅能满足学生的基本需求,且安排还算科学、合理

D. 不太满意,开设的特色课程种类较少,不太能满足学生的选择需求,且安排不合理

E. 不满意,开设的特色课程根本不能满足学生的选择需求,且安排十分不合理

21. 您认为学校"工程素养"特色课程的课时数量(　　)

A. 合适　　　　　　　　　B. 不合适

C. 不合适,应该减少　　　　D. 不清楚

22. 学校"工程素养"特色课程的评价主体是(多选)(　　)

A. 教师　　　　B. 学生个人　　　C. 行政教辅老师

D. 学生小组　　　　　　　　　E. 家长

23. 您学校对"工程素养"特色课程任课教师的评价方式主要是(多选)(　　)

A. 课程专家和学校领导评价　　　B. 教师之间互评

C. 自我评价　　　　　　　　　　D. 学生评价

E. 其他(请注明):＿＿＿＿＿＿＿＿＿＿

24. 学校采用什么方法对"工程素养"特色课程的教学效果实施评价?(多选)(　　)

A. 观察法　　　　B. 档案袋法　　　C. 访谈法

D. 问卷法　　　　　　　　　　　　E. 测试法

F. 其他(请注明):＿＿＿＿＿＿＿＿＿＿

25. 学校对学生在"工程素养"特色课程学习过程中表现的评价方式主要是（多选）（　　）

  A. 学生的自我评价   B. 教师评价

  C. 学生小组内部互相评价   D. 学生小组之间互相评价

  E. 其他（请注明）：＿＿＿＿＿＿＿＿＿＿

26. 您认为"工程素养"特色课程的考核评价内容应包含哪些？（多选）（　　）

  A. 对工程素养基本常识的掌握情况 B. 对工程知识的认知

  C. 工程思维的养成情况   D. 问题解决能力

  E. 工程素养相关实践的成果

  F. 其他（请注明）：＿＿＿＿＿＿＿＿＿＿

27. 您对现行的"工程素养"特色课程的考核评价标准是否满意？（　　）

  A. 非常满意，目前实行的评价标准都能十分全面地评价学生

  B. 满意，目前实行的评价标准大部分能全面地评价学生

  C. 一般，目前实行的评价标准不好也不坏

  D. 不太满意，目前实行的评价标准仅有一小部分能全面地评价学生

  E. 不满意，目前实行的评价标准不能全面地评价学生

28. 您认为学校特色课程的考核评价可以改进的方面有哪些？（多选）（　　）

  A. 多注重学生学习过程中的评价（如课堂及活动表现等）

  B. 提高学生实践成果评价的占比（如学生的行为养成、参与综合实践活动的数量及质量）

  C. 引进校外相关专业从业人士参与课程评价

  D. 提高学生小组合作或学生小组互评的成绩占比

  E. 其他（请注明）：＿＿＿＿＿＿＿＿＿＿

29. 您本人对参与特色课程开发及承担特色课程的态度是（　　）

  A. 十分愿意参与并积极承担，主动报名授课

  B. 愿意参与和承担，根据时间安排偶尔参与

  C. 无所谓，学校有安排就参与、承担

  D. 不愿意参与、承担，没有时间

30. 您周围的同事对"工程素养"特色课程开发的重视程度如何？（　　）

  A. 非常重视   B. 重视

C. 一般 D. 不重视

E. 很不重视

31. 学校是否为特色课程设置了专门教研小组(　　)

A. 是,设置了　　B. 否,没有设置　　C. 不清楚

32. 学校开展有关特色课程教师培训的方式是(　　)

A. 专家讲座　　B. 教研交流　　C. 观摩讨论

D. 其他(请注明):_____

33. 对于学校现行的"工程素养"特色课程开发的培训方式,您本人觉得(　　)

A. 非常满意,非常喜欢并且认可现有的培训方式

B. 比较满意,比较喜欢并且认可现有的培训方式

C. 一般,现有的培训方式不好也不坏

D. 不太满意,不喜欢并且不认可现有的培训方式

E. 不满意,厌恶现有的培训方式

34. 您每学期参加学校组织的有关特色课程的教研及培训活动的平均次数(　　)

A. 没有参加过　　B. 1次

C. 2—3次　　D. 4次以上

35. 围绕特色课程开发,您所在学校对教师的培训更侧重于(最多选三项)(　　)

A. 教师的特色课程观念　　B. 教师的特色课程设计能力

C. 教师的特色课程教学能力　　D. 教师的特色课程评价能力

E. 教师的特色课程反思能力　　F. 教师的科研能力

G. 教师的特色课程资源开发能力

H. 其他(请注明):_____

36. 您最期望在学校组织的培训中学习到的内容是(　　)

A. 对特色课程的理解　　B. 特色课程开发的方法

C. 特色课程的教学方法

D. 其他(请注明):_____

37. 在对教师进行特色课程的相关培训方面,您所在学校管理层的态度是(　　)

A. 非常重视　　B. 重视　　C. 一般

D. 不重视 　　　　　　　　　　　E. 很不重视

38. 您认为学校"工程素养"特色课程开发的政策制度是否完善？（　　　）

　　A. 完善　　　　　B. 比较完善　　　　　C. 不完善

39. 学校"工程素养"特色课程开发主要由谁主导？（　　　）

　　A. 学校的管理层　　　　　　　　B. 学校的骨干教师

　　C. 课程专家　　　　　　　　　　D. 学校普通教师个人或团队

40. 您觉得学校工程特色氛围环境（展板、宣传栏、公众号等）如何？（　　　）

　　A. 氛围浓厚，经常能接触到工程特色的相关内容

　　B. 氛围一般，偶尔能接触到工程特色的相关内容

　　C. 氛围较淡，几乎接触不到工程特色的相关内容

　　D. 完全没有工程特色的氛围

　　E. 不了解，没有关注

41. 您（特色课程任课教师）在承担特色课程教学的过程中，主要采取哪些教学方式？（多选）（　　　）

　　A. 教师直接讲解　　　B. 学生小组讨论　　　C. 学生实践活动

　　D. 学生自主案例分析　　　　　　E. 学生角色扮演

　　F. 其他（请注明）：_____

42. 您认为您所任教的学科课程的课时数量是否能够完成既定教学计划？（　　　）

　　A. 现有课时数量刚好能够完成，无剩余课时

　　B. 现有课时数量不足以完成

　　C. 现有课时数量足够完成且有剩余课时

43. 经过多年学校"工程素养培育的特色课程群"的教学实践，您的系统思维意识与能力是否有显著提高？（　　　）

　　A. 三年多来有较大提高　　　　　B. 三年多来有一定提高

　　C. 三年多来略有提高　　　　　　D. 三年多来没有提高

44. 经过多年学校"工程素养培育的特色课程群"的教学实践，您的实践创新精神与能力是否有显著提高？（　　　）

　　A. 三年多来有较大提高　　　　　B. 三年多来有一定提高

　　C. 三年多来略有提高　　　　　　D. 三年多来没有提高

45. 经过多年学校"工程素养培育的特色课程群"的教学实践,您的交流合作意识与品质是否有显著提高?(　　)

  A. 三年多来有较大提高　　　　　　B. 三年多来有一定提高

  C. 三年多来略有提高　　　　　　　D. 三年多来没有提高

46. 经过多年的学校"工程素养培育的特色课程群"的教学实践,您的责任伦理态度与精神是否有显著提高?(　　)

  A. 三年多来有较大提高　　　　　　B. 三年多来有一定提高

  C. 三年多来略有提高　　　　　　　D. 三年多来没有提高

"指向高中生工程素养培育的特色课程群开发研究"课题调查组

2023 年 3 月

附件三　普通高中特色课程开发与实施访谈提纲(学生版)

亲爱的同学：

你好！

为了解上海理工大学附属中学特色课程的开发和实施情况，特邀请你参加此次访谈。

1. 你目前读高几？
2. 你觉得什么是特色课程？你心目中的"工程素养"特色课程是什么样子的？
3. 你所参与的学校"工程素养"特色课程有哪些？印象最深刻的是哪门课，或者你喜欢"工程素养"特色课程体系中的哪一门课？原因是什么？
4. 你认为在高中阶段参与"工程素养"特色课程的学习是否有必要？
5. 你了解学校"工程素养"特色课程目标吗？如了解，请你介绍一下。
6. 你学习"工程素养"特色课程的体验如何？
7. 你学习"工程素养"特色课程后有哪些收获，比如你自己发生了哪些变化？
8. 你认为学校开设"工程素养"特色课程以什么方式效果较好？
9. 你对学校"工程素养"特色课程建设最满意和最不满意的方面分别是什么？原因是什么？
10. 你是否会向学校和老师反映你自己关于"工程素养"特色课程的意见或需求？如有，请你简单谈一下。如没有，那你对未来学校"工程素养"特色课程的开发、建设或发展有什么建议？

"指向高中生工程素养培育的特色课程群开发研究"课题调查组

2023 年 3 月

附件四 普通高中特色课程开发与实施访谈提纲(教师版)

尊敬的老师:

您好!

为了解上海理工大学附属中学特色课程的开发和实施情况,特邀请您参加此次访谈。

1. 个人基本信息。(姓名、年龄、学历、职称、岗位、任教科目、教龄、性别等)
2. 您觉得什么是特色课程?
3. 您是否参与了学校"工程素养"特色课程的开发、建设?(如有,继续回答以下问题;如没有,直接转至第4题)

(1) 您在整个"工程素养"特色课程开发和实施过程中承担了哪些任务?

(2) 您执教的"工程素养"特色课程是什么?对此您的看法是什么?

(3) 在"工程素养"特色课程的授课过程中,您会运用哪些教学方法?

(4) 您是否会根据特色课程的具体实施情况对课程内容进行调整?

(5) 您在学校"工程素养"特色课程开发、建设过程中遇到了哪些问题?是如何解决的?

4. 您了解学校"工程素养"特色课程目标吗?如了解,请您介绍一下。
5. 您认为目前学校"工程素养"特色课程的内容存在什么问题?"工程素养"特色课程内容是否真正体现了学校的特色理念和育人目标?
6. 您认为学校"工程素养"特色课程的评价体系如何?
7. 您认为学校"工程素养"特色课程的实施效果如何?
8. 您所在学校"工程素养"特色课程的师资队伍由哪些人构成?
9. 您平时和其他教师交流的内容会与"工程素养"特色课程有关吗?
10. 在学校"工程素养"特色课程开发、建设的这几年中,您有什么收获?
11. 在学校"工程素养"特色课程开发、建设的这几年中,您觉得学生有什么变化?
12. 您认为学校"工程素养"特色课程的实施保障是否完备?(比如:硬件设施、隐性氛围、激励机制)还可以在哪些方面进一步完善?

13. 您对学校未来特色课程的开发、建设和发展有什么建议和看法?

"指向高中生工程素养培育的特色课程群开发研究"课题调查组

2023 年 3 月